¿Son vigentes
los dones milagrosos?

Cuatro puntos de vista

¿Son vigentes los dones milagrosos?

Cuatro puntos de vista

Editor
Wayne A. Grudem

editorial clie

EDITORIAL CLIE
Ferrocarril, 8
08232 VILADECAVALLS (Barcelona)
E-mail: libros@clie.es
http://www.clie.es

¿SON VIGENTES LOS DONES MILAGROSOS?
Cuatro puntos de vista

Publicado originalmente en inglés con el título *Are Miraculous Gifts for Today?*

Director de la colección: Dr. Matt Williams

Traducción: Ismael López Medel

Equipo editorial (revisión y corrección):
Nelson Araujo Ozuna
Anabel Fernández Ortiz
Dorcas González Bataller

Diseño de cubiertas: Ismael López Medel

ISBN: 978-84-8267-434-6

Printed in USA
Clasifíquese: 56 TEOLOGÍA: Teología Contemporánea
C.T.C. 01-01-0056-15
Referencia: 22.45.44

Con mucho aprecio y cariño
dedicamos este libro
a nuestras esposas
Jean Gaffin
Margaret Grudem
Debra Oss
Nancy Saucy
Ann Storms

COLECCIÓN TEOLÓGICA CONTEMPORÁNEA:
libros publicados

Estudios bíblicos

Michael J. Wilkins & J.P. Moreland (editores), *Jesús bajo sospecha*, Colección Teológica Contemporánea vol. 4, 2003.

F.F. Bruce, *Comentario de la Epístola a los Gálatas*, Colección Teológica Contemporánea vol. 7, 2004.

Peter H. Davids, *La Primera Epístola de Pedro*, Colección Teológica Contemporánea vol. 10, 2004.

Estudios teológicos

Richard Bauckham, *Dios Crucificado: Monoteísmo y Cristología en el Nuevo Testamento*, Colección Teológica Contemporánea vol. 6, 2003.

G.E. Ladd, *Una Teología del Nuevo Testamento*, Colección Teológica Contemporánea vol. 2, 2003.

Leon Morris, *Jesús es el Cristo: Estudios sobre la Teología Joánica*, Colección Teológica Contemporánea vol. 5, 2003.

N.T. Wright, *El verdadero pensamiento de Pablo*, Colección Teológica Contemporánea vol. 1, 2002.

Clark H. Pinnock, *Revelación bíblica: el fundamento de la teología cristiana*, Colección Teológica Contemporánea vol. 8, 2004.

Estudios ministeriales

Michael Green & Alister McGrath, *¿Cómo llegar a ellos? Defendamos y comuniquemos la fe cristiana a los no creyentes*, Colección Teológica Contemporánea vol. 3, 2003.

Wayne. A. Grudem, ed., *¿Son vigentes los dones milagrosos? Cuatro puntos de vista*, Colección Teológica Contemporánea vol. 9, 2004.

Índice

Presentación de la
Colección Teológica Contemporánea

Cualquier estudiante de la Biblia sabe que hoy en día la literatura cristiana evangélica en lengua castellana aún tiene muchos huecos que cubrir. En consecuencia, los creyentes españoles muchas veces no cuentan con las herramientas necesarias para tratar el texto bíblico, para conocer el contexto teológico de la Biblia, y para reflexionar sobre cómo aplicar todo lo anterior en el transcurrir de la vida cristiana.

Esta convicción fue el principio de un sueño: la "Colección Teológica Contemporánea." Necesitamos más y mejores libros para formar a nuestros estudiantes y pastores para su ministerio. Y no solo en el campo bíblico y teológico, sino también en el práctico - si es que se puede distinguir entre lo teológico y lo práctico -, pues nuestra experiencia nos dice que por práctica que sea una teología, no aportará ningún beneficio a la Iglesia si no es una teología correcta.

Sería magnífico contar con el tiempo y los expertos necesarios para escribir libros sobre las áreas que aún faltan por cubrir. Pero como éste no es un proyecto viable por el momento, hemos decidido traducir una serie de libros escritos originalmente en inglés.

Queremos destacar que además de trabajar en la traducción de estos libros, en muchos de ellos hemos añadido preguntas de estudio al final de cada capítulo para ayudar a que tanto alumnos como profesores de seminarios bíblicos, como el público en general, descubran cuáles son las enseñanzas básicas, puedan estudiar de manera más profunda, y puedan reflexionar de forma actual y relevante sobre las aplicaciones de los temas tratados. También hemos añadido en la mayoría de los libros una bibliografía en castellano, para facilitar la tarea de un estudio más profundo del tema en cuestión.

En esta "Colección Teológica Contemporánea," el lector encontrará una variedad de autores y tradiciones evangélicos de reconocida trayectoria. Algunos de ellos ya son conocidos en el mundo de habla hispana (como F.F. Bruce, G.E. Ladd y L.L. Morris). Otros no tanto, ya que aún no han sido traducidos a nuestra lengua (como N.T. Wright y R. Bauckham); no obstante, son mundialmente conocidos por su experiencia y conocimiento.

Todos los autores elegidos son de una seriedad rigurosa y tratan los diferentes temas de una forma profunda y comprometida. Así, todos los libros son el reflejo de los objetivos que esta colección se ha propuesto:

1. Traducir y publicar buena literatura evangélica para pastores, profesores y estudiantes de la Biblia.
2. Publicar libros especializados en las áreas donde hay una mayor escasez.

La "Colección Teológica Contemporánea" es una serie de estudios bíblicos y teológicos dirigida a pastores, líderes de iglesia, profesores y estudiantes de seminarios e institutos bíblicos, y creyentes en general, interesados en el estudio serio de la Biblia. La colección se dividirá en tres áreas:

Estudios bíblicos
Estudios teológicos
Estudios ministeriales

Esperamos que estos libros sean una aportación muy positiva para el mundo de habla hispana, tal como lo han sido para el mundo anglófono y que, como consecuencia, los cristianos – bien formados en Biblia y en Teología – impactemos al mundo con el fin de que Dios, y solo Dios, reciba toda la gloria.

Queremos expresar nuestro agradecimiento a los que han hecho que esta colección sea una realidad, a través de sus donativos y oraciones. "Tu Padre ... te recompensará".

Dr. Matthew C. Williams
Editor de la Colección Teológica Contemporánea
Profesor en IBSTE (Barcelona) y Talbot School of Theology (Los Angeles, CA., EEUU)
Williams@bsab.com

Lista de títulos

A continuación presentamos los títulos de los libros que publicaremos, DM, en los próximos tres años, y la temática de las publicaciones donde queda pendiente asignar un libro de texto. Es posible que haya algún cambio, según las obras que publiquen otras editoriales, y según también las necesidades de los pastores y de los estudiantes de la Biblia. Pero el lector puede estar seguro de que vamos a continuar en esta línea, interesándonos por libros evangélicos serios y de peso.

Estudios bíblicos

Jesús

Michael J. Wilkins & J.P. Moreland (editores), *Jesús bajo sospecha*, Terrassa: CLIE, Colección Teológica Contemporánea, vol. 4, 2003. Una defensa de la historicidad de Jesús, realizada por una serie de expertos evangélicos en respuesta a "El Seminario de Jesús," un grupo que declara que el Nuevo Testamento no es fiable y que Jesús fue tan solo un ser humano normal.

Robert H. Stein, *Jesús, el Mesías: Un Estudio de la Vida de Cristo*, Downers Grove, IL; Leicester, England: InterVarsity Press, 1996 *[Jesus the Messiah: A Survey of the Life of Christ]*. Hoy en día hay muchos escritores que están adaptando el personaje y la historia de Jesús a las demandas de la era en la que vivimos. Este libro establece un diálogo con esos escritores, presentado al Jesús bíblico. Además, nos ofrece un estudio tanto de las enseñanzas como de los acontecimientos importantes de la vida de Jesús. Stein enseña Nuevo Testamento en Bethel Theological Seminary, St. Paul, Minnesota, EE.UU. Es autor de varios libros sobre Jesús, y ha tratado el tema de las parábolas y el problema sinóptico, entre otros.

Juan

Leon Morris, *Comentario del Evangelio de Juan [Commentary on John]*, 2nd edition, New International Commentary on the New Testament. Grand Rapids, MI: Wm. B. Eerdmans Publishers, 1995. Los comentarios de esta serie, *New International Commentary on the New Testament*, están considerados en el mundo anglófono como unos de los comentarios más serios y recomendables. Analizan el texto de forma detallada, deteniéndose a considerar temas contextuales y exegéticos, y el sentido general del texto.

Romanos

Douglas J. Moo, *Comentario de Romanos [Commentary on Romans]*, New International Commentary on the New Testament. Grand Rapids, MI: Wm. B. Eerdmans Publishers, 1996. Moo es profesor de Nuevo Testamento en Wheaton College. Los comentarios de esta serie, *New International Commentary on the New Testament*, están considerados en el mundo anglófono como unos de los comentarios más serios y recomendables. Analizan el texto de forma detallada, deteniéndose a considerar temas contextuales y exegéticos, y el sentido general del texto.

Gálatas

F.F. Bruce, *Comentario de la Epístola a los Gálatas*, Terrassa: CLIE, Colección Teológica Contemporánea, vol. 7, 2003.

Filipenses

Gordon Fee, *Comentario de Filipenses [Commentary on Philippians]*, New International Commentary on the New Testament. Grand Rapids, MI: Wm. B. Eerdmans Publishers, 1995. Los comentarios de esta serie, *New International Commentary on the New Testament*, están considerados en el mundo anglófono como unos de los comentarios más serios y recomendables. Analizan el texto de forma detallada, deteniéndose a considerar temas contextuales y exegéticos, y el sentido general del texto.

Pastorales

Leon Morris, *1 & 2 Tesalonicenses [1 & 2 Thessalonians]*, rev. ed., New International Commentary on the New Testament. Grand Rapids, MI: Wm. B. Eerdmans Publishers, 1991. Los comentarios de esta serie, *New International Commentary on the New Testament*, están considerados en el mundo anglófono como unos de los comentarios más serios y recomendables. Analizan el texto de forma detallada, deteniéndose a considerar temas contextuales y exegéticos, y el sentido general del texto.

Primera de Pedro

Peter H. Davids, *La Primera Epístola de Pedro [The First Epistle of Peter]*, New International Commentary on the New Testament. Grand Rapids, MI: Wm. B. Eerdmans Publishers, 1990. Los comentarios de esta serie, *New International Commentary on the New Testament*, están considerados en el mundo anglófono como unos de los comentarios más serios y recomendables. Analizan el texto de forma detallada, deteniéndose a considerar temas contextuales y exegéticos, y el sentido general del texto. Davids enseña Nuevo Testamento en Regent College, Vancouver, Canadá.

Apocalipsis

Robert H. Mounce, *El Libro del Apocalipsis [The Book of Revelation]*, rev. ed., New International Commentary on the New Testament. Grand Rapids, MI: Wm. B. Eerdmans Publishers, 1998. Los comentarios de esta serie, *New International Commentary on the New Testament*, están considerados en el mundo anglófono como unos de los comentarios más serios y recomendables. Analizan el texto de forma detallada, deteniéndose a considerar temas contextuales y exegéticos, y el sentido general del texto. Mounce es presidente emérito de Whitworth College, Spokane, Washington, EE.UU., y en la actualidad es pastor de Christ Community Church en Walnut Creek, California.

Estudios teológicos

Cristología

Richard Bauckham, *Dios Crucificado: Monoteísmo y Cristología en el Nuevo Testamento*, Terrassa: CLIE, Colección Teológica Contemporánea, vol. 6, 2003. Bauckham, profesor de Nuevo Testamento en St. Mary's College de la Universidad de St. Andrews, Escocia, conocido por sus estudios sobre el contexto de los Hechos, por su exégesis del Apocalipsis, de 2ª de Pedro y de Santiago, explica en esta obra la información contextual necesaria para comprender la cosmovisión monoteísta judía, demostrando que la idea de Jesús como Dios era perfectamente reconciliable con tal visión.

Teología del Nuevo Testamento

G.E. Ladd, *Una Teología del Nuevo Testamento*, Terrassa: CLIE, Colección Teológica Contemporánea, vol. 2, 2003. Ladd era profesor de Nuevo Testamento y Teología en Fuller Theological Seminary (EE.UU.); es conocido en el mundo de habla hispana por sus libros *Creo en la resurrección de Jesús*, *Crítica del Nuevo Testamento*, *Evangelio del Reino* y *Apocalipsis de Juan: Un comentario*. Presenta en esta obra una teología completa y erudita de todo el Nuevo Testamento.

Teología Joánica

Leon Morris, *Jesús es el Cristo: Estudios sobre la Teología Joánica*, Terrassa: CLIE, Colección Teológica Contemporánea, vol. 5, 2003. Morris es muy conocido por los muchos comentarios que ha escrito, pero sobre todo por el comentario de Juan de la serie *New International Commentary of the New Testament*. Morris también es el autor de *Creo en la Revelación*, *Las cartas a los Tesalonicenses*, *El Apocalipsis*, *¿Por qué murió Jesús?*, y *El salario del pecado*.

Teología Paulina

N.T. Wright, *El verdadero pensamiento de Pablo*, Terrassa: CLIE, Colección Teológica Contemporánea, vol. 1, 2002. Una respuesta a aquellos que dicen que Pablo comenzó una religión diferente a la de Jesús. Se trata de una excelente introducción a la teología paulina y a la "nueva perspectiva" del estudio paulino, que propone que Pablo luchó contra el exclusivismo judío y no tanto contra el legalismo.

Teología Sistemática

Millard Erickson, *Teología sistemática [Christian Theology]*, 2nd edition, Grand Rapids: Baker, 1998. Durante quince años esta teología sistemática de Millard Erickson ha sido utilizada en muchos lugares como una introducción muy completa. Ahora se ha revisado este clásico teniendo en cuenta los cambios teológicos, al igual que los muchos cambios intelectuales, políticos, económicos y sociales.

Teología Sistemática: Revelación/Inspiración

Clark H. Pinnock, *Revelación bíblica: el fundamento de la teología cristiana*, Prefacio de J.I. Packer, Terrassa: CLIE, Colección Teológica Contemporánea, vol. 8, 2004. Aunque conocemos los cambios teológicos de Pinnock en estos últimos años, este libro, de una etapa anterior, es una defensa evangélica de la infalibilidad y veracidad de las Escrituras.

Estudios ministeriales

Apologética/Evangelización

Michael Green & Alister McGrath, *¿Cómo llegar a ellos? Defendamos y comuniquemos la fe cristiana a los no creyentes*, Terrassa: CLIE, Colección Teológica Contemporánea, vol. 3, 2003. Esta obra explora la evangelización y la apologética en el mundo postmoderno en el que nos ha tocado vivir, escrito por expertos en evangelización y Teología.

Dones/Pneumatología

Wayne. A. Grudem, ed., ¿*Son vigentes los dones milagrosos? Cuatro puntos de vista*, Terrassa: CLIE, Colección Teológica Contemporánea, vol. 9, 2004. Este libro pertenece a una serie que se dedica a exponer las diferentes posiciones que hay sobre diversos temas. Esta obra nos ofrece los argumentos de la perspectiva cesacionista, abierta pero cautelosa, la de la Tercera Ola, y la del movimiento carismático; cada una de ellas acompañadas de los comentarios y la crítica de las perspectivas opuestas.

Soteriología

J. Matthew Pinson, ed., *Cuatro puntos de vista sobre la Seguridad de la Salvación [Four Views on Eternal Security]*, Grand Rapids: Zondervan, 2002. ¿Puede alguien perder la salvación? ¿Cómo presentan las Escrituras la compleja interacción entre la Gracia y el Libre albedrío? Este libro pertenece a una serie que se dedica a exponer las diferentes posiciones que hay sobre diversos temas. En él encontraremos los argumentos de la perspectiva del calvinismo clásico, la del calvinismo moderado, la del arminianismo reformado, y la del arminianismo wesleyano; todas ellas acompañadas de los comentarios y la crítica de las posiciones opuestas.

Mujeres en la Iglesia

Bonnidell Clouse & Robert G. Clouse, eds., *Mujeres en el ministerio. Cuatro puntos de vista [Women in Ministry: Four Views]*, Downers Grove: IVP, 1989. Este libro pertenece a una serie que se dedica a exponer las diferentes posiciones que hay sobre diversos temas. Esta obra nos ofrece los argumentos de la perspectiva tradicional, la del liderazgo masculino, la del ministerio plural, y la de la aproximación igualitaria; todas ellas acompañadas de los comentarios y la crítica de las perspectivas opuestas.

Vida cristiana

Dallas Willard, *Renueva tu Corazón: Sé como Cristo [Renovation of the Heart: Putting on the Character of Christ]*, Colorado Springs: NavPress, 2002. No "nacemos de nuevo" para seguir siendo como antes. Pero: ¿Cuántas veces, al mirar a nuestro alrededor, nos decepcionamos al ver la poca madurez espiritual de muchos creyentes? Tenemos una buena noticia: es posible crecer espiritualmente, deshacerse de hábitos pecaminosos, y parecerse cada vez más a Cristo. Este *bestseller* nos cuenta cómo transformar nuestro corazón, para que cada elemento de nuestro ser esté en armonía con el reino de Dios.

Prefacio

¿Cómo actúa el Espíritu Santo en las iglesias de hoy? ¿Realiza sanidades milagrosas, da profecías y mensajes en lenguas? ¿Otorga a los cristianos un nuevo poder para ministrar cuando experimentan "el Bautismo del Espíritu Santo" después de la conversión? ¿Expulsa a los demonios cuando los cristianos lo ordenan?

O, tal vez, ¿son estas cosas reliquias de un pasado distante, del tiempo en el que se estaba escribiendo el Nuevo Testamento y los apóstoles estaban vivos, dirigían, enseñaban (y hacían milagros) en las iglesias?

Entre los evangélicos de hoy existe poco consenso en la respuesta a estas preguntas. Muchos pentecostales dicen que los cristianos deberían buscar ser bautizados por el Espíritu Santo después de la conversión, y que esta experiencia resultará en un nuevo poder espiritual para el ministerio. Otros evangélicos, sin embargo, responden que ya han sido bautizados por el Espíritu Santo, porque sucedió en el momento de convertirse en cristianos. ¿Quién tiene razón? ¿Cuáles son los argumentos de cada postura?

Como añadidura a estas preguntas, existen también muchas diferencias sobre los dones espirituales extraordinarios. ¿Puede alguien, actualmente, tener el don de profecía, de modo que Dios le revele cosas y esta persona pueda revelárselas a los demás? O ¿se circunscribe al tiempo en que el Nuevo Testamento estaba todavía por terminar, en el primer siglo d.C.? Y ¿qué hay de las sanidades? Cuando los cristianos oran hoy en día: ¿deben esperar que Dios sane frecuentemente de manera milagrosa? ¿Pueden algunas personas todavía tener un don de sanidad? O ¿Debemos enfatizar al orar que Dios realice la sanidad a través de los medios normales, como los doctores y la Medicina? De nuevo: ¿deberíamos animar a la gente para que viera el valor de la enfermedad, y orar para que tenga Gracia para resistir?

Existe incluso menos consenso todavía sobre el don de hablar en lenguas. Algunos cristianos dicen que es una ayuda útil en su vida de oración. Otros dicen que es una señal de haber sido bautizado en el Espíritu Santo.

Otros dicen que en la actualidad no existe porque es una forma de revelación verbal de Dios que terminó cuando el Nuevo Testamento fue completado.

Podríamos continuar con más preguntas sobre si el Espíritu Santo nos guía en la actualidad a través de sentimientos e impresiones de su voluntad, acerca de expulsar demonios, sobre buscar dones milagrosos, sobre afirmaciones como que la evangelización debe ir acompañada por demostraciones del poder milagroso de Dios. Pero la idea ya ha quedado clara: estamos ante un área de debate amplio e interesante, de inmensa importancia para la Iglesia de hoy.

Las cuatro posiciones

¿Existe algún camino en medio de este conjunto de preguntas y diferentes visiones? El primer paso debe ser definir claramente cuáles son los principales puntos de vista en el mundo evangélico. Si lo único que hacemos es lograr este objetivo, ya habremos conseguido algo valioso.

Pero, ¿cuáles son las posiciones principales? ¿Puede clasificarse a todo el mundo evangélico en estas cuatro posiciones? Al discutirlo con los editores Stan Gundry y Jack Kuhatschek de la Zondervan Publishing House, algunas posturas inmediatamente quedaron claras.

La posición *cesacionista** argumenta que no existen los dones milagrosos ni los dones del Espíritu Santo en la actualidad. Los dones como la profecía, hablar en lenguas y las sanidades estaban circunscritos al primer siglo, y fueron utilizados cuando los apóstoles establecían las iglesias, y el Nuevo Testamento aún no había sido completado. Esta posición está bien definida y es defendida a menudo entre los estudiosos evangélicos.

Existen cesacionistas dentro de los segmentos reformados y dispensacionalistas del mundo evangélico. El cesacionismo reformado está representado para muchos en el Westminster Seminary, en especial por Richard Gaffin. Los cesacionistas dispensacionalistas mantienen posturas similares en este tema, pero están en instituciones diferentes; están representados por instituciones como el Dallas Seminary y The Master's Seminary. Dentro de la tradición luterana, los grupos conservadores, como el Missouri Synod [Sínodo de Missouri] también mantienen en su mayoría una postura cesacionista.

---

* N. del T. En este libro utilizaremos la palabra "cesacionistas" para denominar al grupo de creyentes que defiende el cese de los dones milagrosos.

En clara oposición a los cesacionistas están tres grupos que promueven el uso de los dones milagrosos hoy en día: *Pentecostales, Carismáticos y Tercera Ola*. Aunque la gente en ocasiones utiliza los términos "pentecostal" y "carismático" indiscriminadamente para referirse a todos estos grupos, los términos se entienden mejor de la siguiente manera:

Pentecostal se refiere a cualquier denominación o grupo que tenga sus orígenes en el avivamiento pentecostal que comenzó en los Estados Unidos en 1901, y que mantiene la doctrina siguiente: (1) todos los dones del Espíritu Santo mencionados en el Nuevo Testamento están pensados para hoy, (2) el Bautismo del Espíritu Santo es una experiencia poderosa que sigue a la conversión, y debería ser buscado por los cristianos en la actualidad, y (3) cuando el Bautismo del Espíritu Santo tiene lugar, las personas hablarán en lenguas como una "señal" de que han vivido esa experiencia. Los grupos pentecostales normalmente tiene sus propias estructuras denominacionales distintivas, entre las cuales están las Asambleas de Dios, la Iglesia de Dios en Cristo, y muchas otras.

Carismático, por otra parte, se refiere a cualquier grupo (o personas) que tenga sus orígenes en el movimiento de renovación carismático de los años 60 y 70, y que busque practicar todos los dones milagrosos mencionados en el Nuevo Testamento (incluyendo profecía, sanidad, milagros, hablar en lenguas, interpretación y discernimiento de espíritus). Entre los carismáticos existen diferentes puntos de vista sobre si el Bautismo del Espíritu Santo es subsiguiente a la conversión y sobre si hablar en lenguas es una señal de ello o no. Los carismáticos se han abstenido de formar sus propias denominaciones, pero se ven a sí mismos como una fuerza renovadora dentro de las iglesias protestantes y católico-romanas. En los Estados Unidos no existe una denominación carismática representativa, pero el portavoz carismático más prominente es seguramente Pat Robertson, con su Christian Broadcasting Network, el programa de televisión "El Club 700" y la Regent University (antiguamente CBN University).

En los años 80, nació un tercer movimiento, un movimiento que el profesor de Misiones C. Peter Wagner del seminario Fuller ha llamado la *Tercera Ola** (se refería a la renovación pentecostal como la primera ola de la obra regeneradora del Espíritu Santo en la Iglesia moderna, y el movimiento carismático como la segunda ola). Las personas de la Tercera Ola animan a todos los creyentes a utilizar los dones milagrosos del Nuevo

---

*N del T: Este movimiento también es llamado en España "Neopentecostalismo"

Testamento en la actualidad y dicen que la proclamación del Evangelio debe ir acompañada, habitualmente, por "señales, maravillas y milagros", según el patrón del Nuevo Testamento. No obstante, enseñan que el Bautismo del Espíritu Santo sucede a todos los cristianos en su conversión[1] y que las subsiguientes experiencias son mejor llamadas "ser llenos" del Espíritu Santo o "ser dotados de poder". Aunque creen que el don de lenguas existe todavía, no lo enfatizan como los carismáticos o los pentecostales. El representante más prominente de la "Tercera Ola" es John Wimber, pastor de la Comunidad Cristiana de la Viña, en Anaheim, California, y líder de la Asociación de Iglesias de la Viña.[2]

Estas son las posiciones claramente definidas: cesacionista, pentecostal, carismática y la de la Tercera Ola. Difícilmente, no obstante, representan a todo el mundo evangélico. Existe todavía una posición más, mantenida por un gran número de evangélicos, quienes no se ven dentro de ninguno de estos grupos. No están convencidos de los argumentos cesacionistas que relegan ciertos dones al primer siglo, pero tampoco están convencidos de la doctrina o la práctica de aquellos que enfatizan la validez de los dones en la actualidad. Están abiertos a la posibilidad de que haya dones milagrosos hoy en día, pero les preocupa la posibilidad de que se den los abusos que han visto en los grupos que practican estos dones. No creen que el hablar en lenguas esté vetado por la Escritura, pero ven que muchos ejemplos modernos no se ajustan a las pautas de las Escrituras; a algunos les preocupa también que frecuentemente acabe en divisiones y resultados negativos en las iglesias actuales. Creen que las iglesias

---

[1] John Wimber, en su libro sobre doctrina cristiana, escribe: «¿Cómo podemos experimentar el Bautismo del Espíritu? Llega con la Conversión... La Conversión y el Bautismo del Espíritu Santo son experiencias simultáneas» (*Power Points* [San Francisco: Harper Collins, 1991], 136).

[2] Como editor, no me quedé satisfecho con el nombre "Tercera Ola" para este movimiento, porque no tiene un significado aparente que se refiera al énfasis distintivo del movimiento. Consideré el término "evangélicos expectantes", porque un rasgo distintivo es el alto nivel de expectación en que Dios obre milagrosamente en la actualidad, pero los autores lo rechazaron por ser completamente desconocido. Un portavoz reciente de este grupo ha elegido el término de «evangélicos capacitados», sin que ello implique la ausencia de capacitación en los demás, del mismo modo que el término "bautista" no significa que otros no se bauticen, o el término "presbiteriano", que otros no tengan ancianos. Indicaría que la capacitación del Espíritu Santo es un énfasis prominente en la enseñanza y práctica de este grupo: Ver Rich Nathan y Ken Wilson, *Empowered Evangelicals* (Ann Arbor, Mich.: Servant, 1995). Quizás esta es la mejor alternativa, pero el consenso de los cuatro autores, incluido el Dr. Storms, era que de momento, "la Tercera Ola" es el término más familiar y el que mejor funcionaría en este libro. (N del T: en España también se conoce con el nombre de "Neopentecostalismo")

deberían enfatizar la evangelización, el estudio bíblico y una obediencia fiel como claves para el crecimiento personal y de Iglesia, en lugar de los dones milagrosos. No obstante, aprecian algunos de los beneficios que las iglesias pentecostales, carismáticas y de la Tercera Ola han aportado al mundo evangélico, especialmente un tono refrescantemente contemporáneo en la adoración y un reto para renovar la fe a través de la oración.

Mientras los editores de Zondervan y yo hablábamos, nos dimos cuenta de que este último grupo era gigantesco en el mundo evangélico, pero que no tenía nombre. En el libro nos referiremos a ellos como *la postura abierta, pero cautelosa*.* Representa el amplio campo de evangélicos que no están en los otros grupos. Sospecho que es la opinión mayoritaria entre los evangélicos hoy, al menos en los Estados Unidos.

Nos quedamos entonces con cinco posiciones: (1) cesacionistas, (2) abierta, pero cautelosa, (3) Tercera Ola, (4) carismáticos y (5) pentecostales. Sin embargo, contar con cinco ensayos no hubiera sido satisfactorio, porque tres de ellos habrían argumentado a favor de la validez de los dones milagrosos en la actualidad, haciendo que el libro no estuviera equilibrado en la respuesta a la principal pregunta que propone. De modo que combinamos las posturas (4) y (5), y le pedimos al autor pentecostal que representara tanto el punto de vista pentecostal como, cuando fuera diferente, el carismático. Al final, nos quedamos con los cuatro puntos de vista ahora representados en este libro: (1) cesacionistas, (2) abierta, pero cautelosa, (3) Tercera Ola, y (4) carismáticos / pentecostales.

Los autores

Para conseguir las mejores opiniones posibles de cada grupo, mi objetivo como editor general era encontrar los representantes más responsables de estas cuatro posiciones entre los estudiosos protestantes evangélicos de la actualidad. Quería que los ensayos actuaran recíprocamente con las preguntas eruditas, de modo que la búsqueda se limitó a los individuos que tenían doctorados académicos y que hubieran demostrado, en sus anteriores escritos e investigaciones, una competencia considera-

---

*Nota del Traductor: en el original inglés esta postura se denomina *an open but cautious position*, lit. "una posición abierta, pero cautelosa". Con ello, el autor pretende condensar la idea de que la Biblia no se define con total claridad en este tema, por lo que no está cerrado a la posibilidad de que Dios siga dando dones milagrosos en la actualidad. La cautela, no obstante, le lleva a no dar por supuesto que todas las manifestaciones aparentemente milagrosas de hoy en día, provengan de Dios.

ble en la exégesis bíblica. También buscaba a personas que tuvieran reputación en presentar justamente las posiciones con las que no estaban de acuerdo, pero que no obstante, afirmaran y defendieran sus propias convicciones firmemente. Tanto los editores de Zondervan como yo esperamos que cuando este libro se publique, cada lector sepa que el autor que representa su opinión lo ha hecho con justicia y habilidad. Los autores de los cuatro ensayos son los siguientes:

(1) *Cesacionistas*: Para la posición cesacionista consultamos al doctor Richard. B. Gaffin, profesor de Teología Sistemática en el Westminster Theological Seminary de Filadelfia. Ya ha publicado una defensa extensa del cesacionismo en su libro *Perspectives on Pentecost: Studies in New Testament Teaching on the Gifts of the Holy Spirit* (Philisburg, N.J.: Presbyterian and Reformed, 1979), que ha tenido una influencia considerable desde su publicación. Es licenciado en Filosofía y Letras por el Calvin College, licenciado en Teología, Máster en Divinidad y Máster en Teología por el Westminster Seminary, donde ha enseñado Nuevo Testamento durante 23 años, y ahora enseña Teología Sistemática desde 1986. El Dr. Gaffin es ministro en la Iglesia Cristiana Ortodoxa.

(2) *La Postura abierta, pero cautelosa*: Para el reto de representar a este inmenso grupo de evangélicos invitamos al Dr. Robert L. Saucy, profesor distinguido de Teología Sistemática en la Talbot School of Theology de California, donde, a lo largo de una carrera como profesor que abarca ahora 34 años, ha instruido a muchos de los actuales líderes evangélicos. Es licenciado en Filosofía y Letras por el Westmont College y tiene un Máster en Teología y un Máster en Divinidad obtenidos en el Dallas Seminary, habiendo publicado tres libros y numerosos artículos especializados. El Dr. Saucy es miembro de una iglesia bautista conservadora.

(3) *Tercera Ola*: Para representar este punto de vista reciente entre los evangélicos, nos dirigimos al Dr. C. Samuel Storms, el presidente del Grace Training Center, un instituto bíblico conectado con la Comunidad Metropolitana de la Viña de Kansas City, y también pastor de la Comunidad Metropolitana de la Viña. El Dr. Storms es licenciado en Filosofía y Letras por la Universidad de Oklahoma, obtuvo el Máster en Teología en el Dallas Seminary y el doctorado en la Universidad de Texas en Dallas. Cuenta con más de 20 años de experiencia pastoral, y es autor de 6 libros. Recientemente ha hablado y escrito sobre su decisión de adherirse al movimiento de La Viña.

(4) *Pentecostales / carismáticos*: Para representar estas opiniones, hablamos con el Dr. Douglas A. Oss, profesor de Hermenéutica y Nuevo Testa-

mento, y Jefe del Departamento de Biblia y Teología del Central Bible College (Asambleas de Dios) en Springfield, Missouri, donde lleva enseñando desde 1988. El Dr. Oss es licenciado en Filosofía y Letras por la Western Washington University, tiene un Máster en Divinidad en el Assemblies of God Theological Seminary y se doctoró en el Westminster Seminary de Filadelfia. Está a punto de publicar dos libros, *The Hermeneutical Framework of Pentecostalism* y un comentario sobre 2 Corintios, y ha publicado varios artículos especializados. El Dr. Oss es miembro de una iglesia de las Asambleas de Dios.

(5) *El Editor General*: Para completar la información ofrecida sobre los otros autores, debo añadir que actualmente soy profesor de Teología Bíblica y Sistemática en el Trinity Evangelical Divinity School, en Deerfield, Illinois, donde llevo enseñando desde 1981. Mi trasfondo académico incluye títulos en Harvard (Licenciatura en Filosofía y Letras), Máster en Divinidad en el Westminster Seminary y estoy doctorado por la Universidad de Cambridge, en Inglaterra. Durante la mayor parte de mi vida he estado en iglesias "moderadas", con tres excepciones:

En mi época universitaria tuve el privilegio de trabajar un verano en Mt. Vernon, Nueva York, como asistente del reverendo Harald Bredesen, quien, en aquella época, era un portavoz prominente de la renovación carismática. Más tarde, ya en el Seminario, fui becario durante el verano de una iglesia ortodoxa presbiteriana "cesacionista" en Westfield, Nueva Jersey. El Pastor Robert Atwell, un cesacionista, simplemente me pidió que no hiciera de mis convicciones sobre los dones milagrosos un tema de controversia en la iglesia. Finalmente, entre 1989 y 1994, mi mujer y yo formamos parte de una iglesia de La Viña, y también ayudamos a establecer otra, pero el viaje de 45 minutos finalmente demostró ser mucha distancia para implicarnos eficazmente en ella. Por esa razón comenzamos a ir a una maravillosa iglesia bautista cerca de casa, de la que ahora somos miembros.

Gracias a este trasfondo variado, he adquirido una apreciación profunda por la sinceridad y por la vida cristiana de las personas que mantienen estas "cuatro posturas". Esto no significa que crea que estos temas no tienen importancia, o que todas las posiciones son igualmente persuasivas. ¡Ahora corresponde a los lectores elegir cuál de las cuatro es más fiel a la Escritura!

El proceso

Los ensayos

Cada autor escribió primero un trabajo de 50 páginas con su posicionamiento, que no podía ser cambiado una vez entregado. (Se hizo para ser justo con los otros autores, que así podían estar seguros de que sus respuestas se referirían a los mismos escritos que aparecerían en el libro). Los autores tenían que tratar los siguientes temas en orden, aunque el espacio dedicado a cada uno podía variar:

(1) El Bautismo del Espíritu Santo y las experiencias posteriores a la conversión.
(2) La vigencia o no de algunos dones.
(3) Una discusión de dones específicos: profecía, hablar en lenguas y sanidades.
(4) Implicaciones prácticas para la vida de iglesia.
(5) Riesgos de la posición propia y de las otras.[3]

Estos trabajos de posicionamiento circularon entre los autores, y cada autor escribió una respuesta de 8 páginas a los otros trabajos. Llegado este punto, las posiciones han sido definidas, defendidas y criticadas. Muchos otros libros con cuatro puntos de vista acaban así.

Las conferencias de los autores

No obstante, tras escribir los artículos y las respuestas, los cuatro autores y yo (como editor) nos reunimos en una conferencia de dos días a puerta cerrada en Filadelfia, los días 14 y 15 de noviembre de 1995. El propósito era que los autores hablaran con tiempo después de haber escrito y leído tanto sobre estos temas. Quizás resultara en un entendi-

---

[3] Los autores y yo decidimos conjuntamente no discutir el tema de la "Bendición de Toronto" en este libro, porque (1) es un tema distinto del de este libro, que se centra en ciertos dones del Espíritu Santo en la actualidad; (2) es un hecho histórico y específico, pero aquí estamos escribiendo sobre continuidad, la vida diaria de la Iglesia; y (3) incluso dentro de las cuatro posturas representadas en este libro, existen diferentes evaluaciones de lo que ha pasado en Toronto. No obstante, algunos comentarios y bibliografía pueden encontrarse en el artículo del Dr. Storms y en el del Dr. Saucy.

miento más preciso de las otras posturas (así fue). Quizás los autores descubrieran que estaban siendo entendidos como no pretendían (ocurrió en una o dos ocasiones). Quizás la discusión podía entrar en más detalles que en los artículos (podían y lo hicieron). Quizás incluso los autores cambiaran de posición (ninguno lo hizo).

La gente me ha preguntado por qué estos cuatro hombres, que creen en la misma Biblia, y que tienen el mismo amor profundo y personal por nuestro Señor, no pudieron ponerse de acuerdo sobre estas cosas. Yo les digo que toda la Iglesia tardó hasta el año 381 (en Constantinopla) para fijar finalmente la doctrina de la Trinidad, y hasta el año 451 (en Calcedonia) para fijar las disputas sobre la Deidad y la humanidad de Cristo en una persona. ¡No debemos sorprendernos si estos complejos temas sobre la obra del Espíritu Santo no se resuelven en dos días!

Por otro lado, creo que todos se esforzaron por entender y actuar de forma recíproca con las demás posturas. El diálogo cara a cara tiene un valor inmenso, especialmente cuando no es interrumpido por teléfonos, citas y clases que enseñar.

Durante esta conferencia, los cinco nos embarcamos en 17 horas de discusión intensa, con los Nuevos Testamentos griegos a veces en la mano, y cambiando de alineación según los temas de discusión iban pasando del Bautismo del Espíritu Santo a la guía, la profecía, el don de lenguas, la sanidad, la guerra espiritual y otros temas relacionados. Una y otra vez volvimos a la pregunta sobre si la iglesia del Nuevo Testamento, como es descrita en Hechos y en las epístolas del Nuevo Testamento, realmente debe tomarse como modelo para la vida de iglesia actual.

Por supuesto, los cuatro autores y los editores de Zondervan sabían que yo había escrito previamente defendiendo una de estas posiciones, pero aceptaron mi juramento de ser lo más imparcial posible al editar y moderar nuestra conferencia de dos días. Espero haber tenido éxito en tal empresa. Debo explicar que cuando nos enfrascamos en la conferencia de dos días, de vez en cuando me bajaba de mi puesto de "moderador" y participaba activamente en la discusión (especialmente sobre el don de la profecía, sobre el que he escrito bastante). No obstante, los doctores Gaffin y Saucy, que sostenían la opinión contraria en este tema, fueron muy capaces de defender su posición, y no creo que mi participación tergiversara la discusión de forma significativa. En cualquier caso, mi papel como moderador era centrar la discusión en un asunto cada vez, ¡y avisar de cuándo parar para cenar!

¿Cómo respondieron los autores a esta conferencia? Creo que uno habló por todos ellos cuando dijo: "no me hubiera perdido esto por nada".

Una evaluación más detallada puede encontrarse en la "Declaración final" de cada autor, que fue escrita después de esta conferencia.

Puntos de vista no representados en este libro

En el mundo evangélico, especialmente en el ámbito popular, existen varios puntos de vista no representados en este libro. Por ejemplo, nadie en el libro argumenta ninguna de las siguientes ideas:

(1) Si una persona no ha hablado en lenguas, no es verdaderamente cristiana.

(2) Si una persona no ha hablado en lenguas, no tiene el Espíritu Santo en su interior.

(3) Las personas que hablan en lenguas son más espirituales que las que no lo hacen.

(4) Si se ora por una persona y ésta no se cura, probablemente es culpa de la persona enferma por no tener suficiente fe.

(5) Dios quiere que todos los cristianos sean ricos hoy.

(6) La voluntad de Dios siempre es sanar a un cristiano que está enfermo.

(7) Si hablamos simplemente con "palabras de fe", Dios nos dará lo que pidamos con esta fe.

(8) Hoy en día, existen apóstoles en el mismo sentido que Pedro y Pablo.

(9) Si estamos guiados de verdad por el Espíritu Santo, no necesitamos la dirección de las Escrituras.

(10) Deberíamos seguir a líderes ungidos con ministerios fructíferos, incluso si niegan la inerrancia de las Escrituras.

(11) Hablar en lenguas es demoníaco en su origen.

(12) Al guiarnos, el Espíritu nunca usa nuestras intuiciones, corazonadas o sentimientos.

(13) No debemos esperar que Dios sane actualmente en respuesta a una oración.

(14) Dios nunca hace milagros en la actualidad, porque éstos cesaron al morir los apóstoles.

(15) Los carismáticos y los pentecostales no son cristianos evangélicos.

(16) El movimiento carismático es una parte de la religión de la Nueva Era.

(17) El movimiento de la Tercera Ola (o el movimiento de La Viña) no es evangélico (o es una secta).

(18) Los carismáticos son generalmente anti-intelectuales.

(19) Los cesacionistas en general son racionalistas y su fe es mayoritariamente un intelectualismo inerte.

(20) Es legítimo criticar a otra posición contando anécdotas o errores hechos por laicos.

Creo que es justo decir que los cuatro autores se unirían en su rechazo a estas enseñanzas. Estas posiciones, hasta donde sabemos, no son defendidas por los líderes académicos de ninguna rama del mundo evangélico. En algunos casos son interpretaciones erróneas de las enseñanzas de las Escrituras, y en otros casos son caricaturas de otras posiciones. Pero creemos que en todos los casos son enseñanzas que son de tropiezo para el Cuerpo de Cristo, y no de edificación, para que éste se afiance en la verdad y en fidelidad a la Palabra de Dios.

Principios compartidos por los autores

Finalmente, aunque quedaron diferencias importantes en algunas cuestiones clave, creo que las páginas siguientes mostrarán que estas cuatro opiniones comparten algunos principios. Estuvimos de acuerdo en que Dios responde a las oraciones en la actualidad. En nuestras discusiones juntos nos dimos cuenta, de una manera mucho más intensa, de la unidad fundamental que compartimos como hermanos en Cristo, y también de que esta unidad en Cristo no se rompe por nuestras diferencias en estos temas, a pesar de ser tan importantes para la Iglesia de hoy.

Somos conscientes de que este libro puede ser la base para muchas discusiones posteriores entre cristianos que lo lean y que tengan opiniones diferentes. Es nuestra esperanza que la evidente bendición que Dios dio a nuestras discusiones, la cual nos permitió dilatarlas clara y directamente durante 17 horas sin que nadie ni una vez perdiera los nervios o lanzara ataques personales, y todo el mundo buscando sinceramente entender las Escrituras de un modo más preciso, se haga también evidente en las discusiones que sigan a estos ensayos.

Ahora, es la esperanza de los cinco que, al publicar este libro, el Señor quede complacido para utilizarlo en clarificar la continua disputa sobre estos temas, para proporcionar declaraciones responsables de las principales posiciones, y para mostrar claramente dónde existe una base común, y dónde están las principales diferencias. Y quizá a partir de este fundamento, el entendimiento que la Iglesia tiene de estas materias progresará, "hasta que todos lleguemos a la unidad de la fe y al pleno conocimiento del Hijo de Dios" (Ef. 4:13).

Finalmente, quiero dar gracias de manera especial a mi ayudante, Jeff Purswell, por recopilar los índices de autores y de textos bíblicos, y por trabajar cuidadosamente las numerosas referencias que aparecen en el libro; a mi secretaria, Kim Pennington, por coordinar fielmente la correspondencia y la transmisión de los manuscritos entre los cuatro autores; a Stan Gundry, Jack Kuhatschek y Verlyn Verbrugge de Zondervan por su ayuda editorial rápida y precisa en cada fase de este proyecto.

WAYNE A. GRUDEM
Trinity Evangelical Divinity School
Deerfield, Illinois
Febrero de 1996

Abreviaturas

EvQ	*The Evangelical Quarterly*
GTJ	*Grace Theological Journal*
ICC	*International Critical Commentary*
IDB	*Interpreter's Dictionary of the Bible*
IDBS	*Interpreter's Dictionary of the Bible Supplement*
JETS	*Journal of the Evangelical Theological Society*
JPT	*Journal of Pentecostal Theology*
JSNTSup	*Journal for the Study of the New Testament Supplement Series*
KJV	*King James Version*
LW	*Luther's Works*
LXX	*Septuaginta*
NASB	*New American Standard Bible*
NEB	*New English Bible*
NICNT	*New International Commentary on the New Testament*
NICOT	*New International Commentary on the Old Testament*
NIDNTT	*New International Dictionary of New Testament Theology*
NIGTC	*New International Greek Testament Commentary*
NRSV	*New Revised Standard Version*
NIV	*New International Version o*
NVI	*Nueva Versión Internacional*
SBLSemPap	*Seminar Papers of the Society of Biblical Literature*
SJT	*Scottish Journal of Theology*
TDNT	*Theological Dictionary of the New Testament*
TDOT	*Theological Dictionary of the Old Testament*
TynBul	*Tyndale Bulletin*
VoxEv	*Vox Evangelica*
VT	*Vetus Testamentum*
WBC	*Word Biblical Commentary*
WTJ	*Westminster Theological Journal*

Capítulo 1
LA POSTURA CESACIONISTA

Richard B. Gaffin, Jr.

La postura cesacionista
Richard B. Gaffin, Jr.

Algunos comentarios preliminares

1. La designación del punto de vista que me han pedido que represente en este simposio sugiere solamente que estoy en contra de algo. De modo que, antes de nada, permítanme ser franco sobre lo que apoyo en el continuo debate sobre la obra del Espíritu Santo en la Iglesia de hoy. Tanto como los demás, estoy a favor de la verdad expresada en Juan 3:8, la verdad de que en su actividad, el Espíritu Santo es como el viento que sopla, Soberano y, en última instancia, incalculable. Cualquier teología del Espíritu Santo que sea sólida, siempre se encontrará con algún imposible por explicar, con algún área de misterio. La posición cesacionista que mantengo está, cuando menos, motivada por un deseo racionalista de acomodar toda la obra del Espíritu Santo dentro de un paquete pequeño y ordenado.

Al mismo tiempo, no debemos adoptar un tipo de "capricho del Espíritu". El Espíritu como el viento de Juan 3:8 no se mueve en el vacío. Toda la Escritura enseña que, en su propia soberanía, el Espíritu ha circunscrito su actividad de acuerdo con los patrones en ella revelados. Estos patrones, y no lo que el Espíritu elija hacer más allá de ellos, son los que deben dar forma a las expectativas de la Iglesia de hoy.

El reproche típico que se le hace a la postura cesacionista es el de "intentar meter al Espíritu Santo en una caja". Pero, según la Escritura, como intentaré mostrar a continuación, el Espíritu, soberanamente, ha decidido meterse en una "caja"; podríamos decir que el fervor del Espíritu es un "fervor ordenado" (Cf. 1 Co. 14:33, 40).

2. El contexto de Juan 3:8, la conversación sobre nacer de nuevo entre Jesús y Nicodemo, sugiere otra observación. En este simposio no estamos discutiendo sobre si el Espíritu de Dios está obrando hoy en día de manera poderosa, dinámica, sobrenatural y directa. No existe, en mi opinión, una

obra del Espíritu más radical, impresionante, milagrosa y completamente sobrenatural que la que hace - hoy, ahora mismo - con aquellos que están nada menos que: "muertos... en delitos y pecados" (Ef. 2:1-5). Más allá de cualquier capacidad humana – reflexiva, racional, mística, intuitiva u otra - el Espíritu les hace "vivos para Dios en Cristo Jesús" (Ro. 6:11).

Esta actividad, como la posterior de Jesús en el Evangelio de Juan (p. ej., Juan 5:24-25; 11:25-26) y Pablo (p. ej., Ef. 2:5-6; Col. 2.12-13), deja claro que se trata de una obra de resurrección no menos real, no menos milagrosa, no menos escatológica que la futura resurrección de los cuerpos de los creyentes cuando Cristo vuelva. La posición cesacionista que yo, al igual que muchos otros, mantengo, no cederá ante nada en enfatizar que la actividad presente del Espíritu en los creyentes es de "extraordinaria grandeza de poder... conforme a la eficacia de la fuerza de su poder [de Dios], el cual obró en Cristo cuando lo resucitó de los muertos y lo sentó a su diestra en los lugares celestiales" (Ef. 2:1,5).

Para expresarlo suavemente, uno no debería sugerir simplemente que todas las posiciones cesacionistas son resultado de la esclavitud al realismo caracterizado por el "sentido común"[1], o son "un quasi-deísmo intelectualizado" (con la difícilmente sutil sugerencia de que se encaja en las acusaciones aniquiladoras de Jesús en Mateo 22:29 y de Pablo en 2 Ti. 3:5)[2], o revelan una "hermenéutica anti-sobrenatural" al interpretar Hechos,[3] o están tan atadas a un pensamiento ilustrado caduco y no bíblico que, a pesar de estar «encolerizadas por el racionalismo de Bultmann», no obstante, "han creado su propia marca de racionalismo."[4]

A continuación haré lo que pueda para disipar tales conceptos erróneos. Pero debemos tenerlo claro. La filosofía occidental desde la Ilustración ha negado mayoritariamente el poder de la resurrección anteriormente confesado. Del mismo modo que otros cesacionistas, soy perfectamente consciente de que en nuestras actitudes y estilos de vida a menudo comprometemos tal poder y afligimos al Espíritu Santo (ver Ef. 4:30); necesitamos percatarnos de esto, y permanecer dóciles a tal amonestación. Pero no nos ayudará considerar nuestra postura como un quasi-deísmo apartado de

[1] H.I. Lederle, "Life in the Spirit and Worldview", en Mark. W. Wilson, ed., *Spirit and Renewal: Essays in Honor of Rodman Williams* [Sheffield: Academic Press, 1994], 29.

[2] J. Ruthven, *On the Cessation of the Charismata: The Pentecostal Polemic on Post-biblical Miracles* [Sheffield: Academic Press, 1993], 204, 206.

[3] Deere, Jack, *Sorprendido por El Espíritu Santo*, Miami: Ed. Carisma, 1996.

[4] G.D. Fee, *God's Empowering Presence. The Holy Spirit in the Letters of Paul* [Peabody, Mass.: Hendrickson, 1994], 887-88; Deere, *Power of the Spirit*, 112, también enlaza con Bultmann.

lo sobrenatural, o como parte de los escombros dejados por el compromiso de la Ilustración con la autonomía de la razón humana.

De hecho, existen buenas razones para preguntar si aquí no deberíamos devolver la pelota, al menos a algunos que hablan desde la perspectiva carismática. En un reciente documento para J. Rodman Williams, por ejemplo, a Henry Lederle le anima que la espiritualidad carismática, tal y como la entiende, cubra una cosmovisión que tiene afinidades con el postmodernismo, en tanto que este movimiento filosófico busca recuperar «un sentido del todo y de la interrelación entre el conocimiento y la experiencia».[05] En otras palabras, él cree que lo que gran parte de la filosofía racionalista occidental desde la Ilustración ha suprimido durante tanto tiempo, los aspectos no racionales e intuitivos de la espiritualidad humana, la filosofía contemporánea lo está tratando de forma más adecuada.

Pero, ¿es este énfasis postmodernista realmente un avance? ¿No es la espiritualidad de Lederle la que se ha acomodado al espíritu de los tiempos? ¿Realmente hemos ganado algo para el Evangelio por rechazar una forma de filosofía, solamente para identificarla con una forma diferente que, aunque busca limitarla, sigue afirmando la autonomía racional?[6] Tal enfoque no hace justicia, por ejemplo, a la oposición generosa de Pablo entre su sabiduría guiada por el Espíritu y la sabiduría del mundo (1 Co. 1:18-3:23), o su esfuerzo "destruyendo especulaciones y todo razonamiento altivo que se levanta contra el conocimiento de Dios, poniendo todo pensamiento en cautiverio a la obediencia a Cristo." (2 Co. 10:4-5). Lo que se pide es confrontación, no limitación o contención por expansión.

Los filósofos postmodernos, especialmente desde Descartes, han rechazado acertadamente la idea de que la razón humana es neutral y no está sesgada. Pero, por lo que puedo ver yo, siguen comprometidos - en algunos casos con más resolución que la Ilustración - con la autonomía humana. Cualquier afirmación sobre la autonomía, ya sea racional o de otro tipo, del siglo XII o del XX, borra la distinción entre la criatura y el Creador. Y la totalidad humana no puede ser recuperada hasta que cada vestigio de autonomía sea abandonado en sumisión al Dios Trino de la Biblia. El poder pentecostal y las pretensiones postmodernas no tienen nada que ver.

3. La posición cesacionista está casi siempre asociada con el nombre de B.B. Warfield, tanto por su talla imponente como teólogo, como por su libro *Counterfeit Miracles* [Falsos Milagros].[7] Lógicamente, los opositores se

---

[5] Lederle, "Spirit and Worldview", 26
[6] Cf. Ibíd.,24

han centrado en este libro y suponen que, al refutarlo, han refutado la posición cesacionista como un todo.[8] En otras palabras, creen que el punto de vista cesacionista está encuadrado dentro de la argumentación de Warfield.

Las ideas que defenderé se encuadran de lleno en la tradición de Warfield. Creo que en el corazón de este razonamiento hay una visión fundamentalmente válida de las Escrituras. No obstante, necesitamos hacer un par de observaciones, frecuentemente ignoradas por ambos lados del debate:

(a) Warfield no pretendía presentar un caso exegético; *Counterfeit Miracles* es principalmente un estudio de la Historia de la Iglesia y de la teología histórica, como muestra un simple vistazo al índice del libro. Para estar seguro, ofrece breves indicaciones sobre cómo lo argumentaría exegéticamente,[9] pero no desarrolla su argumento y, por lo que yo sé, tampoco habla del tema en otros escritos. Es erróneo dar por supuesto que es imposible presentar una defensa exegética de la posición cesacionista más extensa y unida.[10]

(b) Warfield no solamente debatió exegéticamente, sino que en mi opinión, probablemente podía haber presentado un mejor caso exegético para su posición. Esto sucedió en principio porque no tenía una concepción adecuada de la naturaleza escatológica del Espíritu Santo. (Al decir escatológica, quiero decir «característica de una 'era que ha de llegar'», ver Mt. 12:32; Ef. 1:21; He. 6:5). Uno de los desarrollos más importantes del estudio bíblico en este siglo ha sido el redescubrimiento de la estructura progresiva de la Escatología del Nuevo Testamento. Este conocimiento más amplio que ahora ha alcanzado virtualmente el estatus de consenso, ha traído un reconocimiento creciente de que, para los escritores del Nuevo Testamento (especialmente para Pablo), la obra del Espíritu en la Iglesia y en el interior de los creyentes es inherentemente escatológico. El Espíritu

---

[7] B.B. Warfield, *Counterfeit Miracles* (Edimburgo: Banner of Truth Trust, 1983 [1981]. Deere es típico por llamarle "el más grande de los eruditos cesacionistas" [*Power of the Spirit*, 268, n. 9]

[8] Por ejemplo, más recientemente, Ruthven, *On the Cessation*.

[9] Fundamentalmente en el capítulo 1 (p. ej., 3-5, 21-23, 25-28).

[10] Esta idea es pasada por alto, incluso en el trabajo más importante de Ruthven sobre las ideas de Warfield. Encuentra «sorprendente que él [Warfield] no sea capaz de debatir sobre casi todas las Escrituras que son importantes para la polémica cesacionista» (*On the Cessation*, 111): «Es irónico», según la posición de Wardfield sobre la autoridad y la inerrancia de las Escrituras, «que solamente en algunas páginas sueltas de *Counterfeit Miracles* busque el autor apoyo para su polémica cesacionista en las Escrituras» 8194; cf. 197). Pero no era ésa la intención principal de Wardfield en ese libro.

Santo y la Escatología, raramente relacionados en la doctrina y devoción cristianas tradicionales, ahora se ven como algo inseparable.[11]

Normalmente los no cesacionistas ven la realidad escatológica de la actividad del Espíritu como un elemento decisivo de su postura.[12] Pero, como intentaré demostrar a continuación, podemos cuestionar esa percepción; pues, de hecho, esa realidad escatológica es completamente compatible con la postura cesacionista (más aún, quizá podamos decir que es esencial para dicha postura). De todas formas, preguntarse en qué constituye la esencia escatológica de la obra presente del Espíritu en la Iglesia sirve para establecer una diferencia fundamental entre los cesacionistas y los no cesacionistas.

A. ¿Segundas experiencias?

Casi toda la enseñanza del Nuevo Testamento sobre el Espíritu Santo busca o tiene su origen en Pentecostés. En otras palabras, la cuestión importante es saber lo que realmente sucedió en aquel día. Por ejemplo, ¿los acontecimientos excepcionales de Pentecostés suponen un modelo que insta a cada creyente del Nuevo Testamento, sin importar el tiempo ni el lugar, a intentar recibir el Espíritu en poder como una experiencia distintiva, acompañada de hablar en lenguas, tanto en la conversión como en ocasiones posteriores a la conversión? Las denominaciones pentecostales y el movimiento carismático responden afirmativamente a esta pregunta. Muchos pentecostales animan a *los cristianos,* quienes ya han nacido de nuevo, a ser "bautizados en el Espíritu Santo", y se apoyan en Hechos 2 (Pentecostés), 8 (Samaria), 10 (Cesarea) y 19 (Éfeso). Al igual que los discípulos de Jesús primero nacieron de nuevo y luego fueron bautizados por el Espíritu Santo en Pentecostés (así prosigue el argumento), nosotros deberíamos buscar una "segunda experiencia" pentecostal en nuestras vidas.[13]

[11] Es interesante, desde un punto de vista histórico, el hecho de que uno de los primeros en notar la importancia de esta idea, especialmente en Pablo, fue Geerhardus Vos, el colega (cesacionista) de Warfield en el Princeton Seminary (y acompañante en los paseos de Warfield durante 20 años). Ver su "The Escathological Aspect of the Pauline Conception of Spirit", en R.B. Gaffin, Jr., ed., *Redemptive History and Biblical Interpretation: The Shorter Writings of Geerhardus Vos* (Phillipsburg, N.J.: Presbyterian and Reformed, 1980), 91-125, y *The Pauline Eschatology* [Grand Rapids: Baker, 1979 [1930], 44, 58-60, 159-71. Si, como dice Fee, el último es «un libro varios años adelantado a su tiempo» [*Empowering Presence*, 803, n. 1], cuánto más será el primer ensayo, que apareció casi dos décadas antes en 1912.

[12] Por ejemplo Fee en *Empowering Presence*, 803ss, esp. 822-26.

[13] Ver, como representación entre muchos defensores recientes, J.R. Williams, *Renewal Theology*, vol. 2 [Grand Rapids: Zondervan, 1990], 181-236, y la literatura secundaria allí citada.

Pero, ¿Pentecostés es un modelo para nosotros? Al intentar responder a esta pregunta aquí, ampliaré el discurso para analizar hasta qué punto tiene que ver Pentecostés con experiencias de poder de la Iglesia de hoy, con segundas bendiciones posteriores a la conversión u otros temas, si es que tiene algo que ver.

1. Por qué Pentecostés es único. D.A. Carson ha observado lo siguiente: "Con demasiada frecuencia se pasa por alto la estructura de la historia de la salvación del libro de Hechos."[14] Esto es particularmente cierto para los que encuentran en Hechos 2 (y en otros lugares del libro de Hechos) paradigmas permanentes para la experiencia cristiana. El problema con las segundas bendiciones y otras teologías que enfatizan el poder, no es que usen el material narrativo en Hechos para establecer puntos de vista doctrinales (como algunos cesacionistas argumentan); Lucas-Hechos es igual de teológico, dicen, que las cartas de Pablo. El problema más bien es que tales teologías interpretan erróneamente la teología de Lucas.[15]

Entonces, ¿cuál es la importancia de Pentecostés dentro del marco de la historia de la redención establecido por Lucas? Para responder, debemos recordar la distinción básica entre la historia de la salvación (*historia salutis*) y el orden de la salvación (*ordo salutis*). En términos teológicos, la expresión "historia de la salvación" se refiere a acontecimientos que eran parte de la obra de Cristo para ganar nuestra salvación, obra que sirvió de una vez por todas. Los hechos en la historia de la salvación (como la muerte y resurrección de Cristo) son hechos finalizados e irrepetibles que tenían importancia para el pueblo de Dios de aquella época. Pero la expresión "orden de la salvación" se refiere a hechos de la continua aplicación de la obra de Cristo en las vidas de los cristianos a través de la Historia, hechos como la fe salvífica, la justificación y la santificación. Cuando los creyentes se apropian de la obra de Cristo en sus propias vidas, aquellas experiencias son parte del "orden de la salvación", no (para usar términos teológicos) de la "historia de la salvación". (Otro término para "historia de la salvación" es "historia de la redención").

Ahora, pensando en esta distinción, Pentecostés pertenece a la historia de la salvación, no al orden de la salvación. Esta idea puede ser apoyada desde un par de ángulos. Las palabras de Jesús en Hechos 1:5 ("Pues Juan bautizó con agua, pero vosotros seréis bautizados con el Espíritu Santo dentro de pocos

---

[14] D.A. Carson, *Manifestaciones del Espíritu, una exposición teológica de 1ª Cor 12-14*, Andamio, Barcelona, 2000

[15] En este aspecto, consideremos la crítica del punto de vista de Carson en R. Stronstad, *The Charismatic Theology of Luke* [Peabody, Mass.: Hendrickson, 1984].

días") enlazan el ministerio y bautismo de Juan el Bautista (Lucas 3) y Pentecostés (Hechos 2) como señal con la realidad, la profecía a cumplirse. "Yo os bautizo con agua, pero viene el que es más poderoso que yo... Él os bautizará con el Espíritu Santo y fuego" (Lucas 3:16). No es difícil ver en el contexto inmediato que el bautismo prometido con el Espíritu Santo y fuego[16] subraya no solamente un aspecto, aunque importante, sino la actividad inminente del Mesías *en su totalidad*. La profecía de Juan es su respuesta a la pregunta mesiánica básica que había en las mentes de los que le escuchaban, sobre si él era el Cristo (v. 15). Su respuesta afronta la cuestión en el nivel en el que se preguntó y, sin duda, intenta ofrecer una perspectiva igual de básica: el bautismo de fuego y Espíritu no es nada más que la culminación del ministerio del Mesías; serviría para sellar el ministerio como un todo, al igual que, en comparación, el bautismo con agua era un símbolo de todo el ministerio de Juan el Bautista (Lucas 20:4; Hechos 10:37).

Lucas sugiere que Pentecostés, desde este punto de vista profético de ventaja, está en el corazón de la obra finalizada por Jesús, en el centro de la salvación obtenida por la llegada del reino de Dios (cf. Lucas 7:18-28); en otras palabras, es un acontecimiento escatológico.[17] Todo lo que Cristo sufrió y aquello por lo que vino a morir, excepto su segunda venida, alcanza su punto álgido en su bautismo por fuego y Espíritu Santo. Sin tal bautismo, la obra de salvación definitiva de Cristo quedaría incompleta.

Si miramos en otra dirección desde Hechos 1:5, el sermón cristocéntrico de Pedro del día de Pentecostés confirma lo que encontramos en la

---

[16] Los intérpretes han debatido ampliamente sobre si "Espíritu Santo" y "fuego" se refieren a dos bautismos, uno positivo y otro negativo, o a un bautismo con un resultado dual. Esto último es probablemente el caso, especialmente a la vista del versículo 17: El paralelismo metafórico con el bautismo mesiánico es *la* era con su resultado dual (trigo y grano); ver en especial la discusión de J.D.G. Dunn, *El Bautismo del Espíritu Santo*, Ed La Aurora, Buenos Aires, 1977 donde Dunn habla de «el *pneuma* feroz en el que todos deben sumergirse» (13). Todo la gama de visiones de Dunn de este pasaje (8-22) sigue siendo especialmente estimulante.

[17] Lucas 3:17 ("Su aventador está en su mano, y limpiará su era, y recogerá el trigo en su granero, y quemará la paja en fuego que nunca se apagará"), demasiadas veces ignorada o mal interpretada al discutir es descrito con la metáfora de la era/cosecha, una imagen bíblica favorita para el juicio escatológico (Por ejemplo, en Isa. 21:10; 41:15-16; Jer. 51:33; Mt. 13:30, 39; Ap. 14:14-20). Gramaticalmente, el sujeto de la cláusula subordinada en Lucas 3:17 es el sujeto de la causa principal en el versículo 16b; el que bautiza con agua y fuego es, *como tal*, el juez escatológico. Entonces, Pentecostés trata básicamente de juicio. Sea cual fuere el significado completo y el resultado, el punto de partida para un entendimiento apropiado y general de Pentecostés es verlo como una parte y dentro del contexto del juicio escatológico. Ver R.B. Gaffin, Jr. "Justification in Luke-Acts", en *Right with God: Justification in the Bible and the World*, ed. D.A. Carson (Grand Rapids: Baker, 1992), 108-12.

profecía de Juan. En 2:32-33, siguiendo su enfoque sobre la actividad terrenal, la muerte, y especialmente la resurrección de Jesús, (vv. 22-31), Pedro une estrechamente, en secuencia; resurrección - ascensión - recepción del Espíritu[18] - derramamiento del Espíritu. El último elemento, Pentecostés, es el clímax y el final. No es un complemento; no es "secundario". La resurrección - ascensión - Pentecostés, aunque distantes en el tiempo, constituyen un conjunto unido de acontecimientos, una unidad de acontecimientos que sirven de una vez por todas y que pertenecen a la historia de la salvación; unos acontecimientos que son inseparables.

¿Las segundas experiencias como una analogía a Pentecostés? Pentecostés, entonces, no puede ser un acontecimiento paradigmático repetible si otros acontecimientos no lo son. Según esta estructura, es anómalo, como mínimo, ver uno de estos sucesos (Pentecostés) como un modelo repetible para la experiencia cristiana individual y los otros tres (la resurrección de Jesús, la ascensión y la recepción de su Espíritu), como hechos irrepetibles y definitivos.

Según H.L. Lederle (por citar una respuesta carismática a esta idea):

> *«Nadie querría argumentar a favor de la repetición literal de Pentecostés, pero uno se pregunta si el valor simbólico de los hechos de la historia de la salvación necesita ser totalmente abandonado. En la tradición reformada, los conceptos éticos de mortificación y vivificación siempre han sido desarrollados como analogías de la muerte y resurrección de Cristo. Quizás una "venida" del Espíritu pudiera ser interpretada del mismo modo.»*[19]

Tal respuesta pierde de vista la cuestión principal y saca aún más a la luz lo que venimos comentando. La teología reformada, más importante, la teología de Pablo que la teología reformada quiere reflejar, no ve ni la muerte de Cristo ni su resurrección como "simbólicas" o como "analogías" para experiencias particulares, tanto si son subsiguientes a la conversión o distintas de la experiencia inicial de salvación.

---

[18] En el Jordán, Jesús recibe el Espíritu (por ejemplo, él mismo es bautizado con el Espíritu) como capacitación para la tarea mesiánica a la que ha de enfrentarse (Lucas 3:21-22); en la ascensión recibe el Espíritu como recompensa por la tarea finalizada que ha dejado atrás y para bautizar a otros con el Espíritu.

[19] Lederle, *Treasures Old and New: Interpretations of "Spirit-Baptism" in the Charismatic Renewal Movement* (Peabody, Mass.: Hendrickson, 1988), 2-3. Mucho más típica entre los escritores pentecostales/carismáticos es la frase hueca y desafortunada de Williams: "Al contrario que la venida de Cristo en la Encarnación, que fue un acontecimiento único y definitivo, la venida del Espíritu Santo ocurriría un número ilimitado de veces" (*Renewal Theology*, 2:184); la venida del Espíritu es "la primera de las ilimitadas ocasiones posteriores" (n.10)

El apóstol deja este punto muy claro dentro del desarrollo de su tesis en Romanos 6:1ss. Sin duda, la unión con Cristo en su muerte y resurrección tiene implicaciones experimentales y resultados en la vida del creyente (v. 15 ss.; Cf. Fil. 3:10). Pero tal unión ocurre al acceder a la vida cristiana, inseparable de la justificación (y a través del mismo acto de fe inicial). La unión con Cristo en su muerte y resurrección no es una cuestión de repetir estos hechos, por analogía, en nuestra experiencia continua; los creyentes no tienen una experiencia de muerte tan diferente a la experiencia de resurrección, ya sea temporal o casual. Más bien, en la conversión nos unimos definitivamente al Cristo exaltado y así continuamos teniendo parte en su identidad como Señor crucificado y resucitado.

De forma similar, en el momento de la conversión, también tenemos parte en el Espíritu. Pablo lo dice en 1 Corintios 12:13, las únicas referencias del Nuevo Testamento, además de las de Lucas-Hechos, que hablan de ser "bautizado en el Espíritu". Allí, Pablo muestra cómo el suceso de Pentecostés, que fue una vez por todas, se vuelve efectivo en la vida de cada creyente. Se argumentan dos ideas: (a) "Todos" (en el Cuerpo de Cristo, la Iglesia, cf. v. 12), no solamente algunos, han sido bautizados por el Espíritu; (b) esa experiencia sucede al "entrar" en la comunión del Cuerpo de Cristo (esto es, en la conversión), y no de forma subsiguiente.[20]

En otras palabras, la importancia primaria de Pentecostés no es experimental, sino que está en su sentido cristológico y su sentido dentro de la historia de la redención.

Otras perspectivas del Nuevo Testamento sobre Pentecostés. Tal importancia no es exclusiva de Lucas-Hechos, también emerge en otros textos del Nuevo Testamento. En Juan 14:16-17, por ejemplo, la promesa que Jesús hace de mandar el Espíritu[21], basada en su inminente partida o ascensión (14:12; cf. 7:39; 16:7; 20:15), conlleva otra promesa que, de hecho, no es diferente: "No os dejaré huérfanos; vendré a vosotros" (14:18). Que venga el Espíritu es que venga Cristo.[22] El Espíritu es el "vicario" de Cristo. No tiene sus

---

[20] Parece ser que incluso los autores pentecostales están reconociendo cada vez más que el Bautismo del Espíritu Santo como una experiencia distintiva de post-conversión no se enseña aquí; ver, por ejemplo, la perspicaz exégesis de Fee, *Empowering Presence*, 178-82.

[21] Dejaré a un lado la relación del "Pentecostés joánico" (Juan 20:22) con Hechos 2; ver R.B. Gaffin, *Perspectives on Pentecost* (Phillipsburg, N.J.: Presbyterian and Reformed, 1979), 39-41.

[22] La segunda venida o, alternativamente, las apariciones breves y temporales de Jesús después de la resurrección difícilmente pueden considerarse como la venida de Cristo de la que se habla aquí, la cual según el contexto inmediato (v. 17-23) es tan cercana que parece idéntica al hecho de que, de forma inminente ("un poco más de tiempo", v. 19) el Espíritu (y el Padre, v. 23) morará en / se mostrará a / y estará con los creyentes.

propios planes; su papel es básicamente discreto y el énfasis lo pone en Cristo (ver especialmente 16:13-14). Su presencia en la Iglesia es como Vicario de la presencia del Jesús ascendido.

De nuevo, en el Evangelio de Mateo, el Jesús resucitado (quien acaba de recibir la autoridad universal[23]) declara: "Yo estoy con vosotros todos los días, hasta el fin del mundo." (Mateo 28:20). Estas conocidas palabras de la Gran Comisión no son, por lo menos primariamente, una afirmación de la Omnipresencia divina, sino una promesa de Pentecostés y sus consecuencias duraderas. La presencia del Espíritu será la presencia de Cristo; Jesús estará con su Iglesia en el poder del Espíritu. Así, Pentecostés significa que el Jesús exaltado está con su Iglesia aquí y para siempre.

En una línea similar Pablo afirma que, gracias a la virtud de su resurrección y ascensión, "Adán fue hecho alma viviente" (1 Co. 15:45) y que "El Señor es el Espíritu" (2 Co. 3:17b).[24] Estas frases son, en efecto, comentarios de una línea sobre el Pentecostés y su importancia.[25] Sin reducir de ningún modo la distinción personal entre ellos, el Señor Jesús exaltado y el Espíritu son uno en la actividad de dar vida en la resurrección (1 Co. 15:42 SS) y libertad escatológica (2 Co. 3:17b).

En 1 Corintios 15:45, el "alma viviente" contempla la futura acción de Cristo, cuando resucitará los cuerpos mortales de los creyentes. Al mismo tiempo, parece difícil negar que, a la luz de las enseñanzas generales de Pablo, también se está refiriendo de forma implícita a su actividad presente. La resurrección de la vida del creyente, en unión con Cristo, no es solamente futura

[23] Esto es, el poder que antes no tenía, pero que ahora tiene, como resultado de la resurrección (cf. Hechos 2:33, 36)

[24] El significado de estas frases, en el contexto, es muy disputado, y no puede ser discutido con detalle aquí. En particular, tendré que renunciar a interactuar con la exégesis divergente de Fee (más recientemente en su *Empowering Presence*, 264-67. 311-14 y "Christology and Pneumatology in Romans 8:9-11 and elsewhere: Some Reflections on Paul as a Trinitarian", en *Jesus of Nazareth: Lord and Christ*, ed. J.B. Green y M. Turner [Grand Rapids: Eerdmans, 1994], 319-22). Aunque comparto plenamente su oposición al tipo de cristología del Espíritu funcional argumentada por James Dunn y otros, su insistencia en que "todo el contenido" de 1 Co. 15:45 es "soteriológicamente escatológico" ("Christology," 320) hace un flaco favor, en mi opinión, a las profundas dimensiones cristológicas y neumatológicas también presentes. Ver más en H. Ridderbos, *Paul: An Outline of his Theology*, trad. J.R. de Witt (Grand Rapids: Eerdmans, 1975 [1966], 88, 225, 539, y R.B. Gaffin, Jr., *Resurrection and Redemption: A Study in Paul's Theology* (Phillipsburg, N.J.: Presbyterian and Reformed, 1987), 85-97.

[25] El "es" de 2 Co. 3:17, lejos de expresar una predicción incompetente o atemporal, descansa en el "fue hecho" de 1 Co. 15:45.

[26] Es gratuito considerar estos pasajes como una Cristología "funcional" que niega las diferencias personales entre Cristo y el Espíritu, una Cristología que es irreconciliable

sino presente (por ejemplo, Gá. 2:20; Col. 2:12-13; 3:1-4). El Cristo resucitado ya está activo en la Iglesia en el poder de resurrección del Espíritu.[26]

Para Pablo, no existe obra del Espíritu en el creyente que no sea obra de Cristo. Esto aparece, por ejemplo, en Romanos 8:9-10: "vosotros... en el Espíritu" (v. 9a), "El Espíritu... en vosotros" (v 9b), "pertenece a Cristo" (v. 9d, virtualmente equivalente al "es de Cristo") y "Cristo... en vosotros" (v. 10ª). Es decir, todas las combinaciones posibles son utilizadas de forma intercambiable. No describen diferentes experiencias, sino la misma realidad. No existe una relación con Jesús que no sea también una comunidad con el Espíritu. La presencia del Espíritu es la presencia de Cristo. Pertenecer a Cristo es estar poseído por el Espíritu. Para una persona, estar "fortalecido de poder por su Espíritu en el hombre interior" es que Cristo "more por la fe en vuestros corazones" (Ef. 3:16-17).[27] Y eso es cierto en la experiencia continuada de los creyentes (*ordo salutis*), solamente por la verdad de la experiencia definitiva de Cristo, por lo que Él es y ha llegado a ser en su exaltación, "el Espíritu que da vida" (*historia salutis*).

Conclusión: Pentecostés completa la obra finalizada de Cristo para nuestra salvación. Sin Pentecostés, la redención queda incompleta y sin sentido. Mantener la importancia de Pentecostés como una experiencia de poder disfrutada por algunos creyentes a diferencia de otros, una experiencia "más allá" de la salvación (vista solamente como el perdón de los pecados),[28] es seriamente inapropiada. Esa teoría empequeñece el significado de Pentecostés. Sin Pentecostés no hay salvación. Punto. ¿Por qué? Porque sin Pentecostés no hay vida (de resurrección) en el Espíritu, y sin la vida escatológica[29], los pecadores permanecen "muertos en [sus] delitos y pecados" (Ef. 2:1-5).

con la posterior formulación de la Iglesia de la doctrina trinitaria. La distinción personal y paralela entre Dios (el Padre), Cristo como Señor y el Espíritu (Santo) - subrayando la subsiguiente formulación doctrinal - está suficientemente clara en Pablo (P. ej: 1 Co. 12:4-6; 2 Co. 13:14; Ef. 4:4-6; cf. especialmente la excelente discusión de Fee, *Empowering Presence*, 827-45) Deberíamos hacer énfasis en que el enfoque histórico-salvífico del argumento de Pablo siempre debe estar presente. A Pablo no le interesa la pregunta ontológica sobre quién es Cristo (atemporal, eterno) como Hijo de Dios, sino en *qué se ha convertido*, qué le ha pasado en la Historia, y qué significa esta identidad como "el último Adán", "El segundo hombre" (1 Co. 15:47), es decir, en términos de su verdadera humanidad.

[27] Que Pablo no pretende lograr una identidad absoluta entre Cristo y el Espíritu queda claro más adelante en Romanos 8: aquí la intercesión del Espíritu en el interior de los creyentes (v. 26-27), se distingue de la intercesión complementaria del Cristo ascendido, a la diestra de Dios (v. 34).

[28] Así, por ejemplo, en Williams, *Renewal Theology*, 2.177, 189, y especialmente 205-207.

[29] Las metáforas de Pablo sobre el Espíritu como un "depósito" (2 Co. 1.22; 5.5; ef. 1:14) y "primicias" (Ro. 8:23) subrayan la naturaleza escatológica inherente de su presencia y obra en el interior de los creyentes.

Pentecostés atestigua públicamente que la obra salvadora de Cristo ha sido completada, que se ha convertido en "El Espíritu que da vida". Pentecostés es, dentro de la historia de la redención, el sello del Espíritu (cf. Efesios 1:13) de Cristo para la Iglesia sobre el perdón y la vida escatológica asegurada en su muerte, resurrección y ascensión. Para expresarlo en categorías formales, no doctrinales, la "novedad" de Pentecostés no es, al menos principalmente, antropológico-experimental, sino cristológica y eclesiológica-misiológica. Sobre todo, Pentecostés significa dos cosas: (a) El Espíritu ahora está presente, por lo menos permanentemente sobre la base de la obra finalizada de Cristo; Él es el Espíritu *escatológico*; (b) El Espíritu ahora es derramado "sobre toda carne" (Hechos 2:17), tanto gentiles como judíos; es el Espíritu *universal*.[30]

2. Entonces, ¿Qué hay de las segundas experiencias en Hechos?
No obstante, después de lo dicho (algunos carismáticos estarían de acuerdo con mucho de lo expuesto sobre el sentido de Pentecostés), la pregunta persiste: ¿Qué sucede con la experiencia evidentemente portentosa de las 120 personas en Pentecostés y otras que posteriormente presenciaron el resto del evento de Pentecostés, tal y como se recoge en Hechos (p. ej.: 8:14 ss; 10:44-48/11:15-18; 19:1-7)?

Al responder a esta pregunta, se torna vital no ignorar el marco de la historia de la redención del libros de Hechos. Con demasiada frecuencia, Hechos es leído como una más o menos aleatoria colección de episodios de los días de gloria de la Iglesia primitiva, como una serie de viñetas sueltas sobre «los buenos tiempos cuando los cristianos eran cristianos *de verdad*». Esta lectura no solamente fomenta una nostalgia anacrónica de "vovamos al Pentecostés", sino que casi inevitablemente conlleva a un inductivismo exegético, sin prestar una atención adecuada al contexto. Como resultado, Hechos se mina de pequeños detalles experimentales fundidos (tendría que decir forzados) conjuntamente para ofrecer un modelo continuo y estándar de la dotación individual de poder.

Todo el libro de Hechos es único. Como documento, el libro de Hechos, como Lucas-Hechos en conjunto, está cuidadosamente escrito. Sea cual sea el propósito multifacético de este libro, uno de los objetivos principales es mostrar que la Historia se desarrolló tal y como Jesús dijo que sucedería: "Me seréis testigos en Jerusalén, en toda Judea y Samaria, y hasta los confines de la Tierra" (Hechos 1:8). Hechos pretende documentar una historia

---

[30] Ver mi obra *Perspectives on Pentecost*, 13-41.
[31] Debemos fijarnos en que Hechos 1:8 no es una promesa para todos los creyentes o para cada generación de la Iglesia indiscriminadamente, sino solamente para los após-

que ha sido completada, una época única en la historia de la redención: la extensión *apostólica*[31] definitiva "a todos los confines de la Tierra". Ya no hay necesidad de escribir una 3ª parte para Teófilo. El resultado para el apóstol (Pablo) se queda sin resolver, pero no para el Evangelio apostólico; ha cubierto la Tierra (cf. Col. 1:6, 23). Aunque existirá un futuro post-apostólico[32], la historia que interesa a Lucas está *finalizada*.

Las experiencias milagrosas de Pentecostés y otras recogidas en Hechos solo tienen significado si nos acercamos a ellas desde esta perspectiva controladora. Estos milagros dan testimonio de la realización del programa apostólico que se expande, anunciado en Hechos 1:8: Jerusalén, Judea, Samaria y los confines de la Tierra. O en términos étnicos: judíos, medio-judíos, no judíos/gentiles (fijémonos en el paralelismo entre "gentiles" y "confines de la tierra" en Isaías 49:6, citado en Hechos 13:47).

Esta perspectiva parece lo suficientemente clara en los pasajes más discutidos de los capítulos 2, 8, 10-11 y 19. Los marcadores textuales restrictivos de la historia de la redención son evidentes: "judíos piadosos" (2:5), "Samaria" (con referencia a "los apóstoles en Jerusalén" 8:14), "los gentiles" (10:45; cf. 11:11, de nuevo haciendo referencia a los apóstoles, 11:58; 15:8). La identidad étnica y la ubicación de los individuos mencionados en la Historia (de la redención), no debe ser desechada como esencialmente indiferente a sus experiencias de poder descritas en esos textos y en otros parecidos.[33] Hechos 2 y los sucesos milagrosos subsiguientes que Lucas narra no están pensados como un patrón de "repeticiones" de Pentecostés que continúan indefinidamente en la historia de la Iglesia. Más bien, constituyen en su conjunto, como ya hemos indicado, una unidad completa con el programa apostólico ya finalizado al que acompañan.

Ciertamente sería un error argumentar, por un lado, que Lucas pretendía mostrar que los dones milagrosos y las experiencias de poder cesaron con la historia que él documentó. Pero no es menos gratuito suponer que estaba queriendo decir que continuarían. Nos hará falta entrar en otro terreno para seguir tratando este tema.

---

toles. Gramaticalmente, el antecedente de "vosotros" en el versículo 8 es "los apóstoles" en el versículo 2. En Colosenses 1:6, 23 Pablo insinúa que a través de su propio ministerio se está completando esta expansión apostólica de la Iglesia a nivel mundial.

[32] "Sin estorbo", las palabra finales en el texto griego, es la nota con que termina Hechos (cf. 2 Timoteo 2:9, Pablo está encadenado, "pero la palabra de Dios no está presa").

[33] Esto también se aplica al incidente en 19:1-7, que habla sobre una anomalía en la historia de la salvación: discípulos de Juan el Bautista que conocían (o debían de conocer) la profecía que selló su ministerio/bautismo (Lucas 3:16-17), pero todavía no sabían de su cumplimiento.

Al respecto, no viene al caso observar que en Hechos otras personas además de los apóstoles ejercen milagros (6:8). Ofrecer esto como evidencia de que tales dones continuaron después del tiempo de los apóstoles[34] separa lo que para Lucas está unido. Otros ejercen los dones *en virtud de la presencia y de la actividad de los apóstoles.* Lo hacen bajo un "paraguas apostólico", por decirlo de alguna manera.[35] Su actividad también pertenece al interés global de Lucas, indicado al comienzo (cf. 1:1-2): lo que el Cristo exaltado está haciendo mediante el Espíritu Santo a través de los apóstoles.

Más problemático es el argumento a favor de la continuación basado en la afirmación de que en Hechos, las señales y los milagros no dan testimonio tanto de los que llevan el Evangelio como del Evangelio mismo. Es decir, que la referencia primaria de los milagros es el mensaje, no los mensajeros.[36] Esta idea está, de nuevo, fuera de la temática lucana. Pero también lleva consigo el potencial para subvertir la apostolicidad misma de la Iglesia que Lucas está interesado en demostrar.

¿Proclaman los apóstoles (y otros) el Evangelio porque es verdadero? Por supuesto. Pero también es importante que el Evangelio es verdadero porque los apóstoles lo proclaman, y otros lo hacen por derivación, en dependencia de los testimonios apostólicos. Como Lucas expresa con claridad desde el principio (Hechos 1:15-26), la autoridad material (el mensaje del Evangelio) y la autoridad formal (los apóstoles) son dos caras de la misma moneda.[37] En

[34] Como hacen, por ejemplo, Deere, *Power of the Spirit,* 68, 244; W. Grudem, *Systematic Theology: An Introduction to Biblical Doctrine* (Grand Rapids: Zondervan, 1994), 358-59, 362.

[35] Fíjense (según Warfield) en que *no* estoy argumentando que solamente sobre aquellos en los que los apóstoles pusieron sus manos ejercieron estos dones; el texto no sostiene una conclusión así de "mecánica".

[36] Por ejemplo, Deere, *Power of the Spirit,* 103-4, 249, y con más cautela, Grudem, *Systematic Theology,* 359. En su análisis del libro de Hechos, ambos autores ilustran el cuestionable inductivismo del que hemos hablado anteriormente.

[37] El amplio debate sobre el trasfondo y naturaleza de los apóstoles en el Nuevo Testamento todavía continúa. Por un lado, la relación exacta entre los apóstoles escogidos por Jesús y el _el_ah judío de la época, se discute. De momento basta con decir que la última institución, como mínimo, proporciona un telón para el entendimiento de los apóstoles y su autoridad; se les ha autorizado para ser representantes jurídicos del Cristo exaltado. De forma original, sin ser derivados, habla a través de ellos (2 Co. 13:3). Su palabra es la palabra de Dios (1 Ts. 2:13). Ver, por ejemplo, H. Ridderbos, *Redemptive History and the New Testament Scriptures* (Phillipsburg, N.J.: Presbyterian and Reformed, 1988 [1955], 12-15.

[38] El continuo debate sobre la autoridad bíblica muestra lo que estamos tratando aquí. (1) ¿Dice esto Dios/la Biblia porque es verdadero? o (2) ¿Es verdadero porque lo dice Dios /la Biblia? Estamos ante un falso dilema; sin duda alguna, ambos casos son ciertos. Pero en el teísmo bíblico, donde la criatura hecha a la imagen permanece siempre dependiente de la sabiduría y de la existencia de Dios el Creador, la afirmación (2) es más definitiva: Dios es la fuente de toda la verdad.

realidad, siempre van de la mano; el único evangelio que Lucas conoce es el evangelio apostólico, atestiguado como tal por señales y maravillas.[38]

La naturaleza no uniforme de las experiencias de Hechos. Desde mi punto de vista, aquellos que ordenan el material de Hechos para proporcionar un modelo de experiencias de poder posteriores a la conversión, pasan por alto con demasiada facilidad los problemas en el texto que hacen esta posición completamente imposible. Por ejemplo, ¿es la siguiente experiencia un hecho posterior a la conversión? (Hechos 2: sí; cap. 8: cabe la posibilidad, pero sigue siendo discutible; cap. 10-11: no; cap. 19: ? – ¿A los discípulos de Juan les falta la fe salvadora?). ¿Experimentan las personas el Espíritu al mismo tiempo o después del bautismo de agua? La imposición de manos, ¿es con o sin oración? Tales preguntas no tienen una respuesta coherente, de modo que cualquier búsqueda de una experiencia paradigmática en Hechos es buscar algo que el libro no pretende ofrecer.

La experiencia de los discípulos en Pentecostés (Hechos 2), sin duda, fue una experiencia posterior a la conversión. Pero, ¿cómo hace este hecho que la conversión individual sea un pre-requisito o incluso una presuposición para que el Espíritu venga a cada uno de los que allí estaban? ¿Tendremos que decir entonces que sus conversiones eran una pre-condición para la muerte, resurrección y ascensión de Jesús (los otros acontecimientos con los que Pentecostés forma una serie de eventos únicos e irrepetibles, 2:32-33)? Aquí estamos ante una experiencia única de esa generación, la cual, por la naturaleza de aquel momento, solamente podía ser una. La suya era la experiencia de aquellos que vivieron en aquel tiempo, "cuando vino la plenitud del tiempo" (Gál. 4:4), cuando el Hijo de Dios se encarnó, sufrió, murió, fue levantado, ascendido, e inseparablemente y como consecuencia, envió al Espíritu Santo a la Iglesia.

Para finalizar, me sorprende que los autores pentecostales / carismáticos tengan tan poco que decir sobre las palabras finales del Evangelio de Lucas (Lucas 24:52-53). Esta es, después de todo, la nota con la que Lucas decide finalizar, la impresión con la que quiere dejar a Teófilo hasta que llegue la parte segunda. Este final incluye lo siguiente: Los apóstoles y otros discípulos, habiendo tenido contacto reciente con el Jesús resucitado y ascendido, con los corazones ardiendo (v. 32) y las mentes abiertas (v. 45), adoran "con gran gozo", "alabando a Dios [siempre] y en público (en el templo)". Todo esto me parece impresionante y tiene continuidad plena con su experiencia (llenos del Espíritu) *después* de Pentecostés (cf. Hechos 2:46-47). Es solamente una indicación más de que la importancia de Pentecostés apenas está en la experiencia cristiana individual después de la conversión.

3. Debido a Pentecostés, nosotros experimentamos la obra del Espíritu Santo. Si enfatizamos en la importancia cristológica, definitiva de Pentecostés y su ubicación dentro de la historia de la redención podemos dar la sensación de «no querer darle ninguna importancia a la experiencia del Bautismo del Espíritu.»[39] Estoy dispuesto a luchar en contra de esa impresión. No podemos negar (y comentaré este punto más adelante) que el Espíritu que llegó en Pentecostés es el autor de experiencias reales ricas y profundas en los creyentes; es la fuente de toda experiencia cristiana. No puede dudarse del punto de vista del Nuevo Testamento: no experimentar el Espíritu - de una manera vital, transformadora y por lo tanto poderosa - es no tener el Espíritu. No es esto de lo que debatimos en este libro.

B. CESACIONISMO

1. El tema del cese de algunos dones necesita ser centrado. Personalmente no mantengo que todos los dones del Espíritu hayan cesado, o que la Iglesia haya sido desprovista de tales dones hoy, un tema al que volveré más adelante. No es necesario comentar que la pregunta no es *si los dones* continúan, sino *qué dones* milagrosos continúan en la actualidad.

Tampoco argumento que los milagros hayan cesado. Definir "milagro" adecuadamente es difícil y requeriría una discusión extensa. Para nuestro propósito, aceptaré que un milagro sucede cuando Dios hace algo "menos común" o "extraordinario" y "sumamente insólito."[40] No cuestiono que tal actividad continúe hoy. Más específicamente, no niego que Dios sane (milagrosamente) en nuestros días. Puede decidir hacerlo, sin importar lo desesperado y terminal que sea el pronóstico médico, en respuesta a la oración individual y comunal de su pueblo. Santiago 5:14-16, por ejemplo, nos indica esto, independientemente de la interpretación que hagamos del texto.

Sin embargo, sí que cuestiono que los dones de sanidad y de hacer milagros, como son descritos en 1 Corintios 12:9-20, hayan sido dados en la actualidad. De entrada, cito dos factores que sostienen tal duda: (a) Dentro del Nuevo Testamento, las únicas ocasiones específicas de ejercicio de tales dones, dados por el Cristo ascendido, suceden en Hechos (cf. Hebreos 2:3b-4). Pero éstos (ya sean los mismos apóstoles, o por aquellos a

[39] Según Lederle, *Treasures Old and New*, 2.
[40] Grudem, *Systematic Theology*, 355; D.A. Carson, "The Purpose of Signs and Wonders in the New Testament", en *Power Religion: The Selling Out of the Evangelical Church?*, ed. M.S. Horton (Chicago, Moody, 1992), 114, 118 (n. 6).

quienes impusieron sus manos, u otros), como hemos apuntado anteriormente, acompañan la propagación apostólica única y finalizada que Lucas
trata. En este sentido, son "las señales de un verdadero apóstol" (independientemente de la correcta interpretación de 2 Co. 12:12), y su continuidad
en la era post-apostólica no debe ser simplemente presupuesta. Esto debe
establecerse en otro terreno, el cual, tal y como yo entiendo, el Nuevo
Testamento no proporciona. (b) Santiago 5 contempla un escenario diferente. Allí, la sanidad no depende de un individuo que ha recibido poder
para llevarla a cabo, sino que ocurre a través de la oración, no solamente la
de los ancianos (y entonces sin distinción entre ellos) sino la de todos los
creyentes.

2. Mi interés principal es el cese de todos los dones de revelación o de
palabra. Al decir *dones de palabra* estoy pensando en (mirando las listas
de Romanos 12:6-8; 1 Co. 12:8-10, 28-31; y Efesios 4:11) la profecía y su
evaluación, las lenguas y su interpretación, la palabra de sabiduría y la palabra de conocimiento. Ya que se reconoce generalmente que existe una cierta superposición entre ellos, (según 1 Co. 14, por ejemplo, la profecía y la
interpretación de lenguas son funcionalmente equivalentes), podemos considerarlos juntos, de forma genérica, como dones proféticos.

No podemos desarrollar aquí una defensa completa del cese de estos
dones de revelación.[41] Está conectado, por citar solamente un pasaje clave,
con la comprensión histórico-salvífica de la Iglesia y su apostolicidad expresada en Efesios 2:11-12. La Iglesia se describe como el proyecto de
construcción de Dios, el arquitecto maestro, en marcha en el periodo entre
la ascensión y el retorno de Cristo (cf. 1:20-22; 4:8-10, 13). En este edificio
de la Iglesia, los apóstoles y los profetas son los cimientos, junto con Cristo, como la "piedra angular"[42] (v. 20).

En cualquier proyecto de construcción (antiguo o moderno), los
cimientos se ponen al principio, sin que tengan que ser repetidos constantemente (¡Al menos, si el constructor sabe lo que está haciendo!). En términos de este modelo dinámico para la Iglesia, los apóstoles y profetas
pertenecen al periodo de los cimientos. En otras palabras, según el diseño del Arquitecto Divino, la presencia de los apóstoles y profetas en la
historia de la Iglesia es temporal.

¿De qué modo son los apóstoles y profetas los cimientos de la Iglesia?
La respuesta está en ver el edificio de la Iglesia dentro del marco de la

---

[41] Ver mi *Perspectives on Pentecost*, 89-116.

[42] Especialmente debido a su proximidad con la fundación, "dovela" no encaja en el
contexto; cf. Fee, *Empowering Presence*, 688, n. 100.

historia de la redención. Según 1 Corintios 3:11 (la metáfora varía ligeramente, pero no supone una diferencia teológica importante), Cristo es el fundamento de la Iglesia. ¿Cómo? No en un sentido general de su persona, o en su persona considerada en abstracto, y ni siquiera principalmente por su actividad inicial en la Iglesia. Más bien Cristo es el fundamento "ya puesto" (v. 11); es decir, Él es el fundamento por su muerte y su resurrección (por ejemplo, 1 Co. 1:18, 23; 2:2, 15:3-4; 2 Ti. 2:8). Todo lo que él representa para la Iglesia y en la Iglesia depende y se deriva de que es el Cristo crucificado y glorificado. Él es el fundamento de la Iglesia por su obra *finalizada*.

Por consiguiente, los apóstoles y los profetas no son el fundamento porque ellos completen partes que faltan en la obra de Cristo. Lo que es esencial, y de otro modo faltaría, es un testimonio adecuado a esa obra, un testimonio del Evangelio. Los apóstoles son los testigos autorizados de Cristo, ordenados por el mismo Cristo resucitado para dar testimonio con autoridad sobre su resurrección y las implicaciones de ésta (Por ejemplo, Hechos 1:2, 8, 21-26; 1 Co. 9:1, 15:1-4, 8-11; Gá. 1:1, 15-16).

Los apóstoles (y los profetas[43] junto a ellos), en otras palabras, son los cimientos de la Iglesia por su testimonio, testimonio revelador e inspirado (como apunta Efesios 3:5: «ahora... ha sido revelado a sus santos apóstoles y profetas por el Espíritu»). En términos de la correlación hecho-palabra que marca la entrega de la Revelación a través de la historia de la redención, su testimonio es el fundamento testimonial de la obra de Cristo; a la obra definitiva de Cristo, que fue una vez por todas, se le une un testimonio definitivo de esa obra, un testimonio de una vez para siempre. Aquí está la matriz para el Canon del Nuevo Testamento, para el nacimiento de un nuevo cuerpo de Revelación que se unirá a lo que con el tiempo llegó a ser el Antiguo Testamento.[44] Al quedar completa esta revelación fundacional, y también su papel fundacional como testigos, los apóstoles, y junto con ellos los profetas y otros dones de revelación, desaparecen de la vida de la Iglesia.

---

[43] El hecho de que aquí se hable de los profetas del Nuevo Testamento (no del Antiguo) se ve en el orden de las palabras: (no "los profetas y los apóstoles", es decir, el Antiguo y el Nuevo Testamento); se ve especialmente en Efesios 3:5, donde aparece la misma expresión y ocurre con la palabra "ahora" (en contraste con "otras generaciones" en el pasado).

[44] No tiene nada de especial que no todos los documentos del Nuevo Testamento estén escritos por apóstoles. De forma paralela a lo que hemos visto sobre las señales y milagros en la era del Nuevo Testamento, la apostolicidad, aunque no es estrictamente un criterio de canonicidad, es indudablemente el *medium* para el Canon; ver R.B.Gaffin, Jr., "The New Testament As Canon", in *Inerrancy and Hermeneutic*, ed. H.M. Conn (Grand Rapids: Baker, 1988), esp. 172-79.

A continuación veremos varias objeciones a esta construcción, junto con algunos intentos de evadir las implicaciones que tiene.[45] Podemos apuntar aquí brevemente que "sucesión apostólica" en un sentido personal, sea concebido institucional o carismáticamente, es una contradicción de términos. En el Nuevo Testamento encontramos, dentro del marco de la historia de la redención, el carácter definitivo del apostolado (una vez por todas), la presencia exclusiva (que no continúa) de los apóstoles en la vida de la Iglesia. La apostolicidad de la "Iglesia única, santa, católica" (credo de Nicena) se revela allí donde la Iglesia se mantiene con fe, edifica con firmeza sobre el testimonio acabado de los apóstoles y los profetas, habla de la obra acabada de Cristo y de las implicaciones de ese testimonio para la fe y la vida. Este testimonio completo y fundacional se ha conservado como el Nuevo Testamento.

3. Mantener la continuidad de los dones proféticos hasta el día de hoy es cuestionar la canonicidad del Nuevo Testamento, particularmente si pensamos en el Canon como algo cerrado. Tal continuidad, inevitablemente, relativiza la suficiencia y autoridad de la Escritura. Sé que muchos continuistas[*] niegan este concepto. Pero les pido paciencia mientras me explico.

De hecho, muchos continuistas son cesacionistas si tenemos en cuenta que reconocen que no hay apóstoles[46] hoy[47]. Esto refleja una apreciación de la autoridad única de los apóstoles y el nexo entre su autoridad y la autoridad y canonicidad (cerrada) del Nuevo Testamento.[48] Esta idea habla de

---

[45] El esfuerzo en la refutación de Ruthven (*On the Cessation*, 216-20), por ejemplo, se echa a perder normalmente por una concepción inadecuada de la autoridad apostólica, junto con una imprecisa representación de la posición a la que él se opone (¡Por ejemplo, «la predicación de la soterología calvinista» representa al Cristo exaltado «inactivo en el presente», p. 113!)

[*] N. del T. Del mismo modo que usamos "cesacionista" y "la postura abierta, pero cautelosa", utilizaremos la expresión "continuista" para referirnos a aquellos creyentes que creen en la continuidad y vigencia de los dones milagrosos. En este contexto el autor se refiere a las posturas pentecostales, carismáticas y de la Tercera ola.

[46] El Nuevo Testamento utiliza la palabra griega *apostolos* en más de un sentido. Aquí se usa para aquellos designados por Cristo e investidos con su autoridad (ver nota 37), aquellos que son "primeros" en la Iglesia (1 Co. 12:28; cf. Ef. 2:20; 4:11; 2 Co. 11:13): los doce, Pablo y quizás otros.

[47] Por ejemplo Carson, *Manifestaciones del Espíritu*, Andamio, 2000; Grudem *Systematic Theology*, 906, 911. Véase en este sentido la conclusión cualificada, menos que enfática de un anti-cesacionista tan convencido como Ruthven (*On the Cessation*, 220). La idea de Grudem de que el apostolado es "un cargo, no un don" (1019, n. 6; cf. Deere, *Power of the Spirit*, 242) es difícilmente sostenible (al menos, a la luz de la actividad del Cristo ascendido en Efesios 4:8, 11: "Él... dio dones a los hombres"; "Él... dio a algunos el ser apóstoles") y hace una separación que Pablo no aceptaría. Todos los dones no son cargos (un tema, por cierto, demasiadas veces ignorado o pasado por alto en los debates actuales sobre la ordenación de la mujer), pero todos los cargos son dones.

[48] Por ejemplo, Grudem, *Systematic Theology*.

la legitimidad de distinguir entre la era apostólica y post-apostólica de la historia de la Iglesia, o entre un periodo en el que el Canon estuvo abierto y otro en el que el Canon pasó a estar cerrado.

Todos los que acepten esta distinción tendrán que analizar las diferentes implicaciones que tiene. Un simple "todos los dones son para hoy" no servirá (y de hecho no es la postura de muchos continuistas). Pero, ¿cuál es la conexión entre dones como la profecía, y la presencia de los apóstoles? ¿Es coherente teológica y exegéticamente hablando mantener por un lado, el cese del don de revelación del apostolado (ya que sin dudas era fundamentalmente eso, cf. Gá. 1:11-12; 1 Ts. 2:13) y, por otro lado, la continuidad de los dones proféticos? ¿No nos devolvería esa continuidad a la situación de la Iglesia primitiva en la que el Canon estaba abierto[49]? Y, tengamos en cuenta que ahora no tendríamos el control de un apostolado vivo.

4. Aquellos que sostienen la continuidad de los dones proféticos en la actualidad tienen dificultades para ponerse de acuerdo, sobre todo en cuanto al tema de su autoridad. Por un lado, están aquellos que sostienen que estos dones son falibles en su ejercicio y tienen una autoridad menor que la de los profetas canónicos del Antiguo Testamento y los apóstoles del Nuevo Testamento. Por otro lado, Gordon Fee, por ejemplo, rechaza esta posición por estar «controlada por factores que a Pablo no le interesaban en absoluto» y por «hablar sobre muchas cosas bastante diferentes de las que Pablo está hablando».[50]

Según Fee, «sabemos que [Pablo] vio a 'los profetas del Nuevo Testamento' como los sucesores de los 'legítimos' profetas del Antiguo Testamento ... y los 'únicos' profetas a los que Pablo se refiere que no son parte de la presente inspiración del Espíritu son los profetas cuyos oráculos pasan a formar parte de su Biblia (Ro. 1:2; 3:21)».[51] Mientras Fee llama

---

[49] Debo enfatizar que, durante el periodo fundacional apostólico de la Iglesia, su "canon" (es decir, donde encuentro la palabra de Dios y su voluntad revelada para mi vida) era una entidad fluida y envolvente, constituida por tres factores: (1) Un Antiguo Testamento completo; (2) el que llegaría a ser el Nuevo Testamento y otros documentos inspirados que ya no existían (P. ej; la carta mencionada en 1 Co. 5:9), en el tiempo en que se iban escribiendo e iban circulando (cf. Col. 4:16); y (3) una voz apostólica profética ("ya de palabra, ya por carta nuestra" [2 Ts. 2:15] apunta a esta mezcla autoritativa entre la palabra y el texto escrito). La Iglesia de aquel tiempo vivía según la autoridad y la guía según el principio de "la Escritura y un *plus*"; por la naturaleza del caso todavía no podía decirse, como principio formal, *sola Scriptura*.

[50] Fee, *Empowering Presence*, 892 (con referencia específica al punto de vista de Wayne Grudem).

[51] Ibíd.

a eso «una evidencia demasiado escasa para continuar desarrollando una argumentación», en el contexto parece difícil no interpretar que está diciendo que, hasta donde podemos ver, no somos capaces de distinguir, en los temas de la Inspiración y la Autoridad, entre los profetas del Nuevo Testamento y los profetas que escribieron en el Antiguo Testamento.

La opinión de Williams es similar a la de Fee (una opinión que es ampliamente compartida entre los pentecostales y carismáticos). Aunque mantiene que cualquier expresión del don de la profecía es "revelación subordinada" y no está "al mismo nivel que la Escritura", al mismo tiempo afirma que "viene directamente de Dios y es hablada con autoridad divina" y que "las palabras son inspiradas divinamente" y que "la verdadera profecía es la propia declaración de Dios." [52] Si es así, y si tal profecía continúa en la actualidad, entonces es difícil ver cómo la suficiencia de la Escritura o su canonicidad (como una colección completa de documentos con una autoridad única), puede ser mantenida viablemente. Claramente, el tema en cuestión tiene más que ver con si la profecía actual contradice la Escritura.

También puede ser que «nadie... quiere arriesgarse a la posibilidad de que alguien añada algo a la Escritura».[53] Pero si la profecía en la actualidad es inspiración y autoridad divina, como se ha mencionado antes, entonces, cualquiera que fuera la intención, sí se ha añadido algo a la Escritura.[54] Ahora "el Canon" (es decir, el lugar en el que encontramos en la actualidad la palabra de Dios) se convierte no solamente en lo que Dios ha dicho en su Escritura, sino también en lo que está diciendo más allá de la Escritura, y nos obligamos a atender y someternos a ambos. De hecho, el último seguramente será más obligatorio por su contemporaneidad e inmediatez con nuestra situación. Ver aquí una amenaza relativizadora para el Canon y su autoridad no es ir desencaminado.[55]

[52] Williams, *Renewal Theology*, 2:382, 386; cf. 1:43-44.

[53] Deere, *Power of the Spirit*, 241 (Después de leerlo, todavía no estoy seguro de si su postura sobre la profecía y la autoridad es más cercana a la de Fee o a la de Grudem); cf. Williams, *Renewal Theology*, 1:44.

[54] Williams enfatiza (con cursivas) que no existe nada, incluyendo la profecía, que deba ser añadido a la revelación especial recogida en las Escrituras. Pero dos frases después describe la profecía como «la revelación de algún mensaje para la situación contemporánea que no añade *nada esencialmente* a lo que Él ha dado a conocer con anterioridad» (*Renewal Theology*, 1:44). Sin duda, no es una crítica observar que, por "nada esencial" que sea, una añadidura sigue siendo una añadidura. Más aún, debemos preguntarnos: realmente, ¿cuál es la fuerza limitadora y descalificadora de la expresión "nada esencialmente", cuando se trata de las mismas palabras de Dios, que poseen inspiración y autoridad divinas? No veo que la postura de Williams tenga una respuesta satisfactoria a esta pregunta.

[55] Ruthven, por ejemplo, habla de "los límites eternamente sellados del Canon bíblico" (*On the cessation*, 194). Acepto y valoro esta afirmación, pero tengo dificultades en ver, no

Fee, en el contexto anteriormente citado, cree que «preguntas como las planteadas por las personas con 'conciencia canónica' quedan completamente fuera del marco de referencia [de Pablo]», y que «él no tiene ningún interés en las preguntas que surgen de nuestra existencia en la Iglesia unos 1900 años después».[56] Pero, ¿son sostenibles tales frases tan exageradas? El marco de referencia de Pablo, que es escatológico y tiene en cuenta la historia de la redención,[57] con su perspectiva de vivir "entre los tiempos", comprende el periodo entre la resurrección de Cristo y el regreso en su totalidad, sin importar que tarde en llegar (o lo poco que tarde, que es lo que Pablo, en respuesta a la revelación que recibió y comunicó, había anticipado). Pablo es un apóstol para todas las épocas, sin importar el número de generaciones posteriores. Escribe para todos los que están en la posición de haberse convertido «de los ídolos a Dios para servir al Dios verdadero, y esperar de los cielos a su Hijo, el cual resucitó de entre los muertos» (1 Ts. 1:9-10). Difícilmente puede decirse que Pablo haya sido indiferente a las preocupaciones teológicas (legítimas) de la Iglesia de finales del siglo XX.

Más aún, las cartas pastorales con sus receptores no apostólicos (Timoteo, tanto como ningún otro, se ve como el sucesor personal y directo de Pablo, cf. Filipenses 2:20-22, pero Pablo nunca le llama apóstol), muestran una preocupación por un futuro post-apostólico. Específicamente, el mandato a guardar el "depósito" (apostólico) (2 Ti. 1:14; cf. v. 12; 1 Ti. 6:20) da señales de, al menos, una incipiente "conciencia canónica".

5. Pero, ¿qué hay de la visión de que la autoridad de los dones proféticos es inferior y falible?[58]

(a) Esta visión no tiene una explicación adecuada para Efesios 2:20; 3:5 (los profetas como parte de la fundación de la Iglesia, como hemos discutido anteriormente). Wayne Grudem, por ejemplo, ha argumentado extensamente que en este caso los "profetas" no son los profetas mencionados en otras ocasiones en Pablo, sino los apóstoles ("apóstoles-profetas", "apóstoles que también son profetas").[59] Gramaticalmente, esto es poco proba-

solamente en términos de su posición global, sino en el contexto inmediato, cómo puede mantener esos límites de una forma significativa teológicamente (y en la práctica).

[56] Fee, *Empowering Presence*, 892.

[57] Pocos han comentado este punto más eficazmente en nuestros días que el mismo Fee.

[58] Por ejemplo, Carson, *Manifestaciones del Espíritu*, Andamio, 2000; R. Clements, *Word and Spirit: The Bible and the Gift of Prophecy in the New Testament and Today* (Leicester: UCCF, 1986); W.A. Grudem, *The Gift of Prophecy in the New Testament and Today* (Westchester, Illinois: Crossway, 1988), *Systematic Theology*, 1049-61; cf. 1031-43; G. Houston, *Prophecy: A Gift for Today?* (Downers Grove, Illinois: InterVarsity, 1989), cf. Turner, "Spiritual Gifts Then and Now", 15-16.

[59] Ver su obra *Gift of Prophecy*, 45-63

ble.[60] Tampoco lo es contextualmente, ya que en 4:11, la siguiente referencia de Pablo a los profetas, en un contexto relacionado (preocupado por la construcción de la Iglesia), los distingue claramente de los apóstoles (4:11; cf. 1 Co. 12:28).

Grudem continúa manteniendo que, aun cuando los profetas sean distintos de los apóstoles en este contexto, Efesios 2:20 sigue sin tener "mucha importancia" para decidir si la profecía continúa en la actualidad.[61] Esto se debe a que, a pesar de su esfuerzo por minimizar el asunto,[62] abandona la unidad de la profecía del Nuevo Testamento al diferenciar, en efecto, dos dones: la profecía que no continúa, que es infalible y "fundacional", y la profecía que continúa y es falible. Esto equivale a establecer una diferencia básica y categórica para la cual no existen pruebas en el Nuevo Testamento, particularmente en la lista de dones.

(b) Los dos ejemplos explícitos de profecía no apostólica en el Nuevo Testamento no sostienen la idea de que fuera falible. Son las profecías de Agabo en Hechos 11:28 y 21:10-11. Grudem, por citar a uno, ha realizado un esfuerzo considerable para acusarle de que en la segunda ocasión, por bien intencionado que fuera, cometió pequeños errores[63]. En general, es pedante pretender que Agabo se expresara con más precisión.[64] Aquí[65] solamente puedo añadir que Hechos 21:11-14 debe ser leído pensando en el hilo narrativo de Lucas, anteriormente citado (la divulgación mundial, fundacional y apostólica del Evangelio para incluir a gentiles así como a judíos). Leído en ese marco contextual, lo que pasaba en Cesarea, incluyendo la profecía de Agabo, se lee naturalmente como un recuento paralelo de la descripción comprimida de lo que se le dijo a Pablo anteriormente en Tiro (v. 4- le decían "a través del Espíritu" que no fuera a Jerusalén).

Por su parte, ambos casos ilustran la verdad arrolladora expresada anteriormente por el mismo Pablo al hacerles un recuento de su ministerio

[60] Ver especialmente D.B. Wallace, "The Semantic Range of the Article-Noun-KAI-Noun Plural Construction in the New Testament", *GTJ*, 4 (1983): 59-84.

[61] Grudem, *Systematic Theology*, 1051, n. 4

[62] Grudem, *Gift of Prophecy*, 63-64.

[63] Ibíd., 96-102; ver también su *Systematic Theology*, 1052-53; del mismo modo Carson, *Showing the Spirit*, 97-98; Houston, *Prophecy*, 114-16.

[64] J.W. Hilber observa pertinentemente, «Si entonces juzgamos de forma rígida, pueden citarse errores 'similares' en las predicciones del Antiguo Testamento», ("Diversity of OT Prophetic Phenomena and NT Prophecy", *WTJ*, 56 [1994]: 256).

[65] Para ver una respuesta más extensa a este punto de vista, ver mi obra *Perspectives on Pentecost*. 65-67 (el lector tendrá que juzgar si mi respuesta "muestra la suficiente atención al texto" [según Carson, *Manifestaciones del Espíritu*, op.cit.].

único a los ancianos efesios: «Salvo que el Espíritu Santo solemnemente me da testimonio en cada ciudad, diciendo que me esperan cadenas y aflicciones» (Hechos 20:23). El hecho de que en cada ocasión los discípulos (y quizás también el mismo Agabo y otros que profetizaban) intentaran disuadir a Pablo, no compromete de ninguna manera la verdad infalible y orientada por el Espíritu de lo que se estaba profetizando. También, si Agabo cometió errores, éstos no quedaron reflejados en el texto lucano. No tenemos noticias de que recoja este incidente para otra cosa que no sea servir a su propósito global de mostrar el avance del Evangelio desde Jerusalén hasta Roma. Lo que Agabo dice es «lo que el Espíritu dice a las iglesias (cf. por ejemplo, Apocalipsis 2:7)». En resumen, la postura de la profecía falible es incapaz de ofrecer ningún ejemplo del Nuevo Testamento que la respalde.

(c) Deberíamos hacer unos breves comentarios sobre algunos textos normalmente utilizados como evidencia de que la profecía (no apostólica) tiene una autoridad menor, falible. En 1 Corintios 14:29, el verbo aplicado a profecía (*diakrino*) tiene un amplio sentido semántico; puede estar construido de diferentes maneras, dependiendo del contexto particular, y se traduce como "evaluar", "comprobar", "juzgar" y "pesar". De este modo, en la forma en la que Pablo lo utilizó no hay nada que sirva para reclamar que, ya que lo que es profetizado está sujeto a "evaluación" es, por lo tanto, falible. Asimismo, tampoco interpretaremos que si los habitantes de Berea estaban «escudriñando [*anakrino*] diariamente las Escrituras para ver si estas cosas eran así» (Hechos 17:11, Lucas les alaba por hacerlo), tenemos que entender que lo que Pablo les enseñaba no tenía autoridad apostólica infalible y completa.[66]

Es difícil ver cómo 1 Corintios 14:36a sirve para justificar que la no apostólica tiene menos autoridad. La pregunta de Pablo ("¿Acaso la palabra de Dios salió de vosotros?") está casi sin duda dirigida no a los profetas en especial, sino a toda la iglesia de Corinto, en relación con las otras iglesias (ver v. 33b). Junto con la cuestión en la última parte del versículo, es "cortantemente retórica",[67] tiene la misma fuerza que decir lo siguiente:

---

[66] Fijémonos en la sustancial superposición semántica entre *anakrino* y *diakrino*. Tal superposición (que también incluye el uso de *dokimazo* en 1 Ts. 5:21) puede entenderse más en el análisis semántico de J.P. Louw y E.A. Nida, *Greek-English Lexicon of the New Testament Based on Semantic Domains* (Nueva York: United Bible Societies, 1988), 331-32, 363-64 (esp. sec. 27.44-45, 30.108-9).

[67] G.D. Fee, *Primera Epístola a los Corintios*. Ed. Nueva Creación, Grand Rapids, Michigan, 1998. p. 804. (reedición).

¿Es que la verdad comienza y termina en vosotros? ¿Os creéis que solo vosotros tenéis la verdad del Evangelio y de sus implicaciones?

Tampoco la orden perentoria de Pablo a los profetas en 1 Corintios 14:37-38 apunta a que ellos tengan menos autoridad: del mismo modo que la amonestación que le propina a Pedro en Gálatas 2:11-14 tampoco significa que Pedro no enseñara con autoridad plena e infalible cuando ejercitaba su oficio apostólico de forma apropiada. Aquí no estamos tratando (y a lo largo de este pasaje) el *contenido* de la profecía (y su autoridad relativa), sino la *conducta* de aquellos que profetizaban.

Por si 1 Tesalonicenses 5:20 ("no menospreciéis las profecías") no pareciera tener suficiente fuerza en sí mismo, añadimos que Pablo utiliza en 2 Corintios 10:10 el mismo verbo para describir la valoración derogatoria que sus enemigos hacían de *su* predicación como "menospreciable". Es cierto que aquí se aplica al aspecto formal de su forma de hablar (su "estilo") a diferencia de su manera de escribir, pero eso no evita que el *contenido* se vea afectado por esa valoración despreciativa.

(d) No debemos ignorar otro texto, uno que supone un enorme problema para algunos continuistas. 1 Corintios 12:28 expresa un orden: «primeramente, apóstoles; en segundo lugar, profetas: en tercer lugar, maestros...». Existe el consenso general de que este orden tiene que ver con el valor o la utilidad.[68] Si es así, entonces su posición se queda con la siguiente conclusión: ¡la profecía de la Iglesia, siempre sujeta a evaluación como falible y por lo tanto nunca obligatoria para nadie, es más útil y edificante que la enseñanza basada en la Palabra clara, infalible y con autoridad de Dios! ¡La profecía precede a tal enseñanza! En mi opinión, una conclusión obviamente no deseada e inaceptable. Pero, ¿cómo pueden evitar tal conclusión?

(e) En definitiva, todos los continuistas, especialmente los defensores de la postura falible, insisten en que la profecía está siempre subordinada a la Escritura y que debe ser comparada a la luz de ésta, de modo que su suficiencia y autoridad no solamente no se ven amenazadas, sino mantenidas. Pero, ¿cómo ocurrirá tal comprobación? La profecía en el Nuevo Testamento (por ejemplo, la de Agabo), y la que se dice que tiene lugar en la actualidad, a veces es tan específica que simplemente no puede ser evaluada por las Escrituras existentes. Por ejemplo, se insta a un individuo o a un grupo a una acción determinada basándose en, por ejemplo, un sueño, que no puede ser juzgado por la Biblia a menos que la acción implicara la violación de un man-

---

[68] Por ejemplo, Fee, *Empowering Presence*, 190; Grudem, *Gift of Prophecy*, 69.

damiento.[69] La Escritura, por su propia naturaleza, guarda silencio sobre aquellos detalles que le hacen parecer un sueño "de revelación", que le dan ese carácter específico y distintivo (y perseguido). Además, a diferencia de las Escrituras (y la revelación general), que están siempre accesibles y abiertas a diferentes interpretaciones, no hay forma alguna de acceder a la revelación subyacente que hay detrás de ese sueño o de distinguirla de la transmisión/interpretación falible de la persona que dice estar profetizando[70].

Este punto de vista, no puedo verlo de otra manera, abre la puerta a una revelación en la Iglesia actual que no es ni revelación redentora especial y canónica, ni revelación general (que sale de nosotros, como creados a imagen de Dios, y del mundo que nos rodea). Lo que se afirma es un *tercer tipo de revelación*, que va más allá de las dos. Es más que una "revelación" en el sentido de "iluminación del Espíritu para la actualidad de una verdad ya revelada" (Efesios 1:17; Filipenses 3:15);[71] es más que una reflexión concienzuda y una lucha en oración suscitada por el Espíritu, sobre las circunstancias y los problemas contemporáneos a la luz de la Escritura. Se trata de una revelación inmediata y adicional que funciona especialmente cuando conviene encontrar una guía, más allá de la Escritura, por lo que inevitablemente sugiere una cierta insuficiencia de la Escritura, que necesita ser compensada.[72] La tendencia de este punto de vista, no importa lo cuidadosamente que se califique, es alejar la atención de la Escritura, particularmente en temas prácticos y apremiantes de la vida.

[69] Williams, *Renewal Theology*, (2:384) enfatiza que la profecía en la actualidad «puede confirmar, pero nunca dirigir por sí misma... La profecía predictiva -profecía como presagio - debe ser frontalmente rechazada». Pero, ¿por qué esta exclusión, si se trata de un don del Nuevo Testamento? ¿Sobre qué base realizar esta exclusión, especialmente si (aparte del libro del Apocalipsis) los otros ejemplos concretos del Nuevo Testamento (Agabo) son claramente esa forma de "profecía direccional"?

[70] Esto deja una pregunta (la cual, si no me equivoco, no es tratada realmente por los defensores de esta postura). ¿Se revelaría Dios de manera tan ambigua, por no decir "ineficiente"? La respuesta no puede ser la bíblica sobre la revelación a través de debilidades humanas (Cf. 2 Co. 4:7), porque en este caso, en el resultado (lo que se profetiza), la debilidad (falibilidad humana) *permanece sobre* la revelación.

[71] El tema entonces no es si se puede decir que Dios se "revela" a sí mismo hoy; por supuesto que lo hace. Pero, ¿En qué sentido? En este punto, la crítica que Carson hace de Vos (*Showing the Spirit*, 161-64) está muy fuera de lugar (aunque es cierto que Vos se podría haber expresado con más claridad en ocasiones).

[72] Esto parece claro, por ejemplo, en lo que escribe Turner (aunque aprecio el cuidado con que presenta el tema): como añadido a la necesidad de iluminación y de la aplicación de la verdad canónica en nuestros días, «también existe la necesidad de un diagnóstico espiritual profundo sobre los individuos y las congregaciones, y una guía específica sobre un gran número de temas prácticos», una necesidad satisfecha, más allá de la Escritura, por los dones de revelación de 1 Co. 12:8-10 ("Spiritual Gifts", 55).

Para expresar mi preocupación de otra manera, esta concepción difumina la diferencia esencial entre las verdades de Romanos 8:14 y 2 Pedro 1:21. Es decir, se oscurece la diferencia entre ser "guiado" por el Espíritu (el privilegio, démonos cuenta, de todos, no solamente de unos pocos creyentes) y de ser "inspirados" por el Espíritu (el privilegio especial que algunos tuvieron, hace mucho tiempo, en un momento concreto de la historia de la redención, que ya ha acabado). Utilizando el ejemplo clásico de Calvino, de la Biblia como las lentes indispensables para entendernos a nosotros y al resto de la Creación,[73] la profecía es una lente adicional que mejora la visión; puede aumentar temporalmente, o en ocasiones incluso reemplazar las lentes de la Escritura. Parece una frase justa, especialmente a la luz de cómo se entiende normalmente que la profecía funciona hoy en día.

Pero Dios no se revela a sí mismo, como esta postura cree, a dos niveles diferentes: uno público, canónico y acabado (para todo el pueblo de Dios) y otro privado y continuo (para personas y grupos concretos). Algunos se quejan de que esta idea no tiene base.[74] Pero la estructura de la Escritura desde el principio hasta el final, como compilación de la historia del Pacto, es una base incuestionable.

La Biblia, como revelación canónica, documenta fielmente (por su alcance, no por su extensión, p. ej. Jn. 21:25; 1 Co. 5:9) un organismo histórico completo, un proceso acabado que revela la historia de la redención. Documenta la historia que ha alcanzado su consumación en la ascensión de Cristo y el envío del Espíritu, una historia que, desde entonces, está en espera, "entre los tiempos", hasta que Él vuelva. Para estar seguros, a través de esta historia, Dios se revela a sí mismo a individuos de varias maneras personales y muy íntimas. Pero tal revelación no presenta o proporciona un precedente para un segundo nivel de revelación privada que tenga intención de suplementar la revelación "institucional", corporativa, que está centrada en el movimiento de la historia de la redención hacia su consumación en Cristo. Tal revelación para los individuos es, en sí misma, una parte integral de la Revelación definitiva y cristocéntrica.

Las posturas continuistas, ya se trate de dones proféticos o de señales y milagros, interpretan mal su aparición en la Escritura (es decir, a lo largo de la historia de la redención) y, por lo tanto, de forma injustificada extrapolan lo que pertenece al proceso continuo de la situación que va más allá de la

---

[73] Calvino, *Institutes of the Christian Religion* (Filadelfia: Westminster, 1960). Por ejemplo: 1:6:1; 1:14:1.

[74] Grudem, *Gift of Prophecy*, 316, n. 27.

finalización de ese proceso.[75] Existe un alto riesgo de difuminar, incluso quizás negar, la importancia fundamental entre la revelación y la historia de la redención en su forma completa y en su posterior aplicación continua.

Durante este siglo, hemos empezado a ser más conscientes de que la Biblia es un documento marcado por la historia de la redención o la historia del pacto, no un libro de texto de teología sistemática o un manual de ética (como se ha tratado, al menos en la práctica); no es «un manual dogmático, sino un libro histórico espectacular».[76] Pero también necesitamos reconocer, con mucha más frecuencia de lo que se ha hecho hasta ahora, el elemento racional de la historia de la redención no solamente por el *contenido*, sino por la *entrega* de la Revelación. La Revelación va de la mano de la Redención.[77] Con la terminación de la última llega el cese de la anterior.

Aquí nos encontramos con una ironía. Al contrario de lo que se cree frecuentemente, es la postura continuista, no la cesacionista, la que al final tiene un entendimiento intelectual y muy teórico de la Escritura. Según un continuista importante, la Biblia ofrece «las principales doctrinas para todo el mundo cristiano», "las principales enseñanzas doctrinales", revelación que, por lo tanto, es insuficiente y necesita entonces ser suplementada con "información localizada, específica", aportada por la profecía continuada.[78] Según esta postura, la reveladora "lámpara a mis pies" y "lumbrera a mi camino" (Salmo 119:105) es el Canon bíblico completo solo relativamente, y la suficiencia de la Escritura es relativa.

6. Los continuistas se sienten más seguros al contemplar 1 Corintios 13:8-14. Aquí poco puedo hacer más que señalar que el pasaje no es tan ambiguo como creen.[79] El énfasis principal de Pablo está en la cualidad

---

[75] Esta interpretación errónea se ve claramente, según mi opinión, en *Power of the Spirit*, de Deere, controlando su razonamiento exégeta y teológico prácticamente de principio a fin.

[76] G. Vos, *Biblical Theology: Old and New Testaments* (Grand Rapids: Eerdmans, 1948), 26; «El círculo de la revelación no es una escuela, sino un 'pacto'» (17)

[77] Ver especialmente los comentarios de Vos en Ibíd., 14-17; también que «la Revelación está tan entrelazada con la Redención que, a no ser que se permita considerar esta última, estaría suspendida en el aire»(24).

[78] Grudem, *Gift of Prophecy*, 85, 169, 245; cf. Turner, "Spiritual Gifts Then and Now", 54-56: la Escritura proporciona «las estructuras fundamentales de la Teología», «la verdad del Evangelio y la praxis apostólica», pero es inadecuada cuando se convierte en «un diagnóstico profundo y espiritual de individuos y congregaciones y guía específicamente a un montón de temas prácticos» (55).

[79] Para una discusión más completa, ver mi libro *Perspectives on Pentecost*, 109-12, y R.F. White «Richard Gaffin y Wayne Grudem sobre 1 Corintios 13:10: Una comparación entre la argumentación cesacionista y continuista», *JETS*, 35 (1992): 173-81, quien expresa más adecuadamente lo que yo intento decir.

parcial y oscurecida del conocimiento presente del creyente, traído por dones proféticos, en comparación con la fe, la esperanza, y especialmente el amor que tienen lo que podríamos llamar un "alcance" o "entendimiento" escatológico (vs. 12-13). Tal conocimiento no cesará hasta que llegue la "perfección" (v. 10), en el retorno de Cristo[80]; solamente entonces, en contraste, podremos conocerle "cara a cara", de forma completa. (v. 12)

Con este acento en la *cualidad* parcial del conocimiento presente del creyente, los medios particulares de tal revelación de conocimiento son, estrictamente hablando, accesorios. Pablo menciona la profecía y el hablar en lenguas, por su preocupación pastoral en el contexto más amplio (capítulos 12-14) sobre el ejercicio correcto de estos dos dones. Pero el momento de su conclusión no le preocupa, y resulta gratuito insistir en lo contrario partiendo del versículo 10. Más bien, su interés es mostrar la duración de nuestro conocimiento presente y opaco, sean cuales sean los medios de revelación (lo que podría llegar a incluir lo canónico[81]) y el momento de su cese.

Esta lectura se ve reforzada en Efesios 4.11-13, donde enfatiza que el Cristo exaltado «dio a algunos ser apóstoles, a otros profetas, a otros evangelistas, a otros pastores y maestros... hasta que todos lleguemos a la unidad de la fe... a la medida de la estatura de la plenitud de Cristo». Casi con toda certeza, la "unidad/plenitud" del versículo 13 tiene en mente lo mismo que cuando escribe sobre la "perfección" en 1 Corintios 13:10 (reflejado quizás también en el uso de *teleios*, "perfecto" o "maduro", en Efesios 4:13), es decir, la situación que llegará con el retorno de Cristo.

Así, Efesios 4, leído como los continuistas dicen que debe leerse 1 Corintios 13, nos lleva a una conclusión inevitable: habrá apóstoles añadidos a los profetas hasta la parusía, una conclusión que, como hemos visto anteriormente, muchos continuistas rechazan (aunque no todos). Pero, ¿cómo pueden hacerlo coherentemente? En términos de los dones relacionados con el objetivo último, ¿en qué se diferencia la estructura de este pasaje de 1 Corintios 13:8-12?[82] Los con-

---

[80] Decir, como dicen algunos cesacionistas que "lo perfecto" tiene en mente la conclusión del Canon del Nuevo Testamento u otro tipo de estado de cosas anteriores a la Parusía, simplemente no es creíble exegéticamente.

[81] En el estado de gloria "no habrá más templos en la ciudad" pero tampoco Biblia en la oratoria. La Biblia en la oratoria es la señal de que sigues siendo un pecador en un mundo pecaminoso (A. Kuyper, *Principles of Sacred Theology* [Nueva York: Scribner's, 1898], 358)

[82] La opinión de Grudem (*Systematic Theology*, 911, n.9) de que Efesios 11 describe "un acontecimiento en el tiempo" y "dones iniciales", dejando lugar a dones subsiguientes de uno pero no necesariamente de todos los dones mencionados, surge más del tiempo aoristo "él dio", y del mismo contexto, de lo que ambos apoyan.

tinuistas no pueden tenerlo todo. Si estos pasajes enseñan que la profecía y los profetas continúan hasta la parusía, entonces también sucede lo mismo con los apóstoles.

Si hacemos una lectura más sólida de ambos pasajes, encontraremos que no hablan de si la profecía u otro don cesarán antes de la parusía; este tema en particular queda abierto.

7. John Ruthven avanza la tesis: «*La dimensión específicamente escatológica de las doctrinas de la Neumatología y el Reino de Dios como opuestas al Cesacionismo*»[83]. Esta percepción se ha constituido como punto de encuentro de muchos escritores continuistas: los dones espirituales, incluyendo los dones milagrosos, pertenecen a la escatología realizada.[84] Esta tesis, no obstante, es cuestionable desde diversos ángulos.

(a) Las señales y milagros, sanidades y dones proféticos son difícilmente exclusivos de la llegada del reino escatológico. Tales fenómenos, por ejemplo, son ampliamente recogidos en el Antiguo Testamento.[85] Lo máximo que se puede argumentar plausiblemente es que con la llegada de Cristo y Pentecostés son aún más presentes, pero esto no hace que esos fenómenos sean distintivos, escatológicamente hablando.

(b) Un punto básico de 1 Corintios 13:8-13 es la importancia temporal, menos que escatológica, de los dones proféticos como la profecía y el hablar en lenguas. Los continuistas lo negarán, insistiendo en que Pablo quiere dejar claro que estos dones pertenecen al "ya" de la escatología, pero no al "todavía no".[86] Esta explicación no será suficiente. ¿Puede decirse que las realidades de la escatología realizada realmente han "cesado" o "que se han acabado" (v. 8)? Más aún, la réplica continuista oscurece, por no decir que ignora completamente, el principal afán de Pablo en este pasaje: para el presente, hasta que Jesús vuelva, nuestra fe, esperanza y amor - no nuestro conocimiento (junto con los dones proféticos que proporcionan tal conocimiento) - han permanecido, es decir, en sentido escatológico. Estas cualidades (y otros elementos entre los "frutos" del Espíritu, Gál. 5:22-23), en contraste con dones particulares, están siendo realizados escatológicamente en el presente. En términos de las metáforas que Pablo utiliza en otros lugares, este fruto, preeminentemente el amor, no los dones, encarna las

---

[83] Ruthven, *On the Cessation*, 196 (cursivas originales); cf. 115-23.

[84] Por ejemplo, Carson, *Manifestaciones del Espíritu*, op. cit., (con más cautela); Deere, *Power of the Spirit*, 225-226, 285, n. 6; Fee, *Empowering Presence*, 893; Grudem, *Systematic Theology*, 1019, 1063-64; Turner, "Spiritual Gifts Then and Now", 61-62 (n. 175).

[85] Ver, por ejemplo, el catálogo proporcionado por Deere (*Power of the Spirit*, 253ff.).

[86] Por ejemplo, Fee y Grudem citados en el pie de página 85.

"primicias" y el "depósito" del Espíritu (Rom. 8:23; 2 Co. 1.22; 5:5; Ef. 1:14).[87]

(c) Como los dones de palabra, las sanidades no son un fenómeno escatológico. Podemos ver esto, por ejemplo, en los milagros de Jesús. En Marcos 2.1-12 (Mt. 9:1-8, Lc 5:17-26), por ejemplo, la realidad escatológica es la palabra del Evangelio: "Hijo, tus pecados te son perdonados" (v. 5); la curación del paralítico muestra la autoridad de Jesús, el Hijo del Hombre, para traer el juicio escatológico y final ahora, en el presente ("en la tierra", v. 10). Pero la curación en sí no es escatológica. Es un alivio misericordioso genuino, aunque solo es efectivo temporalmente. Es decir, el paralítico sanado, no tenemos por qué dudarlo, algún día se tendrá que enfrentar a la parálisis final, que es la muerte.

La resurrección de Lázaro nos lleva a la frase de Jesús: "Yo soy la resurrección y la vida" (Juan 11:25). Más aún, muestra, como hacen otros milagros de curaciones, que la salvación que Cristo trae no es solamente un simple perdón como mera abstracción, sino que implica la restauración de los pecadores como personas completas. Pero, y éste es el tema importante, el milagro experimentado por Lázaro apunta a la resurrección de una forma temporal e insustancial. En esta ocasión, no recibe un cuerpo glorificado y escatológico, el cuerpo "espiritual" (1 Co. 15:44). Junto con todos los otros creyentes muertos, espera la resurrección en el retorno de Cristo, junto con la profunda transformación psico-física[88] que traerá.

Podemos decir que, en general, los milagros del Nuevo Testamento son más que meras parábolas externas de realidades internas. Revelan apropiadamente "la esencia del reino y sus bendiciones", pero lo hacen "a su vez, sin constituir o encarnar tal esencia".[89] Turner dice que él no está "comple-

---

[87] Como apoyo a esta interpretación del pasaje, hay que fijarse en que borra el problema perenne con el que la exégesis ha luchado en el versículo 13: Cómo pueden la fe y la esperanza continuar después de la parusía, especialmente a la luz de pasajes como 2 Corintios 5:7 ("porque por fe andamos y no por vista") y Romanos 8:24 (¿por qué esperar lo que uno ve?). Esta pregunta no comprende el punto principal. El "permanecer" del que se habla no está más allá de la parusía, sino que trata de la importancia presente y escatológica de la fe y la esperanza (junto con el amor) en contraste con la cualidad sub-escatológica no perdurable de nuestro conocimiento presente (incluyendo el don de palabra que trae tal conocimiento). Apuntar también que, en relación con nuestros anteriores comentarios sobre el pasaje, esta perspectiva sobre el versículo 13 muestra lo cuestionable que es insistir en que el versículo 10 demanda que la profecía y el hablar en lenguas continúen después de la parusía.

[88] En 1 Co. 15:51 está claro que la resurrección del cuerpo será algo más que física: «No todos dormiremos, pero todos seremos trasformados».

[89] Gaffin, *Perspectives on Pentecost*, 45.

tamente feliz" con esta "calificación" y ofrece los exorcismos como prueba de lo contrario.[90] Pero aquí también debemos mantener la distinción. Cogiendo el ejemplo más dramático que aparece en los Evangelios (Mt. 12:22-28; cf. Lc. 11.14-22), la sustancia escatológica de lo que transpiraba (paralela a la resurrección de Lázaro) no es que el hombre que había sido poseído por un demonio fuera capaz de hablar y de ver, sino que había sido librado "del dominio de las tinieblas" y trasladado... "al reino de su Hijo amado" (Col. 1:13). Esto último es imprescindible; tiene que tener lugar. Pero no ocurre lo mismo con lo primero.

«Por tanto no desfallecemos, antes bien, aunque nuestro hombre exterior va decayendo, sin embargo nuestro hombre interior se renueva de día en día» (2 Co. 4:16). Aquí se expresa una distinción categórica que es básica para la antropología de Pablo y su entendimiento de la vida cristiana, una distinción que la Iglesia desdibuja de forma peligrosa.[91] En términos de la existencia humana (en el "exterior"), junto con toda la Creación (Ro. 8:20-21) los creyentes están sujetos a un decaimiento ineludible, que lleva hacia la muerte (1 Co. 15:42-44); la mortalidad puede ser abreviada temporalmente, pero no eliminada. En el presente, los creyentes solo experimentamos el poder escatológico del Espíritu en lo más profundo de nuestro ser (en el "interior"). Ningún examen físico ni test sicólogo nos mostrará la diferencia entre los creyentes y los no creyentes (aunque, por lo general, la fe y la obediencia a los mandamientos de Dios potencian la salud del cuerpo y la mente). Aquí, el equilibrio no es solamente un requisito, sino que es imprescindible; resumiendo, podemos decir (de los creyentes) que lo que es cierto *en* el cuerpo[92] todavía no es cierto *para* el cuerpo.

¿Existe sanidad en la cruz? Sí, nada menos que la "sanidad" que llegará con la resurrección del cuerpo. Mientras tanto, no es nada más que un indicador sub-escatológico e insustancial.

Una vez dicho todo esto, los escritores neotestamentarios no dejarían que interpretáramos mal la distinción entre el don (singular) y los dones (plural) del Espíritu, entre los dones escatológicos, el Espíritu mismo que mora, común a todos los creyentes, y sus dones sub-escatológicos, ninguno de los cuales es recibido por todos los creyentes (por designio divino, por cierto, no por falta de fe, 1 Co. 12:28-30).

---

[90] Turner, "Spiritual Gifts Then and Now", 61-62 (n. 175)

[91] Cuando ocurre esta desfiguración, inevitablemente se introduce en la vida de la Iglesia algún tipo de triunfalismo distorsionado.

[92] Solamente es cierto ahí (en el cuerpo), no como una abstracción.

8. Concluiré mis observaciones sobre el cesacionismo denotando una situación que es tanto desconcertante como merecedora de meditación. Entre los continuistas no existe ninguno tan seguro como Fee. A la pregunta sobre la duración de los *carismata*, «la respuesta [de Pablo] es clara: 'Por supuesto continuará mientras esperemos la consumación final'. El tema ni siquiera es discutible. La posibilidad del cese de algunos dones es ajena a Pablo; el que así opine se ve atrapado en un giro hermenéutico que ni siquiera el apóstol hubiera entendido.»[93]

No obstante, anteriormente encontramos a Fee dándose cuenta de la dificultad para distinguir "la palabra de sabiduría" de "la palabra de conocimiento", y concluyendo que la diferencia "es posible que la hayamos perdido para siempre".[94] Creo que este reconocimiento es notable. Si el Nuevo Testamento enseña con tal certeza que estos dones, junto con todos los otros enumerados en 1 Corintios 12, continúan en la Iglesia hoy, ¿por qué esa dificultad e incertidumbre a la hora de distinguirlos y de saber lo que son?

Más aún, al terminar la discusión sobre la glosolalia, Fee añade un pie de página en el que dice que si el tema de hablar en lenguas «es del *mismo* tipo del de las iglesias paulinas, es discutible y probablemente irrelevante. Simplemente no tenemos forma de saberlo». Como una experiencia, continúa diciendo, «es *análogo* a la de ellos ... una actividad sobrenatural del Espíritu que funciona en la mayoría de ocasiones de la misma forma, y para muchos de sus practicantes tiene un valor similar al descrito por Pablo».[95]

Esta aparente ocurrencia es incluso más asombrosa. Ahora parece ser que, a menos que esté equivocado, teniendo como ejemplo el hablar en lenguas, después de todo no es más que un simple "por supuesto, todos los dones continúan hasta la consumación". Más bien, lo que tenemos en la actualidad son analogías que reflejan ciertas similitudes con sus supuestos equivalentes del Nuevo Testamento.

Estas concesiones (una palabra que no me parece injusta) con respecto a las lenguas, la palabra de sabiduría y la palabra de conocimiento, junto con el hecho ya mencionado de que los continuistas no pueden ponerse de

---

[93] Fee, *Empowering Presence*, 893, incluyendo n. 20; cf. G. Fee, *Gospel and Spirit: Issues in New Testament Hermeneutics* (Peabody, Mass.: Hendrickson, 1991), 75-77.

[94] Ibíd., p. 167-68. Esta dificultad se expresa por otros continuistas, como, por ejemplo, Grudem, *Systematic Theology* (1080): "De todas formas, puede que nuestras conclusiones sean algo tímidas".

[95] Fee, *Empowering Presence*, 890, n. 17 (cursivas originales).

acuerdo entre ellos sobre lo que es profecía, suscitan la siguiente pregunta: si el Espíritu de Dios, el Espíritu de verdad y orden, realmente está restaurando estos dones proféticos en la Iglesia actual de manera generalizada, ¿por qué hay una confusión y ambigüedad tan generalizadas, sin mencionar divisiones, sobre la vigencia de estos dones?; el Espíritu, que otorga dones para unir y edificar, ¿funciona así, de una forma ambivalente e incierta?

Estas consideraciones urgen una observación final sobre nuestra situación contemporánea. Aquí vemos, según sospecho (especialmente en el contexto de la Iglesia occidental, donde el ejercicio secular de la razón y la autonomía deística de la Ilustración han mantenido un funesto vaivén durante tanto tiempo), el deseo de una experiencia compensadora de lo sobrenatural que acentúe las capacidades no racionales de nuestra humanidad.[96] Tal deseo puede tener inquietudes legítimas que necesitan ser exploradas. Pero esa idea, como tal, es una idea ajena al Nuevo Testamento. Más en particular, cuando es impuesta en pasajes sobre los dones proféticos (incluyendo su cese), la confusión resulta inevitable.

C. Vida de Iglesia en la actualidad.

Obviamente, no puedo hablar sobre el ejercicio contemporáneo de unos dones que no creo vigentes en la Iglesia actual. Pero podemos hacer algunas consideraciones breves sobre los dones espirituales en general, aunque sea solamente para disipar ciertos malos entendidos sobre la posición cesacionista que yo y otros mantenemos.

1. No todos los dones han cesado. Decir esto puede parecer que lo que se sugiere es que hay que elegir arbitrariamente los que continúan. Pero el Nuevo Testamento, como he tratado de mostrar, ofrece guías. Algunos dones, como el don profético, funcionaron como parte del principio "canónico" de la Iglesia durante el periodo fundacional en el que los documentos del Nuevo Testamento estaban siendo escritos. Con su finalización, la terminación del Canon, tales dones han cesado. La misma conclusión puede extraerse acerca de los dones-señales unidos a la fundación apostólica de la Iglesia. Para el resto, los dones continúan más o menos como los encontramos en el Nuevo Testamento.

[96] Tal deseo es particularmente evidente en el ensayo de Lederle, "Life in the Spirit and Worldview".

Más aún, dentro del perfil general del Nuevo Testamento, las cartas pastorales se pueden ver como un todo que hace una provisión para el futuro post-apostólico de la Iglesia, de modo que ayudan a identificar las continuidades y las discontinuidades. En concreto sobre la Revelación, la Palabra de Dios para la Iglesia de hoy, la única provisión hecha es para la enseñanza y la predicación (2 Ti. 1:13, 2:2), bajo la supervisión de los ancianos (1 Ti. 3:2; 5:7; Tito 1:9) y centrada en el "depósito" apostólico (1 Ti. 6:20; 2 Ti. 1:14; cf. Judas 1:3 "la fe... que fue de una vez para siempre entregada a los santos").

2. Deberíamos reconocer la gran amplitud de los dones espirituales. Cuando comparamos las listas de dones que se analizan con mayor frecuencia (Rom. 12:1; 1 Co. 12; Ef. 4), vemos que a veces coinciden y que, no obstante, son bastante diferentes. Este patrón muestra que, ya sea individualmente o tomadas en conjunto, no son exhaustivas, sino que ofrecen un muestrario representativo de los dones. Confinar nuestra atención a estas listas, como sucede tan a menudo, es sin duda excesivamente limitado.

El mismo Pablo, al tratar una serie de asuntos matrimoniales, ofrece una indicación de las dimensiones de la extensión ante la que nos encontramos: "Cada cual ha recibido de Dios su propio don, uno de esta manera y otro de aquella" (1 Co. 7:7; la siguiente aparición de la palabra griega *carisma* será su múltiple uso en los capítulos 12 al 14). Pablo está diciendo que para el creyente, la cuestión sobre si casarse o no debe ser respondida en términos del "don" (espiritual) de cada uno; no debe establecerse una separación entre la espiritualidad y la sexualidad.

Esto se debe, tal y como esperábamos que fuera, a que el Espíritu de Dios es el viento de una nueva creación. Cuando el Espíritu entra en nosotros, quiere que le dejemos entrar en todas las áreas de nuestra vida. Podemos decir con justicia entonces que todo lo que tome de mí para el servicio a Cristo y a su Iglesia - y esto incluye aptitudes y capacidades que tenía antes de convertirme - es un don espiritual.

3. En 1 Pedro 4:10, la única aparición de *carisma* en el Nuevo Testamento aparte de Pablo, Pedro resume aspectos importantes de su enseñanza sobre los dones espirituales. «Según cada uno ha recibido un don especial» apunta a la distribución completa y amplia de los dones en la Iglesia. "Sirviéndoos los unos a los otros" capta la dimensión esencial para su ejercicio (cf. 1 Corintios 12:4-6); los dones son lo que son en la medida en que nos capacitan a hacer algo por los demás y para la edificación global de la Iglesia (cf. 1 Co. 12:7; 14:12). «Buenos administradores de la multiforme gracia de Dios» de nuevo acentúa tanto la diversidad de los dones como su pro-

pósito ministerial, con el recordatorio importante de que fluyen de la Gracia de Dios revelada en Cristo (cf. v. 11b).

El siguiente versículo adelanta nuestro entendimiento con un valioso perfil en dos partes sobre todo el rango de dones espirituales: «El que hable... el que sirva». Todos los dones, en su completa diversidad, según dice Pedro, se reducen a dos clases básicas: los dones de palabra y los dones de hecho. Los dones espirituales, por decirlo de otro modo, son todas las formas mediante las cuales el Evangelio se ministra a través de la palabra o de la acción.

4. ¿Cómo determino mis dones espirituales? Ésta es una pregunta práctica y multifacética, a la que por lo menos podemos responder lo siguiente. Una manera de *no* proceder es tomar el "inventario espiritual" y preguntar: ¿cuál me gustaría que fuera mi especialidad espiritual?; ¿cuál es "mi tema" espiritual, que me diferencia de otros creyentes? Para identificar los dones espirituales el Nuevo Testamento nos lleva a una aproximación más funcional o situacional. La pregunta clave es la siguiente: ¿qué necesidades existen en la situación donde Dios me ha colocado?; ¿dónde, en las circunstancias en las que me encuentro, están las oportunidades particulares para servir a los demás?; a la luz del perfil dual de 1 Pedro 4:11, ¿de qué maneras específicas puedo yo ministrar el Evangelio de Jesucristo en palabra o en acción?

Formular esta pregunta (con oración y reflexión, y consultando con otros creyentes, especialmente los ancianos de la iglesia) nos conducirá por un largo camino, que no se dirige solamente a identificar nuestros dones espirituales, sino también a lo que es más importante: que los ejerzamos.

D. Peligros

Cuando releo lo que he escrito, me doy cuenta de que puedo haber representado mal, sin hacerlo intencionadamente, las opiniones de otros, o que soy culpable de hablar por ellos. Si ha sucedido así, pido disculpas y espero que se me corrija.

Un peligro incluso mayor es que en situaciones de controversia entre creyentes, perdemos la perspectiva de que nuestro nexo común es Cristo. Es demasiado fácil para los cesacionistas ignorar y despreciar el trabajo genuino del Espíritu de Dios entre los creyentes que se identifican a sí mismos como carismáticos o pentecostales (¡aunque seguiremos estando en desacuerdo sobre todos los puntos de vista en los que ya estamos en desacuerdo!)

Un peligro particular de los cesacionistas, sospecho, es que en nuestra preocupación por los excesos percibidos y tendencias malsanas de las otras corrientes, olvidamos el compromiso, expresado al principio, del carácter incalculable de la labor del Espíritu. Hablar mucho sobre el Espíritu implica el riesgo de minimizar, incluso quizás perder, el sentido de cuán sorprendente es, en realidad, nuestra salvación en Cristo, incluyendo la obra del Espíritu. Al final, luchamos por hablar de cosas que están "más allá de las palabras", que son "demasiado grandes para expresarlas con palabras" (2 Co. 9:15; 1 Pedro 1:7). La Teología que cesa de ser arrastrada de forma más o menos espontánea hacia la doxología, como la de Romanos 11:33-36, necesita ser reexaminada. La Iglesia tiene que evitar este tipo de "cesacionismo".

Pero el peligro más grande de mi postura es el mismo al que se enfrentan las demás posturas en este simposio. Me refiero a violar lo que aparece en 1 Co. 4:6, "no sobrepasar lo que está escrito", ya que ese principio debe aplicarse en la Iglesia de hoy en día.

Lo primordial de la Reforma Protestante es el redescubrimiento de la claridad auto-interpretativa de la Escritura. Tal redescubrimiento fue tan liberador y precioso para aquellos que lo experimentaron que su prioridad más alta era conservarlo, a cualquier precio. Inexorablemente, en contra del principio tradicional de Roma por un lado, y la Reforma radical con sus ideas sobre las revelaciones extrabíblicas por el otro, se vieron forzados a luchar por la inseparabilidad de la palabra y del Espíritu (*Spiritus cum verbo*), el lazo irrompible entre la labor del Espíritu y de la Palabra bíblica. Los reformadores estaban decididos a no escuchar nada más que "el Espíritu Santo hablando a través de la Escritura" (Confesión de Fe de Westminster, 1:10). Estaban decididos a jugárselo todo por aquel libro contemporáneo, aunque relevante para todas las épocas, exclusivo (*sola*) y completo, aunque suficiente y no aislado.

Esta lucha no ha terminado. Es perenne, tiene el potencial de disminuir el poder de la Reforma en la actualidad. En el nombre del Espíritu, algunos siguen colocando la tradición de la Iglesia virtualmente a la par de la Escritura, mientras otros afirman tener nuevas revelaciones y guías aparte de las Escrituras. Pero nada *a la par* de las Escrituras y nada *aparte* de las Escrituras: este tema sigue siendo uno de los más críticos en la iglesia contemporánea.

Una respuesta de la postura *abierta, pero con cautela* a Richard B. Gaffin, Jr.

Robert L. Saucy

La acertada combinación que Gaffin hace del pensamiento teológico y la exégesis de determinados pasajes ha servido para exponer una posición cesacionista muy competente. Específicamente, el énfasis hecho en la llegada del Espíritu en Pentecostés dentro del marco general de la historia de la redención es excelente y, en mi opinión, muy significativo para muchas de las preguntas suscitadas en el debate que nos ocupa. El hecho de que haya expuesto su caso sin encontrar un cesacionismo explícito en cuanto a la venida de lo «perfecto» de 1 Corintios 13:8-10 también es positivo.

Estoy de acuerdo con muchas de las ideas expuestas en el ensayo, incluyendo lo que yo percibo como sus ideas principales. Estas son que la venida del Espíritu en Pentecostés era una parte integral de la salvación cristiana y, por lo tanto, no una segunda dimensión de la labor del Espíritu no alcanzada por todos los creyentes, y que la era apostólica era un periodo fundacional en la historia de la Iglesia, que no proporciona el modelo para toda la historia de la Iglesia.

En cuanto al primer punto, el argumento del doctor Gaffin de que la venida del Espíritu en Pentecostés era en realidad la finalización del hecho salvífico de la primera venida de Cristo y que, por lo tanto, pertenece a cada creyente, es magnífico. Quizás podía haber añadido algo más como respuesta a los que intentan dividir claramente el ministerio del Espíritu entre "regeneración" y "capacitación" o "dotación de poder". Esto les permite estar de acuerdo en que el creyente ha recibido el ministerio del nuevo pacto del Espíritu de la regeneración y la unión con Cristo como algo diferente a la experiencia pentecostal de "recibir poder". El lugar central que el «Bautismo con el Espíritu» tiene en las predicciones de los Evangelios (cf. Mt. 3:11 y paralelos) y justo antes de Pentecostés en Hechos 1:5, y especialmente en la explicación de Pedro del Pentecostés como el cumplimiento de la promesa del Antiguo Testamento sobre el derramamiento del Espíritu, hacen que esta división sea imposible. La llegada del Espíritu en Pentecostés era el don del Espíritu en cumplimiento de la promesa del nuevo pacto y, como tal, es parte de la salvación del nuevo pacto, y no una segunda bendición que algunos creyentes nunca alcanzarán. La presentación de Gaffin de Pentecostés como un movimiento hacia delante en la historia del plan divino de salvación, en lugar de un paradigma para creyentes concretos a través de esta etapa, demuestra que solamente los creyentes que vivieron durante aquella transición pudieron experimentar lo que podía denominarse «una relación con el Espíritu *en dos fases*».

También me parece bíblico el énfasis cesacionista sobre la exclusividad de los apóstoles y su ministerio como cimientos de la Iglesia. Esto debe plantear preguntas para aquellos que argumentan que todos los dones permanecen iguales esencialmente a lo largo de la historia de la Iglesia. También estoy de acuerdo en que mientras los milagros seguramente sirvieron para otro propósito, como expresiones de misericordia y de ánimo, el uso preeminente en las Escrituras del término «señales» en relación con el ministerio de Cristo en los Evangelios y el ministerio de los apóstoles y de otros en Hechos, tiene como intención llevarnos a la conclusión de que la función principal de los milagros era ser «señales» que daban testimonio de la validez de los apóstoles como testigos inspirados de la acción salvífica de Cristo.

También estoy cien por cien de acuerdo con la presentación de Gaffin de la profecía bíblica como discursos inspirados, y su rechazo de una forma inferior de profecía que incluye los pensamientos humanos falibles. Aunque la «profecía» ha sido utilizada para predicación, como en el caso de los reformadores, creo que el llamar "profética" a una sabiduría poco frecuente y una visión interior (el intento de encontrar una gradación bíblica de la profecía reveladora que vaya desde la inspiración parcial y la falibilidad hasta la inspiración total y la infalibilidad) es un concepto muy reciente, y con poco respaldo bíblico.

El énfasis en la obra del Espíritu en el creyente que es ciertamente parte de nuestra salvación escatológica, es decir, su presencia santificadora en la vida normal que potencia el fruto que pertenece a la vida eterna también parece estar en armonía con la enseñanza apostólica. Como bien apunta Gaffin, la idea de que los dones milagrosos cesarán con esta época demuestra que a pesar de ser manifestaciones de la esencia del reino, no constituyen tal reino en sí mismo.

Aunque no puedo comentar todas las conclusiones a las que llega Gaffin, su fijación en la enseñanza principal de las Escrituras en relación con el ministerio del Espíritu en la vida del creyente, junto con su reconocimiento de que Dios sigue obrando milagrosamente por el bien de su pueblo, me lleva a estar de acuerdo en que la posición cesacionista expuesta no está poniendo al Espíritu «en una caja». Más bien, es un intento de entender el poder de Dios en relación con la verdad de Dios, una combinación claramente enseñada en las Escrituras.

A pesar de estar conforme con muchos de los énfasis de la postura cesacionista, algunas de las conclusiones que demandan el cese completo de los dones milagrosos va, en mi opinión, más allá de lo que la enseñanza bíblica expresa o son deducciones necesarias de principios teológicos de la Escritura. De varias formas se expresa la opinión de que el cumplimiento de la era apostólica demanda el cese de todas las manifestaciones del don de profecía. El «cese del don revelación verbal del apostolado» (pág. 52), la consumación de la revelación fundacional, y la terminación del Canon (pág. 51-52) se usan para demostrar el cese de la profecía, de modo que solamente puede haber o revelación canónica o revelación general hoy (págs. 58-59).

Pero, ¿ofrece la Escritura esta conclusión? Gaffin mismo confiesa que sería erróneo argumentar que Lucas pretendía mostrar que «los dones milagrosos y experiencias de poder cesaron con la historia que él documentó» (págs. 45-46). Si tal es el caso, entonces ¿cómo podemos creer que cualquier continuación de los dones más allá del tiempo de los apóstoles «separa lo que para Lucas debe estar unido» (pág. 46)? Estoy totalmente de acuerdo con que la Escritura muestra que la preponderancia de la actividad milagrosa está unida a los apóstoles y a otros pocos que dan testimonio inspirado de la obra salvífica de Cristo. Pero, ¿limita eso todos los dones milagrosos a este periodo de revelación fundacional?

No obstante, el cesacionista ciertamente tiene razón al señalar que la Escritura en ningún lugar dice expresamente que los dones milagrosos continuarán. Esta falta de concreción dificulta afirmar que el cesacionismo o el continuismo sean las enseñanzas de las Escrituras. El intento de Gaffin de limitar los dones milagrosos a los apóstoles argumentando que toda la profecía estaba relacionada con la fundación de la Iglesia también parece ir más allá de las Escrituras. Una vez más, estoy de acuerdo con que los profetas estaban involucrados en el ministerio fundacional de dar a conocer el misterio de Cristo. La pregunta es: ¿estaba toda la profecía «ligada a la obra redentora» (pág. 78) de tal forma que cuando la revelación fundacional se completó, todos los dones de revelación verbal cesaron (pág. 50-51)?

Afirmar con seguridad lo anterior es difícil si consideramos las diferentes manifestaciones de la profecía en los documentos bíblicos. A primera vista, no es tan evidente que algunas profecías sean testimonio de la obra redentora de Cristo. La profecía de Agabo sobre la hambruna resultó ser de ayuda para aquellos en Jerusalén, un hecho que sin duda ayudó a unir a los creyentes gentiles de Antioquía con los judíos de Jerusalén. Pero, ¿qué tiene que ver esta profecía con el testimonio del misterio de Cristo?

Estoy seguro de que ningún cesacionista pretende afirmar que todas las profecías son canónicas. No obstante, la insistencia en unir las profecías al Canon casi parece asegurarlo. Claramente, tanto el Antiguo como el Nuevo Testamento indican que hubo muchas profecías que nunca se incluyeron en las Escrituras canónicas. En algunos casos, leemos que algunos individuos profetizaron (Hechos 15:32; 21:9); en otros simplemente se nos dice que la profecía estaba teniendo lugar en la Iglesia (por ejemplo, 1 Co. 14; 1 Ts. 5:19). Pero el contenido de estas profecías no se incluye en la Escritura. Sin duda, algunas tendrían que ver con el misterio de Cristo. Otras probablemente revelaban el don de Dios para una situación particular (cf. enviar a Pablo y a Bernabé, Hechos 13:2). Como tenemos la evidencia de que hay profecías que no son canónicas, y como no tenemos un pasaje explícito en las Escrituras que nos diga que todas las profecías han cesado al finalizar la revelación canónica, el nexo de unión entre la profecía y las escrituras canónicas no parece estar tan claro como afirma la posición cesacionista.

Es más, si la Escritura afirma expresamente el cese de la profecía con el cumplimiento de la era apostólica y del Canon, ¿qué debemos hacer con la predicción de los profetas en el futuro? Independientemente de que los dos individuos de Apocalipsis 11 sean dos personas o símbolos de la Iglesia que testifica, se les describe como «profetas», que ejercen el ministerio de «profetizar» (vs. 3, 6), al que acompaña una actividad milagrosa.

Parecen existir pruebas claras de que la profecía cesó, o al menos cambió, al finalizar el Canon del Antiguo Testamento. Pero esta conclusión no se extrae tanto de la enseñanza del mismo Antiguo Testamento como de la experiencia de falta de profecía en medio del pueblo de Dios. De manera similar, cuando se reconoció que la profecía estaba de nuevo presente en relación con la nueva obra de Cristo, se reconoció como tal debido a su válida manifestación.

Sin intentar crear una analogía directa, parece que los creyentes de hoy están en una situación similar. Las Escrituras no enseñan claramente el cese de la profecía. A pesar de asociar la profecía con el periodo fundacional, no muestra que toda la profecía sea fundacional. La historia de la Iglesia demuestra rotundamente que la manifestación de la profecía cambió radicalmente desde la era apostólica. A la luz de estos factores y del conocimiento de que Dios ha de traer profetas, parece que no podemos asegurar la imposibilidad de que la profecía ocurra en la actualidad. Pero tampoco podemos decir que ocurra como en la época del Nuevo Testamento. Debemos estar abiertos a lo que Dios desee, pero buscando evaluar todos los fenómenos bajo criterios bíblicos.

También tengo reservas en cuanto al argumento de Gaffin de que la posibilidad de la existencia de la profecía hoy en día amenace necesariamente la canonicidad del Nuevo Testamento y relativice inevitablemente la suficiencia y autoridad de la Escritura (pp. 50-54). Estoy de acuerdo con que toda la profecía bíblica es inspirada y, por lo tanto, infalible. Por lo tanto, estamos destinados a obedecer cualquier mandamiento profético divino. Pero resulta difícil ver cómo todas las palabras proféticas e incluso los mandamientos desafían el Canon. Si asumimos, basándonos en Hechos 13, que Pablo y Bernabé fueron enviados en obediencia a una revelación verbal, ¿se estaba añadiendo algo al Canon o se estaba compitiendo con su autoridad?

Muchas profecías, tanto en los días del Antiguo como del Nuevo Testamento, nunca llegaron a formar parte del Canon: por ejemplo, las instrucciones específicas como las que la iglesia de Antioquía recibió sobre Pablo y Bernabé; la predicción de Agabo sobre la hambruna; una aplicación apropiada de la verdad canónica, como algunas de las predicaciones proféticas de los profetas del Antiguo Testamento. En cualquier caso, no veo cómo las declaraciones proféticas de alguna manera relativizan o añaden al Canon. Gaffin utiliza la advertencia de Pablo a los corintios de «no sobrepasar lo que está escrito» (1 Co. 4:6) como base para su argumento sobre la idea de que la vigencia de la profecía amenaza al Canon. A pesar de que no vivimos en el mismo periodo de Canon abierto que los corintios, esta Escritura en realidad demuestra que alguien puede aferrarse a la Escritura canónica donde ésta fue revelada de forma verbal, y aún así recibir profecías, como en la Iglesia de Corinto.

Los cesacionistas tienen razón al sostener la enseñanza bíblica de que la Escritura es autosuficiente para capacitarnos para toda buena obra (2 Ti. 3:16). Al enfatizar sobre la enseñanza de la palabra bíblica, están siguiendo directamente el patrón apostólico, especialmente el de Pablo en las cartas pastorales. Pero, ¿qué significa decir que el Espíritu está atado a la palabra bíblica, y que su voz en la actualidad está «hablando de forma relevante» (p. 69) a través de la Escritura?

A pesar de que la Escritura es el Canon de verdad, ¿no revela el Espíritu su voluntad en situaciones específicas, tanto personal y corporativamente como iglesia, más allá de lo que cualquiera pueda extraer legítimamente de la exégesis de cualquier pasaje de la Escritura? Si tal guía del Espíritu no compromete la suficiencia de la Escritura, ¿por qué iba a ser diferente si las instrucciones vinieran en ocasiones a través de la revelación inspirada? La idea de Gaffin de que tales profecías pueden quitarle protagonismo a la Escritura o «alejar la atención de la Escritura, particularmente en temas prácticos y apremiantes de la vida» (p. 58) está bien abordada. Las instrucciones de la Escritura sobre sí misma como la verdad que Dios usa para inaugurar y nutrir la vida excluye que cualquier profecía pueda competir con ella. La mayoría de la profecía en la Escritura fue dada a través de los que amaron y vivieron la Revelación previa de Dios. El hecho de que los profetas pudieran profetizar, de ningún modo apartó su atención de la Revelación que Dios había entregado previamente a través de Moisés. Del mismo modo, muchas visiones interiores e instrucciones de guía divina llegan a aquellos cuyos corazones están llenos con la verdad de la Escritura. La posibilidad de que Dios otorgue la revelación profética a su pueblo para circunstancias específicas según su voluntad, por lo tanto, no debe apartar al creyente de las Escrituras como su fuente de vida espiritual y canon de creencia y práctica.

Finalmente, Gaffin sugiere que la profecía no puede ocurrir porque no puede ser comprobada por la Escritura. Algunas, como la de Agabo, son tan específicas que la Escritura ni las menciona (p. 57). Pero si asumimos que las profecías de Agabo no pudieron ser comprobadas por la Escritura (y esto parece válido), ¿cómo se averiguó que estas profecías venían de Dios? Sin entrar en lo que implicaría resolver esta pregunta, sin duda parece válido concluir que los mismos métodos utilizados para validar las profecías de Agabo pueden ser utilizados para las profecías contemporáneas. De este modo, el hecho de que todas las profecías no puedan ser comprobadas por las Escrituras no parece apuntar el cese de los dones.

La fuerza de la posición cesacionista está en que las pruebas demuestran que existió un periodo fundacional en la Iglesia distinto al de la historia posterior. Coincido en que este hecho tiene implicaciones para la pregunta sobre la continuidad de los dones milagrosos en la Iglesia, lo cual lanza algunos argumentos irrefutables contra aquellos que no ven la exclusividad de este periodo. No me convence, no obstante, que se pueda decir, partiendo de la Escritura, que el reconocimiento de este periodo fundacional lleve al cese de todas las manifestaciones de los dones espirituales milagrosos en la Iglesia.

Una respuesta de la Tercera Ola a Richard B. Gaffin, Jr.

C. Samuel Storms

Mi respuesta al ensayo de Richard Gaffin será inevitablemente selectiva. He decidido centrarme en diez temas que, creo, definen la diferencia entre los cesacionistas y, utilizando el término de Gaffin, continuistas, como Oss y un servidor. Mi falta de acuerdo con la argumentación a favor del cesacionismo, aunque vigorosa, no disminuye en ningún modo mi profundo respeto por él, tanto como erudito del más alto nivel como, aún más importante, hermano en Cristo.

1. Gaffin se opone acertadamente al retrato de los cesacionistas como abogados del racionalismo deísta. La verdad, no obstante, es que los cesacionistas generalmente despliegan un escepticismo sobre las reivindicaciones post-apostólicas acerca de lo sobrenatural motivado, al parecer, por la creencia de que si existe una explicación natural para un fenómeno, entonces es probable. Los cesacionistas, por regla general, no esperan que el Espíritu Santo opere de modo abiertamente sobrenatural y milagroso, y normalmente no están tan predispuestos como otros a encontrar las razones de ciertos fenómenos físicos y espirituales en la interactuación entre seres espirituales (ángeles y demonios) o la actuación directa de la tercera persona de la Trinidad.

Esto sucede en parte porque creen que la actividad carismática del Espíritu está concentrada en un periodo llamado "fundacional" en la Iglesia del primer siglo. Pero también puede deberse al impacto combinado, aunque a menudo apenas consciente, de varios factores, como la preocupación por los peligros de lo que entienden como un subjetivismo excesivo, un deseo de calma y moderación, falta de experiencia personal del fenómeno carismático[97] , y un desprecio tácito sobre las formas piadosas a menudo nada sofisticadas y anti-intelectuales por parte de aquellos que, a veces, encuentran con demasiada rapidez lo sobrenatural en cualquier incidente rutinario de la vida diaria.

2. Gaffin apela al propósito de Pentecostés en la historia redentora como su base para rechazar la clásica noción pentecostal de una "segunda bendición". Aunque coincido con él en el lugar del Bautismo del Espíritu en el *ordo salutis*, su argumento podría ser utilizado fácilmente para demostrar más de lo que debiera.

Gaffin argumenta que el Pentecostés pertenece al logro definitivo de nuestra redención, no a su aplicación continuada ni a la apropiación continua de sus beneficios. Por esto es que lo que sucedió en aquel día no puede ser el paradigma eterno de la experiencia cristiana posterior. Pero esto nos lleva a conclusiones erróneas. A pesar de que es verdad que el *día* de Pentecostés, en el cual el Espíritu fue derramado de una manera sin precedentes, fue definitivo, esto no implica ni significa que los cristianos de épocas subsiguientes no experimenten el Espíritu y su poder, como hicieron los 120 reunidos en el aposento alto (estoy pensando en el don de hablar en lenguas, la profecía, y la experiencia en sueños y visiones de Hechos 2:5-21, no en el ruido del cielo o las "lenguas de fuego" de los versículos 2-3).

Debemos preguntar: ¿en qué sentido Pentecostés fue un acontecimiento definitivo o único?. Pentecostés no es simplemente el paso final de la obra redentora de Cristo; también es el primer paso de la obra capacitadora del Espíritu en la Iglesia. Los miembros de la Iglesia primitiva se refieren menos a Pentecostés porque fue exclusivo y, sobre todo, porque fue *inaugural*.

Gaffin dice que la obra redentora de Jesucristo "alcanza su punto álgido" (pág. 39), en el Espíritu del Bautismo de Pentecostés, la "culminación" del ministerio del Mesías. Pero tal terminología no debería oscurecer el hecho de que Pentecostés es igualmente el comienzo de una obra nueva y continuada del Mesías en las vidas de aquellos que le aceptan. Nadie niega que Pentecostés es la culminación de la obra de Cristo. Es más, Cristo prometió que cuando dejara esta tierra, mandaría al Espíritu. La pregunta es: ¿qué tarea le dio al Espíritu? La perspectiva de Lucas es que Pentecostés es una bisagra de la historia de la redención, sobre la cual oscila tanto el cumplimiento definitivo de Cristo como la futura aplicación accesible para todos los que crean.

---

[97] Ver la discusión de Jack Deere al respecto en *Surprised by the Power of the Spirit* (Grand Rapids: Zondervan, 1993), 54-76)

Pedro dice de Pentecostés, "Esto es" (Hechos 2:16) lo que profetizó Joel que ocurriría en los "últimos días", ese periodo de la Historia que conocemos como la época de la Iglesia (cf. 1 Co. 10:11; 1 Ti. 4:1; 2 Ti. 3:1; He. 1:2; 1 Pedro 1:20; 2 Pedro 3:3), en la cual la obra del Espíritu de revelación es democratizada entre el pueblo de Dios. No existe nada en el lenguaje de Pedro que sugiera que imaginó que la experiencia y el comportamiento de los 120 estuviera restringido temporalmente o que fuera inaccesible para otras personas. Al contrario, esta "promesa" del don del Espíritu Santo, que inspira ministerios proféticos y experiencias de revelación, «es para vosotros y para vuestros hijos y para todos los que están lejos, para tantos como el Señor nuestro Dios llame» (Hechos 2:38-39).

No veo ninguna razón bíblica para ver Pentecostés como la simple "culminación" de una serie de hechos definitivos, acabados. También es la "inauguración" de la aplicación experimental de las bendiciones espirituales que tales hechos estaban designados a producir. Gaffin parece reconocer esto cuando habla de las "consecuencias permanentes" (págs. 41-42) de Pentecostés. No obstante, sin duda, Pedro identifica estas consecuencias como el reparto de carismas como las lenguas, la profecía, junto con otras expresiones de revelación (en particular, sueños y visiones).

Gaffin resume que la esencia de Pentecostés tiene dos filos: apunta hacia: (1) la presencia permanente del Espíritu Santo y (2) su derramamiento universal ("todas las personas"). Exactamente. Pero, ¿con qué objetivo se nos da el Espíritu?; ¿para qué propósito está presente? La respuesta es en gran medida salvífica y cristológica (cf. Juan 15:26; 16:14). Pero no es menos carismática: el Espíritu da poder al pueblo de Dios para la vida y para el ministerio.

3. Gaffin argumenta que «Hechos pretende documentar una historia completada, una época única en la historia de la redención, el crecimiento definitivo y apostólico del Evangelio 'hasta los confines de la tierra'» (págs. 44-45). Pero Lucas no dice eso en ningún sitio. Nunca sugiere que lo que el Espíritu Santo hizo en la "historia" (Hechos) no deba ser esperado en "historias" subsiguientes (post-apostólicas). Tampoco afirma que Hechos fuera "único". Mientras que todo el mundo admite que existen elementos únicos y, por lo tanto, irrepetibles en el libro de Hechos, Lucas no argumenta en ningún lugar que la obra carismática del Espíritu se encuentre entre ellos. No sé de nada en Hechos que implique o asegure que la manera en la que Dios se relacionó y estuvo activo entre su pueblo en esa "historia" particular haya finalizado.

Gaffin ha elaborado una teoría que puede tener algo de cierto, pero falta evidencia textual sobre la que apoyar la conclusión teológica que extrae de su teoría. Se puede buscar en vano un texto en el que la obra carismática y sobrenatural del Espíritu Santo que sirvió para la expansión del Evangelio, y seguidamente caracterizó la vida y el ministerio de las iglesias que se instauraban, no esté prevista por Dios para servir para la expansión del Evangelio al resto del mundo en siglos posteriores o que no esté diseñada para caracterizar la vida de tales iglesias.

Gaffin sostiene que «las experiencias milagrosas de aquellos en Pentecostés y en otras ocasiones en Hechos solo tienen significado si nos acercamos a ellas desde esta perspectiva controladora» (pág. 45). Entonces se centra en las señales, milagros y maravillas como pruebas de la realización de este programa apostólico misionero. Pero, ¿es ésa su única función y significado? Nada de esto tiene aspectos negativos sobre la perpetuidad de los dones, a no ser que Gaffin pueda localizar un texto, cualquier texto, donde el propósito exclusivo de los milagros y de los carismas sea la confirmación de la misión apostólica. Gaffin aísla *una* función de la fenomenología milagrosa, vinculada al periodo en el que sucede, y entonces concluye que no puede tener ninguna *otra* función en ninguna *otra* época en la Historia de la Iglesia. Y lo hace sin ningún texto bíblico que lo afirme. Este tipo de reduccionismo es extraño para el Nuevo Testamento.

Gaffin pone el énfasis en la ruptura inaugural del Evangelio cuando entró en Samaria para llegar a los gentiles e insiste en que los fenómenos milagrosos que ocurrieron en esas ocasiones tuvieron un papel importante como testimonios de tal expansión. Estoy de acuerdo. Pero también debemos centrarnos en las iglesias que se fundaban y que nacían y que perduraban en las condiciones que resultaron de esta llamada "época inaugural" en la historia de la redención. El ministerio del Espíritu Santo, como se describe en Hechos, 1 Corintios, Romanos, Efesios, 1 Tesalonicenses y Gálatas indica que los fenómenos milagrosos que acompañaron el nacimiento y fundación de estas iglesias se dieron para caracterizar su construcción y también su crecimiento. Gaffin parece estar pidiéndonos que creamos que *debido a que* los dones milagrosos ayudaron a lanzar a la Iglesia, al dar testimonio de la proclamación original del Evangelio, estos fenómenos no tienen ninguna función adicional o continuada para sostener y nutrir a la Iglesia. Pero se trata de un *non sequitur* que no tiene fundamento bíblico.

Gaffin dice que «Hechos 2 y los subsiguientes acontecimientos milagrosos que Lucas narra no están diseñados para establecer una serie de 'repeticiones' de Pentecostés que continúen indefinidamente en la historia de la Iglesia. Más bien, constituyen en conjunto, como ya hemos indicado, una unidad completa con el programa apostólico ya finalizado al que acompañan» (pág. 45). Pero, ¿por qué no pueden continuar los acontecimientos milagrosos y los carismas sin pensar que eso supone una "repetición" de Pentecostés? Una vez más, la exclusividad de Pentecostés como un hecho de la historia de la redención no requiere, ni siquiera sugiere, que los carismas milagrosos estén restringidos a ese periodo. La Biblia no dice en ninguna parte lo que Gaffin llega a afirmar mediante deducción teológica.

Gaffin concluye que «sería sin dudas erróneo argumentar... que Lucas pretendía mostrar que los dones milagrosos y las experiencias de poder cesaron con la historia que él documentó» (págs. 46-47). Encuentro que aquí se confunde esta afirmación con la anterior, ya citada, de que Lucas *no* pretende decirnos a qué se parecerá el resto de la historia de la Iglesia con los hechos milagrosos en Hechos, posteriores a Pentecostés. Estos acontecimientos (presumiblemente profecía, hablar en lenguas y sanidades), según Gaffin, se «*completaron* con el programa apostólico ya *finalizado* al que acompañaban» (págs. 44-45, la cursiva es mía).

Entonces Gaffin afirma que «Al respecto, no viene al caso observar que en Hechos otras personas además de los apóstoles ejercen milagros (6:8). Ofrecer esto como evidencia de que tales dones continuaron después del tiempo de los apóstoles separa lo que para Lucas está unido» (pág. 46). Discrepo. Creo que es *precisamente* la prueba de que el ministerio milagroso del Espíritu Santo no está designado exclusivamente para los apóstoles o para la época fundacional de la Iglesia. Si, como Gaffin sostiene, los fenómenos milagrosos y el ministerio apostólico permanecen unidos en la mente de Lucas, entonces, ¿por qué otras personas, aparte de los apóstoles, hicieron milagros? No basta con que Gaffin simplemente afirme que los milagros no apostólicos no tienen nada que ver con nuestro tema. Ese es un punto de vital importancia que el cesacionismo no puede explicar. Recordemos que, de hecho, es el mismo Lucas quien los separa. ¡Quizás lo hizo porque ese era precisamente el tema que pretendía tratar!

Gaffin dice que «Otros ejercen los dones *en virtud de la presencia y de la actividad de los apóstoles*. Lo hacen bajo un "paraguas apostólico", por decirlo de alguna manera» (pág. 46, cursivas originales). ¿Dónde dice esto Lucas u otro autor bíblico? Aun cuando fuera cierto, ¿por qué deberíamos concluir que Dios no quiere que la Iglesia experimente estos dones después de los apóstoles? Una vez más se han extraído conclusiones aplicables universalmente sin garantías textuales. Al meditar en el libro de Hechos, no encuentro nada en la perpetuidad de los dones milagrosos que amenace la integridad o la exclusividad de la era apostólica. Esta exclusividad consiste en que fue primero y fundacional, no en que fuera milagrosa.

4. En un intento de mantener una relación estrecha entre el ministerio apostólico y los dones milagrosos, Gaffin dice que argumentar que los dones milagrosos dan testimonio del mensaje (el Evangelio) pero no necesariamente del mensajero está «fuera de la temática lucana» (pág. 46). Pero tal distinción no es tan ajena a Lucas, ya que habla de cristianos que no son apóstoles haciendo milagros y no atribuye explícitamente en ningún lugar su poder a ninguna relación o contacto físico con los apóstoles. Tampoco Lucas, ni ningún escritor del Nuevo Testamento, dice que Dios no pudiera o no quisiera dar testimonio del mensaje con señales y milagros cuando era proclamado por creyentes normales. Cuando esto se combina con el hecho de que varios creyentes normales, no apóstoles, ejercieron dones milagrosos, la distinción que, según Gaffin, no entra en la temática lucana, en realidad resulta parecer ser bien familiar para el autor del libro de los Hechos.

5. Gaffin ofrece dos razones para creer en el cese de los dones de sanidad y de los milagros.

En primer lugar, argumenta que el Nuevo Testamento solamente recoge estos dones en Hechos. Y estos «acompañan la proclamación apostólica única y finalizada del Evangelio» (pág. 49). Pero en ningún sitio de Hechos ni del Nuevo Testamento se dice que lo que hacía únicos a los apóstoles fueran los dones o milagros que realizaban. ¿Cómo se puede argumentar que, dado que los fenómenos milagrosos acompañaron la extensión del Evangelio, no pueden acompañar la extensión no apostólica del mismo Evangelio? El hecho de que los apóstoles del primer siglo terminaran *su* obra de extender el Evangelio no significa que otras personas, en generaciones posteriores, hayan acabado.

También es difícil entender cómo el ejercicio de dones milagrosos por parte de cristianos que no eran apóstoles (hombres y mujeres) en la iglesia de Corinto, con el propósito de edificar, fortalecer, consolar, y ayudarse los unos a los otros a ser más como Jesús, puede verse como algo exclusivamente relacionado con la supuesta «extensión apostólica única y finalizada del Evangelio». Estas personas no estaban fundando iglesias o extendiendo el Evangelio a través de barreras étnicas. Simplemente eran creyentes normales luchando con la vida y ministrando los problemas, dolores y necesidades de otros cristianos. Lo mismo puede decirse de los creyentes en Tesalónica (1 Tes. 5:19-22), Roma (Ro. 12:3-6), Galacia (Gá. 3:5) y más lugares. ¿Cómo puede argumentarse que tales dones milagrosos perdieron su validez y valor práctico para cumplir aquello para lo que Dios los ordenó, simplemente porque los apóstoles murieron en un momento dado del siglo primero?

Gaffin argumenta que debido a la unión supuestamente exclusiva entre el ministerio apostólico y los dones milagrosos (una unión que no aparece en ningún lugar de las Escrituras), la continuidad de estos últimos «en la era post-apostólica simplemente no debe ser presupuesta» (pág. 49). Al contrario, cuando se observa que Pablo describe que la vida normal de la iglesia en 1 Corintios 12:7-10 implica dones milagrosos cuyo propósito es edificar a los creyentes y santificar sus almas, dones que en ningún lugar están relacionados exclusivamente (ni siquiera principalmente) con los apóstoles, o cuya función se reduce a acompañar y dar testimonio de su ministerio, precisamente lo que debe presuponerse es la continuidad de los dones.

En segundo lugar, Gaffin acude a Santiago 5, un pasaje del que hablo en mi ensayo, a donde refiero al lector.

6. La principal preocupación de Gaffin son los dones llamados de revelación. Su discusión se centra en Efesios 2:11-21 (especialmente el versículo 20) y el ministerio fundacional de los apóstoles y profetas. Dice que los apóstoles y profetas pertenecen al periodo de fundación, no a la sobreedificación o superestructura. Pero esto supone ignorar los versículos 21 y 22, donde Pablo se refiere a la superestructura como algo que está en construcción, *mientras él habla/escribe* (fijémonos en el uso del tiempo presente en los versículos 21 y 22). En otras palabras, los apóstoles y profetas del versículo 20, entre los cuales estaba Pablo, también estaban contribuyendo a la superestructura, de la cual los efesios eran una parte contemporánea, simultánea a la fijación de los cimientos sobre los que se estaba construyendo esa superestructura. Debemos tener cuidado de no interpretar la metáfora paulina más allá de lo que el autor quiso transmitir con ella.

Para utilizar una analogía, una vez que una persona establece una empresa, escribe sus estatutos, articula su visión, contrata empleados y realiza todo el trabajo necesario para la fundación de su futuro trabajo y productividad, no necesariamente deja de existir o de servir a la empresa realizando otras funciones. Como apunta Deere, «el director fundador de una empresa siempre será único, ya que fue el fundador, pero eso no significa que la empresa no tendrá futuros directores o presidentes»[98].

Según el punto de vista de Gaffin, *todos* los profetas del Nuevo Testamento funcionaron como fundadores. Pero no existe nada que sugiera que "los profetas" de Efesios 2:20 será una referencia exhaustiva a todos los posibles profetas de la Iglesia. ¿Por qué debemos concluir que el único tipo de actividad profética tiene naturaleza "fundacional", especialmente a la

---

[98] Ibíd., 248.

luz de lo que dice el Nuevo Testamento sobre el efecto y alcance del ministerio profético? Simplemente no es posible creer que todas las declaraciones proféticas eran parte de la fundación definitiva de la Iglesia. De entrada, porque el Nuevo Testamento no dice que lo fuera. Más aún, describe un ministerio profético bajo una perspectiva totalmente distinta de la que Gaffin pretende deducir de Efesios 2:20. Sin duda, no todo el mundo que ministró proféticamente era un apóstol. Por lo tanto, el cese de lo último no es argumento para el cese de lo primero.

Sugerir que Efesios 2:20 alude a todos los posibles profetas activos en la Iglesia primitiva no se corresponde con lo que leemos sobre este don en el resto del Nuevo Testamento. Requeriría que creyéramos que todos los que profetizaron sobre el día de Pentecostés y en los años posteriores «hijos e hijas... jóvenes.... ancianos... sirvientes, tanto hombres como mujeres», estaban poniendo los cimientos de la Iglesia. Los cesacionistas nos piden que creamos que la promesa tan esperada de Joel 2 del derramamiento sin precedentes del Espíritu Santo sobre "todas las personas" (Hechos 2:17), con su actividad redentora en forma de visiones, sueños y profecías, se cumplió de forma absoluta solo en un grupo de personas cuyos dones actuaron de manera fundacional, iniciadora y, por lo tanto, temporal. ¿Esta teoría explica el texto de forma adecuada? Se hace difícil pensar que la experiencia reveladora y carismática del Espíritu, que Joel anunció y Pedro citó, se realizara de forma completa en una minoría de creyentes solo durante un periodo de tiempo de 6 años, y únicamente durante el primer siglo de la Iglesia. Más bien parece que Joel 2 y Hechos 2 están relacionados y describen la experiencia normativa cristiana para toda la comunidad cristiana en toda la época del Pacto, llamada "los últimos días".

El cesacionismo también pretende que creamos que un grupo de discípulos anónimos en Éfeso (Hechos 19:1-7), quienes profetizaron al convertirse (ninguno de los cuales, por cierto, fue recordado o mencionado nunca más), lo hicieron pensando en la fundación de la Iglesia. También es extraño pensar que las cuatro hijas de Felipe eran parte de la fundación definitiva de la Iglesia (21:9).

Según la tesis de Gaffin, toda actividad profética es actividad fundacional. Si fuera así, ¿habría hablado Pablo de la profecía como un don otorgado a la gente normal para "el bien común" del Cuerpo de Cristo (1 Co. 12:7-10)? ¿Debemos creer que Pablo exhortó a todos los creyentes de todas las iglesias a que desearan tener una importancia fundacional para la Iglesia universal? Al contrario, la profecía debe ser deseada porque su propósito es comunicar la Revelación de Dios que "animará" a aquellos que están desanimados, "consolará" a los que están desconsolados y "fortalecerá" a los que están débiles (1 Co. 14:3).

De nuevo, debo preguntar cómo puede la exposición de los pecados secretos de un no creyente en las iglesias de Corinto, Tesalónica, Roma, Ladiocea y de toda la tierra habitada - pecados como envidia, lujuria, ira, egoísmo - funcionar para fomentar los cimientos de la Iglesia Universal de Jesucristo. Aún así, éste es uno de los propósitos principales de los dones proféticos (1 Co. 14:24-25).

Gaffin cree que hablar en lenguas también es un don de revelación y, por lo tanto, un don profético. Si esto fuera cierto, tendríamos revelación no canónica en cada creyente para su propia edificación personal, no para compartir con la Iglesia en general si no hay intérprete (1 Co. 14:28). ¿Cómo puede concebirse que tal revelación privada contribuya a la fundación de la Iglesia en general?

Pablo anticipó que en cada ocasión que los cristianos se reunieran para adorar, al menos en potencia, "cada" creyente aportaría, o contribuiría, entre otras cosas, con una "revelación" (1 Co. 14:26). Anticipó que una parte normal de la experiencia cristiana era recibir datos reveladores o visiones de Dios. Resulta difícil leer sus instrucciones para la adoración general y sacar la conclusión de que Pablo entendía todo ministerio de revelación, por lo tanto profético, como fundacional por lo que a la Iglesia Universal se refiere. Debieron de existir miles y miles de revelaciones y palabras proféticas a lo largo y ancho de los cientos de iglesias entre Pentecostés y la finalización del Canon del Nuevo Testamento. ¿Debemos creer que esta multitud de personas y su gran número de palabras proféticas constituyeron la fundación definitiva de la Iglesia?

Gaffin parece creer que una vez que los apóstoles y profetas dejaron de funcionar fundacionalmente, dejaron de funcionar, como si el único propósito de los apóstoles y profetas fuera poner los cimientos de la Iglesia. El Nuevo Testamento no dice esto en ninguna ocasión y, mucho menos, en Efesios 2:20. Este texto dice que los apóstoles y profetas pusieron de una vez por todas los cimientos de la Iglesia y dejaron de funcionar *en calidad de fundadores*. Pero nada sugiere que dejaran de funcionar desempeñando otras tareas, ni mucho menos que dejaran de existir. Es cierto que solamente los apóstoles y profetas tuvieron parte en la fundación de la Iglesia, pero no podemos estar seguros de que esa fuera la *única* cosa que hicieran.

En una palabra, la descripción de Hechos 1, Corintios, Romanos y 1 Tesalonicenses sobre quién podía profetizar y cómo debía ejercerse ese don en la vida de la Iglesia simplemente no encaja con la afirmación cesacionista de que Efesios 2:20 describe a todos los posibles profetas, cada uno de los cuales funcionaba como parte de la fundación definitiva de la Iglesia. Más bien, Pablo aquí está describiendo a un limitado grupo de profetas que estaba estrechamente relacionado con los apóstoles, dos grupos que hablaron con palabras sabias basadas en las Escrituras, esenciales para la fundación de la Iglesia universal.

7. Gaffin se opone a la posibilidad de una revelación post-canónica basándose en que, entonces, deberíamos "atenernos y someternos a ella" (pág. 53) del mismo modo que nos atenemos y nos sometemos a las Escrituras. Dejando a un lado que esta afirmación presupone erróneamente que la profecía contemporánea es incapaz de ser infalible, basada en las Escrituras, procedente de Dios, el cesacionista tiene que enfrentarse a este problema. Porque, ¿acaso los cristianos tesalonicenses, por ejemplo, no tuvieron que "atenerse y someterse" (literalmente "retened"; 1 Ts. 5:21) a las palabras proféticas que recibieron, no menos que a las Escrituras donde se encuentran estas mismas instrucciones? Evidentemente, Pablo no temía que su respuesta a las palabras proféticas habladas socavara la autoridad última o suficiente de la revelación escrita (Escrituras) que estaba en proceso de enviarles. La idea es la siguiente: la revelación no canónica no era incompatible con la autoridad de las Escrituras *entonces*, así que tampoco lo es *ahora*. Esto es especialmente cierto si, como argumento en mi ensayo, la profecía contemporánea no produce necesariamente palabras infalibles de Dios.

Alguien puede preguntar: «¿cómo debemos nosotros, en el siglo XX, en un mundo de Canon cerrado, responder a la revelación no canónica?». La respuesta es: «de la misma manera que los cristianos respondieron a ella en el primer siglo, en un mundo de Canon abierto, es decir, evaluándola a la luz de las Escrituras» (estaban emergiendo, y eran parciales para ellos; pero para nosotros están completas). Tal revelación tendría para nosotros la misma autoridad hoy que tenía para ellos entonces. Más aún, estamos en una posición mucho mejor que los de la Iglesia primitiva, ya que disponemos de la forma final del Canon según el cual podemos evaluar las afirmaciones de la revelación profética. Si eran capaces de dar testimonio de revelaciones proféticas entonces (y Pablo creía que lo eran; cf. 1 Co. 14 y 1 Ts. 5), ¡cuánto más podremos hacerlo nosotros ahora! Como poco, las revelaciones proféticas contemporáneas deberían ser más fáciles de evaluar y responder que las del primer siglo.

Por lo tanto, si la revelación no canónica no era una amenaza para la autoridad última de la Escritura en su forma emergente, tampoco debería serlo ahora en su forma final. Si los cristianos del primer siglo estaban obligados a creer y obedecer la Escritura en un periodo de Canon abierto, simultáneamente y en presencia de revelación profética no canónica, no tenemos ninguna razón para pensar que la revelación no canónica en el periodo de Canon cerrado de la historia de la Iglesia presente un problema muy grave.

Siguiendo con este argumento, Gaffin afirma que la profecía contemporánea no puede de hecho ser evaluada por las Escrituras simplemente por el carácter específico de la primera. Pero de nuevo esto no nos supone un problema mayor de lo que lo sería para los cristianos del primer siglo. ¿Acaso no evaluaron ellos la revelación profética a pesar de su carácter específico? Así lo hicieron si fueron obedientes a las instrucciones de Pablo (1 Co. 14:29; 1 Ts. 5:21-22). No tenemos motivos para pensar que no podemos hacer lo mismo hoy. En realidad, estamos mejor equipados que ellos ya que disponemos de la forma final del Canon de revelación según la cual hacemos nuestras afirmaciones.

8. Gaffin cree que admitir la posibilidad de la revelación más allá de las Escrituras «indudablemente implica una cierta insuficiencia de la Escritura, que necesita ser compensada» (pág. 58). Sin embargo, debemos preguntarnos: ¿para qué es suficiente la Escritura? Sin duda, es suficiente para proporcionarnos las verdades teológicas y los principios esenciales para una vida de santidad. No obstante, el mismo Gaffin admite que «Dios se revela a sí mismo a las personas de maneras variadas, muy personales e íntimas» (pág. 59). Si las Escrituras fueran tan suficientes como Gaffin admite, no habría necesidad de hablar así. Si para Dios es importante y de ayuda el revelarse a sus hijos de forma personal e íntima, está claro que la suficiencia de la Biblia no significa que ya no necesitemos oír al Padre celestial o recibir guía particular en áreas en las que la Biblia guarda silencio. Las Escrituras nunca pretenden proporcionarnos toda la información necesaria para tomar cada decisión. Las Escrituras nos mandan predicar el Evangelio a toda persona, pero no le dice a un misionero principiante en 1996 que Dios quiere que en lugar de ir a Australia, vaya a Albania. El hecho de que Dios pueda hablar aparte de las Escrituras, ya sea para ofrecer guía, exhortación, ánimo o convicción de pecado, no significa una amenaza para la suficiencia de las Escrituras.

Permítanme citar un ejemplo del ministerio de Charles Spurgeon. En una ocasión, predicando en Exeter Hall, interrumpió su sermón y apuntó a una dirección, diciendo: «Joven, los guantes que llevas no los has comprado: se los has robado a tu jefe». Después del sermón, un joven obviamente agitado y pálido se acercó a Spurgeon y pidió hablar con él en privado. Puso un par de guantes en la mesa y dijo: «Es la primera vez que he robado a mi maestro, y nunca lo haré de nuevo. No me delatará, ¿verdad, señor? Mi madre se morirá si se entera de que me he convertido en un ladrón»[99] . Esta información no podía obtenerse de la lectura de la Biblia. Pero, sin duda, al reconocer que Dios fue el que "reveló" a Spurgeon este conocimiento no mina la suficiencia de la Biblia.

En su intento por negar la revelación post-apostólica, Gaffin asegura (sin ofrecer base bíblica) que «revelación verbal está ligada a la obra redentora. Con el cumplimiento de esta última», dice, «llega el fin de la primera» (pág. 60). No estoy de acuerdo. Mientras que puede decirse que las "*Escrituras* están vinculadas a la obra redentora", la *Revelación* es mucho más amplia de lo que al final entró en el Canon. No encuentro nada en la Escritura que indique que Dios haya enmudecido después de la iglesia primitiva. Si para la iglesia primitiva en Corinto fue crucial que Dios les hablara más allá de la Escritura, de tal manera que los pecados de un no creyente fueron expuestos, motivándole al arrepentimiento y a la vida eterna, ¿por qué iba a ser menos crucial en el siglo XX (1 Co. 14:24-25)?

9. El debate sobre 1 Corintios 13 continúa. No dispongo de demasiado espacio para extenderme, y dudo que pueda mejorar lo que otros ya han escrito sobre el tema. Sí me gustaría señalar, no obstante, que Gaffin acertadamente rechaza como "no creíble exegéticamente" (pág. 61, n. 80) la sugerencia de que la perfección del versículo 10 habla de la finalización del Canon del Nuevo Testamento u otro tipo de cosas después de la parusía. Cree que en este pasaje, Pablo ni siquiera habla sobre la continuidad de los dones y que, por lo tanto, estamos ante un debate abierto.

Simplemente, me gustaría decir que se trata de un tema que quizás el contexto más amplio consiga desvelar. Debido a la naturaleza, función y valor comparativo de los dones *espirituales* de los que Pablo habla en 1 Corintios 12 y 14, tampoco sería extraño sugerir que en 1 Co. 13 Pablo tiene en mente de nuevo la perpetuidad de tales dones, al contrastarlos con el valor eterno del amor cristiano.

10. Para finalizar, Gaffin se sorprende de la dificultad que Gordon Fee tiene para distinguir entre la palabra de sabiduría y la palabra de conocimiento, y de su aparente indiferencia hacia la naturaleza de las lenguas contemporáneas. En primer lugar, no puedo responder a la incertidumbre de

---

[99] Charles H. Spurgeon, *Autobiography: Vol. 2, The Full Harvest, 1860-1892* (Edimburgo: Banner of Truth Trust, 1973), 60.

Fee, pero tampoco estoy dispuesto a conceder que no podamos saber lo que eran entonces (y ahora) las palabras de sabiduría, de conocimiento y el hablar en lenguas. En segundo lugar, sin duda, Gaffin no pretende incluir la falta de claridad como un argumento para el cesacionismo, ¿verdad? Si los criterios para creer y abrazar un principio o practicarlo es la falta completa de ambigüedad, ¡quién sabe cuantas cosas en la Biblia nos hubieran parecido no estar designadas por Dios o ser válidas después de la muerte de los apóstoles!

Me pregunto si los corintios (y especialmente otras iglesias en el siglo primero que recibieron instrucciones menos específicas) se encontraron con las mismas dificultades. Gaffin no cuestiona la validez de esos dones en aquel entonces; no obstante, para poder diferenciar aquellos dos tipos de dones no tenían ninguna revelación más concreta de la que nosotros tenemos. Si tal falta de especificación no mermó el ejercicio de tales dones en el siglo primero, no hay razón para pensar que lo vaya a hacer en el siglo veinte.

Una respuesta *pentecostal/carismática* a Richard B. Gaffin, Jr.
Douglas A. Oss

El Profesor Gaffin ha escrito una evaluación seria y benevolente sobre la teología pentecostal/carismática, y una defensa del cesacionismo, por la que los miembros del movimiento pentecostal deberíamos estar agradecidos. Yo mismo estoy en deuda con él, como un profesor querido que me ayudó a acercarme al pentecostalismo desde la perspectiva de la historia de la redención y me mostró la sabiduría de "saquear a los egipcios". De modo que es, con afecto y admiración, que ofrezco algunos pensamientos sobre su ensayo.

1. El profesor Gaffin tiene razón al mencionar a aquellos pentecostales que condenan a los evangélicos negando que tengan el Espíritu Santo y catalogándolos de forma despectiva de racionalistas cuya fe se restringe a una confesión doctrinal árida (págs. 34-35). Esta actitud despreciativa no es mayoritaria entre los pentecostales. Nosotros, los pentecostales, somos evangélicos que hemos aceptado como paradigmática una porción del testimonio bíblico que otros, dentro de nuestra familia evangélica, no han hecho. Pero tanto en el transcurso de la historia como en el presente somos un movimiento basado en la Biblia, y con frecuencia utilizamos el término "evangelio completo" (o "evangelio pleno") para describir al movimiento pentecostal en general.

La misma mentalidad que intenta separar a los pentecostales de sus raíces evangélicas, también acepta muchas ideas modernistas y rechaza algunos compromisos cardinales del pensamiento evangélico. Es cierto que una parte importante de los académicos pentecostales rechazan la infalibilidad de la Biblia y su autoridad. Como el profesor Gaffin apunta, en lugar de beber de la fuente de salvación de las Escrituras, algunos beben de la cisterna del cinismo postmodernista y del nihilismo, adoptando formas radicales de existencialismo como marco contextual de entender la espiritualidad. Por ejemplo, muchos han adoptado una visión sociológica basada en la comunidad de la autoridad autónoma que ha suplantado el compromiso pentecostal de la autoridad basada en la Revelación (por ejemplo, las Escrituras). Por lo tanto, Gaffin está en lo cierto cuando, en su valoración de esta tendencia entre los pentecostales, advierte que «el poder pentecostal y las pretensiones postmodernas no tienen nada que ver la una con la otra» (pág. 35).

Podría utilizar todo el espacio de mi respuesta para evaluar la forma en que algunos eruditos pentecostales se han distanciado de las raíces evangélicas del pentecostalismo, sobre todo porque es la amenaza de mayor peligro para el futuro del movimiento pentecostal. Nos encontramos en el mismo terreno teológico cambiante que quienes padecieron la polémica presbiteriana a principios del siglo XX.[100] Pero el profesor Gaffin toca otra serie de temas que también requieren nuestra atención.

2. Tanto Gaffin como yo hemos escrito nuestros ensayos desde la perspectiva de la historia de la redención. Gaffin utiliza este acercamiento para argumentar *en contra* de segundas experiencias y *en contra* de la continuidad de ciertas manifestaciones del Espíritu (en especial, dones de palabra y de guía personal). Mi ensayo utiliza la misma técnica para argumentar *a favor* de la validez de las segundas experiencias y *a favor* de la continuidad de las manifestaciones del Espíritu que definen la fase de "los últimos días" del cumplimiento del reino.

Gaffin limita el debate a una cuestión crucial, y lo hace señalando que «lo que constituye la esencia escatológica de la obra presente del Espíritu en la Iglesia sirve para establecer una diferencia fundamental entre los cesacionistas y los no cesacionistas» (pág. 36). Luego restringe el cumplimiento histórico-redentor de la obra del Espíritu a la regeneración y a la santificación. Mi ensayo presenta evidencia bíblica de que el despliegue histórico-redentor del Espíritu actúa de *dos* formas: (a) transformando el interior y (b) dando poder. El punto de vista de Gaffin omite una gran parte de las evidencias que encontramos en la historia de la salvación, centrándose solamente en una parte de la historia.

---

[100] Aquellos que hayan leído *The Presbyterian Controversy* (Nueva York: Oxford, 1991), de Bradley J. Springfield encontrarán esta descripción sorprendentemente paralela a la crisis contemporánea dentro del pentecostalismo.

Sencillamente, el Antiguo Testamento anticipa, y el Nuevo Testamento confirma mediante el cumplimiento, la naturaleza profética /carismática de la obra del Espíritu durante los últimos días. Pero esta verdad no excluye otra evidencia en cuanto a la obra transformadora que realiza el Espíritu. La naturaleza *escatológica* de la obra del Espíritu es una naturaleza que transforma el interior y concede poder. El profesor Gaffin acierta al enfatizar que Pentecostés pertenece a la historia de la salvación *(historia salutis)*, no al orden de salvación *(ordo salutis)*. Como tal, Hechos recoge las dos obras del Espíritu: (a) el cumplimiento escatológico de la dotación de poder y (b) la transformación del interior.

Probablemente el error más importante que comete Gaffin es su confusión entre el *ordo salutis* y la *historia salutis*. Pretende demostrar su punto de vista basándose en ésta última, pero de forma coherente importa categorías del primer campo para poder eludir el dilema del cumplimiento de las expectativas de los "últimos días" en el Nuevo Testamento. Es decir, no aplica consecuentementemente sus propios principios de la "historia de la salvación". A continuación veremos varios ejemplos.

3. Al enlazar Hechos 2 con la profecía de Juan el Bautista de Lucas 3:16 y con Hechos 1:6 (págs. 38-39), Gaffin de nuevo omite una parte importante de las evidencias. Asegura que la profecía de Juan se refiere a la actividad del Mesías en su *totalidad* (pág. 39), pero *restringe* esa actividad a la obra transformadora del Espíritu. Esto no es lo que Lucas describe en Hechos. Lucas describe el cumplimiento de la profecía en términos tanto de dotación de poder como de salvación (ver mi ensayo, págs. 249-254), por lo tanto describe la obra del Cristo resucitado a través de su Espíritu en su *totalidad*.

Parte del problema hermenéutico de la argumentación de Gaffin es que lee a Lucas desde una perspectiva paulina. Otra manera de expresarlo es la siguiente: utiliza el orden de la salvación para borrar las diferencias que son obvias en la historia de la salvación. Aunque yo he argumentado en mi ensayo que Pablo y Lucas se complementan, pero tienen diferentes énfasis en sus escritos (que no son excluyentes), no tiene sentido decir que son completamente iguales y asumir que utilizan el lenguaje del mismo modo. El énfasis paulino aparece en la descripción que Gaffin hace de la teología reformada: «La teología reformada, más importante, la teología de Pablo que la teología reformada quiere reflejar, no ve ni la muerte de Cristo ni su resurrección como "simbólicas" o como "analogías" para experiencias particulares, tanto si son subsiguientes a la conversión o distintas de la experiencia inicial de salvación» (pág. 40).

Dejaremos a un lado la cuestión sobre si Pablo, en pasajes como Romanos 6:1-14, está explicando la unión con Cristo analógicamente sobre la base de la muerte y la resurrección de Cristo, y si ésta es la comprensión histórica de la fe reformada.[101] Lo que vamos a tratar es la afirmación explícita de Gaffin de que el pensamiento paulino sirve para interpretar otros escritos canónicos. Vemos que su ensayo aplica ese principio en la cuestión sobre Pentecostés, pues interpreta Hechos a través del prisma de 1 Corintios 12:13. Basándose en 1 Corintios 12:13 extrae la «importancia histórico-redentora y cristológica de Pentecostés», defendiendo que la importancia de Pentecostés no es exclusiva de Lucas-Hechos, sino que la podemos ver en más ocasiones en el Nuevo Testamento (el otro texto que cita es Juan 14-16, pág. 40). Aunque las implicaciones de Pentecostés son más amplias que la simple teología profético-carismática de Lucas, no es menos válido interpretar a Pablo y a Juan a la luz de la hermenéutica de Lucas-Hechos, bajo la asunción de que los escritos de Lucas deben incluir esencialmente el mismo significado que los de Pablo.

4. El profesor Gaffin argumenta que Pentecostés no es un paradigma repetible (págs. 38-40). No obstante, la *experiencia esencial del poder del Espíritu* se repite incluso dentro del libro de Hechos (por ejemplo, 4:30-31), por no mencionar otras ocasiones en el Nuevo Testamento (por ejemplo, la adoración en Corinto, aunque abusiva, no estaba esencialmente alejada del patrón neotestamentario). Argumentar que Pentecostés no es un acontecimiento repetible porque fue la entrega definitiva del Espíritu a la Iglesia no logra captar la esencia de la postura pentecostal y hace que nuestro debate se desvíe del tema que verdaderamente nos ocupa. Ningún pentecostal argumentaría que el *día* de Pentecostés, como el día histórico y definitivo en el que Cristo dio su Espíritu a la Iglesia, es repetible en ese sentido.

Los pentecostales, más bien, opinan que ya que Cristo derramó su Espíritu, y ya que el Espíritu mora sin duda en la Iglesia, el Espíritu es accesible para todos los creyentes de la misma manera experimental en la que fue accesible para todos los creyentes en aquél el primer día: en poder. En este sentido, Pentecostés es repetible. ¿Por qué querría un creyente experimentar el Espíritu de una forma que no se ajusta al testimonio bíblico? ¿Por qué querría un creyente una santificación desprovista de expresiones del fruto del Espíritu? Del mismo modo, ¿por qué querría un creyente recibir el poder del Espíritu de una manera desprovista de todas o algunas de las expresiones carismáticas bíblicamente definitivas?

[101] Cf. John C. Murray, *The Epistle to the Romans* (Grand Rapids: Eerdmans, 1968), 213-29

Si la Biblia mandara o describiera un cambio en las expresiones del poder del Espíritu después del periodo fundacional, los pentecostales nos someteríamos a ese cambio. Pero en la Biblia ni siquiera se adivina un esbozo de cambio en la manera en la que el poder del Espíritu se manifiesta. Más bien, habla solamente de individuos (no de manifestaciones o dones) que tuvieron un papel fundacional (p.ej: Efesios 2:20-22). De nuevo, la idea es simplemente ésta: la obra escatológica del Espíritu es tanto dotarnos de poder como transformar nuestro interior, y cada experiencia tiene una naturaleza y expresión distinta a las demás experiencias.

5. El profesor Gaffin explica que «la historia que le interesa a Lucas está *finalizada*» (pág. 45, cursivas originales). Responderemos que a pesar de que Hechos recoge el *cumplimiento* de la historia de la redención, solamente recoge el *principio* del cumplimiento de "los últimos días". Mientras que algunos acontecimientos son definitivos, otros aspectos del mensaje de Hechos revelan lo que es característico de todo el periodo conocido como "los últimos días", que continúan hasta la vuelta del Señor. De esta forma, Hechos, junto con el resto del Nuevo Testamento, sirve como fundamento para la vida de la Iglesia a lo largo de estos últimos días. Parte de la vida característica de la Iglesia es la vida en el poder del Espíritu, como la Biblia describe y explica.

6. En cuanto al razonamiento cesacionista de Gaffin, sostiene sus argumentos afianzándolos sobre dos columnas: el "paraguas apostólico" y el Canon. Afirma que los dones milagrosos están intrínsecamente unidos a la autoridad de los apóstoles y al proceso de canonicidad. Antes de estudiar estos dos puntos fundamentales de su argumento, una breve nota en cuanto a su visión de que Pentecostés (el relato de Hechos) tiene poco que decir sobre la «experiencia cristiana individual, la experiencia después de la conversión u otras» (pág. 47). En primer lugar, el énfasis en Hechos está sin duda en la expansión del reino, a través del Espíritu, a varios grupos de personas. Los pentecostales nunca hemos dudado de esto. No obstante, no existe experiencia de grupo si no hay experiencia individual.

Más aún, el énfasis de la teología pentecostal no se encuentra en la experiencia individual en contraste con la experiencia de grupo, no más que en la teología de Lucas. El mismo Pedro dijo en ese día: «La promesa es para vosotros y para vuestros hijos, y para los que están lejos, y para tantos como el Señor nuestro Dios llame» (Hechos 2:39). Los pentecostales creen que la obra de dotación de poder del Espíritu es para el Cuerpo de Cristo, pero en un sentido real y concreto. Es decir, la obra de dotación de poder del Espíritu entre esos grupos será expresada por personas dentro de esos grupos de la misma forma en la que siempre se ha expresado esa dotación de poder: a través de la predicación directa, los dones milagrosos, los dones de palabra, las sanidades y demás. Esta vida característica de "los últimos días" es para todos los que pertenecen al Cuerpo de Cristo.

La principal preocupación del profesor Gaffin está en el cese de todos los dones de revelación o de palabra. Pablo utiliza la palabra "manifestación" (*phanerosis* en 1 Co. 12:7 ss). Menciona específicamente la profecía y su evaluación, hablar en lenguas y la interpretación de las lenguas, la palabra de sabiduría y la palabra de conocimiento. Basando sus comentarios en la función como fundadores de los "apóstoles y profetas" en Efesios 2:19-22, relaciona los dones de palabra exclusivamente con el papel de estas personas, porque estos dones comunicaban el "testimonio revelador e inspirado" apostólico y profético. (pág. 50). Para Gaffin, los dones de palabra solo se dieron en el periodo fundacional, pasando finalmente a formar parte del Canon.

En respuesta a esta parte de su razonamiento, que constituye la fuerza principal de la posición cesacionista, es importante apuntar de entrada que Efesios 2 no trata acerca de los dones milagrosos. El objeto de los dones milagrosos debe importarse de otros textos por implicación. A pesar de que existen implicaciones legítimas dentro de nuestro marco de trabajo, en mi opinión, no puede demostrarse que este pasaje sugiriera a los lectores originales que ciertas manifestaciones espirituales cesaran cuando los apóstoles salieron de escena.

En segundo lugar, ya se ha probado que las manifestaciones o dones de palabra no están exclusivamente relacionados bien con los apóstoles, bien con el Canon.[102] ¿Cuál es el propósito, entonces, de estas manifestaciones? Pablo dice que el propósito es la edificación del Cuerpo (1 Co. 12:7; 14:1-19, 26-33). Pero el apóstol proporciona una aclaración sobre el contenido específico de las manifestaciones, por ejemplo, que el hablar en lenguas puede ser una oración (14:14), cánticos (14:15b) o adoración y acción de gracias (14:16-17); o esa profecía que llama al pecador a que se arrepienta y se salve (14:24; cf. también Hechos 2:11; 10:46). Pero todas son formas de edificar al Cuerpo (el hablar en lenguas requiere, por supuesto, la interpretación, para así poder cumplir su función [1 Co. 14:5]).

Dado que 1 Corintios muestra una enseñanza específica sobre el propósito de los dones de palabra (cf. también Romanos 12:3-8), y dado que

---

[102] Ver Grudem, *Prophecy in the New Testament*, 228-43; *Systematic Theology*, 361-72; y mi propia contribución en este libro, no tan completa.

no encontramos ninguna enseñanza explícita en el Nuevo Testamento que diga que la función de estos dones estuviera restringida a la labor apostólica o a la Biblia, parece que el punto de vista de un cese absoluto de las lenguas es insostenible. Si existiera una doctrina así de importante lo normal es que apareciera explicada en algún lugar o, al menos, formara parte de un patrón analógico recogido en la Biblia.

Obviamente, acto seguido nos encontramos con la pregunta sobre la autoridad del contenido de estas manifestaciones. El profesor Gaffin, habiéndolas definido como palabras de revelación en un sentido canónico (págs. 49-50), aborda a continuación el problema del Canon abierto. No obstante, los pentecostales no confieren autoridad canónica a estas manifestaciones, más bien las someten a la autoridad de la Escritura (ver mi ensayo, págs. 274-276). Aún así, ¿son inconsecuentes los pentecostales en esta cuestión? ¿Puede ser que algo inspirado por Dios sea menor que el Canon? Sí que puede. Estas manifestaciones llegan a través de portavoces humanos falibles, como en Corinto, quienes, en ocasiones, pueden equivocarse (cf. 1 Corintios 12-14). Esto es muy diferente de la inspiración de un autor bíblico infalible. Si estas manifestaciones o dones de palabra están en la línea de las Escrituras, entonces deifican al Cuerpo. Pero incluso entonces, no constituyen por sí mismas un "Canon"; más bien, son juzgadas por el Canon. El proceso de construcción del Canon no es el tema central de estos capítulos.

El profesor Gaffin tampoco acepta la noción de una comunicación de "Espíritu a espíritu" en la guía personal, argumentando a su vez que solamente la Biblia proporciona esta guía personal. Para él, parece que cualquier comunicación de Dios es una amenaza para el "Canon" (págs. 53-54). Aún así, tenemos precedentes bíblicos de este tipo de guía, tanto en las epístolas (1 Co. 12:7-8) como en el texto bíblico narrativo (Hechos 13.1-3). Sin duda, estas impresiones de la voz del Espíritu son subjetivas, pueden ser defectuosas y, por lo tanto, deben ser evaluadas por las Escrituras. Pero esto no implica que deban ser rechazadas como un fenómeno que socava la autoridad de las Escrituras. Las percepciones por parte de los creyentes de la voz del Espíritu deben estar sujetas a la única norma infalible de fe y de conducta que hay sobre la faz de la tierra: la Escritura. La comunicación de "Espíritu a espíritu" no es infalible o inerrante y, desde luego, no es equivalente al Canon. Más aún, esta forma de comunión espiritual con Cristo a través del Espíritu es una bendición del pacto, y no una maldición fuera del marco del pacto.

Resumiendo, el cese de la función de las personas que formaron parte de la fundación de la Iglesia no quiere decir que los dones de palabra hayan cesado. Del mismo modo, la finalización del Canon no significa que los dones de palabra hayan cesado. Las manifestaciones o dones de palabra en las Escrituras no están asociados de esta forma a personas que desempeñaron funciones definitivas. Además, es inexacto decir que algunos de los principales grupos pentecostales tienen:

> .«.. *(especialmente en el contexto de la Iglesia occidental, donde el ejercicio secular de la razón y la autonomía deística de la Ilustración han mantenido un funesto vaivén durante tanto tiempo), el deseo de una experiencia compensadora de lo sobrenatural que acentúe las capacidades no racionales de nuestra humanidad. Tal deseo puede tener inquietudes legítimas que necesitan ser exploradas. Pero esa idea, como tal, es una idea ajena al Nuevo Testamento».* (pág. 66)

Tal idea también es ajena a los principales grupos pentecostales. Pero oír la voz del Espíritu es una idea claramente *bíblica*, ya sea oírle de forma audible en una manifestación planeada por Dios para edificar el Cuerpo de Cristo, o a través de la suave y casi imperceptible voz del Espíritu en nuestro interior.

Capítulo 2
LA POSTURA ABIERTA, PERO CAUTELOSA

Robert L. Saucy

La postura abierta, pero cautelosa*
Robert L. Saucy

Todos los creyentes evangélicos adoran a un Dios con poder sobrenatural. Este poder se manifiesta cada vez que una persona es redimida de la atadura del pecado. También se observa en acciones espectacularmente milagrosas, algunas de las cuales están asociadas con los «dones espirituales milagrosos», ejercidos por el pueblo de Dios. El tema de la pertinencia y uso de estos dones en el ministerio de la Iglesia es problemático para muchos (incluyéndome a mí mismo). Dado que las Escrituras no proporcionan una enseñanza explícita sobre todos estos temas, debemos buscar las respuestas considerando la amplia enseñanza bíblica que afecta a varios temas relacionados con el nuestro, como también teniendo en cuenta la experiencia de la Iglesia.

A. La experiencia de Dios posterior a la salvación.

El ejercicio de los dones milagrosos en la Iglesia se asocia con frecuencia a la enseñanza de una segunda experiencia espiritual posterior a la salvación. Esta experiencia, a veces descrita como el Bautismo en o de el Espíritu, tiene lugar cuando el creyente recibe el poder para ministrar. Aunque este poder es

---

* **Nota del Traductor:** en el original inglés esta postura se denomina *an open but cautious position*, lit. "una posición abierta, pero cautelosa". Con ello, el autor pretende condensar la idea de que la Biblia no se define con total claridad sobre este tema, por lo que no está cerrado a la posibilidad de que Dios siga dando dones milagrosos en la actualidad. La cautela, no obstante, le lleva a no dar por supuesto que todas las manifestaciones aparentemente milagrosas de hoy en día provengan de Dios.

necesario para el ejercicio de todos los dones espirituales, es aún más evidente en aquellos dones que requieren una explicación sobrenatural, es decir, los dones milagrosos. Aquellos que defienden la segunda experiencia, comúnmente consideran que hablar en lenguas es su evidencia inicial. Todo esto nos proporciona una experiencia obvia de lo sobrenatural considerada esencial para el verdadero cristianismo. Estoy totalmente de acuerdo con que los creyentes deben experimentar lo sobrenatural (no necesariamente lo milagroso), pero, en mi opinión, las Escrituras no sostienen el modelo de una experiencia en dos etapas para el creyente en la Iglesia.

Las experiencias de los creyentes en Pentecostés (Hechos 2) y Samaria (Hechos 8), citadas normalmente como prueba de la experiencia en dos etapas, representan la llegada inicial del Espíritu a dos grupos de creyentes (judíos y samaritanos) que vivieron durante la transición del antiguo pacto a la nueva era del Espíritu. Por lo tanto, no son normativas para todos los creyentes de esa época. Hay que fijarse en que estos creyentes tuvieron una segunda experiencia sin que se nos diga si cumplían los requisitos espirituales que, por regla general, son necesarios para que esta segunda experiencia tenga lugar. El hecho de que les sucediera a todos y no solo a algunos de los creyentes, refuerza esta idea.

Pero la objeción más grande al concepto de recepción o de Bautismo con el Espíritu con posterioridad a la salvación, es la enseñanza de las Escrituras de que la relación con el Espíritu pertenece a *todos* los creyentes. De distintas maneras, las Escrituras revelan que la *única* condición para recibir el Espíritu o experimentar el Bautismo del Espíritu es la fe en Cristo, que trae la salvación inicial. Esa fe es la única condición asociada explícitamente con un pasaje donde se habla de "bautismo" (Hechos 11:17). También es la única condición para unirse a Cristo y formar parte de su Cuerpo, lo que ocurre a través del Bautismo en el Espíritu (1 Co. 12:13)[1]. Finalmente, la fe es la única condición para recibir el Espíritu (Juan 7:38-39; Gálatas 3:2, 13-14). No puede sostenerse el razonamiento de que esta recepción del Espíritu a través de la fe salvífica solo es un nivel inicial de la relación con el Espíritu. Cuando Jesús enseña que la recepción del Espíritu a través de fe en Él hará que ríos de agua viva fluyan dentro del creyente, sin duda no está enseñando otra cosa que la plenitud de la vida espiritual, y no una simple base para poder tener una experiencia posterior.

Las Escrituras no contienen ningún mandato que inste a los creyentes a buscar una nueva relación con el Espíritu, lo que confirma que todos los cre-

---

[1] Ver también Gá. 3:26-28, Col. 2.12

yentes a través de la fe en Cristo han entrado en una relación final con el Espíritu. No existen mandamientos sobre ser "bautizado con el Espíritu" o de recibir el Espíritu de una manera nueva y diferente. Los únicos dos mandamientos posibles citados en relación con el Espíritu son «vivid [literalmente, caminad] por el Espíritu» (Gá. 5:16, 25) y «sed llenos del Espíritu» (Ef. 5:18). Al estar expresados en griego en tiempo presente, estos mandamientos sugieren que la relación del creyente con el Espíritu es de permanente crecimiento, no una relación nueva y definitiva. Puede haber esfuerzos concretos y decisivos que harán que el creyente tenga cada vez una relación más profunda con el Espíritu. Pero se trata de experiencias más profundas o más completas de aquel Espíritu que ya habita en todos los creyentes.

La creencia, crucial para la teología de las dos fases, de que el cristiano debería experimentar un poder sobrenatural del Espíritu, supone un reto fantástico para los que el cristianismo es más doctrina que vida. El concepto mismo (*espíritu*) transmite la idea de vitalidad y poder. Pero las Escrituras hacen más énfasis en la experiencia de este poder manifestado en la normalidad de la vida diaria que en lo milagroso.

Las oraciones de Pablo por los creyentes son muy instructivas acerca de esta idea. El apóstol no expresa preocupación por que los creyentes experimenten lo milagroso. Al revés, su oración es que experimenten el "poder" de Dios, para obtener perseverancia y paciencia (Col. 1:11), para crecer en la fe que hace que Cristo esté en sus corazones y que les aporte experiencia en el amor (Ef. 3:16-19), y que mantengan su esperanza (1:18; cf. Ro. 15:13). En otras palabras, sus oraciones son para que se experimente el poder de Dios en tres áreas claves de la vida cristiana actual: fe, esperanza y amor. Del mismo modo, Pedro habla del poder que protege al creyente hasta la salvación final (1 P. 1:5).

Más allá de estas ideas sobre la experiencia del poder de Dios para la vida espiritual íntima, está la fuerza de la enseñanza apostólica de que la presencia del Espíritu en la vida de un creyente producirá resultados en el seno de la ética práctica (Por ejemplo, Gá. 5:22-23, Ef. 5:18ss; cf. también partes de las epístolas neotestamentarias). Sin negar la presencia de lo milagroso en la Iglesia del Nuevo Testamento, el énfasis claro de la instrucción apostólica es que los creyentes experimenten el poder sobrenatural para vivir como Cristo en el mundo: Para tener esperanza cuando parece que no la hay, para perseverar en medio de pruebas (un tema común en el Nuevo Testamento) y, sobre todo, para amar a los demás (incluyendo a nuestros enemigos). Esa forma de vivir necesita de un poder sobrenatural tanto como lo necesita el hacer milagros.

B. Cesacionismo

Cualquier discusión sobre los dones milagrosos debe abarcar la cuestión sobre si todos los dones que aparecen en el Nuevo Testamento son normales para la Iglesia. Ya que no existe una enseñanza bíblica explícita sobre el tema (al menos una que todos aceptemos), solamente se puede llegar a una conclusión considerando muchos pasajes y la experiencia de la Iglesia. Antes de ahondar más en el tema, no obstante, necesitamos establecer dos puntos de clasificación. (a) Por dones espirituales "milagrosos" quiero decir aquellos dones cuya operación verdaderamente implica fenómenos milagrosos. Existe una confusión considerable en torno al debate contemporáneo debido a que se tienen diferentes conceptos sobre los dones.[2] (b) Es importante que el tema del cese de los dones milagrosos no se confunda con el tema de si los milagros pueden ocurrir en la actualidad. Al contrario de la impresión generalizada de que los cesacionistas niegan que Dios siga haciendo milagros, personalmente no conozco a ningún cesacionista que niegue que Dios pueda hacer y haga milagros en la era de la Iglesia. La característica del cesacionismo no es si Dios sigue haciendo milagros, sino si los mismos fenómenos de dones espirituales milagrosos vistos en la Iglesia del Nuevo Testamento son *normales* para toda la era de la Iglesia.

Para dejar clara mi opinión, el Nuevo Testamento no enseña explícitamente el cese de ciertos dones en un punto determinado de la experiencia de la Iglesia. Por lo tanto, es imposible decir desde el punto de vista bíblico que ciertos dones no pueden ocurrir en cualquier momento según la voluntad soberana de Dios. Por otro lado, existen varias líneas de evidencia que demuestran que los fenómenos milagrosos experimentados en la Iglesia bíblica primitiva no conforman un modelo para la vida de la Iglesia de todos los tiempos.

1. La exclusividad de la era apostólica.

En tanto que las Escrituras proporcionan una enseñanza regulada por la Teología y práctica de la Iglesia a través de toda su historia, en ocasiones se argumenta que todo en el cuadro bíblico de la Iglesia es el mismo duran-

---

[2] Para mi entendimiento de la naturaleza de los diferentes dones espirituales milagrosos, ver más adelante, págs. 129-138.

te todo el transcurso de la Historia. Dado que la misión de la Iglesia no cambia, los dones espirituales que acompañan tal misión deben ser los mismos. Pero este razonamiento se hunde debido al papel especial de los apóstoles en la Iglesia.

Incluso aquellos que mantienen un ministerio actual como sucesores de los apóstoles, están de acuerdo en que los apóstoles bíblicos originarios fueron, en cierto sentido, únicos. Aunque las Escrituras no aclaran el número exacto de apóstoles en el sentido que estamos hablando (esta palabra también se usa para "representantes de la Iglesia", 2 Co. 8:23), existía claramente un grupo relativamente pequeño conocido como "apóstoles", quienes representaban a Cristo como los únicos ministros con autoridad de la Iglesia primitiva. Ellos fundaron la "tradición apostólica", que se convirtió en el canon normativo para la Iglesia a lo largo de la Historia. Al limitar el canon de la Escritura a ciertos libros que contenían la "tradición apostólica", la Iglesia primitiva más tardía marcó de forma explícita a los primeros apóstoles como figuras especiales, apartándoles del último ministerio de la Iglesia con su "tradición eclesial".

Dado que en la lista de dones espirituales no aparece el don de "apostolado", algunos opinan que los apóstoles no tenían ningún "don espiritual" especial. Simplemente ejercían una combinación de otros dones que encontramos en las listas, como el de profecía y enseñanza. Si tal es el caso, entonces el cese de los apóstoles no involucraría el cese de los dones espirituales. No obstante, el modo en el que se hace referencia a los apóstoles en el debate sobre los dones espirituales sugiere que su ministerio era algo más que una simple combinación de dones. Aparecen en las listas junto con los "profetas" y los "maestros", individuos que, como todo el mundo cree, ejercían con regularidad los correspondientes dones de profecía y enseñanza (cf. 1 Co. 12:28-29; Ef 4:11). Con los apóstoles ocurría lo mismo que con los profetas y maestros, que eran profetas y maestros por los dones espirituales que ejercían.

La discusión de Pablo sobre los ministros bien preparados de Efesios 4:7-11 verifica esta idea. Aunque el término común para los dones espirituales, *charisma*, no se les aplica a estos individuos con talento de forma directa, sí se hace de forma implícita. Pablo comienza su discusión sobre los dones espirituales dados por Cristo a la Iglesia diciendo: «Pero a cada uno de nosotros se nos ha concedido la gracia [*charis*] conforme a la medida del don de Cristo» (vs. 7). Dado que el *charisma* es, por definición, un don que surge del resultado de la gracia (*charis*), el hecho de que en esta discusión sobre los dones estos individuos recibieran una medida de gracia, nos lleva a la conclusión de que cada uno tiene su propio don espiritual (*charisma*) para el ministerio. El mismo apóstol hace en su carta a los Romanos una relación directa entre la *charis* dada para el ministerio y la expresión de ésta en un *charisma*: «teniendo dones diferentes [*charismata*], según la gracia [*charis*], que nos ha sido dada» (12:6; cf. v. 3).

Por lo tanto, en Efesios 4, aunque se utilizan diferentes términos para hablar del "don de Cristo" (*dorea*) (vs. 7) y de su entrega de «dones [*domata*] a los hombres» (v. 8), es evidente que los "apóstoles" (v. 11), como uno de esos dones, son aquellos individuos que recibieron una gracia [*charis*] particular para el ministerio, una gracia expresada en un don espiritual [*charismata*] particular. Así, mientras que los apóstoles ejercieron una serie de dones comunes a los demás (como la profecía y la enseñanza), también estaban dotados con un don espiritual único que les permitía ministrar como apóstoles.

Si el *charisma* de ser un apóstol no continuó en la Iglesia, entonces debemos reconocer que no todos los dones espirituales operativos en la Iglesia del Nuevo Testamento han continuado a través de la Historia. Más aún, este hecho nos hace pensar en la posibilidad de que otros *charismata* también hayan cesado o cambiado. En particular, la mención de «las señales de un verdadero apóstol: señales, prodigios y milagros» (2 Co. 12:12) sugiere, como mínimo, que ciertos hechos milagrosos estaban relacionados específicamente con los apóstoles. Con la ausencia de éstos, se esperaban algunos cambios en la manifestación de tales señales. La desaparición de los apóstoles en la Iglesia, por lo tanto, es un argumento claro a favor de que, en cuanto a los dones milagrosos, no todo ha permanecido igual dentro de la Iglesia.

Es más, el relato de Hechos revela fenómenos milagrosos que pocos podrían considerar normales para todas las épocas. Junto con el don de hablar en lenguas de Pentecostés, estaba el milagroso sonido de viento susurrante y la aparición de lenguas de fuego sobre cada uno de los presentes en el aposento alto (Hch. 2:2-3). Ananías y Safira (aparentemente creyentes) fueron inmediatamente fulminados por mentir (5:1-11), y alguien que era obstáculo para el Evangelio fue cegado (13:6-12). Las cadenas se soltaron y las puertas de la prisión fueron milagrosamente abiertas (cf. 5:17-22; 12:1-11; 16:23-26). En varias ocasiones, *todos* los que iban a ser sanados fueron sanados (cf. 5:16; 28:9). Incluso la "sombra" de Pedro servía para sanar (5:15), al igual que los "pañuelos y delantales" que Pablo tocaba (19:11-12).

Si, por lo tanto, es imposible afirmar que ciertos fenómenos en la Iglesia primitiva continuaron a través de la historia de la Iglesia y son vigentes hoy, la vigencia de dones milagrosos contemporáneos no puede depender simplemente de lo que sucedía en la Iglesia primitiva, diciendo que es lo mismo que se pretende para la Iglesia de hoy. Más bien, nuestra investigación requiere una consideración mucho más amplia de los fenómenos milagrosos y de su propósito a lo largo de las Escrituras.

2. La desigualdad de los milagros en la historia bíblica.

a. Las pruebas bíblicas de periodos especiales de milagros.

Las Escrituras recogen la realización de milagros a lo largo de toda la historia bíblica, mucha de la cual tenía que ver con el don de profecía. Pero también ocurrieron otros milagros, como la destrucción sobrenatural de Dios del ejército asirio (2 R. 19:35), las hazañas de Sansón (Jue. 14-16) y la sombra que retrocedió en las gradas de Acaz (2 R. 20:9-11). No obstante, también parece obvio que la actividad milagrosa se concentraba en determinadas épocas. Las tres épocas más importantes son las siguientes: la de Moisés y el Éxodo, los ministerios de Elías y Eliseo, y la de Cristo y los apóstoles.[3] Ya hemos visto algo de la actividad milagrosa en la época de los apóstoles, y todos sabemos de los milagros y maravillas que Jesús hacía.

La importancia de la época de Moisés y del Éxodo en relación con la actividad milagrosa se ve en que la frase "milagros y prodigios" en el Antiguo Testamento se suele reservar para textos que hablan de este periodo.[4] "Señales" y "prodigios" (normalmente usados por separado) se utilizan ocasionalmente para otros milagros (p. ej.; 2 Cr. 32:24), pero los milagros más importantes que permanecían en la memoria del pueblo de Israel tenían que ver con la actividad redentora de Dios en Egipto y su conducción hasta la tierra prometida.

Hay otros milagros que se asocian con los ministerios de Elías y Eliseo.[5] El extraordinario estatus de estos profetas (especialmente el primero) es evi-

---

[3] Algunos añaden los tiempos de Daniel al final de esta época. En cuanto al último, la actividad especialmente milagrosa de "señales y prodigios" está especialmente ligada a los que se opusieron a Cristo (por ejemplo, Mt. 24:24; 2 Ts. 2:9; Ap. 13:13; 16:14; 19:20).

[4] Ver Éxodo 7:3, Deuteronomio 4:34, 6:22; 7:19; 26:8; 29:3; 34:11; Nehemías 9:10, Salmos 78:43; 105:27; 135:9; Jeremías 32:20-21.

[5] Elías resucitó a muertos (1 R. 17:17-24), hizo descender fuego del cielo (cap. 18) y superó al carro de Acaz (18:46). Además de hacer milagros, Elías también experimentó el sustento milagroso en dos ocasiones (17:4-6; 19:6-7), Dios se le apareció (19:11-13) y, finalmente, subió al cielo en un carro de fuego (2 R. 2). Actividad similar marcó el ministerio de su sucesor Eliseo (ver 2 R. 2-13).

dente en el Nuevo Testamento. En su primer sermón en Nazaret, Jesús compara su propio ministerio profético con el de estos dos profetas del Antiguo Testamento. Ambos hicieron milagros y, quizás más importante, fueron rechazados por su propio pueblo y tuvieron que buscar ayuda fuera de Israel. Así le sucedería a Jesús en su propio ministerio (Lucas 4:24-27).[6] Los milagros de Jesús recogidos en los Evangelios generalmente se reconocen como iguales a los de Elías y Eliseo.[7] Es más, el ministerio total de Jesús como un gran profeta hacedor de milagros suscitó la idea popular de que era el Elías esperado, el Elías de los últimos días (Mt. 16:14; Mc. 6: 15; Lc. 9:8) [8].

La descripción bíblica de los profetas Moisés, Elías y Eliseo revela que sus extraordinarios ministerios estuvieron acompañados de una actividad milagrosa especial. De nuevo, los milagros no estaban limitados a estas dos épocas. Jeremías sugiere que los milagros continuaron a lo largo de la historia de Israel (Jer. 32:20). Pero los milagros no eran un acontecimiento diario ni semanal, y algunas fases de la Historia eclipsaron a otras en la magnitud de actividad milagrosa. El hecho de que los fenómenos religiosos no fueran constantes a lo largo de la historia del pueblo de Dios en el Antiguo Testamento debería ser una advertencia: el gran número de milagros en la Iglesia primitiva de los apóstoles no tiene por qué ser un modelo para la historia posterior de la Iglesia.

b. La explicación de los periodos especiales de milagros.

Viendo que los milagros no ocurrían regularmente entre el pueblo de Dios, equipándoles para vivir para Él y cumplir su misión en el mundo, la

[6] Para una discusión sobre esta comparación, ver I. Howard Marshall, *The Gospel of Luke*; NIGTC (Grand Rapids: Eerdmans, 1978), 178, 188-89.

[7] Darrel L. Brook, "Elijah and Elisha" en *Dictionary of Jesus and the Gospels*, ed. Joel B. Green y Scot McKnight (Downers Grove, Ill.: InterVarsity, 1992), 206.

[8] Más muestras de la posición especial de Elías en la historia del Antiguo Testamento se encuentran en que el profeta Malaquías lo sitúa junto a Moisés. Al mismo tiempo, Malaquías ordena al pueblo obedecer la ley dada por Moisés y predice la llegada del profeta Elías (Malaquías, 4:4-6). Del mismo modo en que el Eliseo histórico predicó el arrepentimiento cuando Israel se había separado del pacto de Dios para adorar a otros dioses, el Eliseo escatológico ministraría para llevar a la gente de nuevo a Dios (v. 6). Por lo tanto, Elías y Moisés tienen el mismo estatus como profetas de Dios en momentos cruciales de la historia de su pueblo. Moisés representa el establecimiento inicial del pacto, mientras que Elías busca restablecer el pacto en un punto crucial de la apostasia en la historia de Israel (William J. Dumbrell, *Covenant and Creation* [Nashville: Thomas Nelson, 1984], 167; cf. también Hans Bietenhard, "Elijah", en NIDNTT, ed. Colin Brown [Grand Rapids: Zondervan, 1975], 1:543).

clave para entender el propósito de los milagros está en el término *señal*. Mientras que otros términos bíblicos usados para designar los milagros, como *poder* y *prodigio*, describen aspectos de la naturaleza o del efecto que éstos puedan tener, *señal* apunta más bien al propósito. Una señal es algo que apunta hacia otra cosa.[9] Lo que resulta crucial de una señal no es la señal en sí misma, sino su carácter funcional, diseñado para reflejar la credibilidad de algo.[10]

Este propósito de los milagros, ser *señal* de algo o "señalar a algo", se ve claramente en la Biblia, incluso cuando no se utiliza la palabra en cuestión. Moisés recibió ciertas "señales" que debía hacer, para que el pueblo creyera «que se te ha aparecido el Señor» (Ex. 4:5; cf. v. 31). Cuando Elías resucitó al hijo de la viuda de Sarepta, ella exclamó: «Ahora conozco que tú eres un hombre de Dios y que la Palabra del Señor en tu boca es verdad» (1 R. 17:24). Fijémonos que un milagro apuntaba hacia la validez tanto del mensajero como del mensaje; también apuntaba hacia Dios. En su competición contra los profetas de Baal, Elías oró: «Que se sepa hoy que tú eres Dios en Israel, que yo soy tu siervo y que he hecho todas estas cosas por tu palabra.» (1 R. 18:36; cf. Ex. 10:2; Dt. 4:34-35).

Los milagros de Jesús también fueron explicados como "señales" que verificaban quién era y daban validez a sus afirmaciones. Nicodemo reconoció que Jesús había venido de Dios, explicando que «nadie puede hacer las señales que tú haces si Dios no está con Él» (Juan 3:2). Cuando Juan el Bautista envió a sus discípulos a preguntar a Jesús si era el elegido, Jesús replicó con referencia a sus milagros: «Id y contad a Juan lo que habéis visto y oído: los ciegos reciben la vista, los cojos andan, los leprosos quedan limpios, los sordos oyen, los muertos son resucitados y a los pobres se les anuncia el Evangelio» (Lucas 7:22). En Pentecostés, Pedro describió a Jesús como «varón confirmado por Dios entre vosotros con milagros, prodigios y señales» (Hechos 2:22, cf. Juan 20:30). De forma similar, los milagros son señales acreditadas relacionadas con los apóstoles (2 Co. 12:12) y con la primera proclamación del Evangelio realizada, Jesús y aquellos que le escucharon (Hebreos 2:3-4).

No niego que estos mismos milagros expresaran frecuentemente la compasión del Señor. También nos proporcionan destellos de la naturaleza del

---

[9] Hofius define una "señal" como «aquello mediante lo cual se reconoce a una persona o cosa en particular, una marca o rasgo confirmador, corroborativo y autenticador» (O. Hofius, "*Milagros*", Diccionario Teológico del Nuevo Testamento, Sígueme, Salamanca, 1999 (vol 2) pp 85-94)

[10] F.J. Helfmeyer, «אות», TDOT, ed. G. Johannes Botterweck y Helmer Ringgren (Grand Rapids: Eerdmans, 1977), 1:170.

reino de Dios como manifestaciones del poder divino que es capaz de superar los efectos del pecado. Pero el propósito principal de los milagros era ser señales de autentificación, hacer que la gente pusiera sus ojos en Dios, en sus mensajeros o portavoces, y en el mensaje que estos traían, que era palabra de Dios.

Es importante ver que estas "señales" no acompañaron a cada individuo que habló o enseñó la palabra de Dios. Siempre existieron maestros entre el pueblo de Dios que hablaron la Palabra de Dios (cf. 2 Crónicas 17:7-9; Mal. 2:4-9), pero cuya proclamación no fue autentificada mediante señales. Cuando examinamos la naturaleza de estos mensajeros de Dios que fueron acreditados con señales, encontramos que enseñaban la palabra de Dios no solamente como maestros, sino como profetas. Es decir, aseguraban hablar con palabras que Dios les había dado de una forma directa, es decir, que no era una mera enseñanza de lo previamente revelado. Es obvio que Moisés, Elías y Eliseo tuvieron tales ministerios proféticos. En el Nuevo Testamento, aquellos que fueron autentificados mediante señales milagrosas eran igualmente aquellos que ejercían un ministerio profético.[11] Jesús, por ejemplo, habló con palabras inspiradas y fue ampliamente reconocido por el pueblo como un profeta (p. ej.; Mt. 21:11; Juan 4:19). Los apóstoles que hicieron milagros decían que su predicación era nada menos que la palabra de Dios, provista de toda la autoridad divina (p. ej.; 1 Ts. 2:13).

A pesar de que Esteban y Felipe, quienes también hicieron milagros (cf. Hechos 6:8; 8:6), no son designados específicamente como "profetas", existen considerables pruebas de que su ministerio era, de hecho, profético. El discurso de Esteban ante el concilio judío, el más largo de todos los que aparecen en Hechos, estaba claramente inspirado por el Espíritu (cf. 6:10). Su contenido, testificando del carácter temporal de la ley mosaica y de la adoración en el templo, era novedoso, por lo que sabemos acerca de las predicaciones de la Iglesia primitiva, ya que ofrecía un punto de unión con el evangelio universal que predicaría Pablo más adelante. La similitud del mensaje de Esteban con el libro de Hebreos ha llevado a muchos a considerarle el padre espiritual del escritor de este libro. Esteban no solamente era un predicador de la revelación previamente recibida, sino que más bien recibió su mensaje a través de la inspiración profética.

---

[11] Para leer una buena discusión sobre la verdad de que las señales milagrosas servían para dar testimonio de los ministerios proféticos específicamente en el libro de Hechos, ver Leo O'Reilly, *Word and Sign in the Acts of the Apostles* (Roma: Editrice Pontificia Universita Gregoriana, 1987)

Más aún, las experiencias de Esteban, es decir, el antagonismo exacerbado de los judíos, el falso testimonio contra él, el lenguaje sobre el Hijo del Hombre a la diestra de Dios y la oración para el perdón de sus oponentes, todo apunta a una similitud con el ministerio profético de Jesús. Esteban muestra que era consciente de su ministerio profético cuando ataca y acusa a sus oponentes al final de su discurso. Según F. F. Bruce, al atacar a aquellas personas así, y al señalar hacia la hostilidad tradicional de Israel hacia sus profetas, Esteban se situó a sí mismo en la "sucesión profética".[12]

El ministerio de Felipe también exhibe características proféticas, aunque se le conocía como "el evangelista" (Hechos 21:8)[13] . Sus milagros son llamados "señales", un término que a lo largo de la historia bíblica típicamente servía para confirmar los roles proféticos, notablemente en los casos de Moisés y Elías.[14] Para describir su actividad se nos dice que «anunciaba las buenas nuevas del reino de Dios» (Hechos 8:12), que tiene reminiscencia del ministerio de Juan el Bautista y de Jesús (cf. Lc. 3:18; 4:43), probablemente también denote un discurso inspirado. Como explica Friederich, evangelizar (*euangelizo*) «no solamente se trata de hablar y predicar; es la proclamación con plena autoridad y con pleno poder».[15] El hecho de que Dios utilizara a Marcos, Lucas, Santiago y Judas para escribir las Escrituras inspiradas, muestra que los ministerios proféticos podían ser ejercidos por gente que, como Felipe y Esteban, no aparecen identificados en las Escrituras como apóstoles o profetas.

La Biblia revela así diversas actividades milagrosas que funcionaban como señales para autenticar a individuos en particular que tenían un ministerio profético. Pero tales señales milagrosas no se asocian por igual con todos los profetas. Existieron muchos profetas a lo largo de la historia de Israel, pero (como ya hemos visto) en el Antiguo Testamento las "señales y prodigios" solamente acompañaron a Moisés, Elías y Eliseo. De la misma mane-

---

[12] Bruce, F.F. *Comentario de los Hechos de los Apóstoles*. Nueva creación, Grand Rapids, MI., 1998. p. 182.

[13] F. Scott Spencer, *The Portrait of Phillip in Acts*, JSNTSup 67 (Sheffield Academic Press, 1992).

[14] Howard Key dice: «En el Antiguo Testamento y en los escritos intertestamentarios las obras realizadas por los hacedores de milagros o por medio de ellos (por intervención divina directa) sirven para confirmarles como instrumentos escogidos por Dios. El prototipo es Moisés, a través de cuyas 'señales y prodigios' se consiguió la libertad de Israel de la esclavitud. La autorización divina de la función profética de Elías y Eliseo también la encontramos en los milagros que ellos hicieron» ("Miracle Workers", *IDBS* [Nashville: Abingdon, 1976], 598).

[15] Gerhard Friederich, "εὐαγγελίζομαι, κτλ", *Compendio del Diccionario Teológico del Nuevo Testamento*, Libros Desafío, Michigan, 2002, pp 264-269.

ra, en el Nuevo Testamento, ciertos profetas mencionados en Hechos (por ejemplo, Agabo, 11:28; las hijas de Felipe, 21:9; Judas y Silas, 15:32; cf. también 13:1) no realizaron "señales y prodigios" ni proclamaron el Evangelio como los apóstoles ni como Esteban y Felipe.

Lo que de hecho encontramos en las Escrituras es que las "señales y prodigios" acompañan a aquellos cuyos ministerios proféticos ocurren en ciertos puntos cruciales en la historia de la salvación. Ya hemos hablado del periodo de la entrega de la Ley a Moisés y su reafirmación durante la época de Elías y Eliseo. La inauguración de la salvación escatológica en Cristo tuvo su momento culminante cuando Cristo y los que estaban con Él empezaron a proclamar el nuevo "evangelio" de la salvación prometida (Lc. 4:18; 9:6; Hechos 5:42; 8:12). Incluso durante la extensión de este nuevo evangelio en la Iglesia primitiva, Hechos parece relacionar la presencia de "señales y milagros" con ciertos momentos importantes, a medida que el Evangelio salía de Jerusalén hacia el resto del mundo, es decir, en la fase inicial de cada ocasión en que el Evangelio llegaba a una zona nueva.[16]

El hecho de que en estos pasos inaugurales los ministerios de otras personas que no eran apóstoles estuvieran acompañados de actividad milagrosa, no nos debe llevar a la conclusión de que tales "señales" milagrosas de autenticación fueran ampliamente distribuidas entre todos los miembros de la Iglesia primitiva, y fueran acontecimientos normales entre ellos. Las referencias a los milagros en el libro de Hechos están más bien restringidas a los apóstoles y a algunos individuos como los ya mencionados.

Puede pensarse que la falta de referencia a milagros realizados por miembros normales de las iglesias se deba a que Lucas quiera destacar más la labor de los apóstoles pero que, de hecho, los milagros fueran algo habitual en la vida cotidiana de la Iglesia. Esta afirmación podría tener algo de cierto y suceder que en la Iglesia se dieran algunos milagros que no han quedado recogidos, pero recordemos que los creyentes llevaban a sus enfermos *a los apóstoles* para que éstos les sanaran (Hechos 5.12-16; especialmente 9:36-42). Si los milagros de sanidad eran una parte cotidiana del ministerio de la

---

[16] Después de observar la descripción general de Hechos, O'Reilly resume conscientemente estas fases de la primera expansión misionera del Evangelio. «Los apóstoles representan colectivamente la predicación inicial en Jerusalén en continuidad con el judaísmo; Esteban marca la ruptura decisiva con el judaísmo y con el templo y el principio del movimiento hacia fuera de Jerusalén. Felipe es el representante de la misión en Judea [y Samaria], y finalmente Pablo... representa la misión a los gentiles» (*Word and Sign in the Acts of the Apostles*, 210, en especial 208-211; cf. también G.W.H. Lampe, "Miracles in the Acts of the Apostles" in *Miracles: Cambridge Studies in Their Philosophy and History*, de. C.F.D. Moule [Londres: A.B. Mowbray, 1965]).

Iglesia, ¿por qué la gente pensaba que era mejor llevar los enfermos a los apóstoles? La descripción de la Iglesia primitiva en Hechos hace que sea casi imposible negar una actividad milagrosa circunscrita a los apóstoles y a unos pocos que, junto a ellos, participaron en el principio de la proclamación profética del Evangelio de Cristo.

El escritor a los Hebreos confirma esta idea que vemos en Hechos al decir que la salvación fue «anunciada primeramente por el Señor, nos fue confirmada por los que oyeron, testificando Dios juntamente con ellos, con señales y prodigios y diversos milagros y dones del Espíritu Santo, según su voluntad» (He. 2:3-4). La fuerza de esta afirmación está, sin duda alguna, en la absoluta fiabilidad, validez e importancia de esa palabra inicial de salvación, y no tanto en la predicación y la enseñanza posterior de la palabra de Dios a lo largo de las generaciones. Al igual que la revelación en el Sinaí, hablada por medio de ángeles resultó ser inmutable [*bebaios*; válida, garantizada, certera] (v. 2), así según el autor, la nueva revelación cristiana se nos "confirmaba" (*bebaios*, v. 3) por el primer testimonio de Cristo, sobre quien Dios también "testificó" con actividad milagrosa.[17] Aunque este texto no identifica a estos primeros testigos como apóstoles (el autor reserva "apóstol" para Cristo, 3:1), sí que habla sobre aquellos que oyeron a Cristo directamente. Por lo tanto, incluye a los apóstoles, pero quizás también a otras personas que con ellos, como en Hechos, fueron utilizadas por Dios para proclamar el mensaje con la certeza garantizada de los profetas inspirados.

Este texto no limita la realización de milagros a los que escucharon a Jesús. La mención de los «dones [lit. distribuciones] del Espíritu Santo» (v. 4) podría incluir el don de hacer milagros de algunas de las personas de entre los que escucharon el mensaje original. Pero sea o no el caso, es importante ver que el propósito de toda actividad milagrosa es "testificar de" la proclamación original del nuevo mensaje de salvación. Nada en este texto sugiere que este testimonio milagroso vaya a continuar acompañando la posterior proclamación del Evangelio. Tampoco sugiere que los milagros formaran parte de la cotidianeidad de la Iglesia en su lucha contra el Maligno.

---

[17] Lo que el autor de Hebreos está diciendo en 2:3-4 sobre la confirmación del Evangelio a través de los milagros ha sido resumido certeramente por Moffat. Este nuevo Evangelio no puede ser rechazado porque «nos llegó con precisión y de forma fiable. No es ninguna sorpresa si pensamos en el canal por el cual nos llegó. Fue autenticado por un testimonio doble: el de hombres que habían escuchado a Jesús en persona, y el de Dios, quien les autorizó e inspiró para su misión» (James Moffat, *A Critical and Exegetical Commentary on the Epistle to the Hebrews*, ICC [Edimburgo: T.& T. Clark, 1924, 1924], 19).

La pregunta de Pablo en Gálatas 3:5, «Aquel, pues, que os suministra el Espíritu y hace milagros entre vosotros, ¿lo hace por las obras de la ley o por el oír con fe?», se entiende mejor como paralela al pasaje de Hebreos. Toda esta parte (3:1-5) se centra en la recepción inicial del Espíritu por parte de los creyentes de Galacia.[18] Así, cuando Pablo une la entrega del Espíritu con los milagros, lo hace para indicar que esos milagros entre los gálatas estaban estrechamente relacionados con su recepción inicial del Espíritu que, a la vez, acompañaba a la proclamación inicial del Evangelio realizada por el apóstol (y quizás por otros junto con él). De este modo el texto, aunque no restringe los milagros a los apóstoles ni a otros misioneros que proclamaron el Evangelio,[19] sí asocia la actividad milagrosa de este ministerio con los primeros testigos.

La descripción no implica necesariamente que los milagros sucedieran solamente con la primera predicación. La descripción de Dios en el versículo como el que "hace [participio presente] milagros" sugiere que la actividad milagrosa bien pudo haber continuado entre los creyentes de Galacia, de forma similar a los dones que producían milagros en la iglesia de Corinto (cf. 1 Co. 12:10), aunque no se especifica cuánto duró tal actividad.[20] Pero incluso si tal es el caso, está claro que no podemos ignorar la relación que hay entre la actividad milagrosa y la proclamación inspirada inicial del Evangelio.

---

[18] La pregunta del versículo 5 es esencialmente una repetición de la pregunta anterior en el versículo 2: "¿Recibisteis el Espíritu por las obras de la ley, o por el oír con fe?". Ver Richard N. Longenecker, *Galatians*, WBC (Dallas: Word, 1990), 105; también Ernest de Witt Burton, *A Critical and Exegetical Commentary on the Epistle to the Galatians*, ICC (Edimburgo: T. & T. Clark, 1921), 152.

[19] Aunque es posible interpretar que los únicos que hicieron milagros "entre" los gálatas fueron los apóstoles, es mejor entender que los milagros también fueron realizados por los mismos gálatas como resultado de los dones recibidos por ellos a través de la recepción del Espíritu.

[20] El tema sobre la continuidad de los milagros no está completamente claro en el lenguaje del versículo. Mientras que muchos intérpretes ven que el uso del tiempo presente indica alguna continuidad en ambos participios, por ejemplo, en la entrega del Espíritu y la realización de milagros, los verbos de la frase no aparecen y por lo tanto deben sobreentenderse por el contexto. Longnecker, al ver que la pregunta del versículo 5 parece repetir la del versículo 2, que utiliza el aoristo (normalmente traducido como pasado), dice que los verbos del versículo 5 también deben ir en aoristo, lo que se traduciría de la siguiente forma: "Entonces, ¿Os dio Dios su Espíritu e hizo milagros entre vosotros por las obras de la ley?" (Longenecker, *Galatians*, 99, 105); ver también el debate sobre el tema de los tiempos verbales en Burton, cuya conclusión debe ser considerada: «La elección del presente en lugar del aoristo muestra que el apóstol estaba pensando en una experiencia prolongada lo suficiente como para que se entendiera como un proceso, pero no que estaba en proceso en el momento en el que escribió estas palabras» (Burton, *Commentary on Galatians*, 152).

F. F. Bruce también sitúa estos milagros entre los gálatas en su contexto adecuado. Aunque los circunscribe al apóstol, cree que la referencia de Pablo a las "señales de un verdadero apóstol" (2 Co. 12:12) tiene que ver con este texto, concluyendo que «la introducción del Evangelio en nuevos territorios generalmente iba acompañada de sanidades milagrosas y otros 'prodigios y señales', lo cual vemos a lo largo del Nuevo Testamento, no solamente en los escritos de Pablo, sino en Hebreos (2:4) y en Hechos (2:4 *et passim*)"[21]. También deberíamos añadir que, en cada una de estas ocasiones en que aparecían milagros en el Nuevo Testamento, la predicación es la proclamación inspirada de aquellos con el don de profecía, no solamente el testimonio de creyentes que extendieron el Evangelio allá por donde viajaron (cf. Hechos 8:4). La aplicación directa de Gálatas 3:5 a la Iglesia cuando tal proclamación profética ya no es habitual, es altamente cuestionable.

Encontramos más pruebas de la naturaleza especial del periodo apostólico de la Iglesia en la enseñanza de Pablo de que la Iglesia está «edificada sobre el fundamento de los apóstoles y profetas» (Ef. 2:20); claramente se refiere a los primeros apóstoles que, como Pablo, proclamaron el nuevo mensaje del Evangelio con autoridad plena o inspiración divina. Los "profetas" mencionados con ellos son, sin duda alguna, los mismos profetas del Nuevo Testamento que, junto con los apóstoles (en Hechos) reciben la revelación del misterio de Cristo y del Evangelio que habían de proclamar entre los gentiles (cf. 3:5; cf. también 4.11).[22]

Estos apóstoles y profetas forman el "fundamento" de la Iglesia lo que supone, sin duda, una referencia a su función fundacional y a la autoridad que tenían para revelar la interpretación de la acción salvadora de Dios por medio de Cristo. Pero al llamarles "el fundamento", el apóstol también indica que pertenecían al periodo inicial de la Iglesia cuando la enseñanza con autoridad, que iba a ser el fundamento de la Iglesia de todos los tiempos, fue entregada por Dios a través de la revelación profética. Si tal periodo *fundacional* de revelación profética *especial* puede distinguirse de la historia posterior de la Iglesia, se deduce que las señales milagrosas que lo acompañaban también son una referencia *concreta* a este periodo.

---

[21] F.F. Bruce, *Comentario de la Epístola a los Gálatas*, Terrassa: CLIE, Colección Teológica Contemporánea, vol. 7, 2004.

[22] Andrew T. Lincoln, *Ephesians*, WBC (Dallas: Word, 1990), 153.[23] J.H. Bernard, "The Miraculous in Early Christian Literature", en *The Literature of the Second Century*, ed. F.R. Wynne, J.H. Bernard and S. Hemphill (Nueva York: James Pott & Co., 1891), 147. Ireneo, por ejemplo, se refiere a la profecía y a la sanidad como vigentes en su época, pero la resurrección de los muertos se escribe en pasado (163-64).

El testimonio de la Escritura nos conduce a las siguientes tres conclusiones: (1) la actividad milagrosa tuvo lugar en ciertos momentos cruciales del registro bíblico de la historia de la salvación, (2) estos milagros tenían como propósito principal ser "señales" que autenticaban la Revelación de Dios y a sus portavoces proféticos en momentos cruciales; y (3) la era de Cristo y de los apóstoles fue una época de señales milagrosas extraordinarias.

3. El testimonio de la historia de la Iglesia con respecto a los milagros

La conclusión de que la época de Cristo y de la primera Iglesia apostólica fue una época particular de milagros que no continuaron con la misma frecuencia en el resto de historia de la Iglesia, se confirma rotundamente por el testimonio de la historia de la Iglesia. El uso de tal evidencia histórica a veces se rechaza, basándose en que es un argumento de la experiencia, no de las Escrituras. Aunque esta acusación no puede ser ignorada, debemos tener presentes dos cosas. (a) Según las Escrituras, la experiencia sirve con frecuencia como criterio para reconocer la mano de Dios. Por ejemplo, ¿cómo supieron los israelitas que Moisés era un enviado de Dios y que les traía su ley, sino por lo que le oyeron decir y porque le vieron hacer prodigios? En este caso, y en muchos otros a lo largo de la Escritura, las personas no disponían de una enseñanza bíblica anterior a la que poder recurrir. De hecho, la revelación anterior aportaba algún criterio que podía usarse para evaluar la experiencia. Pero la revelación anterior no era lo único que servía para llegar a una conclusión; también atendía a los que veían y oían. En otras palabras, la experiencia siempre ha sido una ayuda válida para interpretar y reconocer la actividad de Dios.

(b) Vemos que la experiencia en cuanto a los milagros ha sido utilizada por ambas partes del debate sobre el tema de los dones milagrosos. Aquellos que están a favor de la presencia de estos dones en la Iglesia hacen referencia a la experiencia de milagros en la historia de la misma, como prueba. De forma parecida, los que niegan la continuidad de la actividad milagrosa en la Iglesia y de los apóstoles en la actualidad usan la misma historia para apoyar su versión. El hecho de que la evidencia histórica haya sido usada por ambas posiciones habla de la dificultad de su interpretación. Si en la actualidad resulta difícil distinguir un milagro genuinamente divino de uno falso o incluso demoníaco, mucho más en la Antigüedad. Esto, no obstante, no quita valor a la Historia. Aunque las evaluaciones de muchos de los milagros recogidos pueden diferir, parece imposible negar que la actividad milagrosa con la *calidad* y el *efecto* característicos de la era de Cristo y los apóstoles no aparece en la Iglesia posterior como un fenómeno continuo.

Un breve repaso a las pruebas lo demuestra. Los escritos inmediatamente posteriores a la era apostólica contienen pocas pruebas de hechos milagrosos, si los comparamos con lo recogido en los documentos bíblicos sobre los apóstoles y los que les acompañaban. Con pocas excepciones, las referencias a la actividad milagrosa en los escritos de los siglos segundo y tercero se limitan a los dones de profecía y sanidad, que incluía los exorcismos.[23] Sin negar ninguna expresión válida de estos dones milagrosos en esa época, estos dos dones son los más difíciles de evaluar.[24] La asociación de la sanidad con los efectos del exorcismo también dificulta el determinar si se trata de sanidades milagrosas de enfermedades orgánicas genuinas.[25]

Más todavía, las sanidades durante este periodo parecen haber ocurrido principalmente a través de la oración, presumiblemente siguiendo las instrucciones de Santiago 5:14-16. No está claro cómo se relaciona la sanidad con los "dones espirituales milagrosos". Como añadido, según Amundsen y Ferngren, los relatos sobre las sanidades en los siglos segundo y tercero «eran normalmente algo vagos... la mayoría de los escritores no afirmaba haber presenciado los hechos relatados; y no se mencionaban los nombres de las personas a través de las cuales se realizaban las sanidades o los exorcismos.»[26]

Más allá de las limitaciones y el carácter de relatos sobre los milagros en este periodo temprano, también encontramos pruebas acerca de «las crecientes sospechas de que los milagros están muriéndose» y de que los milagros de estas épocas eran «de tipo diferente a los de la era apostólica».[27] Orígenes, por ejemplo, escribe: «Los milagros comenzaron con la

[24] Por esta razón encontramos en los escritos de la Iglesia primitiva una gran preocupación acerca de los falsos profetas e instrucciones para reconocerlos, cf. Ibíd., 148.

[25] Para ver un debate sobre los relatos de sanidad en los primeros siglos, especialmente en lo referido al exorcismo de la época, ver J.S. McEwen, "The Ministry of Healing", *SJT*, 7 (1954): 133-52.

[26] Darrel W. Amundsen y Gary B. Ferngren, "Medicine and Religion: Early Christianity Through the Middle Ages", en *Health/Medicine and the Faith Traditions*, ed. Martin E. Marty y Kenneth L. Vaux (Filadelfia: Fortress, 1982), 103; sobre los milagros de este periodo inicial, ver también G.W.H. Lampe, "Miracles and Early Christian Apologetic" en *Miracles: Cambridge Studies in Their Philosophy* and History, 205-18.

[27] Bernard, "The Miraculous in Early Christian Literature", 156.

predicación de Jesús, se multiplicaron después de su ascensión y luego decrecieron; pero incluso ahora permanecen rasgos en algunas personas, cuyas almas han sido limpiadas por la Palabra».[28]

En esta época encontramos muy pocos milagros que sirvieran para legitimar a los predicadores contemporáneos como sucedía en la época apostólica. En cambio, el énfasis estaba en los milagros de las Escrituras. Aunque los Padres de la Iglesia de los siglos II y III no lo dijeron directamente, existen bastantes evidencias en sus escritos de que eran de la opinión que más tarde enseñaron, ya de forma explícita, Crisóstomo y otros: que esencialmente, la época de los milagros había terminado. El propósito de la actividad milagrosa de Cristo y de los apóstoles había sido la inauguración del Evangelio y de la Iglesia y, por lo tanto, no tenía por qué continuar posteriormente.[29] Orígenes, y especialmente otros escritores posteriores, empezaron a referirse más a las conversiones y a las vidas transformadas por el Evangelio como prueba de la continuidad de los milagros en su época.[30]

Los relatos sobre milagros cambiaron notablemente a partir del siglo IV, tanto en número como en sensacionalismo. En estos últimos recuentos «se acreditan milagros a una gran variedad de personas, tanto vivas como muertas; milagros que en muchos casos hasta el lector más compasivo los calificaría de estrafalarios.»[31] Un breve episodio de los diez primeros milagros de una lista mucho más larga, recogida por Agustín en su obra *Ciudad de Dios* será un buen ejemplo de lo que en aquella época se consideraba milagroso:

> «*En el primero, un ciego fue curado por las reliquias de santos. En el segundo, se hizo innecesaria una intervención quirúrgica dolorosa gracias a la oración ferviente. En el tercero, una mujer fue curada de cáncer de mama siguiendo el consejo recibido mediante sueños de que una mujer recién bautizada le hiciera el signo de la cruz en el pecho afectado. En el cuarto, un médico fue sanado de gota por medio del bautismo. En el quinto, un hombre que padecía parálisis y una hernia fue curado por el mismo sacramento. El sexto ejemplo registró que unos demonios que estaban causando en-*

---

[28] Orígenes, *Contra Celsum*, 1:2; citado por Bernard, Ibíd., 155-56. En la misma línea de Orígenes, Tertuliano reconoció que los apóstoles tenían un poder espiritual especial.

[29] Lampe, "Miracles and Early Christian Apologetic", 214-15.

[30] Ibíd., 212, M.F. Wiles, "Miracles in the Early Church", in *Miracles: Cambridge Studies in Their Philosophy and History*, 223-25.

[31] Amundsen y Ferngren, "Medicine and Religion", 103.

fermedades tanto a ganado como a esclavos de una granja fueron expulsados por un párroco que celebró la eucaristía en el lugar y ofreció oraciones. En el séptimo, un paralítico fue sanado en una urna construida sobre el depósito de un "suelo santo" traído desde la región del sepulcro de Cristo. El octavo consistía en dos milagros: un demonio fue expulsado de un joven en la urna, y la herida en el ojo causada por el demonio al salir fue curada milagrosamente. En el noveno, una joven endemoniada fue liberada de la posesión cuando se ungió a sí misma con un aceite en el que habían caído lágrimas de un sacerdote que estaba orando por ella. En el décimo, un demonio fue expulsado de un joven al decir: incluso hoy ocurren milagros en el nombre de Cristo, en ocasiones a través de sus sacramentos y en ocasiones a través de la intercesión de las reliquias de sus santos».[32]

Aunque se considera normalmente que Agustín afirmaba la continuidad de los milagros en la Iglesia, puede decirse que nadie en nuestros días reconocería estos relatos como milagros bíblicos genuinos. La grandeza de muchos líderes de este periodo y a lo largo de la Edad Media no puede negarse. Pero el cristianismo de aquella época había aceptado elementos no bíblicos que afectaron su entendimiento y práctica milagrosa, incluyendo «la veneración de los santos y mártires, el tráfico de reliquias, la magia cristiana, una preocupación excesiva por los demonios, y la proliferación de milagros».[33]

La validez de las pruebas por las que se sostenían muchos de los milagros también es dudosa. En marcado contraste con el apóstol Pablo, quien afirmaba hacer milagros, ninguno de los escritores que recogieron estos milagros dijo haber tenido poder milagroso. Dado que por esta época la santidad de una persona se medía, en cierta medida, por la cantidad de poder milagroso que tenía, encontramos frecuentemente milagros que los biógrafos atribuían a los santos. Es interesante comprobar que, cuanto más alejado en el tiempo quedaba un biógrafo del santo sobre el que escribía, más milagros aparecían en la vida del santo.[34]

Los pocos relatos sobre los milagros de los dos primeros siglos después del Nuevo Testamento y la dudosa validez de muchos de estos relatos, especialmente del siglo IV en adelante, nos impiden decir que el nivel de actividad milagrosa que vimos en la era de Jesús y de la Iglesia apostólica con-

---

[32] Ibíd, p. 106

[33] Ibíd, p. 105. Para leer más evaluaciones sobre los supuestos milagros de este último periodo y sus pruebas, ver Bernard, "The Miraculous in Early Christian Literature", 166-80.

[34] Bernard, "The Miraculous in Early Christian Literature", 172-76.

tinuara como la norma de la historia de la Iglesia. La Iglesia no solamente admitió un cambio en cuanto a los milagros, sino que, como ya hemos visto, este cambio se explicaba entendiendo que los milagros de la época del Nuevo Testamento tenían como objetivo dar testimonio de la primera proclamación del Evangelio y, por lo tanto, no pretendía continuar a lo largo de toda la Historia.

Lo que sucedió con los milagros en la historia de la Iglesia también es cierto sobre la profecía. Aunque ha habido relatos muy conocidos sobre la profecía en la Iglesia a través de la Historia, la sentencia de Robeck sobre que el don de profecía de las Escrituras había perdido su «espontaneidad con el paso del tiempo» es generalmente aceptada. Es más, las manifestaciones de profecía se daban principalmente «en las sectas».[35] Se han propuesto varias razones para esta disminución en la profecía, incluyendo la supresión por parte de la Iglesia.[36] Pero no es fácil ver cómo pudo la Iglesia causar el cese de la profecía a través de la autoridad eclesiástica o de otros medios. Ninguna autoridad religiosa pudo impedir a Dios que mandase verdaderos profetas a su pueblo en el Antiguo Testamento y en la inauguración de la era cristiana. Y, al final, aquellos profetas fueron reconocidos por el pueblo.

Las evidencias que hemos examinado – la limitación del don apostólico a la primera generación, los milagros en el registro bíblico y las evidencias extraídas de la historia de la Iglesia - señalan de forma inequívoca al hecho de que hubo etapas especiales en las que la función principal de los milagros fue "señalar algo". Dado que la época de Cristo y los apóstoles fue un periodo extraordinario en cuanto a los milagros, no podemos verlo como la norma para toda la historia de la Iglesia. Estas pruebas, por lo tanto, nos llevan a varias conclusiones sobre la presencia de los dones milagrosos en la actualidad.

---

[35] C.M. Robeck, Jr. "Prophecy, Gift of" *en Dictionary of Pentecostal and Charismatic Movements*, ed. Stanley M. Burgess y Gary B. McGee (Grand Rapids: Zondervan, 1988), 740 (ver especialmente 735-40) para un buen resumen de la profecía en la historia de la Iglesia. En relación con esto, también podemos decir que algunos autores, como Orígenes y los últimos reformadores, modificaron el significado de profecía para referirse a la iluminación divina del Espíritu para la predicación de la Palabra. Cuando se refieren al don de profecía, por consiguiente, no es una evidencia de que hubiera profecía en su significado bíblico de proclamación por inspiración directa.

[36] Algunos han asociado el decrecimiento de la profecía con el desarrollo del canon de la Escritura. Otros lo atribuyen a la ruptura provocada en torno a la profecía por asociarla con sectas como los montanistas o porque la Iglesia establecida se apoderó de los dones de profecía, lo que resultó en la doctrina de la infalibilidad papal.

(a) El propósito principal de las actividades milagrosas durante estos periodos especiales no era cubrir las necesidades generales del pueblo de Dios. Es cierto que las personas se beneficiaban de la actividad milagrosa (por ejemplo, de las sanidades), pero, de hecho, se llamaban "señales" que apuntaban hacia su propósito principal: autenticar a los portavoces de Dios y el mensaje profético que transmitían.

(b) Ese propósito de los milagros sugiere que tales milagros no son una parte de la bendición del reino accesible para todos los creyentes de esta era. Los milagros de Jesús y de los discípulos como señales apuntan más allá de sí mismos; apuntan al poder de Dios y la naturaleza del Reino (es decir, la inversión del efecto del pecado). No son una parte de un reino ya inaugurado.[37]

(c) El reconocimiento de la era apostólica como un tiempo especial de actividad milagrosa nos lleva a la conclusión de que el encargo que Jesús da a sus discípulos durante su ministerio en la Tierra no pertenece a la Iglesia de todos los tiempos. Al enviar a los discípulos, Jesús les dio: «autoridad para... sanar toda enfermedad y toda dolencia», y les ordenó «sanad enfermos, resucitad muertos, limpiad leprosos», lo cual hicieron (Mt. 10:1, 8; cf. Mc. 6:12-13 y Hechos).[38] Curiosamente, estos mandamientos no formaron parte de la comisión final que el Cristo resucitado dio a los discípulos. En la llamada Gran Comisión, encontramos el mandamiento de hacer discípulos (el bautismo incluido) predicando el Evangelio de perdón de

---

[37] Podemos decir que los milagros no son parte del reino inaugurado y demostrarlo comparando los milagros con las realidades que, según las Escrituras, pertenecen claramente a la presencia del reino actual. Estas realidades del reino se centran en las bendiciones *espirituales* del nuevo pacto, por ejemplo, el perdón de pecados y el don del Espíritu con su resultante nueva vida. Mientras que la presencia del Espíritu hoy es un "depósito de garantía" de nuestra herencia completa del reino (Efesios 1:14), nunca se dice que sea una "señal". En su lugar, el Espíritu y la bendición del perdón *son* la presencia del reino mismo y, como tal, son accesibles para cualquiera y para todos los que los reciban a través de la fe en Cristo. Las únicas bendiciones que pertenecen al "ya" del reino durante esta era son aquellas bendiciones del reino que a través de la fe salvadora en Cristo son una promesa para todos los creyentes. Una indicación más de que los milagros de sanidad e incluso el resucitar a los muertos no son el comienzo real de las bendiciones del reino es que son todos temporales. Los sanos, por ejemplo, al final se mueren. En la medida en que el reino pertenece a la nueva era, sus provisiones son eternas. Sobre los milagros como señales del reino y no del reino mismo, ver Herman Ridderbos, *The Coming of the Kingdom* (Filadelfia: Presbyterian and Reformed, 1962), 115ff.

[38] Con frecuencia, cuando estos mandamientos se adaptan para la Iglesia, se ignoran los imperativos de Mateo 10 limitando el dinero y las ropas, y en especial limitando la predicación a Israel.

pecados y enseñando los mandamientos de Jesús (cf. Mateo 28:19-20; Marcos 16:15; Lucas 24:47).[39]

(d) Finalmente, la presencia de milagros y "señales" extraordinarias en ciertas épocas de la historia bíblica echa por tierra la explicación, en ocasiones ofrecida, de que la falta de milagros en otras épocas se debía al pecado o a la falta de fe. Dios mandó a personas que hacían milagros entre su pueblo cuando quiso, *incluso en épocas de mucha incredulidad*. La profundidad de la fe del pueblo de Israel en la época del Éxodo es cuestionable, especialmente mientras vagaban por el desierto. Aún así, Dios realizó milagros entre ellos a través de su siervo Moisés. Elías y Eliseo hicieron milagros, sin duda, y profetizaron en medio de un pueblo apóstata. Lo mismo puede decirse de los judíos de la época de Jesús y los apóstoles. La historia de Israel está tristemente marcada por una tendencia a la desobediencia a Dios y a la incredulidad. No obstante, Dios les dio profetas e hizo milagros en medio de ellos según su voluntad.

Aunque leemos que Jesús no «hizo muchos milagros allí [en Nazaret] a causa de la incredulidad de ellos» (Mt. 13:58; Mc. 6:5-6), esto no puede usarse como una explicación general de la falta de milagros entre el pueblo de Israel. Recordemos que *no* dice que Jesús intentó sanarles, pero fue incapaz de hacerlo porque la falta de fe de sus paisanos lo hizo imposible. Hacer milagros en esta situación hubiera sido contrario al propósito de su ministerio. Las gentes de su aldea «se escandalizaban a causa de Él» (Mt. 13:57; Mc. 6:3), lo que quería decir en realidad que no creían en su capacidad para hacer milagros. Se escandalizaron por sus palabras, con el resultado de que tal ofensa e incredulidad desembocó en odio (cf. Lc. 4:28-30). Dado que sí sanó a algunos incluso en medio de esta situación, probablemente no hubo muchas más sanidades porque, en su incredulidad, no le traían a más enfermos que sanar. Es más, realizar sanaciones en medio de aquella oposición podría haber agravado la culpa de aquellas gentes, y hecho que sus corazones se endurecieran aún más.

Las Escrituras revelan que la cantidad de milagros que Dios hacía no dependía principalmente de la fe humana, sino de su plan y propósitos soberanos. En ningún lugar del Nuevo Testamento se anima a los creyentes a tener fe para poder convertirse en los receptores de obras milagrosas.[40]

---

[39] Mientras que la comisión que encontramos en el muy discutido final del Evangelio de Marcos se refiere a la presencia de señales acompañando a los creyentes, no son ordenadas como parte de la comisión misma.

[40] Mientras que la habilidad de hacer milagros está relacionada con la fe (cf. Mc. 9:23), no se enfatiza la cantidad de fe. La referencia a la inhabilidad de los discípulos de expulsar

La enseñanza de las Escrituras, por lo tanto, nos lleva a la conclusión de que existieron periodos en los que Dios desarrolló una actividad milagrosa especial, uno de los cuales fue la era apostólica. Pero este reconocimiento sigue dejando abierta la pregunta sobre la continuidad de los dones espirituales milagrosos que fueron entregados a miembros normales de la Iglesia (cf. 1 Co. 12:7-11).

4. La posibilidad de la continuidad de los dones espirituales en la Iglesia.

Las Escrituras no ofrecen una respuesta clara a la pregunta de si los dones espirituales enumerados en Romanos 12:3-8; 1 Corintios 12 y Efesios 4:11 estaban pensados para que continuaran en la Iglesia. No obstante, sí que nos ofrecen algunas verdades en relación con esta pregunta que pueden, cuando menos, salvarnos de una conclusión demasiado precipitada.

La Biblia no presenta una vida de iglesia siguiendo a los apóstoles. Los fragmentos bíblicos que nos hablan de los dones milagrosos en la Iglesia incluyen a los apóstoles y a los profetas. En 1 Corintios 12, Pablo se refiere tanto a dones espirituales como a los que los ejercían. Cuando él escribió esto, el Cuerpo de Cristo incluía tanto a los "apóstoles" y "profetas" como a los maestros, a los que hacían milagros, a los que sanaban, a los que ayudaban a los demás, a los que administraban, y a los que hablaban en lenguas diferentes (1 Co. 12:27-29). En otras palabras, aquellos que formaron el ministerio fundacional de la Iglesia (apóstoles y profetas), que no continuaron, aparecen en la lista junto con los otros dones, incluyendo lo milagroso.

La pregunta de la relación entre esas manifestaciones especiales de dones milagrosos que no permanecieron en la Iglesia, con los dones milagrosos distribuidos entre otros miembros de la Iglesia, no está del todo clara. ¿Podemos simplemente poner a un lado el ministerio fundacional de los apóstoles y profetas, y decir que el resto de dones continuó funcionando

---

demonios debido a tan "poca fe" se entiende mejor no como la reprimenda por una pequeña cantidad de fe, sino de una fe mal dirigida (Mt. 17:17-20). Jesús inmediatamente añade que «la fe como un grano de mostaza» es suficiente para mover montañas (v. 20). Los discípulos estaban aparentemente tratando el poder que se les había otorgado como un poder mágico en lugar de como verdadera fe, la cual depende totalmente de Dios. El comentario adicional de Marcos de que la oración es imprescindible, respalda esta manera de pensar.

entre los miembros de la Iglesia? ¿ O el hecho de que estas iglesias del Nuevo Testamento recibieran el ministerio de los apóstoles y de aquellos con un ministerio profético especial tiene algo que ver con la presencia de dones milagrosos que Dios había repartido entre algunos de sus miembros?

Hemos encontrado en las Escrituras evidencia de que los dones milagrosos fueron entregados a los primeros oyentes del Evangelio como una confirmación de su fiabilidad.[41] La frase de Pablo de que su "testimonio sobre Cristo" se confirmó entre los corintios porque éstos recibieron de forma abundante dones espirituales, puede estar refiriéndose a la misma cosa (1 Co. 1:5-7). Algunos dicen que el testimonio de Cristo dado por predicadores de todas las épocas se confirma por los mismos dones maravillosos del Espíritu. Pero debe reconocerse que esta conclusión solamente es una aplicación de aquellos textos bíblicos que se refieren explícitamente a los apóstoles y a personas de aquella primera generación. En otras palabras, la cuestión de la existencia de dones milagrosos en la Iglesia no es tan simple como eliminar los dones que estaban limitados al primer periodo (por ejemplo, el apostolado) y afirmar aquellos que son para la Iglesia tal como se ve en las Escrituras.

Una segunda verdad en relación con el tema de la continuidad de los dones no apostólicos es que realmente tenemos muy pocas evidencias de cómo funcionaban estos dones en la Iglesia bíblica. Vemos un poco de lo que sucedió en la iglesia de Corinto cuando se reunía. Parece ser que se trataba de manifestaciones entre los creyentes normales de algunos dones sobrenaturales, incluyendo las lenguas y la profecía (cf. 1 Co. 14:26). Pero, ¿el plan era que estos dones continuaran existiendo? Por ejemplo, el importante papel de la profecía en esta época tenía alguna relación con el hecho de que la Revelación que algunos defendían como canónica para la Iglesia, aún estaba en proceso de formación. La presencia en la Iglesia posterior de las Escrituras canónicas completas, sugiere que la necesidad de la actividad profética disminuyó, en favor de la enseñanza de la doctrina canónica apostólica. Esto, como indica la Historia, es exactamente lo que sucedió.

En cuanto a la realización de otros dones milagrosos, no tenemos evidencias, ni siquiera dentro del Nuevo Testamento. No vemos a los miembros comunes de la Iglesia realizando milagros de sanidad. Los que querían ser sanados eran llevados ante los apóstoles. Las instrucciones para los ancianos que aparecen en Santiago de orar por los enfermos no dice que tuvieran el don de sanidad (Santiago 5:14-16). No parece que en la Iglesia

---

[41] Ver nuestra discusión de Gálatas 3:5 y Hebreos 2:3; págs. 112-116.

hubiera alguien con un ministerio de sanidad especial. De hecho, si usamos una concordancia encontraremos que, aparte de la mención del don de sanidad en 1 Corintios 12:9 y de orar por la sanidad en Santiago 5, la palabra "sanidad" nunca se utiliza en las Epístolas.[42] Esto es más instructivo aún, cuando se compara con las numerosas referencias a las sanidades en los Evangelios y en el libro de Hechos, describiendo los ministerios de Jesús y de los primeros testigos del Evangelio.

Lo mismo puede decirse en cuanto a otras actividades milagrosas. Fuera de la discusión sobre los dones espirituales en 1 Corintios 12 y de la realización de milagros asociados con los apóstoles y los que con ellos iban, las cartas del Nuevo Testamento no contienen menciones de "milagros", "señales" o "prodigios", excepto Gálatas 3:5 y Hebreos 2:4 (tratadas anteriormente). Aunque estas citas incluyen milagros entre los miembros de la Iglesia, son milagros relacionados con el ministerio inicial de los apóstoles.

Por esto debe reconocerse que el Nuevo Testamento no nos da simplemente una imagen del funcionamiento normal de los dones en la Iglesia posterior a la era apostólica. La enseñanza de las cartas es probablemente la fuente que más nos puede acercar. Mientras que Hechos (como indica el nombre "Hechos de los apóstoles") se centra en la actividad de los apóstoles, las cartas están dirigidas a creyentes y sus vidas en la Iglesia. Por eso, la variación de la frecuencia de las referencias a los dones milagrosos entre Hechos y las epístolas es importante. Pero incluso sin tal distinción, las cartas son descripciones de la Iglesia en los tiempos apostólicos y, por lo tanto, no pueden ser utilizadas como descripciones de la Iglesia post-apostólica. Por lo tanto, no disponemos de enseñanza bíblica explícita o de un retrato del propósito divino de la actividad milagrosa en medio de la Iglesia posterior al ministerio de Cristo y de los apóstoles.

5. El tema de la enseñanza específica sobre el cese de ciertos dones espirituales.

Parece claro que, si hablamos del tema de los dones espirituales milagrosos, la época apostólica de la Iglesia fue diferente a las demás. Pero

---

[42] *The NIV Exhaustive Concordance*, ed. Edward W. Goodrick y John R. Kohlenberger III (Grand Rapids: Zondervan, 1990). El único uso adicional de "sanidad" está en Hebreos 12:13, donde se refiere a la sanidad espiritual. La mejoría de Epafrodito de una grave enfermedad también se menciona, pero no se menciona si fue un milagro o si tuvo lugar a través del don de sanidad (cf. Filipenses 2:25-27).

también debemos reconocer que las Escrituras no enseñan explícitamente en ningún lugar que algunos dones espirituales iban a dejar de existir tras esta época. Aunque la mayoría estaría de acuerdo en que después de la primera generación ya no hubo apóstoles, no disponemos de enseñanza bíblica explícita al respecto. Llegamos a esta conclusión si tenemos en consideración algunos datos bíblicos, y el hecho de que la iglesia posterior cerró el Canon.

La referencia de Pablo sobre el cese de las lenguas, del conocimiento y de la profecía cuando llegue "la perfección", en mi opinión, no enseña explícitamente el cese de los dones durante la era de la Iglesia (cf. 1 Co. 13:8-10). Está claro que las frases sobre ver "cara a cara", que sugiere un conocimiento directo completo, diferente a la visión indirecta de un espejo, y sobre llegar a "conocer plenamente, como he sido conocido" (v. 12), hablan del estado de glorificación (v. 13). Estas frases se refieren a la segunda venida de Cristo, cuando llegue la perfección.[43] Este texto, por lo tanto, no indica que ciertos dones cesarán antes de que llegue tal estado.

Este texto, por otra parte, tampoco afirma la continuidad de los dones hasta la venida de Cristo. Pablo no dice que la profecía o las lenguas continúen hasta que vuelva lo perfecto. La expresión "en parte" que acompaña al conocimiento y a la profecía tiene que ver con el contenido, no con la función de estos dones. El contraste entre "en parte" y la "perfección" que llegará está, por lo tanto, en la naturaleza fragmentaria de la primera en comparación con la plenitud de lo perfecto. Hay una traducción que lo expresa de una forma muy clara (RSV): «Porque nuestro conocimiento es imperfecto y nuestra profecía es imperfecta; pero cuando venga lo perfecto, lo imperfecto se acabará» (vs. 9-10). Lo que termina con la llegada de lo perfecto no es el funcionamiento de estos dones, sino más bien el carácter incompleto (o imperfecto) del conocimiento que se obtiene a través de ellos.[44] No existe nada en este texto que excluya la posibilidad de que estos dones puedan cesar antes de la llegada de lo perfecto.

La referencia a los apóstoles como los fundadores de la Iglesia (Ef. 2:20), aunque es pertinente para el debate sobre la continuidad de los dones espirituales, tampoco enseña claramente el cese de los dones milagrosos. La referencia a "la fundación" apunta hacia un ministerio en particular

---

[43] El tiempo de la "perfección" también puede referirse a la glorificación personal del creyente en la muerte.

[44] Para un buen debate sobre esta postura, ver R. Fowler White "Richard Gaffin y Wayne Grudem sobre 1 Cor. 13:10: A Comparison of the Cessationist and Noncessationist Argumentation", *JETS*, 35 (1992): 173-81.

de algunos, ministerio que no continuó del mismo modo a lo largo de la Historia posterior. Pero no indica, por ejemplo, que el don de profecía, por no decir nada de los otros dones milagrosos, dejara de funcionar completamente una vez los cimientos fueron establecidos.

La falta de enseñanza bíblica específica sobre el cese de los dones milagrosos se utiliza frecuentemente como un argumento contundente en favor de su continuidad. Pero esa tampoco es una razón demasiado convincente. Si el Nuevo Testamento no enseña explícitamente que ciertos dones milagrosos cesarán, tampoco enseña explícitamente que continuarán a lo largo de toda esta época. Como mencionamos anteriormente, los escritores del Nuevo Testamento en ninguna ocasión hablan claramente de lo que nosotros conocemos como épocas post-apostólicas ni del tiempo en el que se cerró el canon.

Estas lagunas son comprensibles si pensamos que los primeros cristianos creían que Jesús podría (no que necesariamente lo iba a hacer) regresar cuando ellos siguieran vivos. Si Pablo, por ejemplo, creía que era posible que Cristo volviera en algún momento antes de su muerte, ¿podríamos esperar que le explicara a la Iglesia lo que sucedería después de que él y otros apóstoles no estuvieran vivos? Aparentemente, Dios no reveló a los escritores del Nuevo Testamento todo el curso de esta época en la Iglesia; tal revelación hubiera imposibilitado que enseñaran acerca de la posibilidad de su retorno inminente. No debemos esperar, por lo tanto, que enseñaran explícitamente el cierre de la era apostólica y del canon. Este mismo razonamiento se aplica a la enseñanza sobre el cese en cuanto a los dones.

Pero la era apostólica cesó y el canon del Nuevo Testamento fue reconocido por la Iglesia posterior. Si estas cosas sucedieron por providencia divina sin que la Biblia dijera en ningún lugar que sucederían, entonces es posible que pudieran ocurrir ciertos cambios en los dones espirituales sin que esos cambios estuvieran escritos de forma explícita en la Biblia.

Podemos ver que tal cambio en las manifestaciones de los dones espirituales tuvo lugar sin enseñanza bíblica previa en la experiencia posterior a la conclusión del Antiguo Testamento. Según los judíos, Malaquías fue "el sello de los profetas" y "el último entre ellos". La manifestación de profecía entre el pueblo de Dios cesó con Malaquías porque su propósito estaba ya cumplido.[45] Aunque el tema del cese total de la profecía en esta época se

---

[45] Según Verhoef, la profecía de Malaquías contiene las últimas palabras de toda una generación, una generación de profetas a través de los cuales Dios se había revelado a su pueblo de forma única. Con Malaquías, estos instrumentos en la Revelación de Dios

debate, por regla general se acepta que se dio un cierto cambio.[46] La cantidad de profecías que aparecen al principio de los Evangelios hablan del avivamiento de este don que iba a ser una característica inequívoca de la era mesiánica prometida.[47]

Aunque unos pocos textos veterotestamentarios apuntan a la desaparición de la profecía (por ejemplo, Salmos 74:9), la mayoría de estudiosos no encuentra ninguna enseñanza explícita en el Antiguo Testamento que dijera que el don de profecía iba a desaparecer. No obstante, sí que cesó o por lo menos cambió radicalmente. Este ejemplo proporciona un precedente legítimo de que Dios puede, si desea hacerlo, retirar las manifestaciones de cualquier don en cualquier momento sin mencionarlo expresamente en la Biblia.

6. Conclusión

Las pruebas, tanto de las Escrituras como de la experiencia de la Iglesia nos llevan a dos reflexiones en torno a la manifestación de los dones milagrosos espirituales en la Iglesia. (a) No existe una enseñanza bíblica específica de que ciertos dones que aparecían en el Antiguo Testamento cesaran en algún momento de la Historia. (b) Pero tampoco las Escrituras enseñan claramente que toda la actividad milagrosa vista en el registro de la Iglesia del Nuevo Testamento tuviera como propósito convertirse en la norma para

terminaron su tarea y fueron apartados de su tarea hasta el día del cumplimiento de, no solamente la Ley, sino los Profetas (Mt. 5:17), en el advenimiento del gran profeta, nuestro Señor Jesucristo. (Peter A. Verhoef, *The Books of Haggai and Malachi*, NICOT [Grand Rapids: Eerdmans, 1987], 153).

[46] Generalmente la opinión de Napier se acepta: «Mucho antes de la época de Jesús, la profecía había dejado de existir en Israel (Sal. 74:9; 1 Macabeos 4:46; 9:27; 14:41), aunque una forma especial continuó apareciendo en los escritos sobre visiones apocalípticas. Los judíos, no obstante, esperaban este reavivamiento en la época de la venida del Mesías (Joel 2:28-29; Zaca. 13:4-6; Mal. 4:5-6; Test. Leví: 8:14; Test. Benj. 9:2). Es a la luz de esta expectación que debemos entender la creencia, recogida por Josefo, (*Guerras* I,68-69; Maier, *Josefo. Los escritos esenciales*; Portavoz, p. 209) de que Juan Hircano tenía el 'don de profecía'. Josefo también cita que supuestos "mesías" como Teudas (*Antig.* XX,97; Maier, *Op. Cit.* p. 259; cf. Hechos 5:36) y 'los egipcios' (*Antig.* XX,168-69; Maier, *Op. Cit.* p. 261; cf. Hechos 21:38) decían ser profetas» (B.D. Napier, "Prophet in the NT", *IDB* ed. George A. Buttrick [Nashville: Abingdon, 1962], 3:919).

[47] Por ejemplo, Lucas 1:67 ss; 2:26-33; 3:3 ss; 4:17 ss. G.F. Hawthorne escribe: «Lucas en particular (aunque también aparece en otros evangelios) parece estar diciendo que la tan esperada época del Espíritu (cf. Joel 2:28, 29) había llegado por fin (Lucas 4:18, 19; cf. Isaías 61:1-3) y que la época de los profetas y de la profecía, si se había extinguido, ahora estaba renaciendo» ("Prophets, Prophecy", *Dictionary of Jesus and the Gospels*, ed. Joel B. Green, Scot McKnight, I. Howard Marshall [Downers Grove, Ill.: InterVarsity, 1992], 637).

toda la historia de la Iglesia. Sí que existe rotunda evidencia bíblica de que ciertos dones y actividades milagrosas, asociadas con los apóstoles y con otros profetas, estaban pensadas para la fundación de la Iglesia y que, por lo tanto, no continuarían como parte de la vida normal de la Iglesia. La historia siguiente de la Iglesia apoya esta conclusión al testificar claramente que la actividad milagrosa de la Iglesia post-apostólica, tanto en extensión como en calidad, no era la misma que la de la época de Jesús y de los apóstoles.

C. Dones específicos y ministerios.

Viendo las anteriores evidencias de las Escrituras y la historia de la Iglesia sobre el ministerio de los dones milagrosos espirituales, realmente el tema es más complicado que decir, simplemente, que la Escritura enseña su presencia o su ausencia. La especialidad de la era apostólica, junto con la falta de enseñanza específica sobre el cese de ciertos dones, sugiere que debemos estar abiertos en todo tiempo a lo que Dios quiera hacer.

Este aperturismo, sin embargo, debe unirse a la obediencia del mandato del apóstol de "escudriñarlo todo" (1 Ts. 5.21). Las prácticas que pretenden ser manifestaciones de dones milagrosos deben ser evaluadas cuidadosamente sobre la base de lo que las Escrituras dicen sobre estos dones, particularmente sobre su verdadera naturaleza, su uso adecuado, y el propósito para el que sirven. El tema del propósito es particularmente importante para aquellos que creen que la actividad milagrosa en la Iglesia existió por una razón especial. ¿Ese propósito se completa hoy de alguna otra forma, o solo servían para cubrir las necesidades del periodo fundacional de la Iglesia?

1. Profecía

En cuanto al tema de la manifestación del don de profecía, es importante que tengamos un entendimiento cabal de este don. Los estudios académicos sobre este tema han entendido tradicionalmente toda la revelación bíblica como "manifestación inspirada" que llegó a través de la revelación directa de Dios, y no veo ninguna razón para cambiar esta definición.[48] El intento de probar que la profecía tiene varios niveles, que irían

---

[48] Gordon D. Fee, *Primera epístola a los Corintios* (Grand Rapids: Nueva Creación, 1994), 673-674; ver también Gerhard Friedrich, "προφήτης" *TDNT*, 6:828-30; David E. Aune,

desde lo que es completamente Palabra de Dios y, por lo tanto inerrante, hasta la revelación que se mezcla con diversos grados de pensamiento humano incluyendo los errores, es difícil de mantener bíblicamente.[49]

También, deberíamos distinguir entre la profecía como discurso revelado y directamente inspirado por Dios, y la predicación normal de las Escrituras.[50] Quizás, teniendo en cuenta el clima actual, diremos también que deberíamos distinguirla de la guía personal que recibimos de parte de Dios. Las Escrituras hablan de "revelación" en relación con la labor del Espíritu de iluminar nuestro entendimiento de las Escrituras (Mt. 16:17; Ef. 1:17; Fi. 3:15), pero el uso del término "revelación" no debe equipararse al de profecía.

Las manifestaciones genuinas de la profecía se predicen para el futuro (p. ej., Ap. 11:3,10), y las Escrituras no niegan explícitamente la posibilidad de que ocurran hoy. No obstante, cualquier supuesta expresión de este don, debe adecuarse al patrón bíblico: (a) debe estar totalmente en armonía con la revelación canónica; (b) debe ser cuidadosamente juzgada por la comunidad (1 Co. 14:29). Si "los otros" que juzgaban fueron aquellos con el don de profecía o aquellos que tenían el «don de discernimiento de espíritus», debía de haber una evaluación seria de las profecías. Nadie podía decir haber recibido una palabra de profecía sin que el caso fuera evaluado; (c) el contenido de la profecía debería ser de edificación para la comunidad (1 Co. 14:3-4). No debe ser algo que simplemente pretenda demostrar el poder sobrenatural, o enseñar algo tan conocido de la Escritura que no aporte nada nuevo a la comunidad; (d) la profecía debe hacerse de manera ordenada según las instrucciones del apóstol a los Corintios (1 Co. 14:19-33).

A pesar de que la profecía que se ajuste a este criterio bíblico pueda ocurrir en la Iglesia actual, la experiencia presente y la historia de la Iglesia

---

Prophecy in Early Christianity and the Ancient Mediterranean World (Grand Rapids: Eerdmans, 1983), 195; G. F. Hawthorne, "Prophets, Prophecy", *Dictionary of Jesus and the Gospels*, 636, C.M. Robeck, Jr., "Prophecy, Prophesying", *Dictionary of Paul and his Letters*, ed. por Gerald F. Hawthorne, Ralph P. Martin y Daniel G. Reid (Downers Grove, Ill.: InterVarsity, 1993), 755.

[49] Para ver cómo se ha intentado explicar los diferentes tipos de profecía, ver Wayne A. Grudem, *The Gift of Prophecy in the New Testament Today* (Westchester, Ill.: Crossway Books, 1988); Graham Houston, *Prophecy: A Gift for Today?* (Downers Grove, Ill.: InterVarsity, 1989); Donald Gee, *Spiritual Gifts in the Work of Ministry Today* (Springfield, Mo.: Gospel Publication House, 1963). Se sale de nuestro tema el tratar todos los argumentos de cada posición. Sobre el tema crítico de la profecía y de su relación con este tema, ver el apéndice a este capítulo.

[50] James D.G. Dunn, *Jesús y el Espíritu* (Salamanca: Secretario T., 1975, pp.366-367); G. Fee, *Primera Epístola a los Corintios*. Ed. Nueva Creación, Grand Rapids, Michigan, 1998. p. 673ss; C.M. Robeck, Jr., "Prophecy, Prophesying.", 761.

no apoyan mucho esta idea. Es válido ver (como normalmente ha hecho la Iglesia durante la Historia) que es necesario que la profecía disminuya una vez la explicación de la actividad salvífica de Cristo como se explica en la Biblia pasó a ser accesible para todos los creyentes. El ministerio de los primeros profetas, quienes aportaron edificación, exhortación y consolación para la Iglesia sobre la base del Evangelio de Cristo, ahora se cumple a través de otros dones espirituales que dependen de la profecía recogida en la Escritura. Es importante que en las últimas cartas de Pablo no existe ninguna referencia a la profecía, salvo el recordatorio a Timoteo de la profecía hecha en su ordenación (1 Ti. 1:18; 4:14). El énfasis de estas cartas, que se llaman "pastorales" porque dan instrucciones para el ministerio en la Iglesia, está en la enseñanza, la exhortación y la preeminencia de las Escrituras.[51]

2. *Sanidad*

La asociación cercana del don espiritual de la sanidad con las manifestaciones sobrenaturales del Espíritu sugiere que este don también se refiere a lo que era claramente milagroso. Los relatos acerca de tales sanidades en la Escritura revelan que eran instantáneos. Independientemente de si pensamos que ciertas personas habían recibido ese don o que el Espíritu manifestaba su poder de sanidad a través de personas diferentes en diferentes momentos (1 Co. 12:9, 30), la sanidad se asociaba con un individuo y no era simplemente el resultado de las oraciones de la Iglesia o de un grupo de creyentes. Estos indicios del don milagroso de la sanidad en las Escrituras hacen que en la actualidad nos preguntemos cuántos de los muchos ejemplos de sanidades son verdaderamente manifestaciones de este don.

También debemos recordar, antes de identificar una supuesta sanidad sobrenatural como resultado del don de sanidad, que las sanidades extraordinarias pueden tener otras explicaciones. Algunas enfermedades, incluyendo la ceguera, la sordera y la parálisis pueden ser síntomas de un trauma psicológico o histeria, y no de enfermedades orgánicas genuinas. Las campañas de sanidad emocional, con su poderosa sugestión, pueden producir resultados espectaculares (en la mayoría de veces, resultados temporales). Pero estos no son milagros verdaderos.[52]

---

[51] Cf. 1 Timoteo 4:11, 13, 16; 5:17; 2 Timoteo 2:2; 3:14-17; 4:2; Tito 1:9.

[52] Para ver un ejemplo, ver Bernie S. Siegel, *Love, Medicine & Miracles* (Nueva York: Harper & Row, 1986), 33ss; ver también Norman Cousins, *Head First, the Biology of Hope* (Nueva York: E.P. Dutton, 1989).

La Escritura enseña claramente la unión psicosomática del espíritu y la mente, mediante la cual el estado del espíritu tiene un efecto poderoso sobre la salud del cuerpo, tanto de manera positiva como negativa (cf. Sal. 38:3; Prov. 17:22). Si la fe y la esperanza, incluso aparte de Dios, pueden producir sanidades corporales, cuánto más lo podrá hacer la fe en Dios. [53] La sanidad de un espíritu contrito mediante la paz y gozo de Dios que vienen con la conversión o con el arrepentimiento del pecado del creyente puede cambiar radicalmente una mala situación física. Mientras que tales sanaciones corporales sin duda alguna vienen de Dios, no creo que sean una manifestación del don bíblico de sanidad.

El tema de cómo funciona este don en la Iglesia actual debe basarse tanto en un examen concienzudo de la naturaleza de este don, como en la teología bíblica total sobre la sanidad física. Tal teología deja claro que Dios suele sanar el cuerpo por los medios que Él ha creado. Dios ha equipado al cuerpo con varios sistemas de curación. Además, existen connotaciones favorables en cuanto a la ocupación de los médicos y del uso de medicinas.[54] Dios, quien se reveló como el sanador de Israel y realizó milagros para su salud (Éxodo 15:25-26), también incluyó muchas regulaciones sobre la salud natural en los estatutos de la ley de Israel. Finalmente, como hemos visto, Dios nos ha constituido de tal forma que las sanidades espirituales pueden tener un efecto poderoso sobre el cuerpo. No toda enfermedad es resultado del pecado (cf. Job, 2:1-8; Dan. 8:27), aunque ciertas enfermedades sí lo son (1 Co. 11:30). La sanidad resultante de la confesión de un pecado puede ser simplemente el resultado de la simbiosis natural entre el cuerpo y el espíritu.

Una teología de las sanidades debe reconocer que la salud corporal no se nos ha prometido como una característica segura de la salvación en esta era. En el presente, el destino del cuerpo es la muerte debido al pecado (Romanos 8:10). En contraste con nuestro ser interior que se va renovando a través de la gracia de la salvación, nuestro «hombre exterior va decayendo» (2 Co. 4:16). El cuerpo aún tiene que ser redimido, lo que hace que

---

[53] Debemos recordar el comentario sobre el poder de la fe en la sanidad que hizo McCasland, a la hora de evaluar la sanidad en la Iglesia. «Es de sobra conocido que la fe real contribuye a la buena salud y a la curación de enfermedades. La fe es una ayuda incluso para las enfermedades orgánicas, pero la ciencia médica diría que tiene sus límites. Por lo que sabemos, la fe no puede restaurar ojos perdidos o extremidades amputadas. Por otro lado, en el área de las enfermedades que son de origen psicogénico, no dejaré de enfatizar que el valor de la fe es incalculable» (S. V. McCasland, "Miracle", *IDB*, 3:400).

[54] Cf. Isaías 1:6; Jeremías 8:22: Mateo 9:12; Lucas 10:34; Colosenses 4:14; 1 Timoteo 5:23.

el creyente aún gima con el resto de la Creación (Ro. 8:23), en parte debido a los dolores físicos.[55] Así, vemos que se nos dice muy poco acerca del ministerio de sanidad en la Iglesia. Solo hay un pasaje que se refiera a la sanidad como un don (1 Co. 12:9, 30). En ningún otro lugar se dice que los santos tengan que ministrarse los unos a otros a través de la sanidad; tampoco se enumera entre los ministerios de la comunidad en 1 Corintios 14:26. Por tanto, que la Iglesia enfatice las curaciones físicas milagrosas o que lleve a cabo campañas especiales de sanidad queda bastante alejado de la descripción que el Nuevo Testamento hace de la comunidad de la Iglesia.

No obstante, como con todas las infidelidades de esta era, Dios desea ser misericordioso con su pueblo. Puede otorgar sanidades milagrosas ya sea mediante las oraciones de su pueblo o a través del don de sanidad anteriormente definido. Una sanidad de este tipo puede ser, incluso, una "señal" en la expansión del Evangelio, como ha sido registrado en el rápido crecimiento de la Iglesia en China.[56] Por otro lado, Dios puede derramar su poder sobrenatural sobre una persona para que persevere en la prueba de la debilidad humana (cf. 2 Co. 12:7-10). En ambas situaciones lo hace para su propia gloria y nuestro bien último.

3. Lenguas

La naturaleza y función del don de lenguas no se puede determinar fácilmente por la Escritura. Existen, no obstante, ciertos principios bíblicos que nos dan algunos patrones para la práctica de este don en la Iglesia.

Primero, independientemente de si las lenguas a las que se refiere la Escritura consistían en hablar de forma milagrosa en idiomas extranjeros desconocidos para el que los hablaba, o en hablar en la lengua de la gloria (por ejemplo, las "lenguas angelicales" de 1 Corintios 13:1), o en ambas[57],

[55] Algo parecido puede decirse sobre el dolor psicológico durante esta era, aunque no podría argumentarse que esto esté más relacionado con el espíritu que con el cuerpo y, por lo tanto, pueda verse más afectado por el cambio de espíritu que ocurre en la regeneración. Es interesante, no obstante, que al mismo tiempo que aumenta el interés por las sanidades físicas del cuerpo, las curaciones de la mente se relegan más y más a las leyes naturales de la Psicología.

[56] Para leer un informe interesante sobre las actividades milagrosas, asociadas principalmente con la primera generación del reciente fenómeno de crecimiento de la Iglesia en China, ver Alan Cole, «The Spread of Christianity in China Today», en *God the Evangelist*, ed. David Wells (Grand Rapids: Eerdmans, 1987), 101-6.

[57] Debido a que la primera aparición del don de lenguas en Pentecostés (Hechos 2) parece ser que consistió en el hablar en idiomas extranjeros desconocidos para las personas

lo importante es que todas eran lenguas, es decir, representaban un pensamiento conceptual. El don de lenguas podía interpretarse con entendimiento. Esta verdad bíblica es particularmente importante dado que algunos estudios han demostrado que muchas expresiones de lenguas contemporáneas no tienen características lingüísticas.[58]

Más allá de la naturaleza de las lenguas, la manifestación de este don debe ser evaluada por su función bíblica. Es difícil determinar cuál es esa función, pero se pueden extraer algunos principios generales. Las lenguas no servían para predicar el Evangelio a los extranjeros,[59] como tampoco eran la evidencia habitual del Bautismo en el Espíritu. En las Escrituras, como hemos apuntado antes, está claro que todos los creyentes han recibido el don del Espíritu o, utilizando otra terminología, han sido bautizados con el Espíritu; pero no todos tienen el don de lenguas (1 Co. 12:10, 30). Es difícil sostener la idea de que las lenguas en Hechos son una evidencia del Bautismo en el Espíritu y, por lo tanto, diferentes al don de lenguas sobre el que enseñó Pablo. Observemos que solamente existen tres ocasiones específicas en Hechos en las que se mencionen las lenguas (2:4ss; 10:46;

---

que los hablaban, muchos concluyen que ésta es la naturaleza de toda la glosolalia bíblica. Varios aspectos, no obstante, hacen difícil ver las lenguas de 1 Corintios como lenguajes humanos. Para entenderlos también era necesario un don sobrenatural. En ciudades cosmopolitas como Corinto se hablaba en muchas lenguas, pero la posibilidad de que alguno de los presentes pudiera entender los idiomas de manera natural no se contempla. Lo que es más importante, Pablo utiliza "idiomas" extranjeros (una palabra diferente de la utilizada para "lenguas") como analogía de las "lenguas" (1 Co. 14:10-13). Las cosas análogas nunca son totalmente idénticas (cf. las otras analogías usadas en los versículos 7 al 9). El uso marcano de la palabra "nuevo" (*kainos*) en Marcos 16:17 para describir las lenguas, un término comúnmente referido a las cosas "completamente diferentes y milagrosas" que pertenecen a la era que acaba de comenzar, también sugiere que las lenguas no son simplemente otros idiomas humanos (Johannes Behm, "καινός, κτλ» *TDNT*, 3:449). Una discusión completa de la naturaleza de las lenguas escapa a nuestro propósito, pero existen buenas razones para creer que incluso las lenguas de Hechos 2 eran más que idiomas humanos. Junto con Behm, los defensores de esta postura incluyen a George T. Montague, *The Holy Spirit: Growth of a Biblical Tradition* (Nueva York: Paulist, 1976); Richard Belward Rackham, *The Acts of the Apostles* (Londres: Methuen, 1901); Christian Friedrich Kling, "The First Epistle to the Corinthians", en *Lange's Commentary on the Holy Scriptures*, ed. John Peter Lange, vol. 10 (Grand Rapids: Zondervan, 1960); Dale Moody, *Spirit of the Living God* (Filadelfia: Westminster, 1968), Abraham Kuyper, *The Work of the Holy Spirit* (Grand Rapids: Eerdmans, 1956).

[58] William Samarin, *Tongues of Men and Angels: The Religious Language of Pentecostalism* (New York: Macmillan, 1972).

[59] En Pentecostés, las lenguas atrajeron a la multitud, pero Pedro les predicó en un idioma común. No encontramos en las Escrituras ejemplos de que las lenguas fueran utilizadas en misiones al extranjero.

19:6).[60] En cada una de estas ocasiones, el don fue entregado a todo un grupo y fue dado sin que el grupo en cuestión lo pidiera. Estos datos son contrarios a la enseñanza de ciertos grupos que defienden que hay que cumplir unos requisitos concretos para recibir el Bautismo del Espíritu después de la conversión.

Más importante, Hechos contiene muchos ejemplos donde se habla de la salvación, pero no se mencionan las lenguas.[61] Contamos con un número de ejemplos muy elevado pero, además, no encontramos ningún caso en el que se vea a una persona hablando en lenguas en el momento de la conversión o salvación. Uno de los ejemplos es el mismo apóstol Pablo, quien no solamente experimentó el milagro de recuperar la vista, sino que también se nos dice que fue "lleno del Espíritu Santo" (Hechos 9:17-18). Las tres ocasiones de Hechos donde las lenguas sí están presentes en el momento de la conversión no pueden verse como el estándar para todos los creyentes y para todas las épocas. Parece ser que lo más lógico es entender estos casos como evidencias de la recepción del Espíritu en relación con la inauguración de la nueva era del Espíritu, que se extendió a varias naciones. Como dice Carson, «el modo en el que Lucas nos cuenta la historia en Hechos no es un paradigma para la experiencia cristiana individual, sino el relato de la expansión del Evangelio hacia el exterior geográfica, racial y, sobre todo, teológicamente».[62]

La única frase explícita en relación con el propósito de las lenguas es la enseñanza de Pablo de que «las lenguas... son una señal, no para los que creen, sino para los incrédulos» (1 Co. 14:22). En las diferentes interpretaciones de este pasaje, no obstante, el tema central es que las lenguas tienen

---

[60] Es posible que las lenguas también aparecieran en Samaria, ya que existía una aparente manifestación del Espíritu allí. Pero la naturaleza de esta manifestación no se comenta (cf. 8:18).

[61] Hoekema elaboró la siguiente lista de conversiones en las que no hay referencia alguna a las lenguas: "2:42 (los 3000 convertidos en el día de Pentecostés), 3:7-9 (el paralítico sanado), 4:4 (los que se convirtieron después de la curación del paralítico, cuando el número de hombres llegó a ser de 5.000), 5:14 (los muchos que creyeron después de la muerte de Ananías y Safira), 6:7 (un gran conjunto de sacerdotes), 8:36 (el eunuco etíope), 9:42 (todos los que creyeron cuando Dorcas fue resucitada), 13:12 (los que se volvieron al Señor en Antioquía), 13:12 (el procónsul de Chipre), 13:43 y 48 (los creyentes de Antioquía de Pisidia); 14.21 (los discípulos en Derbe), 16:14 (Lidia), 16:34 (el carcelero de Filipos), 17:4 (los creyentes en Tesalónica), 17:11-12 (los de Berea), 17:34 (los atenienses), 18:4 (los que estaban en Corinto), 18:8 (Crispo y otros corintios), 28:24 (algunos judíos en Roma)" (Anthony A. Hoekema, *What About Tongue-Speaking?* [Grand Rapids: Eerdmans, 1966], 80).

[62] D.A. Carson, *Manifestaciones del Espíritu*, Andamio, Barcelona, 2000

un propósito en relación con los no creyentes. Es cierto que la Iglesia puede recibir edificación a través de las lenguas, pero solamente si son interpretadas. El fenómeno de las lenguas tiene un valor como "señal" para aquellos que no creen (probablemente como señal del juicio de Dios sobre ellos, como indica el contexto). El elemento de las lenguas que edifica a la Iglesia es su contenido inteligible. Es por esa razón por la que la profecía tiene más valor en la Iglesia; comunica algo inteligible de forma inmediata (1 Co. 14:1-12).

Por lo tanto, las Escrituras establecen restricciones claras sobre la manifestación del don de lenguas en la asamblea. Solamente debe hacerse si se interpreta, y solamente en una extensión limitada (1 Co. 12:5, 27-28). Orar y cantar en grupo y hacerlo en lenguas no tiene ninguna base bíblica.

Las limitaciones bíblicas sobre la expresión de las lenguas en la Iglesia ha llevado a muchos a defender que tiene más valor en la vida de oración individual del creyente. Aunque parece ser que Pablo dice que los creyentes, en la intimidad, pueden orar en lenguas aunque éstas no sean interpretadas, y que incluso indica que edifican al creyente, no está nada claro que el apóstol crea que éste sea uno de los propósitos principales de las lenguas. El trato que el apóstol hace de los dones espirituales enfatiza que son dados "para el bien común", es decir, para edificación de la comunidad (cf. 1 Co. 12:7; 14:3, 5-6, 12, 26).[63] Puede argumentarse que las lenguas edifican a la persona interiormente, por lo que esta persona puede ser más útil en el ministerio a la Iglesia usando quizá otros dones. Aparte de que esta idea no se menciona en ningún sitio, eso convierte a las lenguas en un beneficio para la propia vida espiritual, es decir, la santificación personal. Pero, ¿es bíblico decir que algunos reciban dones para el crecimiento personal, porque eso les permite ministrar de una forma más eficaz? Los medios de santificación, como ocurre con la salvación, ¿no son accesibles para todos?

Al reconocer la edificación personal que se recibe al hablar en lenguas, puede que el apóstol simplemente esté reconociendo que experimentar la manifestación del Espíritu en la operación de un don aporta bendición personal, del mismo modo que un maestro recibe bendición cuando ense-

---

[63] Ver también Efesios 4:11-13, 16; 1 Pedro 4:10. J. Goetzmann, por ejemplo, asegura que «el uso positivo de la palabra siempre se refiere a la comunidad» (*NIDNTT*, ed. Colin Brown [Grand Rapids: Zondervan, 1976], 2:253). Sobre los dones espirituales como dones para servir a los demás, ver también Ronald Y.K. Fung, "Ministry, Community and Spiritual Gifts", *EvQ* 56 (Enero 1981): 9-10; Hans Küng, *The Church* (Nueva York, Shee and Ward, 1967), 182, 190, 394; Frederick Dale Brunner, *A Theology of the Holy Spirit* (Grand Rapids: Eerdmans, 1970).

ña. Es cierto que la buena administración de cualquier don ayuda al que ministra tal don a crecer personalmente, pero nunca se enseña que esa sea la función principal de los "dones espirituales". Al menos, las lenguas nunca aparecen en las Escrituras como un factor crucial de la vida espiritual. De hecho, en los pasajes que tratan la vida espiritual a título personal no se dice nada sobre el ejercicio de los dones espirituales.[64]

El ejercicio del don de lenguas en la actualidad no está excluido por las Escrituras. No obstante, existe mucho en las Escrituras que describe su naturaleza, y la forma en que se debe llevar a cabo para condicionar su manifestación.

4. Expulsar demonios

Las Escrituras no dicen nada acerca del ministerio de expulsar demonios en la Iglesia del Nuevo Testamento.[65] Contrasta grandemente con la prominencia del exorcismo en la Iglesia post-apostólica.[66] Por otro lado, la Escritura revela claramente que los creyentes de la Iglesia están en guerra constante contra Satanás y sus demonios. Debe ser parte del ministerio de la Iglesia reconocer esta verdad y la naturaleza de la batalla, a menudo ignorada en el mundo occidental.

Según las enseñanzas bíblicas, los no creyentes están atados no solamente por su propia naturaleza pecaminosa, sino también por poderes malignos (cf. Efesios 2:1-3). Esta atadura incluso les puede llevar a tener espíritus en su interior que ejerciten diferentes grados de control sobre sus funciones corporales. Aunque no encontramos ejemplos de que esto pueda ocurrirles a los creyentes, ese silencio no es una garantía de que eso no vaya a ocurrir.[67] Tanto las Escrituras como la experiencia nos han mostra-

---

[64] Por ejemplo, Romanos 6-8; Efesios 5-6; Colosenses 3-4.

[65] Los dos ejemplos en relación con el apóstol Pablo se refieren, posiblemente, a su ministerio evangelístico y a su interés por los no creyentes (Hechos 16:16-18; 19:11-12).

[66] Ver McEwen, "The Ministry of Healing", 140-45.

[67] Al sugerir que los creyentes puedan tener demonios en ellos, no hablo de "posesiones" en el sentido de propiedad. Tampoco es necesario encontrar la presencia del espíritu del mal en un creyente, como del Espíritu de Dios. Mientras que el Espíritu dice estar en el "corazón" y, por lo tanto, en el centro de la persona, el espíritu maligno puede introducirse en un nivel más superficial, donde pueda ejercer control sobre el sistema corporal. Delitzsch describe tales invasiones demoníacas: «los demonios se introducen entre el cuerpo (es decir, en el sistema nervioso) y el alma del hombre, y encadenan por la fuerza el alma junto con el espíritu, pero usan los órganos del cuerpo para demostrar su presencia, atormentando al hombre» (Franz Delitzsch, *A System of Biblical Psychology*

do creyentes que se han dejado influir por el pecado, e incluso que se han hecho esclavos del pecado (por ejemplo, Juan 8:34; Romanos 6:12-13, 17) y de los poderes malignos (cf. Gál. 4:3,8-9; 1 Ti. 3:7; posiblemente 2 Ti. 2:25-26[68]). Al referirse a la advertencia de Pablo, que dijo que la ira continuada puede dar oportunidad al diablo (Efesios 4:26-27), Charles Hodge dice: «Si dejamos que la ira se asiente en nosotros, estamos permitiendo que el Tentador tenga un gran poder sobre nosotros...»[69].

La enseñanza de las Escrituras apunta a la capacidad y la responsabilidad que el creyente tiene de resistir los ataques de Satanás y de los demonios (Efesios 6:13; Santiago 4:7; 1 Pedro 4:10). La guerra espiritual del creyente y el correspondiente ministerio de la Iglesia pueden compararse con la guerra que tiene lugar en el terreno de la salud corporal. Nuestros sistemas físicos están bajo el ataque constante de gran variedad de gérmenes y virus. Si tenemos una buena salud, resistimos esos ataques sin darnos cuenta de ello. En ocasiones, se hace evidente la presencia de los invasores, y tomamos medidas para reforzar nuestra resistencia, quizás mediante una mejor nutrición y descanso. Si el enemigo de nuestra salud se resiste, buscamos a otros que nos ayuden en la batalla.

Si aplicamos esto a la guerra espiritual, debemos ser conscientes de la presencia constante de lo demoníaco y de su ataque. Pero, al igual que en el terreno físico, donde normalmente no estamos buscando gérmenes, nuestro énfasis no debe estar en lo demoníaco, sino en lo que produce salud. La guerra espiritual comienza con fortalecer nuestra salud espiritual mediante la incorporación de la verdad liberadora y sanadora del Evangelio. Pero al igual que en el terreno físico, el enemigo en ocasiones logra establecerse, por lo que necesitamos de la ayuda de otros para recuperar la libertad.

[Grand Rapids: Baker, 1966, rpt], 354: ver 351-60 para ampliar). El testimonio de expulsar demonios de creyentes es muy común durante la cristiandad post-bíblica. Ver T.K. Oesterreich, *Possession Demonical and Other* (Londres: Kegan Paul, Trench, Trubnen & Co., 1930), 147-235.

[68] Sobre 2 Timoteo 2:25-26 Kelly dice: «Pablo está pensando en la re-educación constructiva de la comunidad cristiana, que estaba muy confundida» (J.N.D. Kelly, *A Commentary on the Pastoral Epistles* [Londres: Adam & Charles Black, 1963], 190; cf. también Patrick Fairbairn, *Commentary on the Pastoral Epistles* [Grand Rapids: Zondervan, 1874, 1956], 358.

[69] Charles Hodge, *An Exposition of Ephesians* (Wilmington, Delaware: Associated Publishers and Authors, Inc., n.d), p. 94. Barth comenta incluso más duramente: «La advertencia puede resumirse así: el Diablo tomará posesión de tu corazón si tu ira perdura» (Markus Barth, *Ephesians 4-6*, The Anchor Bible, vol. 34A [Garden City, NY: Doubleday, 1974], p. 515).

Esta asistencia puede ofrecerse mejor ayudando al que está esclavizado a resistir al enemigo mediante la aplicación de la verdad de Dios. Ya que el primer ataque de Satanás es a través del engaño (Gén. 3; Ap. 20:3,8), la primera medicina para obtener la libertad es la Verdad (cf. 2 Co. 11:4-5). En lugar de expulsar a un demonio, los resultados se obtienen ayudando a la persona a resistir a lo demoníaco renunciando a las mentiras de Satán y afirmando la Verdad del Evangelio.

El creyente encuentra en Cristo todo lo que necesita para obtener la victoria espiritual sobre el enemigo. Pero también habrá ocasiones en las que necesite la ayuda de otras personas para lograrlo. En ocasiones, la esclavitud puede ser tan profunda que da la impresión de que Satanás está bloqueando la capacidad del creyente de utilizar sus facultades de aferrarse a la verdad de Dios. En estos momentos puede ser necesario que otros creyentes ejerciten algún control sobre el demonio en el nombre de Cristo, para que el creyente esclavizado obtenga la libertad para poder asirse a la Verdad de Dios. No encuentro ninguna enseñanza bíblica que niegue la expulsión de demonios si ésta es necesaria para liberar a las víctimas. Pero, al igual que en el terreno físico, cuanto más se pueda hacer para estar sano, mejor se podrá enfrentar uno a futuras amenazas contra nuestra salud. Lo mismo sucede en el plano espiritual. Un ministerio de expulsión de demonios no solamente es un riesgo en cuanto a la equivocación en los diagnósticos, sino que no cumple el objetivo principal de todos los ministerios, que es hacer todo lo posible para darle al creyente fortaleza y madurez espiritual.

5. La puesta en práctica de los dones

Si concedemos la posibilidad de que estén vigentes los dones milagrosos en la Iglesia, ¿cuál debería ser nuestra actitud y práctica en cuanto a su expresión? La enseñanza general de las Escrituras es que la manifestación de los dones está bajo el control de Dios. Él distribuye los dones según su propia voluntad y coloca a cada miembro del Cuerpo en el lugar que desea (Cf. 1 Co. 12:7).[70] Aunque algunos defienden que Dios elige dar dones según el deseo de la persona, la Biblia no dice nada sobre que los individuos tengan la responsabilidad de elegir un don para sí mismos. La exhortación a «desear los mayores dones», expresada en plural (12:31) apunta a animar a la comunidad a valorar y utilizar aquellos dones que ofrezcan la

---

[70] Ver también Romanos 12:3,6; 1 Corintios 12:11, 18, 28; Efesios 4:11; 1 Pedro 4:10.

mayor edificación para todos (Cf. 1 Co. 14:1 ss.).[71] Esto no le impide a una persona tener una propensión natural hacia cierto ministerio, lo que le servirá como punto de partida en el ministerio de los dones. Dios normalmente toma lo que ha creado en una persona y lo utiliza en el ministerio espiritual de la Iglesia. Sin embargo, es difícil entender cómo alguien puede tener una propensión natural hacia los dones milagrosos.

De manera significativa, la Escritura apenas ofrece ninguna exhortación a que las personas busquen sus dones. Se las anima más bien a tener la actitud correcta (especialmente humildad, en Romanos 12:3) que hace que podamos usar esos dones y, después, ocuparse en servir a los demás. En esta actividad de servir y amar a los demás, los dones que Dios ha dado se manifestarán a través de la edificación de los demás, lo cual dará al individuo una satisfacción indescriptible.

D. Los dones y la vida de la Iglesia

Según las Escrituras, el ejercicio de los dones espirituales es indispensable para la vida y el crecimiento de la Iglesia. Gracias, de algún modo, al llamado movimiento carismático, la Iglesia se está dando cuenta de esta verdad bíblica cada vez más. Pero, ¿qué forma debe tomar la manifestación de los dones en la Iglesia actual?

1. Dones que son preeminentes

Hasta ahora he procurado demostrar que las Escrituras no nos otorgan ningún modelo para la Iglesia después de la finalización de la era apostólica. He razonado, tanto bíblica como históricamente, que la actividad milagrosa de la época apostólica no es habitual para la Iglesia posterior. Por lo tanto, el entendimiento de la labor de los dones espirituales en la actualidad debe venir de una enseñanza bíblica más amplia sobre la vida y crecimiento de la Iglesia y los ministerios que tienen lugar para que se dé ese crecimiento.

Sin dudarlo, la Biblia revela que llegar a una vida espiritual y crecer, espiritualmente hablando, se logra escuchando y apropiándose por fe de la verdad divina de la Palabra.[72] De acuerdo con esta verdad, la Escritura

---

[71] Este texto también puede ser una exhortación a que, la persona que tiene más de un don, se centre en el que aporta más edificación para la comunidad.

[72] Cf. Juan 8:32; 17:17; Romanos 1:16; 10:17; 1 Ts. 2:13; Santiago 1:21; 1 Pedro 1:23, etc.

enfatiza aquellos ministerios que, de un modo u otro, comunican una verdad comprensible. Mientras que la profecía estaba presente y jugaba un papel importante durante el periodo fundacional antes de que el canon estuviera completo, el énfasis dominante de las Escrituras en cuanto a la vida de la Iglesia está en aquellos dones que toda la Iglesia ha reconocido como presentes a lo largo de la historia de la Iglesia. Un lugar preeminente entre éstos lo ocupa la enseñanza, de la que ya hemos hablado en relación con las cartas de instrucciones pastorales de Pablo, pero que está también presente en otros escritos.[73] Otras formas de ministrar la verdad del Evangelio también están presentes en la Iglesia, incluyendo la exhortación, la amonestación, el ánimo, el consejo e incluso los cánticos.[74]

Sabiendo que la Palabra de Dios es la que trae la vida, ¿es necesario tener milagros que busquen conseguir la misma finalidad? Creo que aquellos que utilizan la expresión «evangelización con poder» para describir una proclamación que va respaldada por milagros, no están en lo cierto. Las Escrituras atribuyen poder a la misma Palabra de Dios (por ejemplo, Isaías 55:11, Hebreos 4:12). Jesús habló de sus palabras como de "espíritu" (poder viviente) y de "vida" (Juan 6:63). El Evangelio, según Pablo, tiene el poder de sanar (Romanos 1:16; 2 Ti. 3:15). Las muchas referencias a la eficacia de la Palabra de Dios demuestran que tiene poder para producir vida. Por lo tanto, la proclamación del Evangelio en el poder del Espíritu, apoyadas por la vida del predicador, ya constituyen «evangelización con poder» (cf. 1 Ts. 1:5; 2:13).

Es cierto que Dios ha utilizado los milagros a lo largo de la Historia, y que continúa haciéndolo a favor de la evangelización. Como hemos visto en relación con la Iglesia de China, los relatos acerca de milagros parecen más predominantes en las iglesias emergentes que en las iglesias bien establecidas. Otra situación en la que se podría esperar razonablemente la manifestación del poder sobrenatural de Dios es en un ambiente donde Satanás exprese su poder de igual manera. Del mismo modo en que Dios puede desplegar su poder para expulsar demonios, también es lógico pensar que Dios, ante casos de claras manifestaciones demoníacas, podría desplegar su poder de forma triunfante. Pero reconocer que Dios, en su Soberanía, hace milagros en ocasiones concretas, es diferente a sugerir que las Escrituras enseñan que las obras sobrenaturales públicas son el complemento usual de la proclamación del Evangelio.

---

[73] Cf. Gálatas 6:6; Col. 3:16; Hebreos 5:12; Santiago 3:1; 1 Juan. 2:27.
[74] Ro. 14:17, Ef. 5:19, Col. 3:16; 1 Ts. 4:18; 5:11; 2 Ts. 3:15; He. 10:24-25.

Lo que debería acompañar la proclamación verbal, cuando fuera posible, es la manifestación del amor sobrenatural. La Escritura no solamente ordena el poder del amor y las buenas obras para persuadir (por ejemplo, Mateo 5:16),[75] sino que muchos historiadores de la Iglesia lo ven como la clave para el éxito evangelístico de la Iglesia primitiva. Según Henry Chadwick «la aplicación práctica de la caridad fue posiblemente la causa más importante del éxito del cristianismo».[76]

Esto nos conduce a otra gran área de los dones que debería ser la norma en la Iglesia de la actualidad: los dones de servicio, es decir, aquellos que no requiere, necesariamente, el elemento verbal (cf. 1 Pedro 4:10-11, donde se divide entre los dones verbales y los de servicio). La práctica de los dones relacionados con el servicio en la Iglesia contemporánea es considerablemente débil comparada con la revelada en la historia de la Iglesia primitiva. Sugiero que podríamos recibir más poder y bendición mediante un incremento en la práctica del amor sobrenatural, dentro y fuera de las iglesias, en lugar de realizarlo mediante más actividad milagrosa.

2. El desarrollo y adiestramiento de los dones

Poco dice la Escritura sobre la práctica y desarrollo del ministerio de dones espirituales. Puede parecer, no obstante, que aquellos dones en los que el Espíritu utiliza nuestras habilidades personales pueden llegar a ser más eficaces mediante el adiestramiento. Ser "apto para enseñar" (1 Ti. 3:2) es, sin duda, ser "apto para estudiar". Lo mismo específicamente podría decirse de todos los dones que, de algún modo, comuniquen la verdad de Dios basada en la Escritura. Por ello, encontramos el estímulo de Pablo a estudiar la Escritura (2 Ti. 2.15) y a recibir enseñanza para poder enseñar (2:2). Las múltiples imágenes bíblicas de discipulado pueden aplicarse de la misma manera al desarrollo del ministerio de dones (por ejemplo, 2:10; Cf. Fi. 2:22). El ministerio, como la vida cristiana en general, puede estar unido a una capacidad que se desarrolla por la información y por el adiestramiento cognitivos, mediante los cuales el estudiante aprende con la práctica a seguir el ejemplo de un maestro.

[75] Ver también Juan 13:35: 1 Pedro 2:12.
[76] Henry Chadwick, *The Early Church* (Baltimore: Penguin Books, 1968), 56, ver también G.W. Lampe, "Diakonia in the Early Church", en *Service in Christ*, ed. James I. McCord y T.H.L. Parker (Grand Rapids: Eerdmans, 1966), 49-50; Rowan A. Greer, *Broken Lights and Mended Lives* (University Park, PA: Pennsylvania State University Press, 1986), 122-23.

Es difícil ver cómo tal adiestramiento y desarrollo se aplicaría a los llamados dones milagrosos. Como el nombre sugiere, trascienden la habilidad natural de la persona debido a su abierta manifestación sobrenatural. Sin duda, no existía ningún adiestramiento aplicado a la manifestación de las lenguas en ninguno de los ejemplos recogidos en Hechos. Es difícil ver cómo las habilidades humanas y el adiestramiento tienen que ver con dones como las lenguas, la interpretación de las lenguas, los milagros e incluso la profecía.

3. *El ministerio de dones en el ámbito personal y en el colectivo.*

Desde que la Iglesia es Iglesia, ya sea que los miembros se reúnan o que cada uno de ellos esté en su casa y comunidad, el ministerio de los dones puede desarrollarse en todas las situaciones. El factor crucial en el ministerio del Nuevo Testamento es que todo el pueblo de Dios tiene dones, y no solamente ciertos profesionales. El Cuerpo crece a través del ministerio de cada miembro (Ef. 4:16). Gran parte del ministerio tiene lugar cuando los creyentes cumplen de forma individual (es decir, fuera de las reuniones generales) las muchas exhortaciones a enseñar, amonestar y consolarse "los unos a los otros". Cada destello que las Escrituras nos da sobre la adoración comunitaria, muestra esta misma administración mutua de los dones. El ministerio de la Palabra era, sin duda, la parte central, pero se hacía mediante una variedad de dones.[77] En la adoración bíblica el Espíritu se manifestaba como el administrador de la Gracia de Dios para las necesidades y edificación de la comunidad a través de muchos dones. Algunos dones como la enseñanza, necesitaban del ministerio del Espíritu para preparar lo que luego se iba a enseñar en la reunión (mientras preparaba, la persona buscaba la guía divina). Por otro lado, algunos ministerios eran espontáneos.

El punto de vista sobre los dones milagrosos que he expuesto significa que deberíamos estar abiertos a su manifestación, pero, a su vez, esos dones milagrosos no deben verse tan usuales como los dones que se centran en aplicar la verdad de la Escritura y en la caridad y el servicio. También deberíamos estar abiertos a los milagros que Dios quiera realizar simplemente a través de las oraciones de su pueblo (por ejemplo, sanidad), que no son manifestaciones evidentes de un don espiritual.

[77] Cf. 1 Co. 14:26; Ef. 5:19; Col. 3:16.

El ministerio de dones espirituales es el encuentro de Dios con su pueblo. Para una persona que está abierta a la intervención divina, la recepción de un don para ministrar es la experimentación de la obra sobrenatural de Dios. En demasiadas ocasiones se busca esto primeramente y, por lo tanto, se busca lo milagroso. Pero las edificantes experiencias de la represión, la convicción, el aliento, el consuelo, etcétera, que nos llegan a través de dones no milagrosos, son tan sobrenaturales y experiencias tan reales de Dios como lo son los milagros.

Finalmente, no hay ningún lugar en las Escrituras en el que el ministerio de los dones (público o privado) produzca una manifestación física tal como los temblores o las caídas. Dado que somos seres psicosomáticos, las experiencias espirituales dirigidas al corazón siempre tendrán, si alcanzan de verdad al corazón, un impacto sobre la dimensión física. El efecto, en ocasiones, puede ser muy obvio, como por ejemplo llorar o expresar alegría de maneras muy diversas. Pero estas manifestaciones no son la obra directa del Espíritu sobre el cuerpo, del mismo modo que tampoco lo eran los saltos del hombre que Pedro sanó en Hechos 3 (Hechos 3:8). Por supuesto, admito la posibilidad de que el Espíritu afecte directamente al cuerpo. Este es el caso de las sanidades milagrosas. Pero la Biblia no menciona ninguna manifestación corporal como reflejo del poder sobrenatural inmediato del Espíritu de Dios. El Espíritu aporta dominio propio (Gá. 5:23; cf. Hechos 24:25). Es más, el ser humano más lleno del Espíritu, Jesús, no manifestó signos físicos como resultado de estar bajo el control del Espíritu.

4. Guía personal de Dios.

La cuestión sobre si Dios guía al creyente en las decisiones personales de la vida se enmarca, con frecuencia, en si podemos esperar "nueva revelación" o si la revelación cesó con la finalización del canon de la Escritura. Aquellos que mantienen la continuidad de la revelación buscan la guía de Dios mediante el don de profecía o los dones de sabiduría y conocimiento. Aquellos que niegan la nueva revelación buscan la guía de Dios en la aplicación de las Escrituras y otros medios varios que no tienen que ver con la revelación, como el consejo de otros y las circunstancias.

Aunque Dios usa una variedad de medios para guiar a cada creyente, en mi opinión, el resultado es, a menudo, una nueva revelación. Si creo que el pensamiento de mi mente me lo ha dado Dios y que es la respuesta a mi oración, ¿no es revelación divina? Es más, si tiene que ver con un tema que no está revelado en las Escrituras - existen muchos, tanto personales (p. ej., matrimonio, carrera profesional) como colectivos (para la Iglesia) - entonces es una revelación nueva.

Sin pretender discutir completamente el tema de la guía o la dirección de Dios, no creo que lo que acabamos de decir, que somos guiados por revelación divina, tenga que ver con los dones milagrosos. Es más, esto es lo que podríamos llamar la guía del nuevo pacto, la guía que, en su realidad perfeccionada, pertenece a la glorificación. La Escritura dice que Dios ha escrito su ley en el corazón de cada creyente. Junto con la verdad de que cada creyente ha recibido al Espíritu Santo como Consolador y Maestro, este hecho significa que Dios actúa en nosotros para cumplir su promesa de guiarnos.[78] La labor presente de Dios en nosotros utiliza sin duda todos los medios externos de guía mencionados, especialmente la verdad de las Escrituras. Pero el producto final es el pensamiento de nuestra mente, que emana del corazón, con sentimiento y fuerza. Si creemos que el Espíritu de Dios está obrando en este proceso, entonces debemos reconocer que el pensamiento en nosotros está, de alguna manera, producido por Él y no se trata simplemente del producto de nuestras propias mentes.

En términos prácticos, utilizando todos los medios de guía a nuestra disposición, especialmente la meditación en las Escrituras, debemos examinar cuidadosamente nuestros corazones y mentes para discernir la voz de Dios. Pero también debemos recordar que esta voz de Dios está en nuestros corazones y mentes, los cuales son todavía una mezcla de la nueva obra de Dios y nuestro ego pecaminoso. De este modo, el pensamiento de nuestros corazones puede ser nuestra propia palabra en lugar de la de Dios. En esta etapa de la vida en que aún tenemos un corazón imperfecto, no podemos asegurar con confianza: «Dios me ha dicho...». La voz del corazón debe ser sometida a otros exámenes de guía divina, especialmente al consejo de otros creyentes a los que Dios también habla. Resumiendo, las personas deben animarse a escuchar la voz de la guía de Dios con corazones abiertos y humildes y, sobre todo, corazones preparados por el conocimiento de la verdad de las Escrituras.

---

[78] Dos obras útiles al respecto son de Klaus Bockmuehl, *Listening to the God Who Speaks* (Colorado Springs, Colo.: Helmers & Howard, 1990) e Dallas Willard, *In Search of Guidance* (San Francisco: Harper and Row, 1993)

5. *Los que difieren acerca de los dones milagrosos.*

Entre los muchos asuntos teológicos sobre los que los cristianos difieren, algunos impiden el compañerismo práctico más que otros, especialmente los temas que afectan de forma inmediata a la vida de la Iglesia. Las personas pueden vivir juntos felizmente aunque difieran en interpretaciones teológicas que no afectan directa o significativamente al comportamiento (por ejemplo, la Escatología o temas sobre la Creación) o aquellos que se practican a nivel individual (por ejemplo, prácticas concretas para el crecimiento espiritual). Pero no ocurre lo mismo con el tema que estamos tratando en este libro. Muchos de estos temas afectan directamente al comportamiento dentro de la Iglesia, dificultando que las personas de diferentes posturas tengan comunión.

En mi opinión, el problema más importante en cuanto a la unidad viene de las posturas que crean (quizás de forma no intencionada) distintos niveles espirituales entre creyentes, o que juzgan la espiritualidad de otras personas. Afirmar que la relación con el Espíritu se evidencia por determinadas manifestaciones milagrosas, establece una línea de diferenciación espiritual. Ocurre lo mismo al sostener que la manifestación de un don en particular es una clave para la comunión con Dios. Del mismo modo, enseñar que la Iglesia no manifiesta los dones del mismo modo que en la era apostólica a causa del pecado o de la falta de fe, puede llevar a una diferenciación espiritual. Por lo menos, aquellos que creen esto reconocen su fracaso, mientras que otros ni siquiera se arrepienten de su incredulidad.

Al mismo tiempo, quizás de manera más sutil, aquellos que abogan por la no existencia de los dones milagrosos en la actualidad, pueden menospreciar a aquellos que creen, por ejemplo, que están utilizando el don bíblico de lenguas en su vida de oración. Aseguran (o incluso enseñan abiertamente) que las personas que hablan en lenguas están engañadas, en el mejor de los casos, y poseídos, en el peor. En todos estos ejemplos, es difícil ver cómo aquellos que mantienen posiciones contrarias pueden tener una relación de comunión.

La unidad en la comunión se basa en la similitud de creencia y práctica. La unidad crece cuando se intenta minimizar o se les resta importancia a las creencias divergentes, mostrando una mayor tolerancia hacia quienes no están de acuerdo. La Historia demuestra que la unidad completa en todas las cosas probablemente no es posible. Pero también revela que el diálogo, entre los de buena voluntad, puede hacer mucho para disolver algunas diferencias y aportar un mayor amor y respeto a pesar de las diferencias. La reciente historia de los dones milagrosos, a pesar de haber engendrado algo de confusión en la Iglesia, también ha aportado un diálogo útil entre las posiciones opuestas y ha difuminado levemente las líneas tradicionales. Los creyentes que busquen el objetivo de Cristo de la unidad de la Iglesia deben seguir haciendo de estos temas una materia de estudio. Deberíamos perseguir la comunión entre las diferentes posturas; que aunque cada postura se mantuviera firme a sus postulados, supiera coexistir con las demás en la Iglesia. Cuando las opiniones diferentes son un obstáculo para la comunión de la Iglesia, aún debería existir el respeto, el amor y la cooperación en las cosas de Cristo hacia y con aquellos que sostienen la misma fe preciosa en las demás áreas vitales de la doctrina cristiana.

E. Riesgos de las diferentes posturas

Considerar los peligros de la postura propia es normalmente tarea difícil. El ideal es, por supuesto, sostener una posición teológica que promueva la salud espiritual y que no presente ningún riesgo. Aunque estoy seguro de que mis colegas de este libro me ayudarán a encontrar más de un riesgo, el único que a mí se me ocurre de la posición que yo defiendo es que, aunque digamos que estamos abiertos a la posibilidad de los milagros de Dios, a veces podemos seguir estando cerrados. La negación de que los mismos fenómenos de la era apostólica sean para la actualidad, normalmente reduce las expectativas de milagros, lo cual puede acabar llevándonos a no tener ninguna expectativa.

En cuanto a los peligros de las otras posiciones, sugiero que el cesacionismo también conduce a una postura demasiado cerrada en cuanto a la capacidad de Dios de obrar milagros y, posiblemente, produce un escepticismo indebido hacia los relatos de milagros que ocurren en el mundo. Como hemos visto con anterioridad, los que mantienen esta posición también pueden creerse superiores teológicamente, y más maduros espiritualmente, que quienes necesitan y buscan las manifestaciones físicas del Espíritu para respaldar su fe.

Mi mayor preocupación es hacia aquellos que abogan por que los dones milagrosos espirituales son usuales en la vida cristiana de nuestra época. Como hemos visto antes, esta posición tiene el potencial de catalogar a los creyentes en cuanto a su espiritualidad, conduciendo al peligro del elitismo por un lado, y al sentimiento de inferioridad, por otro. La seguridad aportada por algunos de que la sanidad de Dios es accesible a todos, también ha creado una fe falsa y la consiguiente decepción para aquellos a quienes nunca les ha llegado la sanidad, a pesar de haberla buscado sinceramente.

Esta postura también puede causar estragos cuando se pronuncian falsas profecías sobre otros. Es más, la enseñanza de que los dones milagrosos son habituales, puede enfatizarse demasiado, de modo que el creyente pierda el énfasis bíblico de que la espiritualidad se demuestra, primeramente, por el fruto del Espíritu y el servicio amoroso hacia los demás. Finalmente, los que abogan por el continuismo pueden provocar lo que podríamos llamar un cristianismo triunfante de poder explícito, que en realidad no llegará hasta la era venidera. Según las Escrituras, la era presente se caracteriza más por el poder del sufrimiento y del amor perseverante, que por el poder milagroso y el triunfo sobre todos los efectos del mal.

Apéndice: Evaluando las profecías

Una de las claves para ver si una forma de profecía no es inspiración y, por tanto, no tiene ninguna autoridad, es la invitación que Pablo hace a "juzgar" [*diakrino*] lo que se dice en la Iglesia (1 Co. 14:29). La palabra griega tiene el sentido básico de «distinguir entre cosas diferentes». La misma palabra se utiliza para el «discernimiento de espíritus» (12:10), listado inmediatamente después del don de profecía y considerado vigente en la evaluación de la profecía (ver *Jesús y el Espíritu* de James Dunn, Salamanca 1975, p. 374 ss.; y *Primera Epístola a los Corintios*, de Gordon Fee, Ed. Nueva Creación, Grand Rapids, Michigan, 1998. p. 674).

La manifestación más amplia de la profecía en la Iglesia del Nuevo Testamento, en comparación con la del Antiguo Testamento, hace que el tema de la evaluación sea, sin duda, más importante. Pero la evaluación siempre ha sido necesaria, para distinguir al profeta verdadero del falso (Deut. 13:1-5; 18:22) y la validez de una profecía pretendida por alguien conocido como profeta verdadero (1 R. 13:18). La cautela de Pablo con los romanos, expresada en que el que ejerza este don debe hacerlo «en proporción a la fe» (Ro. 12:6), sugiere no solamente la posibilidad de profecías falsas (en realidad, profecías que no son divinas), sino también que la profecía verdadera puede ser, como dice Cranfield «adulterada por los añadidos derivados de otra fuente que no es la inspiración del Espíritu Santo» (C.E.B. Cranfield, *A Critical and Exegetical Commentary on the Epistle to the Romans*, ICC [Edimburgo: T. & T. Clark, 1979], 2:620).

Por lo tanto, al analizar las profecías se debe distinguir entre profetas falsos y verdaderos, y entre profecías que vienen de Dios y las que no. Nada en este contexto sugiere un cambio en el significado mismo de la profecía desde el Antiguo Testamento. La discriminación en todos los casos no observará diferentes niveles de profecía, sino que lo que hará será separar entre lo que es profecía y lo que no lo es.

La frase de Pablo sobre la autoridad de los profetas de la Iglesia, también se ve como prueba de que la profecía de estos últimos tiene menos autoridad. Pero si los profetas pueden someterse al discernimiento de la Iglesia, sin duda pueden someterse al discernimiento del apóstol quien, en su apostolado, representa la autoridad de Cristo sobre la Iglesia. En ambos casos, el tema no se refiere a grados de autoridad, sino al discernimiento de lo que tiene autoridad o no. Aunque puede argumentarse que el que evalúa al otro ejercía mayor autoridad, en realidad no es así. Las personas tenían que determinar frecuentemente si los que decían hablar en nombre de Dios - incluido Moisés – estaban en lo cierto. Pero cuando se determinaba que ciertamente Dios estaba hablando, el mensaje se recibía como un mensaje con autoridad, y el pueblo se sometía a él. En todos estos casos, los que realizaban la evaluación tenían que utilizar algún criterio de autoridad. Por lo general, eso suponía una revelación previa por parte de Dios. El mismo apóstol no duda en someter su propia enseñanza a los creyentes de Berea, quienes utilizaron las Escrituras para saber si lo que decía era cierto (Hechos 17:11).

Lo que nos encontramos en el caso del apóstol y de los profetas de Corinto es, simplemente, que Pablo utiliza los criterios de lo que conoce como la pauta que Dios ha dado para juzgar a estos profetas y a sus profecías. Esto no significa que Pablo creyera que sus palabras tenían más autoridad que la profecía genuina que llegó a través de los profetas de la iglesia de Corinto. Cualquiera que hablara en contra de esa pauta que Dios había dado no se podía considerar a sí mismo profeta. Si la profecía es, en verdad, una revelación inspirada por Dios, tiene autoridad, sea cual sea el vehículo por el que sea recibida. La pregunta bíblica que sigue vigente en la actualidad no es ver el grado de autoridad de una profecía, sino más bien ver si ciertamente se trata de una profecía o no.

Una respuesta cesacionista
a Robert L. Saucy
Richard B. Gaffin, Jr.

1. El lector habrá comprobado el acuerdo sustancial entre nuestras dos posiciones. Particularmente, aprecio el estudio que aporta Saucy, especialmente del Antiguo Testamento, en la sección llamada «La desigualdad de los milagros en la historia bíblica». Esta sección (que completa algunas lagunas en mi presentación) arroja luz sobre un tema importante en este simposio: el elemento *periódico* (o, según las palabras de Saucy, "desigual") del movimiento de la historia bíblica como un todo, es decir, de la historia de la redención que la Biblia recoge.

La verdad de este tema está entre la posición de Jack Deere, por ejemplo, y la postura a la que se opone.[79] Aunque es, sin duda, demasiado restrictivo limitar los milagros en el Antiguo Testamento a los tiempos de Moisés/Josué y Elías/Eliseo, Deere exagera, incluso sobre la evidencia que presenta (ver su tabla), al llegar a la conclusión de que, desde Samuel en adelante los milagros son "constantes" y "regulares", y que «los acontecimientos sobrenaturales son una parte habitual de la vida del Antiguo Testamento».[80] Califica su frase al decir que no eran "hechos cotidianos". Pero, viendo el periodo desde Noé en adelante, o incluso desde Abraham en adelante, el registro bíblico apenas muestra que los milagros «ocurran con cierta regularidad en todas las generaciones de creyentes del Antiguo Testamento».[81] Los Salmos 74:9 y 77:11 (los cuales Deere cita como excepcio-

---

[79] Jack Deere, *Power of the Spirit* (Grand Rapids: Zondervan, 1993), 253-66 (Apéndice C: *Where There Only Three Periods of Miracles?*").

[80] Ibíd., 255-61.

[81] Ibíd., 264.

nes fuera de lo común), por ejemplo, apuntan a una conclusión muy diferente. Por citar otro ejemplo: ¿qué hay de la experiencia de estas numerosas generaciones del pueblo de Dios durante el largo periodo de 400 años de esclavitud en Egipto?

Los milagros de las Escrituras no son fenómenos independientes, con el objetivo del beneficio (o destrucción) de aquellas personas directamente afectadas. Lo que Deere y otros no ven, y esta es la visión clave reflejada en la posición a la que se oponen, es que la aparición de los milagros está vinculada al desarrollo de la historia de la salvación, la historia de los hechos salvíficos de Dios que comienzan ya en el jardín del Edén, con ocasión de la Caída, y terminan en la obra perfecta de Cristo. Este vínculo existe porque los milagros están relacionados a través de la historia con la Revelación de Dios y porque ésta a su vez, se centra en esos acontecimientos de revelación; la palabra revelada afirma y explica la Redención (ver mi explicación en p. 60).

Pero la historia de la redención es cualquier cosa menos una progresión suave y continua; en lugar de ser *Heilsgeschichte* ("la historia de la salvación"), en ocasiones parece ser justo lo contrario, un *heilsgeschichte*, una historia de juicio y destrucción, no de la Gracia y la bendición. De todas formas, es una historia que comienza, que se detiene, que sube, que baja; está marcada por momentos climáticos y por periodos (en ocasiones largos) de (relativa) inactividad.

Por lo tanto, a pesar de nuestra impresión inicial al leer el Antiguo Testamento, la Revelación no es una constante fija en la historia de Israel (por ejemplo del éxodo al exilio). A la vista de la correlación entre la palabra revelada y el hecho redentor, la historia de la revelación no es un fluir constante, sin interrupciones. La Revelación tiende a llegar en momentos concretos. Junto con estos medios y otros fenómenos milagrosos que la acompañan, la Revelación llega de forma copiosa en conexión con los momentos climáticos y decisivos de la historia de la redención.

Específicamente, sin tener que negar, ni querer hacerlo, que la Revelación y los milagros pueden ocurrir, esporádicamente, en otras ocasiones a lo largo de la historia de la salvación. Estos momentos más concretos son la relación de Dios con Noé, el llamamiento de Abraham y de los otros patriarcas, el Éxodo, el desarrollo en torno a la Monarquía, el principio y el fin del exilio, y de forma preeminente y consumada, la venida y la obra de Cristo (incluyendo la fundación de la Iglesia).[82] El corolario negativo que

---

[82] Asimismo, véase que la revelación entregada y centrada en estos puntos cruciales incluye también, mirando tanto hacia atrás como hacia delante, los periodos que intervienen.

se observa entonces es que los periodos de pausa e inactividad en la historia de la redención (como la esclavitud en Egipto y el intervalo siguiente al regreso del exilio hasta la venida de Cristo) son, correlativamente, tiempos de silencio en la historia de la Revelación. Los comentarios de Saucy ayudan a reforzar que este razonamiento histórico-redentor y teocrático sirve para explicar la aparición de la Revelación y de otros milagros que la acompañan.

También debemos decir que tal razonamiento implica el hecho de que a lo largo de la historia de la redención, las experiencias de poder tenían un carácter adicional. Es decir, las experiencias de poder no eran para el beneficio de las personas que las experimentaban, sino que tales experiencias estaban relacionadas con su función concreta (como profetas, jueces, reyes, etc.) en la historia de la salvación.

En esta sección, también encontré útil el tratamiento que Saucy hace de Hebreos 2:3-4 y de Gálatas 3:5. Lo que Saucy dice sobre estos pasajes ofrece, creo yo, una respuesta a las diferentes conclusiones extraídas de uno o de ambos pasajes por los otros dos participantes en este simposio (ver Storms, pág. 189-190, nota 21 y Oss, págs. 272-273). En Hebreos 2:3, «aquellos que oyeron» puede que no pretenda ser una designación formal de los apóstoles, y no tiene por qué restringirse a ellos. Pero claramente, la actividad "confirmadora" adscrita a este grupo de testigos oculares, como la actividad reveladora de los ángeles (del antiguo pacto) con la que se contrasta (v. 2), tiene, como dice el autor, una cualidad de "inmutabilidad o firmeza". Y esta cualidad habla de la pertenencia al testimonio de Cristo revelado únicamente a los apóstoles (de «la salvación anunciada primeramente por medio del Señor»). Y la única explicación que el versículo 4 concede sobre «las señales, los prodigios, los diversos milagros, y los dones del Espíritu Santo» es que ofrecían un testimonio más y apoyaban aquella nueva revelación sobre Cristo, ahora comunicada por medio de los apóstoles.

2. Pasando por alto otros temas en los que estamos de acuerdo, me gustaría sugerir que la posición de Saucy es realmente más "cautelosa" y menos "abierta" de lo que parece ser.

Su reticencia inicial a decir que todo don del Nuevo Testamento ha cesado es que no existe enseñanza bíblica *explícita* al respecto. Pero, ¿no significa eso restringir la autoridad de la enseñanza de la Biblia? Las afirmaciones que encontramos en las Escrituras, y creo que estaría de acuerdo conmigo, no son unidades de significado aisladas. Cada una forma parte de un contexto (o contextos) que se expande y cuyo sentido nace, en última instancia, de la «norma [establecida por Dios] de las palabras sanas» (cf. 2

Ti. 1:13) que encontramos a lo largo de toda la Escritura, vista ésta como un todo. La Biblia, por su propia naturaleza, como un todo que recoge una verdad unificada, invita a un proceso de comparar la Escritura con la Escritura que necesariamente implica unas consecuencias y unas implicaciones. «Todo el consejo de Dios concerniente a todas las cosas necesarias para su propia gloria, la salvación del hombre, la fe y la vida, está o bien expresamente recogida en las Escrituras o puede deducirse mediante consecuencias buenas y necesarias...» (Confesión de Fe de Westminster, 1:6).

Obviamente, nos acecha un gran peligro: debemos tener cuidado (incluyendo los controles metodológicos) y asegurarnos de que una consecuencia dada no se obtenga de forma arbitraria, sino que verdaderamente sea "buena y necesaria". No obstante, el abuso no invalida el uso legítimo; el hecho de que nuestra capacidad para razonar y extraer consecuencias esté sujeta a error no significa que las consecuencias mismas tengan que ser falsas o inciertas.

Dudo de que nuestra discrepancia sobre esta cuestión sea considerable. Por ejemplo, Saucy afirma en repetidas ocasiones la exclusividad de la era apostólica como periodo fundacional de la historia de la Iglesia, y también, que los apóstoles no continúan una vez acabado ese periodo.[83] Asimismo, y de manera más importante, afirma que el canon del Nuevo Testamento está cerrado. Es más, reconoce la conexión interna que existe entre el cese del apostolado y la finalización del Canon.

No obstante, todavía no veo claro en qué se basa Saucy para mantener estas posiciones. Es verdad que el Nuevo Testamento no afirma *explícitamente* ni la clausura del canon de 27 libros ni el cese de apóstoles como los doce y Pablo. Pero, ¿no son estas convicciones «consecuencias buenas y necesarias» de la enseñanza del Canon (confirmada por la posterior historia de la Iglesia)? ¿No es verdad que, por lo menos, están de acuerdo con la verdad fijada por tal enseñanza?[84] Si no es así, no nos atrevemos a hablar de su carácter inmutable ni teológico.

Pero (1) si estas convicciones son inmutables, y (2) considerando el punto de vista de Saucy, correcto a mi juicio, sobre que las profecías y las lenguas (con interpretación) constituyen un discurso de revelación inspirado e infalible, ¿no

---

[83] ¿No significa eso entonces, como él mismo reconoce, que existe al menos un don espiritual, el apostolado, que de hecho es el "primero" (1 Co. 12:28; Ef. 4:11) que cesó, por lo menos en el sentido de continuidad, con los que fueron elegidos y autorizados por Cristo de forma exclusiva?

[84] Para ver un esfuerzo por demostrar que este es el caso, ver R.B. Gaffin, Jr. "The New Testament As Canon", en *Inerrancy and Hermeneutic*, ed. H.M. Conn (Grand Rapids: Baker, 1988)

habla eso en favor de su cese? Por lo que puedo entender, la enseñanza bíblica sobre la finalización del Canon no está ni más ni menos clara que el cese de las lenguas y de la profecía; la finalización del Canon y el cese de la revelación inspirada e infalible van de la mano. Sobre la teoría de que tal revelación continúa en la actualidad, incluso si fuera posible aplicar con sentido los criterios que Saucy propone («totalmente en armonía con la revelación canónica»), lo cual dudo (ver mi ensayo, págs. 52-53 y 57-60), el Canon no estaría del todo cerrado. Por lo que respecta a la palabra infalible de Dios para la actualidad, las Escrituras estarían incompletas o, como mucho, solamente relativamente completas. A mí me parece que los compromisos básicos de Saucy deberían hacerle más abierto al cese de la profecía y de las lenguas y más cauteloso sobre su continuidad de lo que aparentemente es. Pero quizás después de todo no estemos tan alejados en este punto.

Este es un lugar apropiado para recordar a nuestros lectores que mi posición cesacionista en cuanto a este punto no es tan cerrada como parece. No niego que puedan ocurrir experiencias en la actualidad, incalculables en la obra soberana del Espíritu; experiencias similares a las asociadas con los dones verbales de revelación presentes en el Nuevo Testamento. Lo que sí cuestiono es que el Nuevo Testamento enseñe que estos dones deben continuar o que debamos buscarlos en la actualidad, y que aquellos individuos o grupos que aseguran haberlos recibido en la actualidad estén, en este aspecto, más cercanos al cristianismo del Nuevo Testamento que aquellos que no los han recibido.

3. Aprecio la cautela de Saucy y su interés por encontrar un equilibrio en la discusión sobre las posesiones demoníacas, especialmente su énfasis sobre la "medicina preventiva" (¡una buena dosis de verdad bíblica!) para mantener la salud espiritual y, así, poder continuar con la guerra espiritual.

No obstante, me pregunto si el modelo de enfermedad no es incluso más apropiado en este área de lo que él comenta. Es interesante resaltar que en las Escrituras, la posesión demoníaca nunca se considera un pecado. La "amonestación" de Jesús nunca se dirige a las personas poseídas, sino al demonio que las posee (Marcos 1:25; 9:25 y paralelos; cf. Hechos 16:18). La posesión demoníaca es "persecución" en su sentido más profundo y verdadero. Al respecto, creo que Saucy necesita distinguir más claramente entre la posesión demoníaca y la exposición a la seducción de Satanás y sus huestes. Rendirse ante esto último es pecado y no debería ser considerado un caso de posesión demoníaca.

Por otra parte, no me gustaría disminuir la realidad y la intensidad de la guerra espiritual en la que los creyentes se ven inmersos (por ejemplo, Efe-

sios 6:11-12), o la ferocidad de los ataques devoradores del Diablo dirigi-
dos a ellos (1 Pedro 5:8). No obstante, no he encontrado una circunstancia
en la que un creyente se vea totalmente incapacitado debido al dominio
que Satanás está ejerciendo sobre él, y que se haga necesaria la intervención de otros creyentes (¿exorcismo?) para conseguir su libertad. Este retrato no tiene en cuenta la naturaleza escatológica de la conversión del
creyente. Debemos continuar pidiendo, como hace Jesús en el "Padre nuestro", «venga tu reino» y «no nos metas en tentación, mas líbranos del mal»
(Mt. 6:10, 13). Pero para los creyentes, estas oraciones imperativas están
basadas en el indicativo (en la realidad) de que el reino ya ha venido y de
que, irrevocablemente, ya han sido librados «del dominio de las tinieblas» y
trasladados «al reino de su Hijo amado» (Col. 1:13).[85]

4. Saucy mantiene la importante distinción - negada o difuminada en los
debates actuales- entre la profecía y la guía personal. Pero me preocupa cuando, más adelante, al tratar el tema de la guía o dirección, dice que frecuentemente acaba en una "revelación" que es "nueva". No cuestiono tanto el vocabulario que usa, aunque creo que no es muy acertado; el problema lo veo en
que establezca que esas revelaciones son diferentes a otros tipos de guía, incluyendo la aplicación de las Escrituras, que Saucy no asocia con la revelación.

El Espíritu Santo debe actuar y, de hecho, actúa en los sentimientos,
intuiciones y presentimientos, corazonadas que los creyentes tienen sobre
decisiones específicas y formas de hacer concretas. Tal presencia *no* es de lo
que estamos hablando aquí, pues pertenece al proceso de santificación y es
algo que experimentan aquellos (*todos* los creyentes) que son "espirituales"
(por ejemplo, 1 Co. 2:15; Gá. 6:1) y que son "guiados" por el Espíritu
(Ro. 8:14). Mi preocupación, no obstante, se centra en dar a tales impulsos
(promovidos por el Espíritu) la característica de "revelación" paralela a - y
además de y aparte de - la aplicación de las Escrituras (no menos obra del
Espíritu), especialmente dado que Saucy considera que esta última no está
asociada con la revelación. Me parece que esto hace que en la vida del
creyente el lazo de unión entre la palabra de Dios y la actividad del Espíritu
se vaya aflojando, lo cual tiene consecuencias negativas inevitables.

Todo el tema de la guía merece mucha más atención de la que yo puedo
aportar aquí. Invito al lector a los comentarios breves pero incisivos de
John Murray.[86]

---

[85] Un tratamiento valioso sobre este tema se encuentra en D.A. Powlison, *Power
Encounters: Reclaiming Spiritual Warfare* (Grand Rapids: Baker, 1995).

[86] John Murray "The Guidance of the Holy Spirit", *Collected Writings* (Edimburgo:
Banner of Truth, 1976), 1:186-89.

Una respuesta de la Tercera Ola
a Robert L. Saucy
C. Samuel Storms

A pesar de que Saucy expresa una perspectiva más cercana a la mía que la de Gaffin, existen algunos temas que requieren un comentario más extenso.

1. A pesar de que la palabra *charisma* nunca se aplique al apostolado, tanto Saucy como Gaffin insisten en que se trata de un don espiritual que no sobrevivió más allá del primer siglo. Según ellos, esto puede llevarnos a la conclusión de que otros dones también eran temporales.

Pero: ¿es el apostolado un don espiritual? Saucy apunta que los apóstoles «aparecen en las listas junto con los 'profetas' y los 'maestros', individuos que, como todo el mundo cree, ejercían con regularidad los correspondientes dones de profecía y enseñanza (cf. 1 Co. 12:28-29; Ef 4:11). Con los apóstoles ocurría lo mismo que con los profetas y maestros, que eran profetas y maestros por los dones espirituales que ejercían.» (pág. 105)

Es fácil entenderlo en relación con los profetas y maestros y otros dones similares. Los exhortadores exhortan, los maestros enseñan, los sanadores sanan, los que tienen el don de fe ejercitan el don de fe, etc. Pero, ¿cómo ejerce un apóstol el apostolado? Mientras que Saucy y Gaffin insisten en que el apostolado es un don espiritual, ninguno lo define. Saucy se aproxima cuando dice que «mientras que los apóstoles ejercieron una serie de dones comunes a los demás (como la profecía y la enseñanza), también estaban dotados con un don espiritual único que les permitía ministrar como apóstoles.» (pág. 106)

Pero, ¿qué significa ministrar como un apóstol? Aquel que discierne los espíritus ministra discerniendo los espíritus. El que es generoso ministra dando. No obstante, si hablamos del que ministra como apóstol no podemos decir que lo hace *apostolando* (por acuñar un término). Como Deere explica:

> «*Es virtualmente imposible definir el "don" de apostolado del mismo modo que el resto de dones. Podemos concebir fácilmente que alguien ejerza el don de profecía sin ser profeta. Lo mismo puede decirse del resto de los dones. Pero, ¿cómo podría alguien en una asamblea local o en una reunión ejercer el don de apostolado sin ser apóstol? Un apóstol en una asamblea puede profetizar, o sanar, o dirigir o administrar. Pero, ¿qué significaría ejercer el don del apostolado? Simplemente no podemos concebir el apostolado fuera de los apóstoles históricos. En el Nuevo Testamento, el apóstol no es un don espiritual, sino una persona a quien Dios había dado un ministerio concreto, una comisión específica.*»[87]

Los dones espirituales, como los descritos en 1 Corintios 12:7-10, son obras que realizamos con la energía o poder que Dios nos da. Pero ¿cómo se ejerce el *apostolado*? Podemos entender cómo puede ejercerse la profecía, o mostrar misericordia, o dar ánimo. Pero el apostolado no es una obra que el Espíritu Santo realiza en el interior de una persona, sino un cargo para el cual uno es llamado por el mismo Jesucristo.

Esto nos conduce a la pregunta acerca de los criterios para el apostolado, lo que inexcusablemente lo diferencia de todos los demás dones espirituales. Si el apostolado fuera un *charisma*, sería el único para el cual una persona debería cumplir ciertos requisitos. Pablo describe los *charismata* como el potencial que toda persona tiene de recibir cualquier don, dependiendo de la voluntad soberana del Espíritu (1 Co. 12:11). No ocurre lo mismo con el apostolado. Prácticamente, la mayoría está de acuerdo en que para ser considerado un apóstol uno debe ser «testigo de la resurrección de Cristo» y recibir la comisión personal del mismo Jesús (Hechos 1:22-26; 1 Co. 9:1-2; 15:7-9; cf. también Romanos 1:1; 5; 1 Co. 1:1; 2 Co. 1:1; Gá. 1:1). Por lo tanto, y al contrario que los *charismata*, solamente unos pocos encajan en las condiciones específicas para poder ser considerados como apóstoles.

Existe otra razón asociada que explica por qué no creo que Pablo viera el apostolado como un don espiritual. Estoy pensando en su repetida exhortación de «desead ardientemente los mejores dones» (1 Co. 12:31; cf. 14:1, 12). Los *charismata* deben ser deseados y pedidos en oración (14:13). De hecho,

---

[87] Jack Deere, *Surprised by the Power of the Spirit* (Grand Rapids: Zondervan, 1993), 242.

debemos desear especialmente aquellos dones que son más eficaces para la edificación de la Iglesia (en este aspecto, ver especialmente 14:12). Muchos eruditos creen que la lista del cap. 12:28-29, que coloca el apostolado en primer lugar, prioriza de acuerdo con este principio. Pero si el apostolado es un don como la profecía o la enseñanza, ¡Pablo estaría animando a todos los cristianos a que, sobre todas las cosas, quisieran ser apóstoles! Sin embargo, como hemos visto antes, esto no es algo que se deba buscar o por lo que debamos orar. O eres un testigo directo de la resurrección de Cristo o no lo eres. O has recibido la comisión personal de Jesús, o no.

En una palabra, mientras que los apóstoles mismos, sin duda, recibieron *charismata*, como la habilidad de profetizar, curar, mostrar misericordia, etc. el apostolado *per se* no es un *charisma*. El apostolado no es un poder que se otorga para una tarea concreta; es una posición eclesiástica.

La razón por la cual muchos desean clasificar el apostolado como un don espiritual no es difícil de ver. Saucy escribe: «Si el *charisma* del apostolado no continuó en la Iglesia, entonces debemos reconocer que no todos los dones espirituales operativos en la Iglesia del Nuevo Testamento han continuado a través de la Historia. Más aún, este hecho supone la posibilidad de que otros *charismata* también hayan cesado o cambiado.» (pág. 106). No tengo problemas en conceder la *posibilidad* de que *todos* los *charismata* hayan cesado. Pero es una posibilidad que solamente albergaría si la Escritura asegurara explícitamente la temporalidad de estos dones, o los definiera de tal manera que los excluyera necesariamente de la vida posterior de la Iglesia. Sin embargo, no existe nada inherente a ninguno de los dones que sugiera que eran temporales.

Este tipo de argumento es como decir que es probable que *ninguna* práctica de la Iglesia primitiva sea válida hoy, simplemente porque reconocemos que *algunas* prácticas no lo son. Pero está claro que ese último hecho no tiene una implicación teológica o práctica sobre la validez y la continuidad de una actividad en particular. Cada práctica debe ser evaluada de acuerdo con lo que es y por la razón por la que Dios la ordenó. Por lo tanto, si el Nuevo Testamento define explícitamente un don espiritual como algo exclusivamente limitado al primer siglo y, por consiguiente, inválido para los cristianos en los periodos posteriores de la historia de la Iglesia, yo seré el primero en declararme "cesacionista" (por lo que a ese don se refiere). No obstante, nada de lo que Gaffin o Saucy hayan escrito me lleva a creer que alguno de los *charismata* se encuadre dentro de esta categoría.

2. En varias ocasiones, Saucy subraya la idea de que lo que sí *ha cambiado* a lo largo de la historia de la Iglesia es el alcance y la intensidad de los

prodigios, milagros y señales apostólicas (pág. 106). Estoy de acuerdo. Pero eso solamente sirve para demostrar que los apóstoles obraban con un nivel de poder sobrenatural desconocido para los demás cristianos, algo en lo que prácticamente todos coincidimos. No se refiere a la cuestión sobre si los dones milagrosos de 1 Co. 12:7-10 fueron designados por Dios para la Iglesia de todas las épocas. De nuevo los comentarios de Deere son bastante útiles:

> «Simplemente no es razonable insistir en que todos los dones milagrosos espirituales son iguales a los de los apóstoles en intensidad o fuerza para poder decir que son dones legítimos del Espíritu Santo. Nadie usaría ese argumento para referirse a los dones no milagrosos como la enseñanza o el evangelismo...
>
> Por supuesto, debemos esperar que el ministerio de sanidades de los apóstoles sea más grande que otros miembros del Cuerpo de Cristo. Fueron escogidos de forma especial por el Señor para ser sus representantes, y recibieron autoridad y poder sobre todos los demonios y sobre toda enfermedad... Poseían una autoridad que nadie más en el Cuerpo de Cristo poseía...
>
> ¡Si vamos a decir que el ministerio apostólico es la norma por la cual debemos juzgar los dones de Romanos 12 y 1 Corintios 12, acabaríamos concluyendo que ningún don, tanto milagroso como no milagroso, ha sido entregado desde el día de los apóstoles! Ya que, ¿quién ha estado a la altura de los apóstoles?»[88]

Por lo tanto, lo máximo que podemos decir para explicar que hoy en día no vemos sanidades *apostólicas* ni milagros *apostólicos* es que no estamos viendo sanidades y milagros al nivel en que ocurrieron durante el ministerio de los apóstoles. No significa que Dios haya retirado los dones de sanidad o de hacer milagros (1 Co. 12:9) de toda la Iglesia.

3. El largo discurso de Saucy sobre el papel de las señales y prodigios como "señales" (que apuntan a algo concreto), es un discurso con el que, en términos generales, estoy de acuerdo. No obstante, debo insistir también en la distinción entre "señales y prodigios" por un lado, y los «dones milagrosos del Espíritu Santo», por el otro. La frase "señales y prodigios" se utiliza con frecuencia para describir el derramamiento extraordinario de actividad milagrosa, especialmente, aunque no exclusivamente, asociado con Jesús y los apóstoles. Los «dones milagrosos del Espíritu», como los que hemos visto en 1 Corintios 12, están diseñados por Dios para la santificación y edificación de todos los creyentes de la Iglesia y en ningún lugar

[88] Ibíd, pág. 67.

del Nuevo Testamento están restringidos a ciertas personas en momentos fuera de lo común. Max Turner lo explica de la siguiente manera:

> «No podemos dudar de que los apóstoles se vieron envueltos de forma ocasional en episodios de sanidades extraordinarias (Hechos 2 y 1 Co. 12:12) pero... debemos recordar que las descripciones de Hechos en ocasiones son bastante tímidas con respecto a las sanidades extraordinarias, (cf. 19:11), pero no con respecto a las "normales". Incluso en este caso, no obstante, existen pocas pruebas de frecuentes sanidades aparte de las relacionadas con la fe. Tampoco sabemos que los apóstoles no realizaran fallos o tuvieran recaídas (2 Ti. 4:20; Mt. 12:45; Jn. 5:14). En cuanto a los dones "normales" de sanidad (1 Co. 12:10, etc., cf. Santiago 5:15) bien pueden haber sido menos inmediatos y espectaculares...
>
> Simplemente estamos insistiendo, por un lado, en que la imagen idealizada de la sanidad apostólica, extraída de algunas partes de Hechos, no deberíamos tomarla necesariamente como representativa (sin duda, no es representativa de los charismata imation [dones de sanidad] fuera del círculo apostólico [1 Co. 12:28 ss]) y, por otro lado, en que el testimonio moderno serio apunta a fenómenos tan congruentes incluso con algunas experiencias apostólicas, que lo único que puede anular es la posibilidad de que los charismata iamaton del Nuevo Testamento tengan algún paralelo son las consideraciones dogmáticas a priori.»[89]

4. Existen otros temas mencionados por Saucy de los que me ocupo tanto en mi artículo (por ejemplo, la naturaleza y propósito de las lenguas) o en la respuesta más extensa al artículo de Gaffin (como en el caso del significado de Efesios 2:20 y del papel fundacional de los apóstoles y profetas). Solamente voy a comentar brevemente un par de temas adicionales.

Saucy parece caer en varias ocasiones en el mismo pensamiento reduccionista de Gaffin. Su comentario de que «el propósito principal de las actividades milagrosas durante estos periodos especiales no era cubrir las necesidades generales del pueblo de Dios» (págs. 120-121) choca directamente con la frase de Pablo de que los dones milagrosos, incluyendo el don de «hacer milagros» son entregados «para el bien común», es decir, la edificación y santificación del Cuerpo de Cristo como un todo (1 Co. 12:7; 14:3, 26).

Saucy también cree que es significativo que el Nuevo Testamento no ofrezca ejemplos del funcionamiento de dones milagrosos como el de sanidad. Dice que «nadie en la Iglesia parece haber tenido un ministerio espe-

---

[89] Max Turner, "Spiritual Gifts Then and Now", *VoxEv* 15 (1985): 48-50.

cial de sanidades» (págs. 124-125). Pero el Nuevo Testamento tampoco proporciona ejemplos explícitos del funcionamiento de dones como la misericordia, la generosidad, la fe, o el liderazgo. Las personas, sin duda, mostraron misericordia, generosidad, liderazgo y otros dones, incluso cuando oraban por los enfermos (Santiago 5), pero en ninguna de estas ocasiones se utiliza la palabra *charisma* para describir esos dones. Sin duda Saucy no negaría, por tal razón, la validez de los *dones* de misericordia, generosidad, fe y liderazgo. ¿Por qué, entonces, cuestionar la validez del *don* de sanidad o del *don* de hacer milagros? Deberíamos sorprendernos más por la falta de referencias a personas con un ministerio de sanidad especial que por la falta de referencias a personas con un ministerio evangelístico especial o un ministerio especial de dar ánimo.

El tratamiento que Saucy hace del tema de expulsar demonios es muy bueno. Mi único problema es su reticencia a encontrar en los cuatro evangelios un modelo válido para enfrentarse a la guerra espiritual (por ejemplo, Lucas 10:17-20).

Cuando Saucy trata el tema de la historia de la Iglesia, se apoya en los ejemplos "extraños" citados por San Agustín, como el uso de reliquias para sanar, la instrucción mediada a través de un sueño, el poder de sanar y la autoridad sobre demonios como resultado de la observancia del Bautismo y la Santa Cena, y la sanidad mediante un aceite donde habían caído las lágrimas de un párroco compasivo. Estas cosas pueden sonar bien extrañas, pero haríamos bien en recordar que «tal extrañeza no es un criterio para descubrir la verdad. Tampoco es el criterio que querríamos utilizar para decidir si algo es bíblico o no».[90] A pesar de mi profundo respeto por San Agustín, no voy a defender cada ejemplo de sanidad milagrosa que aparece en sus escritos.

Pero, ¿es acaso menos extraño que un hombre resucite después de estar en contacto con los huesos de Eliseo (2 R. 13:21)? ¡Creo que es "extraño" que un hombre deba lavarse varias veces en un río para ser sanado de la lepra (5:1-14)! Es, ciertamente, poco normal que los demonios expulsados de dos hombres fueran a parar a una piara de cerdos, que se desplomara hacia el mar, para más tarde ahogarse (Mt. 8:28-32). Utilizar saliva y barro (Juan 9:6-7), la "sombra" de un hombre (Hechos 5:14-15) y los "delantales" de otros para sanar (19:12) también es algo fuera de lo normal. No estoy sugiriendo que tales cosas sean la norma, simplemente que las formas de Dios muchas veces son "extrañas" si las consideramos desde una

---

[90] Deere, *Surprised by the Power of the Spirit*, 74-75.

perspectiva humana. Cuando se trata de afirmaciones acerca de los milagros no debemos ser ingenuos y crédulos, pero tampoco podemos ser excesivamente escépticos.

La indicación de Saucy de que la presencia del canon completo sugiere «que la necesidad de la actividad profética disminuyó la necesidad» (págs. 124-125), es una afirmación que no aparece en las Escrituras. Podría ser cierto solamente si la revelación profética del Nuevo Testamento aportara palabras de calidad de Dios. Es más, no veo cómo el Canon haría obsoleta o innecesaria el uso de la profecía que, por ejemplo, expone los pecados secretos de un no creyente, llevándole a arrepentirse (1 Co. 14: 24-25).

Más tarde, Saucy afirma que «el ministerio de los primeros profetas, quienes aportaron edificación, exhortación y consolación para la Iglesia sobre el fundamento del Evangelio de Cristo, ahora se cumple a través de otros dones espirituales que dependían de la profecía recogida en la Escritura», (pág. 131). De nuevo, Pablo nunca hace tal afirmación. ¿No tendría más y mejor sentido bíblico argumentar que los ministerios de edificación, exhortación y consolación se lograrán precisamente como Pablo dice explícitamente que se lograrán, es decir, mediante el ejercicio del don de profecía? Además, ¿dónde dice el Nuevo Testamento que el ejercicio de los dones espirituales, a excepción de la profecía, depende de la profecía recogida en las Escritura? Si eso fuera verdad, entonces deberíamos concluir que la profecía era el único don espiritual operativo *antes* de la finalización del canon. Y creo que nadie querría afirmar tal cosa.

Parece que Saucy quiere que creamos que porque Pablo en sus últimas cartas solamente menciona la profecía dos veces, el don no es vigente para la posterior historia de la Iglesia. Pero Pablo ofreció instrucciones repetidas y extensas sobre la naturaleza y el papel de la profecía en 1 Corintios, un libro que escribió sobre el año 55 d.C. y, de nuevo, animó a los romanos al uso de la profecía, a quienes escribió sobre el año 57 d.C. ¿Por qué tenemos que exigirle que se repita en cartas que escribió con un propósito diferente tan solo ocho o nueve años más tarde? Saucy usa el argumento de que antes de morir, Pablo dirigió a Timoteo hacia las Escrituras y no hacia la profecía. Pero de hecho, lo que eso hace es probar lo que yo explico en mi ensayo, es decir, que los profetas no congregacionales del Nuevo Testamento hablaban con menos autoridad que los apóstoles o la Escritura. Siguiendo su criterio, también creeríamos en el cese de otras prácticas o principios, como la Santa Cena o el don de la fe, porque, aunque aparecían en una carta anterior, no aparecen en las Pastorales.

Finalmente, Saucy apela al uso del plural en la exhortación de «desear ardientemente» los dones espirituales (1 Co. 12:31; 14.1) como base para rechazar la idea de que los cristianos debamos buscarlos. Por supuesto, el verbo es plural, como en prácticamente todas las instrucciones de Pablo aparte de las dirigidas a personas concretas (como Filemón, Tito y Timoteo). Cuando Pablo escribe a la iglesia de Corinto, está escribiendo *a todos*, y cada uno es responsable de responder de forma personal a la exhortación que tiene validez para toda la Iglesia. En otras palabras, ¿qué es la Iglesia sino un conjunto de individuos, en el que *todos* y *cada uno* tiene la misma obligación? El plural en esta frase simplemente indica que *todos* los creyentes de Corinto deben prestar atención a la reprensión apostólica.

Para concluir, comparto la preocupación de Saucy de que «el problema más importante en cuanto a la unidad viene de las posturas que crean (quizás de forma no intencionada) distintos niveles espirituales entre creyentes, o que juzgan la espiritualidad de otras personas. Afirmar que la relación con el Espíritu se evidencia por determinadas manifestaciones milagrosas, establece una línea de diferenciación espiritual.» (pág. 146). Una característica especialmente alentadora de este libro es que ninguno de los participantes en este simposio ha escrito nada que contribuya a este problema en potencia.

Una respuesta pentecostal/carismática a Robert L. Saucy

Douglas A. Oss

El doctor Saucy ha escrito un ensayo memorable, que probablemente representa el mayor giro que ha habido en el mundo evangélico en cuanto al tema de los dones milagrosos: un dispensacionalista progresivo que no es un cesacionista. Toda la comunidad evangélica va a poder enriquecerse de su ensayo.

1. La frase del Dr. Saucy en contra de la doctrina pentecostal sobre la segunda experiencia (págs. 101-103) apela principalmente a Pablo y solamente cita cuatro textos no paulinos (Juan 7:37-39; Hechos 2; 8; 1 Pedro 1:5). No considera detalladamente las evidencias de la historia de la redención, haciendo solamente una breve referencia (pág. 102, 126-128). Creo que ésta requiere que se le dedique una reflexión más profunda, sobre todo dado que el tema de una segunda experiencia se apoya principalmente en el cumplimiento de la historia de la redención.

Aún más, Saucy desarrolla algunos conceptos erróneos sobre el Bautismo del Espíritu y la hermenéutica de la teología pentecostal. Los pentecostales no describirían el Bautismo del Espíritu como «una relación nueva y definitiva» (pág. 103). El Bautismo del Espíritu es una experiencia dentro de la ya existente relación del nuevo pacto, ya que todos los creyentes reciben el Espíritu en su conversión.[91] Esta experiencia nueva es una dotación de poder diferente a la regeneración y a la santificación. Estamos de acuerdo con Saucy en que, después de la experiencia única e inaugural, este área

---

[91] Aunque, como explico en mi ensayo, en ocasiones no podemos discernir lo siguiente, como en Hechos 10.

de la vida cristiana continúa creciendo, al igual que también continúa creciendo la santidad posterior a la regeneración. Saucy describe esos periodos de crecimiento dramático como «esfuerzos concretos y decisivos» (pág. 103). Los pentecostales describirían el Bautismo del Espíritu inaugural, y las posteriores experiencias en las que uno vuelve a ser lleno con el Espíritu y poder, más bien como *derramamientos* decisivos.

En cuanto a su afirmación de que el Nuevo Testamento no recoge ningún mandamiento sobre «ser bautizados en el Espíritu», mi sugerencia es que miremos con más detalle lo que los pentecostales dicen sobre la interpretación de Lucas-Hechos y Pablo. En primer lugar, el género narrativo expresa los imperativos de forma diferente a como los expresa el género epistolar. ¿Qué quiere decir Hechos 1:6-8, cuando Jesús les dice a sus discípulos que el cumplimiento de la profecía de Juan el Bautista estaba a las puertas y que debían esperar en Jerusalén hasta que recibieran poder (*dynamis*) cuando el Espíritu Santo viniera sobre ellos? ¿Y qué teología se comunica mediante el cumplimiento de esta promesa a lo largo del libro de Hechos? ¿No se trata del equivalente narrativo de un imperativo? Recordemos el sermón de Pedro: «Porque la promesa es para vosotros y para vuestros hijos y para todos los que están lejos, para tantos como el Señor nuestro Dios llame» (Hechos 2:39). En segundo lugar, debemos dejar que Lucas explique el cumplimiento de la historia de la redención a su manera; no debemos extrapolar la teología de Pablo e imponerla de manera forzada en Lucas-Hechos. La armonización debe llegar después de que la diversidad ordenada por Dios haya sido entendida, y el relato de Lucas hace hincapié en el poder carismático del Espíritu.

2. La discusión sobre el cese de los dones milagrosos en este ensayo está más detallada. El Dr. Saucy coincide en que el Nuevo Testamento no enseña tal cese, pero tampoco está convencido de que los dones sean la norma para la Iglesia de todas las épocas (pág. 104). Las preocupaciones que presenta son básicamente las mismas que las del profesor Gaffin, aunque no extrae las mismas conclusiones absolutas. Trata el tema del apostolado (entendido más ampliamente como el círculo de "primeros testigos") [pág. 113], el canon y el propósito de los dones.

3. Sobre el último tema, restringe el propósito demasiado cuando afirma que «el propósito de toda la actividad milagrosa es 'dar testimonio' de la proclamación original del nuevo mensaje de salvación» (pág. 113). Como hemos visto en este libro, el propósito de los dones no puede estar restringido a esta función (por ejemplo, la edificación es el propósito en el contexto de la adoración en la Iglesia).

4. La explicación de Saucy del argumento de los "grupos" págs. 107-116 falla si lo analizamos de forma detenida. Los grupos de milagros no están tan claramente marcados como él dice; muchos milagros ocurrieron fuera de esos grupos de milagros, lo que pone en duda su tesis.[92]

5. El argumento sobre la historia de la Iglesia (pág. 116-123, 128-129), en mi opinión, ha sido siempre irrelevante. Quizás parece demasiado fuerte decir esto, pero me parece que las experiencias y/o tradiciones de la Iglesia no son las mismas que las enseñanzas de las Escrituras y, en ocasiones, incluso se contraponen a la doctrina bíblica. En cualquier caso, Saucy describe un cuadro en términos demasiado absolutos.[93] Por ejemplo, Ronald Kydd, en una disertación doctoral revisada, cubre el periodo hasta el año 320 dC., y Stanley Burgess nos ofrece fuentes bibliográficas referentes al periodo medieval.[94] Un rápido vistazo a estos estudios nos permite ver que los datos históricos no respaldan la afirmación cesacionista. El *Didache* hablaba de profetas en el segundo siglo,[95] e incluso los reformadores trataron muy seriamente el tema de los prodigios y las señales, y de la profecía.

Lutero disparaba contra Carlstadt, que decía tener poderes proféticos: «Oh, la ceguera y el fanatismo loco de tales profetas celestiales, que se jactan de hablar con Dios diariamente»[96]; pero sus interacciones polémicas con los que afirmaban los dones espectaculares del Espíritu se fueron calmando. Por ejemplo, escribió una nota sobre eso a Wittenberg, desde su escondite en el castillo de Wartbug: «Prueba los espíritus, y si no eres capaz de hacerlo, acepta el consejo de Gamaliel y espera».[97]

[92] Cf. por ejemplo a Deere, *Surprised by the Power of the Spirit* (Grand Rapids: Zondervan, 1993), 229-66.

[93] Gran parte de lo que sigue sobre la historia de la Iglesia es un estudio no publicado originalmente realizado por Wayne Grudem y Dale Brueggemann, redactado como ensayo por Brueggemann. Aquí lo utilizo con pequeñas revisiones.

[94] Ronald Kydd, *Charismatic Gifts in the Early Church* (Peabody, Mass.: Hendrickson, 1984); Stanley M. Burgess, "Medieval Examples of Charismatic Piety in the Roman Catholic Church", en *Perspectives on the New Pentecostalism*, ed. Russel P. Spittler (Grand Rapids: Baker, 1976), 14-26.

[95] Charles E. Hummel, *Fire in the Fireplace: Contemporary Charismatic Renewal* (Downers Grove, Ill; InterVarsity, 1978), 164-66. 192-93, 210-12; George H. Williams y Edith Waldvogel, "A History of Speaking in Tongues and Related Gifts" en *The Charismatic Movement*, ed. Michael Hamilton (Grand Rapids: Eerdmans, 1975), 64-70; Warfield, *Counterfeit Miracles* (Edimburgo: Banner of Truth Trust, 1983 [1918]), 3-69.

[96] Martin Lutero, "Against the Heavenly Prophets", escrito en oposición a las enseñanzas de Carlstad sobre la Santa Cena (LW, de. Helmut T. Lehman, 40 vols. [Filadelfia: Fortress, 1968], 40.133). Estoy en deuda con un trabajo no publicado de Ron Lutgers, "The Reformed Fathers and the Gift of Prophecy" (1987), por mucho del siguiente material sobre la Reforma.

[97] Ronald H. Bainton, *Here I Stand* (New York: Mentor, 1950), 209.

En un sermón sobre Marcos 16, el día de la Ascensión de 1522,[98] Lutero dijo: «Donde haya un cristiano, aún hay poder para hacer estas señales si es necesario». Creía que ni tan siquiera los apóstoles hacían señales con regularidad, sino que «solamente hacían uso de ellas para autenticar la Palabra de Dios». Decía que dado que el Evangelio se había extendido, había menos necesidad del apoyo de los milagros, aunque «si fuera necesario, y los hombres denunciaran y se enemistaran con el Evangelio, entonces nosotros mismos tendríamos que emplear el poder de hacer milagros antes que permitir que el Evangelio fuera ridiculizado y suprimido». Dado que identificaba los milagros con el testimonio del Evangelio más que con la presencia real de la liberación, concluía: «Pero espero que esto no sea necesario, y que tal contingencia nunca aparezca». El día de Ascensión del año siguiente, predicó sobre Marcos 16 e hizo referencia a Juan 14.12, diciendo:

> «Por lo tanto, debemos permitir que estas palabras permanezcan, y que no las pasemos por alto, como algunos han hecho, diciendo que estas señales eran manifestaciones del Espíritu en el principio de la era cristiana y que ahora han cesado. Esto no es cierto, pues el mismo poder sigue presente en la Iglesia. Y aunque no es ejercido, no importa, todavía tenemos poder para hacer tales señales» [99]

Calvino expresó una actitud ambivalente sobre los dones. Por un lado, escribió un capítulo titulado «Algunos espíritus fanáticos pervierten los principios de la religión, no haciendo caso de la Escritura para poder seguir mejor sus sueños, so título de revelaciones del Espíritu Santo.»[100] Comentando Romanos 12:6, habló de la naturaleza doble de la profecía del Nuevo Testamento, *predictiva* e *interpretativa*, indicando su opinión de que la profecía *predictiva* aparentemente floreció solamente cuando se estaban escribiendo los Evangelios, mientras que la profecía *interpretativa* continuó en la Iglesia. En su comentario sobre 1 Corintios 12-14, reconoció vagamente que «es difícil aclararse sobre los dones y los oficios, de los cuales la Iglesia ha estado privada durante tanto tiempo, a excepción de algunos rasgos o sombras de ellos, que todavía podemos encontrar.»[101] Calvino concedía la

---

[98] Lutero, *LW: Sermons*, edición Lenker 12.207; sermón del día de Ascensión, 1522

[99] Lutero, *LW: Sermons*, edición Lenker 12.190; sermón del día de Ascensión, 1523

[100] Calvino, J.; *Institución de la religión cristiana*. Ed. FELiRÉ (Fundación editorial de literatura reformada), 4ª edición inalterada, 1994, Volumen Primero (Libro Uno), capítulo IX, pp. 44-47.

[101] Calvino, *1 Corinthians*, en *New Testament Commentaries* (Grand Rapids: Eerdmans), 9:211

existencia de los dones extraordinarios según demanden las necesidades de los tiempos"», y escribió: «esta clase no existe en la actualidad, o se ve con muy poca frecuencia».[102]

John Knox estaba más abierto a la profecía, considerando al profeta del Antiguo Testamento como modelo de su propia vocación. Dale Johnson titula el capítulo 6 de su tesis "Specific Prophecies of Knox" [Las Profecías específicas de Knox].[103] Aunque la fiabilidad de esas profecías pueda ser cuestionada, lo que está claro es que Knox pensaba que Dios estaba dando de nuevo los dones proféticos.[104]

La opinión general de la comunidad reformada es que la Confesión de Westminster afirma el cese de las «manifestaciones proféticas»; no obstante, Samuel Rutherford, un presbiteriano escocés, uno de los que elaboraron la Confesión de Westminster, no hubiera estado de acuerdo. Él hablaba de la distinción entre la revelación bíblica objetiva y externa del Canon y la revelación interna y subjetiva, que llamaríamos "iluminación". Es más, Rutherford también reconoció otros dos tipos subjetivos de revelación: las falsas profecías - que ni siquiera son profecías - y la profecía predictiva. Dijo saber de hombres que «incluso después de que se cerrara el Canon, han predicho cosas que iban a suceder», como por ejemplo a Hus, Wycliff y Lutero. También habló de los tres ejemplos siguientes:

«En nuestra nación escocesa, George Wisehart predijo que el cardenal Beaton no iba a salir con vida del castillo de St. Andrews, sino que sufriría una muerte vergonzosa, y así fue; John Knox predijo que ahorcarían al señor de Grange; John Davidson también profetizó, como muchos de sus contemporáneos sabían; y en Inglaterra ha habido otros santos predicadores que también destacaron por desempeñar esa función.»[105]

Rutherford ofreció dirección para diferenciar entre la profecía falsa y la verdadera: en primer lugar, estos profetas postcanónicos «no obligaban a

[102] Calvino, *Institución*, 4.3.4; William Balke dice: «Calvino tenía un sentimiento hacia lo excepcional y carismático, pero consideraba que cualquier esfuerzo por hacer de lo carismático y excepcional la norma de la vida de la Iglesia era destructivo para la Iglesia. Insistió en que el buen orden de la Iglesia no se establece ni se mantiene por lo que es excepcional, sino que la Iglesia avanza solamente al predicar y oír la Palabra» (*Calvin and the Anabaptist Radicals* [Grand Rapids: Eerdmans, 1981], 245).

[103] Dale Johnson, "John Knox: Reformation Historian and Prophet" (M.A. thesis, Covenant Theological Seminary).

[104] Ibíd.; Jasper Ridley, *John Knox* (New York: Oxford Univ. Press, 1968), esp. 517ss.

[105] Samuel Rutherford, *A Survey of the Spiritual Antichrist. Opening the Secrets of Familisme and Antinomianisme in the Antichristian Doctrine of John Saltmarsh (et al.)* (Londres, 1648), 42.

nadie a creer sus profecías como si se tratara de las Escrituras. Nunca juzgaron a los que no creyeron en sus predicciones», en segundo lugar, «los hechos revelados a testigos de Cristo serios y piadosos no se contradicen con la Palabra»; y en tercer lugar, «eran hombres de fe opuestos a todo lo que se aleja de la sana y verdadera doctrina ... ». Las profecías que no cumplan estos requisitos son falsas: «El veredicto es que son satánicas, pues son contrarias a las Escrituras». Los hombres que hablan estas cosas «hacen todo según sus propio espíritu les marca, y caminan a la luz de sus propios destellos».[106]

La Confesión de Fe de Westminster dice en 1:6:

> *«Todo el consejo de Dios concerniente a todas las cosas necesarias para su propia gloria, la salvación del hombre, la fe y la vida, está o bien expresamente recogido en las Escrituras o puede deducirse mediante consecuencias buenas y necesarias: a las que no se puede añadir nada, ya sea por nuevas revelaciones del Espíritu, o por tradiciones de los hombres».*

A la luz de la creencia de Rutherford sobre la Revelación, podemos entender que la frase «nuevas revelaciones del Espíritu» se refiere a las manifestaciones no canónicas pero reales, que están sujetas a las Escrituras, y que no deben añadirse al Canon.

La Confesión sigue diciendo (1:10):

> *«El Espíritu Santo que habla en las Escrituras es el único juez supremo que puede inspirar, examinar y juzgar las diversas controversias de la religión, los decretos de concilios, las opiniones de antiguos escritores, las doctrinas de los hombres y los espíritus privados».*

La mención a los "espíritus privados", de entrada, no niega su existencia; simplemente los sujeta a la autoridad de la Escritura, junto con «todos los decretos de concilios, las opiniones de antiguos escritores, y doctrinas de los hombres». De este modo, cuando la Confesión de Fe de Westminster habla de que «aquellas formas por las que Dios reveló su voluntad a su pueblo han cesado», no debemos interpretar necesariamente que Dios ya no se revela de ninguna manera extraordinaria, sino que el Canon está cerrado y que es la única norma de fe y práctica. Al menos, así lo entendió Rutherford. Cuando la Confesión se refiere a «la comunicación directa que

---

[106] Ibíd, 43-45.

existió»: ¿está haciendo una distinción entre "revelación" e "iluminación", o entre el Canon y cualquier otro tipo de revelación? La primera fue entregada "por escrito en su totalidad" (Confesión 1:1), pero tales profecías como la de Corinto no estaban depositadas en el Canon: aunque eran del Espíritu, no formaban parte del depósito de la fe. La perspectiva de Rutherford como colaborador en la elaboración de la Confesión abre las puertas para que pueda haber interpretaciones de la Confesión alternativas a la interpretación cesacionista predominante en nuestros días.

6. Sobre el papel de 1 Corintios 12-14, el artículo del Dr. Saucy no le da a este material didáctico la importancia que tiene. Escribe:

> *«Fuera de la discusión sobre los dones espirituales en 1 Corintios 12 y de la realización de milagros asociados con los apóstoles y los que con ellos iban, las cartas del Nuevo Testamento no contienen menciones de "milagros", "señales" o "prodigios", excepto Gálatas 3:5 y Hebreos 2:4 (tratadas anteriormente). Aunque estas citas incluyen milagros entre los miembros de la Iglesia, son milagros relacionados con el ministerio inicial de los apóstoles.*
>
> *Por esto debe reconocerse que el Nuevo Testamento no nos da simplemente una imagen del funcionamiento normal de los dones en la Iglesia posterior a la era apostólica».* (pág. 125)

En primer lugar, Saucy dice que el hecho de que en las cartas del Nuevo Testamento se hable con muy poca frecuencia sobre la sanidad prueba su disminución después de la primera generación de testigos (pág. 125). Esto es un *non sequitur*. La cartas son escritos con un propósito específico, escritos para tratar problemas específicos en las iglesias. La sanidad no era un problema pastoral que requiriera una atención especial, excepto quizás en el caso de los receptores de la carta de Santiago, que *no* estaban orando para que los enfermos sanaran, y necesitaban ser exhortados de forma específica para corregir aquel error. De modo que es normal que este tema no recibiera mucha atención, ya que era una costumbre normal y sana.

En segundo lugar, el hecho es que 1 Corintios 12-14 está en la Biblia. Nos dice, junto con Hechos y el resto del Nuevo Testamento, lo que es característico y normal durante *los últimos días*, no la era apostólica. Esta distinción entre era apostólica y post-apostólica no aparece en la Biblia; nos sirve para describir las funciones de las personas que fundaron la Iglesia (por ejemplo, Ef. 2:20 ss.), pero no deberíamos usarla para definir la naturaleza de "los últimos días". Para ello, debemos estudiar el Nuevo Testamento con el propósito de determinar lo que es normal para la Iglesia durante el periodo entre Pentecostés y la segunda venida del Señor. Pueden existir diferencias en la forma en la que la Iglesia aplica la enseñanza del Nuevo Testamento (el *cómo*), pero no debería existir diferencia en lo que la Biblia enseña y lo que creemos (el *qué*).

Capítulo 3
LA POSTURA DE
LA TERCERA OLA

C. Samuel Storms

La postura de la Tercera Ola

C. Samuel Storms

La Iglesia no siempre ha tratado bien al Espíritu Santo. Como dijo Alister McGrath: «El Espíritu Santo ha sido, durante mucho tiempo, la "cenicienta" de la Trinidad. Las otras dos hermanas iban al baile teológico, pero el Espíritu Santo siempre tenía que quedarse en casa».[1] La publicación de este libro indica que ha habido un cambio y que la tercera persona de la Trinidad está recibiendo ahora el trato debido. Hoy en día podemos escuchar que la Iglesia clama: "¡Ven, Espíritu Santo!".

Pero, ¿qué haría el Espíritu Santo si aceptara esta invitación? Mi intención en este capítulo es que oremos por su aparición, esperando que ministrará *al* pueblo de Dios *a través* del pueblo de Dios, mediante toda la lista de *charismata* enumerados en pasajes como 1 Corintios 12:7-10, 28-30.

No siempre he pensado así. Durante más de 15 años enseñé que ciertos dones del Espíritu Santo, en particular la palabra de sabiduría, la profecía, el don de lenguas, la sanidad, los milagros y el discernimiento de espíritus murieron con los apóstoles. Mi tarea será dar cuenta de este cambio de pensamiento y explicar por qué ahora abrazo estos dones mencionados y animo a su uso en la vida y ministerio de la Iglesia. Pero antes de hacerlo, necesito tratar el tema del Bautismo del Espíritu y la doctrina de la segunda experiencia o de la segunda obra de Gracia.

---

[1] Alister E. McGrath, *Christian Theology: An Introduction* (Oxford: Blackwell, 1994), 240.

A. Segundas experiencias

Quizás la distinción principal, teológicamente hablando, entre el pentecostalismo clásico y la llamada "Tercera Ola" es que ésta última rechaza la teología de la segunda experiencia. Según la mayoría de pentecostales y carismáticos, el Bautismo en el Espíritu Santo es un hecho posterior y, por lo tanto, separado de la recepción del Espíritu en la conversión, cuya evidencia inicial es hablar en lenguas.[2]

El punto de vista que defenderé es que el Bautismo en el Espíritu es una metáfora de lo que sucede cuando uno se convierte al cristianismo.[3] No obstante, esto no excluye las múltiples y *subsiguientes* experiencias de la actividad del Espíritu. Después de la conversión, el Espíritu "puede llegar" en diferentes grados de intensidad, en los cuales el cristiano se ve "abrumado" o "dotado de poder". Este derramamiento de un poder nuevo, esta manifestación de la presencia íntima del Espíritu, debe ser lo que el Nuevo Testamento normalmente llama «ser llenos del Espíritu». John Wimber defiende esta teoría:

> *«¿Cómo experimentamos el Bautismo del Espíritu? Llega con la conversión.... La conversión y el Bautismo del Espíritu son experiencias simultáneas. La experiencia del nuevo nacimiento es la experiencia carismática consumada.»*[4]

---

[2] Ver Gary B. McGee, ed. *Initial Evidence: Historical and Biblical Perspectives on the Pentecostal Doctrine of Spirit-baptism* (Peabody, Mass.: Hendrickson, 1991). Gordon Fee es una excepción notable a esta regla. Aunque es un miembro de las Asambleas de Dios, Fee ha argumentado repetidamente en contra de la doctrina de la segunda experiencia. Ver, por ejemplo, "Baptism in the Holy Spirit: The Issue of Separability and Subsequence". *Pneuma*, 7:2 (Otoño de 1985): 87-99, "Hermeneutics and Historical Precedent: A Major Problem in Pentecostal Hermeneutics", en *Gospel and Spirit: Issues in New Testament Hermeneutics* (Peabody, Mass.: Hendrickson, 1991), 83-104; y *God's Empowering Presence: The Holy Spirit in the Letters of Paul* (Peabody, Mass.: Hendrickson 1994), 175-82. El tratamiento más comprensivo del Bautismo del Espíritu Santo lo encontrará en Henry I. Lederle, *Treasures Old and New: Interpretations of "Spirit-baptism" in the Charismatic Renewal Movement* (Peabody, Mass.: Hendrickson, 1988).

[3] La expresión «bautismo en el Espíritu Santo» aparece siete veces en el Nuevo Testamento, seis de las cuales se refieren a Pentecostés (Mt. 3:11; Mc. 1:8; Lc. 3:16; Jn. 1:33; Hechos 1:5; 11:16). La séptima está en 1 Corintios 12:13. Ser bautizado en agua es ser inmerso o sumergido. Esto nos aporta una analogía apropiada para lo que sucede cuando el Espíritu Santo llega sobre nosotros. Al igual que uno es inundado y sumergido por el agua en el Bautismo, también un creyente se ve sobrepasado, inundado y calado por el Espíritu Santo. En el bautismo de agua, nos sumergimos en el agua; en el Bautismo del Espíritu, nos sumergimos (empapados y saturados) en el Espíritu.

[4] John Wimber, *Power Points* (San Francisco: Harper, 1991), 136.

La clave para este punto de vista es 1 Corintios 12:13: «Pues por el mismo Espíritu todos fuimos bautizados en un solo cuerpo, ya judíos o griegos, ya esclavos o libres, y a todos se nos dio a beber del mismo Espíritu». Existen varias razones para entender que este texto describe la experiencia de conversión de todos los cristianos.

(1) Si el texto describiera la experiencia que solo tienen algunos creyentes, los que no tuvieran una segunda experiencia no pertenecerían al Cuerpo de Cristo.

(2) El contexto de 1 Corintios 12 milita en contra de la doctrina de la segunda experiencia. El apóstol enfatiza que todos, sean cuales sean nuestros dones, pertenecemos al Cuerpo como miembros iguales e interdependientes. No apoya la idea de una élite de gente bautizados en el Espíritu. Pablo enfatiza aquí la experiencia *común* del Espíritu Santo para todo el mundo, no que un grupo tenga algo que otros no tengan (véase que el "*todos*" es enfático).

(3) Hay quien insiste en que la proposición *eis* no significa que el Bautismo del Espíritu introduce al creyente "en el" Cuerpo de Cristo. Más bien, dicen que *eis* significa algo como «con vistas a beneficiarse de» o «para el bien de». La idea es que el Bautismo del Espíritu les prepara para el servicio/ministerio del Cuerpo en el que ya han sido aceptados *previamente* por la fe en Cristo. Gramaticalmente hablando, si esta hubiera sido la intención de Pablo, probablemente hubiera usado otra preposición que expresara mejor la idea (por ejemplo, *heneka*, "para el bien de" o *hyper* con el genitivo "para el bien de", o "a favor de").[5]

(4) Otros sostienen que Pablo está describiendo un bautismo "por" el Espíritu Santo en Cristo para la salvación (que todos los cristianos experimentan con la conversión), mientras que en otros lugares del Nuevo Testamento es Jesús quien bautiza "en" el Espíritu Santo para otorgar poder (aunque es accesible a todos los creyentes, solamente algunos cristianos lo reciben). Lo que en parte origina este punto de vista, es la frase siguiente (aparentemente extraña): «*en* un Espíritu *dentro* de un cuerpo», de ahí la traducción «*por* un Espíritu *en* un cuerpo"». Como apunta D.A. Carson, «la combinación de las frases griegas enfatiza con gran exactitud la idea que Pablo intenta trasmitir: *todos* los

[5] Debemos fijarnos en que la proposición *eis* tiene dos acepciones fundamentales: (1) un sentido *local*, indicando aquello en lo que todos somos bautizados o (2) una referencia al *propósito* u objetivo de la acción de bautizar, por ejemplo «*para que* todos formemos un solo cuerpo». Ver Murray J. Harris, «Prepositions and Theology in the Greek New Testament», NIDNTT, 3:1207-11.

cristianos han sido bautizados en *un* Espíritu; *todos* los cristianos han sido bautizados para entrar en *un* cuerpo".[6]

También debemos fijarnos en la misma terminología que aparece en 1 Corintios 10:2, donde Pablo dice que «*en* Moisés, todos fueron bautizados *en* la nube y *en* el mar». Aquí, la "nube" y el "mar" son los "elementos" que rodearon o abrumaron al pueblo, y "Moisés" apunta a la nueva vida de participación en el pacto mosaico y la comunión del pueblo de Dios, del cual él era el líder.[7] En los otros textos que se refieren al Bautismo del Espíritu (Mt. 3:11, Mc. 1:8; Lc. 3:16; Jn. 1.33, Hch. 1:5; 11:16), la proposición *en* significa "en", describiendo el elemento en el que uno está inmerso. En ningún texto se dice que el Espíritu Santo sea el agente por el que uno se bautiza. Jesús es el que bautiza; el Espíritu Santo es en el que nos sumergimos o el elemento con el que nos saturamos, lo que nos lleva a participar en el organismo espiritual de la Iglesia, el Cuerpo de Cristo.[8]

(5) Otra variante es sostener que mientras 1 Corintios 12:13a se refiere a la conversión, el versículo 13b describe una segunda obra del Espíritu Santo, una obra posterior a la conversión. Pero el paralelismo es un recurso literario utilizado por los autores bíblicos. Aquí Pablo emplea dos metáforas diferentes (*bautismo*, o inmersión en el Espíritu Santo, y *beber* del Espíritu Santo) que describen la misma realidad. Lo que les ocurre a los del versículo 13a les ocurre a los del versículo 13b. Es decir, "todos" los que fueron bautizados en un Espíritu y en un Cuerpo, también bebieron del mismo Espíritu.

Pablo puede estar aludiendo en el versículo 13b al simbolismo del Antiguo Testamento, el simbolismo de la época dorada venidera, en la que la tierra de Israel y su pueblo reciben el derramamiento del Espíritu (Is. 32:15; 44:3; Ez. 39:29). Por lo tanto, la conversión es una experiencia del Espíritu Santo análoga a la llegada repentina de una inundación o tormenta a un terreno seco, transformando la tierra seca y estéril en un huerto bien regado (cf. Jeremías 31:12). Fee señala que:

[6] D.A. Carson, *Manifestaciones del Espíritu, una exposición teológica de 1ª Cor 12-14.* Andamio, Barcelona, 2000.

[7] Wayne Grudem, *Systematic Theology: An Introduction to Biblical Doctrine* (Grand Rapids: Zondervan, 1994), 768.

[8] En el Nuevo Testamento, ser bautizado "por" alguien se expresa con la preposición *hypo* más el genitivo. Las personas eran bautizadas "por" Juan el Bautista en el río Jordán (Mt. 3.16, Mc. 1:5, Lc. 3:7). Jesús fue bautizado "por" Juan (Lc. 7:30), etcétera. Probablemente, si Pablo hubiera querido decirle a los corintios que todos habían sido bautizados "por" el Espíritu Santo, hubiera usado *hypo* más el genitivo, no *en* con el dativo (ver Harris, "Prepositions and Theology, 207-11).

«*tales metáforas expresivas (inmersión en el Espíritu y beber del Espíritu hasta la saciedad) implican una recepción mucho más experimental y visible del Espíritu que muchos a lo largo de la historia de la Iglesia parecen haber experimentado. Pablo puede estar apelando a su experiencia común del Espíritu como la presuposición para la unidad del Cuerpo precisamente porque, como en Gálatas 3:2-5, el Espíritu era una realidad experimentada de forma dinámica, que les ha sucedido a todos.*»[9]

Aunque el uso bíblico sugiere que apliquemos la terminología del Bautismo del Espíritu a la experiencia de conversión de todos los creyentes, esto no restringe de ninguna manera la actividad del Espíritu al momento de la conversión. El Nuevo Testamento aprueba y nos anima a tener múltiples experiencias posteriores del poder y presencia del Espíritu. Por lo tanto, los evangélicos tienen *razón* cuando afirman que todos los cristianos han experimentado el Bautismo en el Espíritu en la conversión, pero están *equivocados* cuando niegan la realidad de las experiencias posteriores del Espíritu en el transcurso de la vida cristiana, experiencias que han de ser sensatas, pero que con frecuencia son espectaculares. Los carismáticos tienen *razón* al afirmar la realidad y la importancia de los encuentros con el Espíritu después de la conversión, que dan poder, iluminan y transforman, pero están *equivocados* cuando llaman a esta experiencia el "Bautismo del Espíritu". La terminología más apropiada es la de ser "llenos del Espíritu Santo". La expresión "estar llenos" es en sí una metáfora que describe nuestra experiencia y apropiación continua del Espíritu Santo. *Ser llenos del Espíritu es estar de manera progresiva bajo la influencia del Espíritu, que cada vez será más intensa y más íntima.*

Existen dos sentidos en el que uno puede ser lleno del Espíritu Santo. (1) Ciertos textos describen a personas que han sido "*llenas* del Espíritu", como si ésta fuera una *condición* o *cualidad* del carácter cristiano, una *disposición* moral o la posesión de determinada madurez en Cristo (ver Lucas 4:1, Hechos 6:3; 5, 7:55; 11:24; 13:52). Esta es la condición ideal de todo cristiano, que en todo momento, de forma permanente, esté lleno del Espíritu.

(2) Otros textos describen a las personas «llenas del Espíritu Santo» como aquellas a quienes se capacita para completar o llevar a cabo una tarea especial, o equipándolas para el servicio o ministerio. Esta capacitación del Espíritu puede ser para toda la vida, preparatoria para un trabajo o un ministerio particular (Lc. 1:15-17; Hech. 9:17), pero también existen ocasiones en las que alguien recibe un poder especial e inmediato para

[9] Fee, *God's Empowering Presence*, 181

tratar una necesidad importante y urgente o una emergencia espiritual. Por lo tanto, alguien que ya esté lleno del Espíritu Santo puede experimentar una plenitud adicional. Es decir, no importa "la cantidad" de Espíritu que uno tenga, ¡siempre hay sitio para "más"! (ver Lucas 1:41; 67; Hechos 4:8; 31; 13:9; cf. los ejemplos del Antiguo Testamento: Éx. 31:3; 35:31; Nu. 24.2; Jueces 6.34; 14:6; 19; 15:14; 1 Samuel 10:6; 16:13.) En Hechos 7:55, Esteban, a pesar de «estar lleno del Espíritu"» (6:3, 5) es "llenado" de nuevo con el Espíritu Santo para darle el poder de perseverar en medio de la persecución y enfrentarse a su martirio (y quizás para prepararle para la visión de Jesús).[10]

Resumiendo, existe un Bautismo del Espíritu, pero también muchas ocasiones posteriores en las que, de nuevo, somos llenos del Espíritu. En ningún texto del Nuevo Testamento existe un llamamiento o mandamiento a ser bautizado en el Espíritu Santo. Por otro lado, en Efesios 5:18 se nos manda que seamos "llenos del Espíritu". Aquí no se refiere tanto a una experiencia espectacular o decisiva, sino a una apropiación diaria. Por esto, es posible ser bautizado en el Espíritu y experimentar su presencia en nosotros de forma permanente y, sin embargo, no estar lleno del Espíritu. Gaffin dice:

«Este mandamiento... es importante para todos los creyentes a lo largo de toda su vida. Ningún creyente puede presumir de haber experimentado una plenitud definitiva del Espíritu (o ya no necesitar "ser lleno del Espíritu"), y decir que el mandamiento del versículo 18 ya no vale para él. Este mandamiento seguirá vigente para todos los creyentes hasta la muerte o hasta que el Señor venga.»[11]

Hay otros textos que hablan de encuentros o experiencias con el Espíritu Santo después de la conversión que están relacionados con la idea de "estar lleno", pero que no son exactamente lo mismo.

(1) Existe la transmisión de una iluminación especial que revela a los creyentes las bendiciones de salvación (Ef. 1:15-23; cf. Is. 11:2). Pablo pide a Dios que dé otra vez el Espíritu a los creyentes, para que éste les dé la sabiduría necesaria para entender lo que les revela sobre Dios y sus caminos. Esto es algo por lo que debemos orar (tanto para nosotros como para otros). Existen dimensiones del ministerio del Espíritu en nuestras vidas que dependen, por decirlo así, de nuestras oraciones.

---

[10] Notar especialmente la relación causa-efecto entre estar *lleno del Espíritu* y el *discurso inspirado* (ver Lucas 1:41 y su relación con 1:42-45; 1:67 y su relación con 1:68-79).

[11] Richard Gaffin, *Perspectives on Pentecost: Studies in New Testament Teaching on the Gifts of the Holy Spirit* (Phillipsburg, N.J.: Presbyterian and Reformed, 1979), 33.

A algunos les parece extraño que Pablo orara para que el Espíritu viniera a aquellos que ya lo tenían. ¡Pero esto apenas difiere de la oración de Pablo en Efesios 3:17, de que Cristo pueda "morar" en los corazones de las personas en las que ya está morando! Pablo se refiere a la experimentación continuada de lo que es una verdad teológica. Ora para que, mediante el Espíritu, Jesús pueda ejercer cada vez una mayor influencia en el alma de los creyentes. De este modo, en ambos textos Pablo ora para que la obra de Dios en la vida del creyente aumente.

(2) También existe la unción de poder para realizar milagros, como vemos en Gálatas 3:1-5 (especialmente el versículo 5). Pablo se refiere claramente tanto a la recepción inicial del Espíritu por parte de los gálatas (vs. 2), como a su experiencia actual del Espíritu (vs. 5). La recepción del Espíritu fue la evidencia inequívoca de que habían entrado en una nueva vida (vs. 2). Fee explica:

> *«Todo el argumento no sirve de nada si este llamamiento no es también un llamamiento a recibir el Espíritu de forma dinámica. Aunque Pablo en contextos como éste raramente menciona las evidencias visibles del Espíritu, aquí tenemos la demostración de que la experiencia del Espíritu en las iglesias paulinas fue muy parecida a la descrita por Lucas, visiblemente acompañada de fenómenos que ofrecieron cierta evidencia de la presencia del Espíritu de Dios.»*[12]

[12] Fee, *God's Empowering Presence*, 384. Cuando Dios "se acerca" (Santiago 4:8) a la gente tanto para revelar su gloria y poder como para inundarles el alma con un conocimiento experimental de su amor (Ro. 5:5), pueden ocurrir fenómenos inusuales físicos y emocionales. Lo que puede llamarse la *presencia manifiesta* de Dios a menudo provoca reacciones como temblores (Hab. 3:16; cf. Is. 66:2), reverencia temerosa (Is. 6:1-5; Mt. 17:2-8), incapacidad para permanecer de pie (1 R. 8:10-11; 2 Cr. 7:1-3; Dan. 8:17; 10:7-19; Juan 18:6; Ap. 1.17), alegría incontrolable (Salmo 16:11) y otras manifestaciones relacionadas. Esto es especialmente cierto en aquellas épocas de un derramamiento extraordinario del Espíritu de Dios, que solemos llamar *avivamiento y renovación*. Para leer una evaluación de tales fenómenos en la Iglesia actual (en particular, la llamada "Bendición de Toronto"), recomiendo Guy Chevreau, *Catch the Fire* (Londres: Marshall Pickering, 1994) y *Pray with Fire* (Toronto: Harper Collins, 1995); Rob Warner, *Prepare for Revival* (Londres: Hodder & Stoughton, 1995); Patrick Dixon, *Signs of Revival* (Eastbourne: Kingsway, 1994), Dave Roberts, *The Toronto Blessing* (Eastbourne: Kingsway; 1994); Don Williams, *Revival: The Real Thing* (LaJolla: publicado por el autor, 1995); Dereck Morphew, *Renewal Apologetics* (A Position Paper of the Association of Vineyard Churches in South Africa, 1995); John White, *When the Spirit Comes with Power* (Downers Grove, Ill.: InterVarsity, 1988); John Arnott, *The Father's Blessing* (Orlando: Creation House, 1995); Wallace Boulton, ed., *The Impact of Toronto* (Crowborough: Monarch, 1995); Mike Fearon, *A Breath of Fresh Air* (Guildford: Eagle, 1994); Mark Stibbe, *Times of Refreshing: A Practical Theology of Revival for Today* (Londres: Marshall Pickering, 1995); David Pawson, *Is the Blessing Biblical? Thinking through the Toronto Phenomenon* (Londres: Hodder & Stoughton, 1995), Ken y Lois Gott,

Pablo habla de Dios como aquel que da el Espíritu de forma continua y generosa a los hombres y las mujeres, quienes, en otro sentido, ya lo han recibido. Esto es especialmente evidente cuando uno se fija en el uso que Pablo hace del presente (es decir, «Aquel que os suministra el Espíritu»). Obviamente, existe una relación estrecha, incluso casual, entre el suministro del Espíritu y los milagros. Es decir:

«Dios está presente entre ellos mediante su Espíritu, y el nuevo suministro del Espíritu se expresa en las obras milagrosas de varios tipos. Así, Pablo apela una vez más a la naturaleza visible y experimental del Espíritu en medio de ellos, *que es la evidencia continua de que en la vida en el Espíritu, basada en la fe en Cristo Jesús, no hay lugar para "las obras de la ley"»*[13]

(3) Pablo también habla de la provisión del Espíritu para poder enfrentarse a las dificultades con esperanza (Fi. 1:19) No creo que estuviera pensando tanto en la "ayuda" del Espíritu, sino en el don del mismo Espíritu, el cual Dios le suministró continuamente. En otras palabras, la frase «la provisión del Espíritu» es un genitivo objetivo. Dios le da a Pablo de nuevo el Espíritu, para socorrerle mientras está encarcelado.

(4) En 1 Tesalonicenses 4:8, el apóstol habla de la fuerza continua del Espíritu Santo que necesitamos para vivir de forma pura. Dice expresamente que el Espíritu Santo está "en" ellos, no simplemente que ha sido dado "a" ellos. La idea es que Dios pone su Espíritu dentro de nosotros (cf. 1 Co. 6:9). El uso del presente enfatiza la obra continuada del Espíritu en nuestras vidas. Si Pablo hubiera estado pensado en la conversión de los tesalonicenses y, por tanto, en una recepción inicial y pasada del Espíritu, probablemente hubiera utilizado el aoristo (cf. 1:5-6). En este contexto, la idea de Pablo es que la llamada a la pureza sexual y a la santidad llega con la provisión continua del Espíritu, que nos capacita para la obediencia. Por

---

The Sunderland Refreshing (Londres: Hodder & Stoughton, 1995), Andy y Jane Fitz-Gibbon, *Something Extraordinary Is Happening: The Sunderland Experience of the Holy Spirit* (Crowborough: Monarch, 1995). Para ver un tratamiento más crítico, ver James A. Beverly, *Holy Laughter and the Toronto Blessing* (Grand Rapids: Zondervan, 1995); B.J. Oropeza, *A Time to Laugh* (Peabody, Mass.: Hendrickson, 1995); Stanley E. Porter y Phillip J. Richter, eds., *The Toronto Blessing - or Is It?* (Londres: Darton, Longman & Todd, 1995); Clifford Hill, ed. *Blessing the Church?* (Guildford: Eagle, 1995); Leigh Belcham, *Toronto: The Baby or the Bathwater?* (Bromley, Kent: Day One Publications, 1995); y Stanley Jebb, *No Laughing Matter: The "Toronto" Phenomenon and its Implications* (Bromley, Kent: Day One Publications, 1995)

[13] Fee, *God's Empowering Presence*, 388-89

lo tanto, se nos describe al Espíritu como el compañero divino permanente, por el poder del cual el creyente puede vivir en pureza y santidad.

(5) El Espíritu también es responsable de que aumente nuestra comprensión de que hemos sido adoptados como hijos e hijas y, también, de que podamos estar convencidos de la seguridad de la salvación. Es la obra del Espíritu intensificar nuestro sentido de la presencia permanente y amorosa del Padre y del Hijo (ver Jn. 14:15-23; Ro. 5:5; 8:15-17). Existen ocasiones en la vida cristiana cuando los creyentes se dan cuenta de que son más conscientes de lo normal de la presencia, amor y poder de Dios (ver Ef. 3:16-19; 1 Pedro 1:8). ¿Por qué se da este fenómeno? J.I. Packer lo explica:

«¿A qué se debe la existencia de esta experiencia intensa, la cual, lejos de ser un hecho definitivo, una bendición segunda [y última!], ocurre (¡gracias a Dios!) de vez en cuando? No siempre podemos explicar los tiempos y momentos que Dios elige para acercarse a sus hijos y hacer que sientan de una forma muy vívida la realidad de su amor. Después de esa experiencia, a veces podemos ser capaces de ver que era una preparación para el dolor, la perplejidad, la pérdida o para algún tipo de ministerio muy duro, pero en otros casos, solamente podemos decir: "Dios ha elegido mostrar su amor a su hijo, simplemente porque lo ama". Existen, asimismo, otras ocasiones cuando parece claro que Dios se acerca a los hombres porque éstos se acercan a Él (ver Santiago 4:8; Jer. 29:13, 14; Lc. 11:9-13, donde "dar el Espíritu Santo" significa "dar la experiencia del ministerio, la influencia y las bendiciones del Espíritu Santo"); y esta es la situación a la que nos referimos aquí.»[14]

Por lo tanto, no es tan sorprendente que Jesús nos anime a pedirle al Padre más del ministerio del Espíritu en nuestras vidas. En Lucas 11:13 dice: «Pues si vosotros siendo malos, sabéis dar buenas dádivas a vuestros hijos, ¿cuánto más vuestro Padre celestial dará el Espíritu Santo a los que se lo pidan?» ¿Pudiera ser que esta exhortación a orar para recibir el Espíritu Santo fluyera de su propia experiencia del Espíritu? ¿Pudiera ser que él mismo orara pidiendo unciones continuas y repetidas, pidiendo ser lleno de nuevo, o pidiendo una nueva experiencia de la presencia y el poder del Espíritu para sobrellevar su ministerio, de modo que también anima a sus seguidores a hacer lo mismo?[15] Donde Lucas dice que el Padre nos dará el

---

[14] James I. Packer, *Keep in Step With the Spirit* (Old Tappan, N.J.: Revell, 1984), 227.

[15] El mejor tratamiento del Espíritu Santo en la vida de Jesús lo encontramos en el libro de Gerald Hawthorne, *The Presence and the Power: The Significance of the Holy Spirit in the Life and Ministry of Jesus* (Dallas: Word, 1991). Ver también la obra de James D.G. Dunn,

"Espíritu Santo", Mateo dice que nos dará "buenas cosas". ¿Por qué esta diferencia? John Nolland sugiere lo siguiente:

> *«Véase que, dado que desde la perspectiva de la Iglesia primitiva posterior a Pentecostés, el don más importante que Dios nos da es el Espíritu, Lucas quiere que veamos que el amor de nuestro Padre no solo le lleva a preocuparse de nuestras necesidades diarias (como vemos en el Padre Nuestro), sino que incluso le lleva a ofrecernos el don más grande que nos podía dar.»*[16]

Dado que esta recomendación en Lucas 11:13 está dirigida a los creyentes, los "hijos" del "Padre", la entrega del Espíritu en respuesta a la oración no se puede referir a la experiencia inicial de la salvación personal. *Los que oran para recibir el Espíritu Santo no son las personas perdidas que necesitan que el Espíritu entre en ellos por vez primera, sino las personas que ya tienen al Espíritu y tienen necesidad de estar más llenos, de una plenitud mayor, una unción más poderosa que les capacite y les fortalezca para el ministerio.* De hecho, esta petición forma parte de las instrucciones acerca de la perseverancia y persistencia en la oración que comienzan en 11:1. En otras palabras, *debemos pedir y buscar de forma constante y persiste, en cada ocasión de necesidad, que Dios nos imparta de nuevo el poder del Espíritu.*

Tales textos disipan el concepto de un depósito del Espíritu único y definitivo, concepto que puede hacer sombra a la necesidad de unciones posteriores a la conversión. El Espíritu, que fue dado una vez y que ahora mora en cada creyente, nos es dado continuamente para mejorar e intensificar nuestra relación con Cristo y para fortalecer nuestros esfuerzos en el ministerio. Pero no es necesario etiquetar tales experiencias con la expresión «Bautismo del Espíritu».

b. El cese del cesacionismo

Ahora es el momento de tratar el tema de la perpetuidad de los llamados dones milagrosos. Es importante señalar que, de entrada, no todos los

---

J.D.G.; *Jesús y el Espíritu.* Un estudio de la experiencia religiosa y carismática de los primeros cristianos, tal como aparece en el Nuevo Testamento. Ediciones Secretariado Trinitario (Salamanca: Koinonía 9, 1981); Robert P. Menzies, *The Development of Early Christian Pneumatology with Special Reference to Luke-Acts* (Sheffield Academic Press, 1991)

[16] John Nolland, *Luke 9:21-18:34*, WBC (Dalls: Word, 1993), 632.

cesacionistas niegan la posibilidad de que ocurran fenómenos milagrosos después de la muerte de los apóstoles. Lo que la mayoría niega es la vigencia post-apostólica de lo que llaman "dones de revelación" (profecía, lenguas, interpretación de lenguas) y en particular del *charisma* de "milagros" mencionado por Pablo en 1 Corintios 12:10 (literalmente, "obras de poder").[17] Mientras que la mayoría de cesacionistas afirma la posibilidad de que existan los milagros (aunque con expectativas mínimas), lo que niega es que ese don esté presente en la vida de la Iglesia contemporánea.

De modo similar, muchos cesacionistas creen que Dios puede sanar a personas y que ocasionalmente lo hace, de manera sobrenatural. Pero el don de sanidad ya no está al alcance de la Iglesia. Una de las principales razones de tal doctrina es la concepción errónea acerca de los dones milagrosos. Muchos cesacionistas creen erróneamente que ser el receptor del "don de sanidad" o del "don de milagros" significa que alguien puede invariablemente ejercer el poder sobrenatural a discreción, en cualquier lugar, en cualquier momento, con el mismo grado de efectividad como lo hicieron los apóstoles. Cuando contrastan esto con la poca frecuencia y la ineficacia de los supuestos milagros que ocurren hoy en día, parece razonable pensar que tales *charismata* ya no están vigentes en la Iglesia. Sin embargo, esto no es lo que enseña el Nuevo Testamento sobre la naturaleza de estos dones. Retomaré el tema más adelante. De momento refiero al lector a los fragmente revelantes del libro de Jack Deere, *Surprised by the Power of the Spirit*.[18]

Es importante resaltar también que cuando hablo de señales, prodigios y fenómenos milagrosos accesibles para la Iglesia de hoy, estoy pensando

---

[17] Ver Norman Geisler, *Signs and Wonders* (Wheaton: Tyndale, 1988), 127-45. Uno estaría en apuros para encontrar una afirmación más explícita del cesacionismo que la proporcionada por Richard Mayhue en su libro, *The Healing Promise* (Eugene, Ore.: Harvest House, 1994): «*Las Escrituras enseñan que los milagros a través de agentes humanos tenían un propósito específico*. Tal propósito se centraba en la autentificación de profetas y apóstoles como verdaderos mensajeros de Dios. Cuando el canon de la Escritura se cerró con el Apocalipsis de Juan, ya no existía una razón para que Dios siguiera haciendo milagros a través de los hombres. Por lo tanto, tales milagros cesaron según las Escrituras» (184). Responderé a este argumento más tarde en mi artículo. Es importante resaltar que no es muy inteligente establecer una distinción entre lo que Dios hace a través de personas que tienen dones, y lo que hace sin ellos. Según el apóstol Pablo, es Dios quien (literalmente) «hace todas las cosas [por ejemplo, todo el *charismata*] en todos» (1 Co. 12:6). Incluso cuando las personas realizan milagros (o utilizan cualquier don espiritual), la fuente de energía siempre es Dios.

[18] Jack Deere, *Surprised by the Power of the Spirit* (Grand Rapids: Zondervan, 1992), 58-71, 229-52.

no solamente en que puedan darse actividades sobrenaturales extrañas, o sorprendentes actos de Providencia, sino en la vigencia actual de los dones milagrosos citados en 1 Corintios 12:7-10.

(1) Un argumento que antes yo citaba frecuentemente en defensa del cesacionismo es que las señales, milagros y prodigios no eran fenómenos regulares, ni siquiera en tiempos bíblicos. Más bien, estaban agrupados o concentrados en momentos clave de la revelación en la historia de la redención. John MacArthur es uno de los defensores de esta postura más reconocidos en la actualidad:

> *«Muchos milagros bíblicos ocurrieron en tres periodos relativamente cortos de la historia bíblica: en los días de Moisés y Josué, durante los ministerios de Elías y Eliseo, y en la vida de Cristo y los apóstoles. Ninguno de esos periodos duró más de 100 años. Cada uno de ellos fue testigo de una proliferación de milagros sin precedentes en otras eras. Aparte de estos tres intervalos, los únicos eventos sobrenaturales recogidos en las Escrituras fueron incidentes aislados.»*[19]

Podemos decir varias cosas en respuesta a este argumento. (a) Puede parecer que en estos tres periodos de la historia de la redención, los fenómenos milagrosos eran *más* predominantes que en otras épocas. Pero este hecho *no* demuestra que los fenómenos milagrosos no existieran en otras épocas, como tampoco demuestra que no pueda haber un incremento de los mismos en épocas posteriores.

(b) Para que este argumento tenga sustancia, debemos explicar no solamente por qué los fenómenos milagrosos predominaban en estos tres periodos, sino también por qué eran supuestamente infrecuentes, o utilizando el término de Mac Arthur, "aislados" en los periodos restantes. Si los milagros no eran frecuentes en otras épocas, teoría que aceptaré ahora solamente para poder rebatirla, deberían explicar por qué. ¿Podría ser que la relativa baja frecuencia de los milagros se debiera a la rebelión, la incredulidad y la apostasía de Israel a lo largo de gran parte de su historia (cf. Salmos 74:9-11; 77:7-14)? No olvidemos que incluso Jesús «no pudo hacer allí [en Nazaret] ningún milagro; solo sanó a unos pocos enfermos sobre los cuales puso sus manos» (Mc. 6:5), todo debido a su incredulidad (ante la cual, leemos que Jesús "estaba maravillado", vs. 6. La idea de la

---

[19] John F. MacArthur, *Charismatic Chaos* (Grand Rapids: Zondervan, 1992), 112. Una de las críticas más completas a los trabajos de MacArthur es *A Response to Charismatic Chaos*, de Rick Nathan (Anaheim: Association of Vineyard Churches, 1993)

aparente escasez de milagros en ciertos periodos del Antiguo Testamento pudiera deberse más a la terquedad del pueblo de Dios que a un supuesto principio teológico que establece como norma la escasez de manifestaciones sobrenaturales.

(c) *No existían los cesacionistas en el Antiguo Testamento.* Nadie en el Antiguo Testamento argumentó que debido a que los fenómenos milagrosos estaban "agrupados" en puntos concretos de la historia de la redención, no deberíamos esperar que Dios desplegara su poder en otro momento. Es más, *en ningún momento de la historia del Antiguo Testamento cesaron los milagros.* Puede que *disminuyeran*, pero esto solamente demuestra que en algunos periodos a Dios le complacía realizar milagros con más frecuencia que en otros periodos.

El hecho de que los milagros aparezcan a lo largo del curso de la historia de la redención, ya sea de manera esporádica o de otra forma, demuestra que los milagros nunca cesaron. Entonces, ¿cómo va a ser la frecuencia de los milagros en tres épocas de la historia un argumento a favor del cesacionismo? ¿Cómo puede ser que la existencia de milagros en cada época de la historia de la redención sirva como argumento en contra de la existencia de milagros en nuestra época? La aparición de fenómenos milagrosos a lo largo de la historia bíblica, a pesar de ser poco frecuente y aislada, no puede probar la *no aparición* de fenómenos milagrosos en tiempos post-bíblicos. La *continuación* de los fenómenos milagrosos *en aquel entonces no* es un argumento que pueda probar el *cese* de los fenómenos milagrosos *ahora*. El hecho de que en ciertos periodos de la historia de la redención se hayan recogido unos pocos milagros solamente demuestra dos cosas: que los milagros sí que tuvieron lugar, y que la narración bíblica recogió unos pocos; no demuestra que solamente ocurrieran unos pocos.

(d) La idea de que fuera de estos tres periodos especiales, los fenómenos milagrosos fueron aislados no es del todo correcta. Solamente se puede argumentar esto si limitamos mucho la definición de lo milagroso y eliminamos un gran número de hechos sobrenaturales recogidos que, de otra manera, podrían ser calificados de milagrosos. MacArthur insiste en que para considerarlos milagrosos, los hechos extraordinarios deben ocurrir «mediante un agente humano» y deben servir para "autentificar" el mensajero mediante el cual Dios está revelando ciertas verdades. Así, puede excluir cualquier fenómeno sobrenatural que no se dé a través de un agente humano y cualquier fenómeno que no tenga que ver con la revelación de Dios. Por lo tanto, si en el periodo de la historia de la redención que estemos considerando no se da ninguna revelación, ningún fenómeno sobrenatural de esa época podrá cumplir los criterios para ser considerado como un milagro. Con una definición tan limitada de lo que son los milagros es fácil decir que se dieron de forma aislada y poco frecuente.

Pero si hace falta un "agente humano" o una persona "con dones" para que un acontecimiento se considere milagroso, ¿qué diremos del nacimiento virginal y de la resurrección de Jesús? ¿Qué hay de la resurrección de los santos mencionada en Mateo 27:52-53, o de la liberación de Pedro de la cárcel en Hechos 12? La muerte instantánea de Herodes en Hechos 12:23, ¿deja de ser un milagro porque el agente fue un ángel? El terremoto que abrió la prisión donde estaban Pablo y Silas, ¿deja de ser un milagro porque Dios actuó directamente, sin utilizar un agente humano? La liberación de Pablo del veneno de una víbora (Hechos 28), ¿también deja de ser un milagro? Definir un milagro solamente como aquellos fenómenos milagrosos que implican a un agente humano es arbitrario. Esta definición se ha desarrollado principalmente porque ofrece una manera de reducir la frecuencia de los milagros en el relato bíblico.

Además ¿la revelación de Dios siempre ha ido acompañada de milagros para evidenciar que se trataba de una revelación divina? Es cierto que en muchos casos los milagros confirmaban y autentificaban al mensajero divino. Pero *reducir* el propósito de los milagros a esa función es ignorar las otras razones por las cuales Dios los ordenó. La asociación de lo milagroso con la Revelación divina sería un argumento a favor del cesacionismo solamente si la Biblia restringiera la función de los milagros exclusivamente a la verificación. Pero no es así, como veremos más adelante.

En mi opinión, el Antiguo Testamento revela un patrón coherente de manifestaciones sobrenaturales presente en el transcurso de la Humanidad. Además de la multitud de milagros durante la vida de Moisés, Josué, Elías y Eliseo, vemos muchos casos de actividad angélica, visitas sobrenaturales y de revelación, sanidades, sueños, visiones, etcétera. Una vez que nos desprendemos de la definición limitada de lo milagroso que vimos hace un momento, tenemos una imagen diferente de la vida religiosa del Antiguo Testamento.[20]

---

[20] Para leer una lista extensa de fenómenos milagrosos en el Antiguo Testamento, ver Deere, *Surprised by the Power of the Spirit*, 255-61. Podemos pensar en especial en Daniel, quien ministró en la primera mitad del siglo VI a.C., mucho antes que la época de Elías y Eliseo. No obstante, como Deere señala, «proporcionalmente, el libro de Daniel contiene más eventos sobrenaturales que los libros del Éxodo a Josué (los libros que relatan los ministerios de Moisés y Josué) y 1 Reyes hasta 2 Reyes 13 (los libros que hablan de los ministerios de Elías y Eliseo)» (263).

(e) Fijémonos en la declaración de Jeremías 32:20, en la que el profeta se dirige a su Dios diciendo: «realizaste señales y portentos en la tierra de Egipto *hasta este día*, y en Israel y entre los hombres, y te has hecho un nombre, como se ve hoy» (la cursiva es mía). Este texto nos alerta del peligro de usar el silencio como argumento. El hecho de que desde los tiempos del Éxodo hasta el Exilio, se recogieran pocos casos de señales y prodigios no significa que no ocurrieran, ya que Jeremías insiste en que sí ocurrieron. Podemos compararlo con el peligro que sería decir que Jesús no hizo ningún milagro en ningún período concreto de su vida, o que no lo hizo con mucha frecuencia, simplemente porque los Evangelios no los recogieron. Juan nos dice explícitamente que Jesús hizo «muchas otras señales... en presencia de sus discípulos, que no están escritas en este libro» (Jn. 20:30), junto con «muchas otras cosas» imposibles de recoger con detalle (21:25).

(f) La mayoría de cesacionistas insiste en que la profecía del Antiguo y la del Nuevo Testamento son la misma. También reconocen rápidamente que la profecía del Nuevo Testamento era un don "milagroso". Si la profecía del Antiguo Testamento tenía la misma naturaleza, entonces tenemos un ejemplo de un fenómeno milagroso que se da a lo largo de la historia de Israel. En cada época de la historia de Israel en la que existió actividad profética, existió actividad milagrosa. Entonces, ¿qué sucede con el argumento de que los milagros, incluso con la definición tan limitada, eran poco frecuentes y aislados?

Así que parece ser que el argumento cesacionista que apela a que los fenómenos milagrosos se daban por grupos, en momentos concretos y aislados en la historia de la redención, no es ni bíblicamente defendible, ni lógicamente creíble.

(2) Un segundo argumento al que yo solía recurrir es el siguiente: las señales, los prodigios y los dones milagrosos del Espíritu Santo (como las lenguas, la interpretación, la sanidad y el discernimiento de espíritus) fueron designados para confirmar, testificar y autentificar el mensaje apostólico. Me parecía lógico concluir, como Norman Geisler ha dicho, que «las 'señales de un apóstol' se acabaron con los tiempos de los apóstoles».[21] Es

[21] Geisler, *Signs and Wonders*, 118. Frecuentemente se cita Hebreos 2:3-4 en cuanto a este tema: «¿cómo escaparemos nosotros si descuidamos una salvación tan grande? La cual, después que fue anunciada primeramente por medio del Señor, nos fue confirmada por los que oyeron, testificando Dios juntamente con ellos, tanto por señales como por prodigios, y por diversos milagros y por dones del Espíritu Santo según su propia voluntad». Pero fijémonos en varios factores: (a) el autor no limita este texto a los apóstoles, palabra que no aparece en el pasaje. Aunque no tengo objeciones en interpretar que la

cierto que los milagros, señales y prodigios frecuentemente daban testimonio del origen divino del mensaje apostólico. Pero es un argumento persuasivo en contra de la validez temporal de tales fenómenos, solamente si logras demostrar dos cosas:

(a) Si logras demostrar que la autentificación o confirmación era el *propósito único y exclusivo* de tales demostraciones de poder divino. No obstante, no existe ningún texto inspirado en las Escrituras que lo haga. *En ningún lugar del Nuevo Testamento se reduce el propósito o la función de lo milagroso o los charismata al de la autentificación.* Lo milagroso, cualquiera que fuera su forma, podía tener varios propósitos distintos. Por ejemplo, estaba el propósito *doxológico*. Tal era la razón principal de la resurrección de Lázaro, como el mismo Jesús deja claro en Juan 11:4 (cf. vs. 40; cf. también 2.11: 9:3; Mat. 15:29-31). Los milagros también tenían un propósito *evangelístico* (Hech. 9:32-43). Gran parte del ministerio milagroso del Señor servía para expresar su *compasión* y *amor* por las multitudes doloridas. Sanó a los enfermos y alimentó a los cinco mil porque tuvo compasión de la gente (Mt. 14:14; Mc. 1:40-41).

frase "los que oyeron" incluye a los apóstoles, tampoco tenemos razones para restringirla a los apóstoles. No solo los doce oyeron a Jesús, hicieron milagros y ejercitaron dones espirituales; (b) el texto no identifica explícitamente de *qué* o de *quiénes* testificó Dios mediante las señales y los prodigios (en griego no aparece ningún pronombre que pueda darnos una pista), aunque lo más probable es que se trate del mensaje de salvación (vs. 3). Jesús fue el primero que proclamó el mensaje. Los que le oyeron lo confirmaron a los que no tuvieron el privilegio de oírlo de primera mano. Dios a su vez confirmó la veracidad de este evangelio con señales, prodigios y varios milagros, y los dones del Espíritu; (c) ¿Los milagros que confirmaban el mensaje solo los hicieron las personas que habían oído al Señor? Según el texto, cabe la posibilidad de que, cuando Dios testificó sobre el mensaje de salvación, lo hizo en medio y a través del autor de Hebreos y de su audiencia. El hecho de que sea un participio presente ("Dios también está testificando") al menos sugiere (aunque no exige) «que la evidencia corroborativa no se confinaba al acto inicial de predicación, sino que continuaba dándose en la vida de la comunidad») (William Lane, *Hebrews 1-8*, WBC [Dallas: Word, 1991]; (d) nada en el texto afirma que tales fenómenos milagrosos deban ser restringidos a aquellos que oyeron personalmente al Señor o a aquellos que lo oyeron de segunda mano. ¿Por qué no querría Dios continuar testificando del mensaje cuando otros lo predican en generaciones posteriores?; (e) Es curioso que se use *merismois* ("dones... distribuidos") en lugar del dativo plural de *charismas*. Quizás el autor no esté describiendo los "dones" per se, en cuyo caso, *pneumatos hagiou* puede ser un genitivo objetivo, dando a entender que el Espíritu mismo es lo que Dios dio o distribuyó a su pueblo (cf. Gál. 3:5). Si, por otro lado, se trata de "dones", fijémonos que distingue entre "varios milagros" (lit. "poderes", *dynamesin* y "dones" del Espíritu. Esto sugeriría que por "dones" se entendería más de lo que nosotros llamaríamos *charismata* milagrosos. ¿Está alguien preparado para restringir los dones al primer siglo, simplemente porque servían para autentificar y testificar del mensaje del Evangelio? Viendo estos factores, no creo que este pasaje respalde el cesacionismo.

Disponemos de varios textos que indican que uno de los propósitos primarios de los fenómenos milagrosos era *la construcción* y *la edificación* del Cuerpo de Cristo. En su libro, MacArthur dice que los continuistas «creen que los dones milagrosos espectaculares fueron dados para la edificación de los creyentes. ¿Confirma esto la Palabra de Dios? No. Más bien al contrario».[22] ¿Qué hacemos entonces con 1 Corintios 12:7-10, la lista que contiene lo que todos aceptamos como los dones milagrosos (como la profecía, las lenguas, la sanidad y la interpretación de lenguas)? Estos dones, según dijo Pablo, se distribuyeron a la Iglesia *"para el bien común"* (vs. 7), es decir, ¡para la edificación y beneficio de la Iglesia! Son principalmente, aunque no exclusivamente, los mismos dones que sirvieron como trasfondo para que Pablo animara (en vs. 14-27) a todos los miembros del Cuerpo a ministrarse los unos a los otros para edificarse mutuamente, insistiendo en que ningún don (ya sea de lenguas, sanidad o profecía) era menos importante que los otros.

También se debe explicar 1 Corintios 14:3, donde Pablo afirma que la profecía, uno de los dones milagrosos que aparecen en 12:7-10 sirve para edificar, exhortar y consolar a otros en la Iglesia. El que profetiza, dice Pablo en el versículo 4, «edifica a la Iglesia». Encontramos un énfasis similar en el versículo 5, donde Pablo dice que hablar en lenguas, cuando se interpreta, también edifica a la Iglesia. ¿Y qué hacemos con el versículo 26, en el que Pablo pide a los creyentes que cuando se reúnan estén preparados para ministrar con «salmo, enseñanza, revelación, lenguas, interpretación», ministerios designados *"para la edificación"*?

Si las lenguas nunca tuvieron como propósito edificar a los creyentes, ¿por qué Dios otorgó el don de la interpretación para que las lenguas pudieran usarse en una reunión de creyentes? Si las lenguas nunca tuvieron como propósito edificar a los creyentes, ¿por qué el mismo Pablo ejerció este don en privado para sus propios devocionales? (cf. 1 Co. 14:18-19, cuando sugiere, de manera casi exagerada, que casi nunca habla en lenguas en la Iglesia). Si Pablo casi apenas ejerció ese don en la Iglesia, pero no obstante hablaba en lenguas con más frecuencia, fluidez y fervor que nadie, más incluso que los corintios, tan dados a hablar en lenguas, ¿dónde lo hizo? Sin duda, debió hacer uso de este don en privado.

Lo que quiero decir es lo siguiente: *Todos* los dones del Espíritu, ya sean lenguas o enseñanza, profecía o misericordia, sanidad o ayuda, fueron dados, entre otras razones, para construir, edificar, animar, instruir, consolar

---

[22] MacArthur, *Charismatic Chaos*, 117.

y santificar el Cuerpo de Cristo. Por lo tanto, aun cuando el ministerio de los milagros para autentificar a los apóstoles y su mensaje hubiera cesado – idea que acepto solo para poder seguir con la argumentación - tales dones continuarían funcionando en la Iglesia por las demás razones mencionadas.

(b) Si logras demostrar que *solamente los apóstoles* llevaron a cabo señales, prodigios o ejercieron los llamados milagros *charismata*. Pero esto es lo contrario a lo que muestra el Nuevo Testamento. Otros que hicieron uso de los dones son (1) los setenta que fueron ordenados en Lucas 10:9, 19-20; (2) por lo menos 108 personas de entre las 120 que se reunieron en el aposento alto el día de Pentecostés; (3) Esteban (Hechos 6-7); (4) Felipe (cap. 8); (5) Ananías (cap. 9); (6) miembros de la iglesia de Antioquía (13.1); (7) nuevos conversos de Éfeso (19:6); (8) mujeres de Cesarea (21:8-9); (9) los hermanos anónimos de Gálatas 3:5; (10) creyentes de Roma (Romanos 12:6-8); (11) creyentes de Corinto (1 Co. 12-14); y (12) cristianos de Tesalónica (1 Tes. 5:19-20).

Más aún, cuando uno lee 1 Corintios 12:7-10, no parece que Pablo esté diciendo que los *charismata* solo se les dieran a los apóstoles. El Espíritu soberano dio dones de sanidad, milagros, lenguas y demás a cristianos normales de la iglesia de Corinto, para la edificación diaria del Cuerpo. El Espíritu se manifestó a granjeros, tenderos, amas de casa, del mismo modo que a los apóstoles, ancianos y diáconos; se manifestó a todos ellos "para el bien común" de la Iglesia.

Algunos lanzan un contra-argumento ante el hecho de que las señales, prodigios y los dones milagrosos en Hechos estaban estrechamente relacionadas con los apóstoles o con las personas que formaban parte del círculo apostólico. Pero recordemos que el libro de Hechos es, después de todo, los Hechos de los *apóstoles*. Lo titulamos así porque reconocemos que la actividad de los apóstoles es el tema principal del libro. El hecho de que un libro *diseñado* para relatar los hechos de los apóstoles describa las señales y prodigios que éstos hicieron no debería sorprendernos, pero tampoco deberíamos usarlo para construir un argumento teológico.

Más aún, decir que Esteban, Felipe y Ananías no cuentan porque están estrechamente relacionados con los apóstoles, no prueba nada. En Hechos, *todas las personas* tienen algún grado de relación con el grupo de apóstoles. Es difícil encontrar en el libro de Hechos una persona que tenga algún tipo de importancia y que no esté relacionada al menos con uno de los apóstoles. Pero, ¿no era la concentración de fenómenos milagrosos una característica de los apóstoles como representantes especiales de Cristo?

Por supuesto que lo era (cf. Hechos 5:12). Pero la frecuencia de los milagros realizados por los apóstoles no demuestra de ninguna manera que otros no hicieran también milagros.

En este punto llegamos a 2 Corintios 12:12. ¿No está diciendo el texto que los milagros son las "señales" de los apóstoles? Veremos que la respuesta es negativa. Pablo *no* dice que la insignia de un apóstol sean las señales, prodigios y milagros. La traducción de la NVI crea confusión, ya que afirma que «los distintivos de un apóstol – señales, prodigios y milagros –, se hicieron entre vosotros con toda perseverancia». Esta traducción nos lleva a pensar que Pablo está identificando los "distintivos" de un apóstol con los fenómenos milagrosos realizados entre los corintios. Pero el sustantivo "distintivos" (o "señales" en LBLA y RV) está en nominativo, mientras que «señales, prodigios y milagros» están en dativo. A diferencia de lo que muchos creen, Pablo *no* cree que las insignias de un apóstol son las señales, los prodigios y los milagros. Su punto de vista queda mejor plasmado si traducimos que «las señales de un verdadero apóstol fueron realizadas entre vosotros con toda perseverancia, por medio de [o mejor aún, acompañadas de] señales, prodigios y milagros» (NASB).

El argumento de Pablo es que las señales, prodigios y milagros acompañaron su ministerio en Corinto; fueron elementos vinculados a su labor apostólica.[23] Pero no eran por sí mismos «las señales de un apóstol». Para Pablo, las marcas distintivas de su ministerio apostólico eran, entre otras cosas: (a) el fruto de su predicación, es decir, la salvación de los corintios (cf. 1 Co. 9:1b-2, «¿No sois vosotros mi obra en el Señor? Si para otros no soy apóstol, por lo menos para vosotros sí lo soy; pues vosotros sois el sello de mi apostolado en el Señor.»; cf. 2 Co. 3:1-3); (b) su imitación de Cristo, en la santidad, la humildad, etc. (c. 2 Co. 1:12; 2:17; 3:4-6; 5:11; 6:3-13; 7:2; 10:13-18; 11:6, 23-28); y (c) su sufrimiento, dificultades, persecución, etc. (cf. 4:7-15; 5:4-10; 11:21-33; 13:4). Pablo desarrolló pacientemente estas "señales", que son las que marcan su autoridad apostólica, y que estuvieron acompañadas de las señales, prodigios y milagros que realizó.

Recordemos también que Pablo no se refiere a las "señales" de un apóstol o a los fenómenos milagrosos que acompañaron su ministerio como una

---

[23] El dativo instrumental es gramaticalmente posible, pero conceptualmente improbable. ¿Qué significaría decir que el sufrimiento, la santidad y la humildad se lograron *"por medio* de señales y prodigios"? El dativo asociativo, que designa las circunstancias, parece encajar mejor (cf. F. Blass y A. Debruner, *A Greek Grammar of the New Testament* [Chicago: Univ. of Chicago Press, 1961], 195, 198). El tema importante es que Pablo no iguala las marcas del apostolado con los milagros, sugiriendo que *solamente* lo primero hace lo último.

forma de diferenciarse de los cristianos que no eran apóstoles, sino de los falsos profetas que estaban confundiendo a los corintios (2 Co. 11:14-15, 33). Wayne Grudem llega a la siguiente conclusión: «En resumen, el contraste no está entre los apóstoles que podían hacer milagros y los otros cristianos que no los podían hacer, sino entre los apóstoles *cristianos* verdaderos, mediante los cuales el Espíritu Santo obraba, y los *no cristianos* que pretendían pasar por apóstoles, mediante los cuales el Espíritu Santo no hacía nada.»[24]

En ningún lugar Pablo sugiere que las señales y prodigios fueron exclusiva o únicamente apostólicos. Mi hija va a clases de baile, y lo que más le gusta es el ballet. Aunque solamente tiene diecisiete años, tiene los músculos de las pantorrillas increíblemente fuertes y bien desarrolladas. Por supuesto, puede decirse que la "señal" de una bailarina de ballet es tener unas pantorrillas fuertes. Pero nunca diría que las bailarinas son las únicas que tienen esa característica física. Simplemente quiero decir que si lo tomamos junto con otros factores, el desarrollo de sus pantorrillas nos ayuda a identificarla como una persona que baila sobre los dedos de los pies. De la misma forma, Pablo no dice que los apóstoles sean los únicos que realizan señales, prodigios y milagros, sino que esos fenómenos, junto con otras evidencias, deberían convencer a los corintios de que él era un verdadero apóstol de Jesucristo.

Por lo tanto, el hecho de que los fenómenos milagrosos y ciertos de los *charismata* sirvieran para atestiguar y autentificar el mensaje del Evangelio, no demuestra de ninguna manera que tales actividades queden obsoletas para la Iglesia después de la muerte de los apóstoles.

(3) El tercer argumento cesacionista tiene que ver con la valoración supuestamente negativa que muchos otorgan a la naturaleza, propósito e impacto de los prodigios, señales y milagros en el Nuevo Testamento. A mí me enseñaron, y me lo creí, que era una indicación de inmadurez espiritual buscar señales, que eso hablaba de una fe débil, nacida de la ignorancia teológica, que oraba por la sanidad de alguien o por una demostración de poder divino. Algunos son, incluso, muy radicales en sus opiniones. James Boice, en su contribución en el libro *Power Religion*, cita con aprobación el sentimiento de John Woodhouse, quien dice que «un deseo de futuras señales y milagros es pecaminoso y una marca de incredulidad».[25]

---

[24] Wayne Grudem, "Should Christians Expect Miracles Today? Objections and Answers from the Bible" en *The Kingdom and the Power*, ed. Gary S. Greig y Kevin N. Springer (Ventura, CA.: Regal, 1993, 67)

[25] James Montgomery Boice, "A Better Way: The Power of Word and Spirit", en *Power Religion*, ed. Michael Scott Horton (Chicago: Moody, 1992), 126.

Pero consideremos Hechos 4:29-31, que recoge esta oración de la Iglesia de Jerusalén:

> «Y ahora, Señor, considera sus amenazas, y permite que tus siervos hablen tu palabra con toda confianza, mientras extiendes tu mano para que se hagan las curaciones, señales y prodigios mediante el nombre de tu santo siervo Jesús.
> Después que oraron, el lugar donde estaban reunidos tembló, y todos fueron llenos del Espíritu Santo y hablaron la Palabra de Dios con valor.»

Este texto es importante como mínimo por dos razones: Muestra que es bueno orar por señales y milagros, y que no es malo ni un signo de desequilibrio mental o emocional pedirle a Dios demostraciones de su poder; también demuestra que no existe necesaria o inherentemente un conflicto entre los milagros y el mensaje, entre los prodigios y la palabra de la Cruz. Veamos estos puntos por orden.

(a) Buscar y orar para que haya demostraciones del poder divino de sanidad, milagros y prodigios es bueno, útil, y honra al Señor Jesucristo. Pero, ¿qué hay de Mateo 12:39 y 16:4? ¿No denunció Jesús a los perversos y adúlteros que "demandan" y "buscan" una señal (cf. 1 Co. 1.22)? Es cierto, pero fijémonos en aquellos a quienes se estaba dirigiendo y por qué los estaba denunciando. Eran escribas y fariseos *incrédulos*, no eran hijos de Dios. Aquellos que le pedían tales cosas a Jesús no tenían intención de seguirle. «Buscar señales de Dios es 'perverso y adúltero' cuando la demanda de evidencias viene de un corazón rebelde que simplemente quiere ocultar que es reticente a creer.»[26] Pedir señales es un pretexto para criticar a Jesús o contemplar desde la añoranza cómo se rebate lo sensacionalista. Pero esa no era la motivación de la Iglesia primitiva, y tampoco debe ser la nuestra. Quizás la siguiente ilustración nos ayude:

> «Si hace tiempo que mantenemos una relación sentimental con el mundo, y nuestro marido, Jesús, después de una separación larga, se acerca y nos dice "te quiero y quiero que vuelvas". Una de las mejores maneras de proteger nuestra relación adúltera con el mundo es decir: "Realmente tú no eres mi marido; en realidad no me quieres. Si no, demuéstramelo. Dame alguna señal". Si éste es el modo en el que pedimos una señal, somos una generación perversa y adúltera. Pero si nos acercamos a Dios con un corazón contrito, deseosos de obtener la vindicación de su gloria

---

[26] John Piper, "Signs and Wonders: Another View", *The Standard* (October 1991), 23.

y la salvación de los pecadores, entonces no somos perversos y adúlteros. Somos una esposa fiel, cuyo único deseo es honrar a su marido».[27]

¿Te acercas a Dios exigiéndole que realice un milagro, empujado por un corazón incrédulo que si no ve un espectáculo dice que no va a obedecer? ¿O te acercas humildemente, en oración, con un deseo de glorificar a Dios en la demostración de su poder, con el mismo deseo de ministrar su misericordia, compasión y amor a los necesitados? Dios condena la primera actitud, y ordena la segunda.

(b) El poder de las señales y prodigios no diluye el poder del Evangelio, como tampoco existe ninguna incoherencia inherente o conflicto sin solución entre los prodigios y la Palabra. No obstante, algunos acuden a Romanos 1:16 y 1 Corintios 1:18. 22-23, textos que afirman la centralidad de la cruz y el poder del Evangelio para salvar (verdades teológicas que todos nosotros, sin duda, afirmamos y defendemos). Pero el autor de estos pasajes es Pablo, el mismo hombre que describió su ministerio como un ministerio caracterizado por «el poder de señales y milagros, mediante el poder del Espíritu"» (Ro. 15:19), el mismo hombre que escribió 1 Corintios 12-14 y sobre el que trata casi todo el libro de Hechos, con todos sus fenómenos milagrosos. No es otro más que Pablo, cuyo mensaje y predicación no llegó «con palabras persuasivas de sabiduría, sino con demostración del Espíritu y de poder» (1 Co. 2:4). Y fue Pablo quien les recordó a los tesalonicenses que el Evangelio no había llegado a ellos «solamente en palabras, sino también en poder y en el Espíritu Santo y con plena convicción» (1 Ts. 1:5).

Si existe alguna incoherencia o conflicto inherente entre el mensaje y los milagros: ¿por qué estaba Dios confirmando «la palabra de su gracia concediendo [a los apóstoles] que se hicieran señales y prodigios por medio de sus manos» (Hechos 14:3)? *Si las señales y los prodigios diluyen la Gracia de la Palabra de Dios, si las señales y los prodigios reflejan una pérdida de confianza en el poder del Evangelio, entonces Dios no puede escaparse de la acusación de minar su propia actividad.* Si creemos que existe algún conflicto entre los prodigios y la Palabra, el problema está en nuestras mentes. No estaba en la de Pablo, ni mucho menos en la de Dios.

Las señales, prodigios y fenómenos milagrosos no podían salvar a nadie entonces, ni tampoco lo pueden hacer ahora. El poder para salvar reside en la obra del Espíritu Santo a través del Evangelio de la cruz de Cristo. Pero tales fenómenos milagrosos

---

[27] Ibíd.

«*pueden, si Dios quiere, hacer pedazos el caparazón del desinterés; pueden hacer pedazos el caparazón del cinismo; pueden hacer pedazos el caparazón de la falsa religión. Como cualquier buen testigo de la Palabra de la Gracia, esos fenómenos pueden ayudar al corazón hundido a fijar su mirada en el Evangelio, donde brilla la gloria del Señor, que se autentifica por sí misma y que salva almas.*»[28]

Fijémonos en que si hay una generación que tenía poca necesidad de autentificación sobrenatural, esa era la generación de la Iglesia primitiva. No obstante, oraban sin cesar para recibir señales y prodigios.

«*Esta era la generación cuya predicación (por medio de Pedro, Esteban, Felipe y Pablo) fue más ungida que la predicación de cualquier generación posterior. Si hay alguna predicación que era el poder de Dios para salvar y no necesitaba ir acompañada de señales y prodigios, era ésta. Es más, esta era la generación que ha contado con el mayor número de evidencias inmediatas y convincentes de la verdad de la resurrección. En Jerusalén aún vivían cientos de testigos que habían visto al Señor resucitado. Si hay alguna generación en la historia de la Iglesia que conoció el poder de la predicación y autentificación del Evangelio por medio de evidencias de primera mano de la resurrección, era ésta. Aún así, ésta también fue una generación que oraba apasionadamente a Dios para que extendiera su mano con señales y prodigios.*»[29]

Otras personas han opinado que las señales, prodigios y milagros engendran un espíritu triunfalista inconsecuente con el llamamiento a sufrir

---

[28] Ibíd. En su libro *The Final Word: A Biblical Response to the Case of Tongues and Prophecy Today* (Carlisle: Banner of Truth, 1993), O. Palmer Robertson crea una dicotomía innecesaria entre las señales y la Palabra cuando dice que «una fe fuerte en el poder de la verdad del Evangelio irá mucho más hacia la salvación de los pecadores que una confianza en lo milagrosamente deslumbrante. El patrón establecido y explícito de las Escrituras es que la proclamación clara de la verdad, más que el hacer milagros, es el método más efectivo para que el Evangelio se extienda» (83). Como hemos dicho antes, nadie afirma que los milagros sean más efectivos soteriológicamente hablando que el mensaje de la cruz. Pero un comentario de este tipo nos lleva a cuestionarnos tanto la teología como la sabiduría de prácticamente todos los evangelistas del Nuevo Testamento, incluyendo a Jesús (Jn. 5:36; 10:25, 37-38; 12:9-11; 14:11; 20:30-31), Felipe (Hechos 8:4-8), Pedro (9:32-43) y Pablo (Ro. 15:18-19). Mientras que sería erróneo sugerir que el evangelismo no acompañado de milagros es inferior, no se nos puede escapar la estrecha interrelación que hay en la Biblia entre los prodigios y la palabra de la cruz. Ver especialmente "Power Evangelism and the New Testament Evidence", en *The Kingdom and the Power*, ed. Gary S. Greig y Kevin Springer, 359-92: Wayne Grudem, *Power and Truth: A Response to the Critiques of Vineyard Teaching and Practice by D.A. Carson, James Montgomery Boice, and John H. Armstrong in "Power Religion"* (Anaheim: Association of Vineyard Churches, 1993), 19-28, 38-47.

[29] Piper, "Signs and Wonders", 23.

por causa del Evangelio. Aquellos que desean orar para recibir milagros, según sigue la acusación, no se toman seriamente la dolorosa realidad de vivir en un mundo caído. La debilidad, las aflicciones, la persecución y el sufrimiento son una parte inevitable del Reino que «todavía no está aquí». Pero cuando leo el Nuevo Testamento, *no encuentro ningún conflicto inherente entre las señales y el sufrimiento*, y tenemos que dejar que sea el Nuevo Testamento, y no cualquier telepredicador, el que dé forma a nuestra postura. Lo cierto es que Pablo no encontró incompatibilidades entre los dos, ya que ambos caracterizan su ministerio. Como C.K. Barret escribe: «los milagros no eran contradictorios con la *teología crucis* que [Pablo] proclamaba y practicaba, ya que se realizaban no en un contexto de éxito triunfante y prosperidad, sino en medio de las preocupaciones y los vilipendios que estaba obligado a soportar.»[30]

John Piper ha dicho que «el 'aguijón' [en la carne] de Pablo sin duda se le clavaba con más fuerza con cada sanidad que hacía.»[31] No obstante, las tribulaciones personales no le llevaron a renunciar a lo milagroso en su ministerio. Tampoco las demostraciones sobrenaturales del poder de Dios le llevaron a ver el mundo "color de rosa" y a tener un ingenuo punto de vista sobre la condición humana. Una vez más, si alguien quiere probar que las señales y el sufrimiento son incompatibles, para defender su posición tendrá que buscar evidencias fuera de la Biblia.

(4) Un cuarto argumento a favor del cesacionismo tiene que ver con la finalización, cierre y suficiencia del canon de las Escrituras. Las señales, prodigios y dones milagrosos acompañaron y autentificaron la verdad del Evangelio hasta que la última palabra de la Escritura canónica estuvo escrita. Entonces, según esta teoría, la necesidad de tales manifestaciones de poder divino cesó. La Biblia misma ha sustituido a los fenómenos milagrosos en la vida de la Iglesia.

Encontramos varios problemas con este argumento. (a) La Biblia no dice nada parecido. Ningún autor bíblico afirma que la Escritura escrita haya ocupado el lugar o, en cierto sentido, haya suplantado la realidad de las señales, prodigios y demás.

(b) ¿Por qué iba a acabar la presencia del canon completo con la necesidad de los fenómenos milagrosos? Si las señales, prodigios y el poder del Espíritu Santo eran esenciales para dar testimonio de la verdad del Evange-

---

[30] C.K. Barrett, *A Commentary on the Second Epistle to the Corinthians* (Nueva York; Harper & row, 1973), 321.

[31] John Piper, "The Signs of an Apostle", *The Standard* (Noviembre 1991), 28.

lio *en aquel entonces*, ¿por qué no iba a serlo *ahora*? En otras palabras, parece razonable asumir que los milagros que confirmaron el Evangelio en el primer siglo, donde quiera que era predicado, servirían igual para confirmar el Evangelio en los siglos posteriores, incluyendo el nuestro.

(c) Si las señales, prodigios y milagros eran esenciales aún cuando el Hijo de Dios estaba físicamente presente, ¡cuanto más en su ausencia! Sin duda, no estamos preparados para decir que la Biblia, a pesar de toda su gloria, puede hacer lo que Jesús no pudo hacer. Jesús pensó que era necesario utilizar los fenómenos milagrosos del Espíritu Santo para confirmar y dar testimonio de su propio ministerio. Si era esencial para él, ¡cuánto más para nosotros!. En otras palabras, si la gloriosa presencia del mismísimo Hijo de Dios no excluyó la necesidad de los fenómenos milagrosos, ¿cómo podemos decir que la posesión de la Biblia sí lo hace?

(5) Aún surge otro argumento de la Historia de la Iglesia: Si los llamados milagros o los dones del Espíritu Santo son válidos para los cristianos de épocas posteriores a las de los apóstoles, ¿por qué estaban ausentes de la historia de la Iglesia hasta su supuesta reaparición en el siglo XX?

(a) Opinar que tales dones no existían es ignorar un gran número de pruebas. Tras estudiar la documentación de la supuesta presencia de estos dones, D.A. Carson concluye que «existen suficientes pruebas de que alguna forma de 'dones carismáticos' continuaron esporádicamente a lo largo de los siglos de la Historia de la Iglesia, de modo que es inútil insistir, basándose en la doctrina, en que todos los ejemplos son falsos o fruto de la actividad demoníaca o la aberración psicológica.»[32]

(b) Si estos dones eran esporádicos, puede que haya otra explicación además de la teoría de que estaban restringidos al primer siglo. Debemos recordar que antes de la reforma protestante en el siglo XVI, el cristiano normal y corriente no tenía acceso a la Biblia en su propio idioma. La ignorancia bíblica estaba muy extendida. Era normal, pues, que la gente no

---

[32] Carson, *Manifestaciones del Espíritu*, op. cit.. En cuanto a este tema es especialmente útil la serie de artículos de Richard Riss, "Tongues and Other Miraculous Gifts in the Second Through Nineteenth Centuries", *Basileia* (1985). Ver también Ronald Kydd, *Charismatic Gifts in the Early Church* (Peabody, Mass.: Hendrickson, 1984); Kilian McDonnell y George T. Montangue, *Christian Initiation and Baptism in the Holy Spirit: Evidence from the First Eight Centuries* (Collegeville, Minn.: Liturgical Press, 1991); Cecil Robeck, *Prophecy in Carthage: Perpetua, Tertullian, and Cyprian* (Cleveland: Pilgrim Press, 1992); Stanley M. Burgess, "Proclaiming the Gospel With Miraculous Gifts in the Postbiblical Early Church" en *The Kingdom and the Power*, eds. Greig y Springer, 277-88; idem, *The Holy Spirit: Eastern Christian Traditions* (Peabody, Mass.: Hendrickson, 1984); Paul Thigpen, "Did the Power of the Spirit Ever Leave the Church?" *Charisma*, (septiembre de 1992), 20-29.

fuera consciente de los dones espirituales (su nombre, naturaleza y función) y que no los buscaran en oración o que no los reconociera, si éstos se manifestaban. Si los dones eran ocasionales (un punto en sí mismo abierto a debate), podía haberse debido tanto a la ignorancia y al letargo espiritual que éstos engendran, como a cualquier principio teológico que limita los dones a la época de los apóstoles.

(c) Creo que es muy posible que muchas iglesias que defendían el cesacionismo experimentaran estos dones, pero no les prestaran atención pensando que era como algo menor a la manifestación milagrosa del Espíritu Santo. El ministerio de Charles Spurgeon es un ejemplo. Consideremos el siguiente ejemplo extraído de su autobiografía:

> *«En una ocasión, predicando en una sala, señalé deliberadamente a un hombre en medio de la multitud y dije "El hombre allí sentado, que es un zapatero, tiene su tienda abierta los domingos. Estaba abierta el último día de reposo por la mañana, vendió por valor de nueve peniques, de lo que sacó cuatro peniques de beneficio ¡Vendió su alma al Diablo por cuatro peniques! Un misionero estaba en la ciudad dando un paseo, y se encontró a este hombre. Viendo que estaba leyendo uno de mis sermones, le preguntó: "¿Conoces a Spurgeon"? "Sí" dijo el hombre, "tengo muchas razones para conocerle; he ido a escucharle, y mediante su predicación, por la Gracia de Dios, me he convertido en una nueva criatura en Cristo Jesús. ¿Puedo decirte cómo sucedió? Fui a la reunión, me senté en el centro de la sala; Spurgeon me miró como si me conociera, y en su sermón me señaló y le dijo a la congregación que yo era un zapatero, y que abría mi tienda los domingos; y eso era cierto. Eso no me hubiera importado; pero también dijo que gané nueve peniques el domingo anterior, y que saqué cuatro peniques de beneficio. ¡Y eso también era cierto! ¿Cómo podía saberlo? Me di cuenta de que fue Dios mismo el que le habló a mi alma a través de él, así que cerré mi tienda al domingo siguiente. Al principio, me daba miedo ir a escucharle otra vez, y sobre todo que le contara más cosas a los demás sobre mí; pero después fui, y el Señor me encontró, y salvó mi alma.»*[33]

Entonces Spurgeon añade este comentario:

> *«Podría relatar, por lo menos, una docena de casos similares, en los que señalaba a una persona de la sala, sin tener ni la más mínima idea de quien era, o de que lo que decía era verdad; pero creía que el Espíritu era el que me movía a hablar así, y tan*

---

[33] Charles H. Spurgeon, *The Autobiography of Charles H. Spurgeon* (Londres: Curts & Jennings, 1899), 2:226-27.

sorprendente era mi descripción, que las personas se iban y les decían a sus amigos: "venid, ved al hombre que me ha dicho todas las cosas que he hecho; sin duda, debe haberlo mandado Dios a mi alma, o de otra forma no podría haber descrito mi situación con tanta exactitud". Y no solamente esto, sino que he conocido ocasiones en las que los pensamientos de los hombres han sido revelados desde el púlpito. En ocasiones he visto a personas dar un codazo a sus vecinos, porque habían recibido un golpe inesperado. Y se les ha oído decir al salir: "el predicador nos ha dicho lo que estábamos hablando entre nosotros al entrar"». [34]

Creo que este no es un ejemplo poco común de lo que el apóstol Pablo describe en 1 Corintios 14:24-25. Spurgeon ejerció el don de *profecía* (otros lo llamarían la *palabra de conocimiento*, 12:8), pero él no lo reconoció como tal. No obstante, esto no altera la realidad de lo que el Espíritu Santo realizó a través de él. Si examinamos la teología y el ministerio de Spurgeon, junto con los testimonios de sus contemporáneos y posteriores biógrafos, la mayoría sacaría la conclusión, motivada por la ausencia de referencias explícitas a *charismata* milagrosos como la profecía y la palabra de conocimiento, de que estos dones habían sido retirados de la vida de la Iglesia. ¡Pero el propio testimonio de Spurgeon apunta lo contrario!

(d) Si concedemos que ciertos dones espirituales han prevalecido menos que otros en la historia de la Iglesia, su ausencia puede deberse a la incredulidad, apostasía u otros pecados que solamente sirven para entristecer y apagar el Espíritu Santo. No deberíamos sorprendernos, pues, ante la poca frecuencia de dones milagrosos en periodos de la historia de la Iglesia marcados por la ignorancia teológica e inmoralidad personal.

Nadie extrae la conclusión de que, debido a la corrupción de la verdad soteriológica en los primeros 1400 años de Historia de la Iglesia, que la intención de Dios era que el Espíritu Santo dejara de iluminar y enseñar al pueblo en cuanto a esta doctrina vital. Lo mismo puede decirse del sacerdocio de todos los creyentes. ¿Por qué los cristianos sufrieron la ausencia de las bendiciones que esas verdades podían traer a la vida de la Iglesia? ¡Los que creen en el rapto pretribucional deben también explicar la ausencia de su amada doctrina del conocimiento colectivo de la Iglesia durante casi 1900 años!

Sin duda, la respuesta será que nada de esto demuestra que Dios quisiera que su pueblo ya no entendiera aquellos principios doctrinales. Y la relativa ausencia de ciertos dones espirituales durante el mismo periodo de la

---

[34] Ibíd, 227.

historia de la Iglesia no demuestra que Dios se opusiera a su uso o que hubiera negado su validez para el resto de la era actual. *Tanto la ignorancia teológica acerca de ciertas verdades bíblicas como la pérdida de las bendiciones que los dones espirituales aportan, no pueden ni deben ser atribuidas a la idea de que Dios pretendiera que tal poder y conocimiento solamente fueran para los creyentes de la Iglesia primitiva.*

(e) Finalmente, lo que haya ocurrido o no en la historia de la Iglesia no es la pauta definitiva mediante la cual juzgamos lo que deberíamos perseguir, por lo que deberíamos orar y lo que deberíamos esperar en la vida de las iglesias de hoy. El criterio final para decidir si Dios quiere conceder ciertos dones espirituales a su pueblo de hoy está en su Palabra. Es poco inteligente citar la supuesta ausencia de una experiencia en particular de la vida de un santo del pasado de la Iglesia como argumento para poner en duda la presente validez de esa experiencia. Tampoco el éxito o el fracaso de los cristianos en días pasados es la pauta definitiva para determinar lo que Dios quiere para nosotros hoy. Podemos aprender de sus errores y de sus logros. La única pregunta realmente importante para nosotros y para este tema es: "¿qué dice la Escritura?".

(6) Existe una razón más por la que permanecí durante años comprometido con el cesacionismo. Esta no se basa en ningún texto en particular ni en ningún principio teológico; no obstante, ejercía una influencia mayor en mi vida que las otras cinco razones. Al mencionar este hecho, no estoy diciendo, de ninguna manera, que los demás sean culpables de este error. No es una acusación; es una confesión. Estoy hablando del *miedo*: el miedo al emocionalismo, el miedo a lo desconocido, el miedo al rechazo de los que respeto y aprecio, y cuyas amistades no quería perder; el miedo a lo que sucedería cuando abandonara el control de mi vida y mis emociones completamente al Espíritu Santo, el miedo a perder el poco estatus dentro de la comunidad evangélica que tanto me había costado conseguir.

Estoy hablando del tipo de miedo que me forzaba a tener una agenda personal para distanciarme de cualquier cosa que tuviera el peligro de relacionarme con personas que yo creía que eran una vergüenza para el Cuerpo de Cristo. Era fiel al decimoprimero mandamiento del evangelicalismo: «No harás lo que los otros hacen mal». En mi orgullo, había permitido que ciertos extremistas ejercieran mayor influencia en mi ministerio que la propia Biblia. El miedo a ser etiquetado o relacionado de alguna manera con los elementos "poco atractivos" y "con pocos estudios" del cristianismo contemporáneo ejercieron un poder pernicioso sobre mi habilidad y mi deseo de ser objetivo al leer las Santas Escrituras. ¡Tampoco soy tan ingenuo como para pensar que mi entendimiento actual de las Escrituras esté libre de influencias subjetivas! Pero estoy seguro de que al menos el miedo, en esta forma, ya no tiene cabida.

Concluyendo, creo que todos los dones del Espíritu Santo son válidos para la Iglesia contemporánea por tres razones: (1) La Biblia no ofrece pruebas de que *no* lo sean. Este ha sido el eje fundamental de lo que ha precedido hasta ahora. No se trata solamente de un argumento basado en el silencio, pues el Nuevo Testamento calla en cuanto a la *presencia* de estos dones en la Iglesia. Comenzando con Pentecostés, y continuando a lo largo del libro de los Hechos, vemos que cuando el Espíritu era derramado sobre los nuevos creyentes, experimentaban la manifestación de los *charismata* del Espíritu. No hay nada que indique que este fenómeno estuviera restringido a aquellos creyentes y a aquella época. Parece, más bien, ser algo común y extendido en la Iglesia del Nuevo Testamento. Los cristianos de Roma (Ro. 12), Corinto (1 Co. 12-14), Samaria (Hch. 8), Cesarea (Hch. 10), Éfeso (Hch. 19), Tesalónica (1 Ts. 5) y Galacia (Gál. 3) experimentaron los dones milagrosos y de revelación. Es difícil imaginar que los autores del Nuevo Testamento pudieran haber dicho más claramente *a qué* iba a parecerse este cristianismo del nuevo pacto. Así que si los cesacionistas quieren probar que ciertos dones de un tipo especial han cesado, es su responsabilidad demostrarlo.

(2) El propósito final de cada don es edificar el Cuerpo de Cristo (1 Co. 12:7, 14:3, 26). No encuentro nada en el Nuevo Testamento, ni veo nada en la condición de la Iglesia de cualquier época que me lleve a creer que hemos superado la necesidad de edificación y, por lo tanto, no necesitamos la contribución de los *charismata*. Admito abiertamente que los dones espirituales fueron esenciales en el nacimiento de la Iglesia, pero ¿por qué iban a ser menos necesarios o importantes para su crecimiento continuo y su madurez?

(3) Me vienen a la mente tres textos. Primera de Corintios 1:4-9 sugiere que los dones del Espíritu están operativos «esperando ansiosamente la revelación de nuestro Señor Jesucristo.» (vs. 7). Efesios 4:11-13 fecha explícitamente la duración de los dones: serán necesarios «hasta que todos lleguemos a la unidad de la fe y del conocimiento pleno del Hijo de Dios, a la condición de un hombre maduro, a la medida de la estatura de la plenitud de Cristo» (vs. 13). El objetivo o fin por el cual los dones cesan es el nivel de madurez moral y espiritual que el cristiano individual y la Iglesia en conjunto solamente conseguirán al final de la presente época. A pesar de la controversia que todavía rodea al tema, sigo convencido de que 1 Corin-

tios 13:8-13 fecha el cese de los *charismata* en la perfección del estado eterno, consiguiente al regreso del Señor.

(4) Creo que estos dones han sido designados por Dios para caracterizar la vida de la Iglesia de hoy, por la misma razón que creo en la disciplina de la Iglesia de hoy, gobernada por un número de ancianos, cumpliendo con la Santa Cena y abrigando otras prácticas y patrones ordenados explícitamente en el Nuevo Testamento y que, en ningún lugar, se dice de forma explícita que sean temporales o que estén restringidos al primer siglo.

(5) No creo que el Espíritu Santo simplemente inaugure la nueva época y luego desaparezca. Él, junto con sus dones y frutos, caracteriza la nueva era. Como dice D.A. Carson, «la llegada del Espíritu no está asociada simplemente con el *amanecer* de la nueva era, sino con su *presencia*, no simplemente con Pentecostés, sino con todo el periodo desde Pentecostés hasta el regreso de Jesús, el Mesías».[35]

C. Dones específicos y vida de Iglesia

Me gustaría ahora centrarme particularmente en tres dones y usarlos para explicar cómo debe ser el funcionamiento de los dones en la Iglesia. Durante años, el centro del debate entre cesacionistas y carismáticos ha sido el tema de los dones de profecía, lenguas y sanidad. Si estos dones son para ahora, como he argumentado: ¿cómo deben funcionar en la vida del creyente y en el conjunto de la congregación?[36]

1. El don de profecía.

Haremos un par de comentarios en cuanto al don de profecía, su lugar en la Iglesia y la importancia que puede tener en aportar una guía subjetiva

---

[35] Carson, *Manifestaciones del Espíritu*, op.cit.. Ver también Max Turner, "Spiritual Gifts Then and Now", *VoxEv* 15 (1985): 7-64 8esp. 39-41).

[36] Enfatizo estos tres dones porque son el centro del debate actual. Al contrario de la percepción generalizada, ni la Viña, de la que yo soy parte, ni otros que se identifican con lo que se llama la Tercera Ola, se centran en profecías, lenguas y sanidades, y excluyen otros dones. La ayuda, la administración, el servicio, la enseñanza, la generosidad, la exhortación y las muestras de misericordia, entre otras cosas, no son menos esenciales para el funcionamiento correcto de la iglesia local. Un tratamiento excelente de los rasgos distintivos de la Tercera Ola lo encontrará en el libro de Rich Nathan y Keith Wilson, *Empowered Evangelicals: Bringing Together the Best of the Evangelic and Charismatic Worlds* (Ann Arbor: Servant, 1995).

al creyente en las decisiones cotidianas de la vida. Me gustaría comenzar con varias observaciones básicas sobre este don.[37]

La profecía siempre tiene sus raíces en la Revelación (1 Co. 14:30). No se basa en una corazonada, una suposición, una deducción, una adivinanza inteligente, o ni siquiera en la visión santificada. La profecía no se basa en la visión, intuición o iluminación personal. La profecía es el *relato* humano de una *revelación* divina. Es esto lo que distingue la profecía de la enseñanza. La enseñanza siempre se basa en un texto bíblico, canónico; la profecía siempre se basa en una revelación espontánea.

No obstante, aunque tiene sus raíces en la Revelación, la profecía puede no ser infalible. Esto suena contradictorio, y supone el mayor obstáculo para la aceptación del don de profecía en la Iglesia de hoy. «¿Cómo puede Dios revelar algo que contiene un error? ¿Cómo puede Dios, que es *infalible*, revelar algo que *no* lo es?» La respuesta es fácil. No puede. No lo hace.

La clave es reconocer que, con cada profecía existen cuatro elementos, de los cuales solamente uno proviene directamente de Dios: (1) existe la misma *revelación*, (b) la *percepción* o *recepción* de la revelación por parte del creyente, (c) la *interpretación* de lo que ha sido anunciado o el intento de averiguar su significado, (d) y la *aplicación* de la interpretación. Dios solamente es responsable de la revelación. Lo que él revela a la mente humana está libre de errores. Es tan infalible como Él. No contiene falsedades; es cierto en todas sus partes. Sin duda, la revelación, que es la raíz de todas las manifestaciones proféticas genuinas, es tan infalible como la Palabra escrita (la Biblia). Si pensamos en este elemento de la revelación, el don profético del Nuevo Testamento no difiere del don profético del Antiguo Testamento.

El error entra cuando el receptor humano de la revelación *malinterpreta* y/o aplica *mal* lo que Dios ha revelado. El hecho de que Dios haya *hablado* perfectamente no significa que los seres humanos hayan *oído* perfectamente. Puede que interpreten y apliquen lo que Dios ha revelado sin error. Pero la mera existencia de una revelación divina no garantiza que la interpretación o aplicación de la verdad revelada comparta la perfección de la revelación.

---

[37] Podemos encontrar discusiones útiles sobre este don en Wayne Grudem, *The Gift of Prophecy in the New Testament and Today* (Westchester: Crossway, 1988); Graham Houston, *Prophecy: A Gift for Today?* (Downers Grove, Ill.: InterVarsity, 1989), Bruce Yocum, *Prophecy* (Ann Arbor Servant, 1976); David Pytches, *Prophecy in the Local Church* (London: Holder & Stoughton, 1993). Para ver un estudio de las diferentes perspectivas entre los continuistas, ver Mark J. Cartledge, "Charismatic Prophecy: A Definition and Description", *JPT* 5 (1994): 79-120.

Este puede ser el caso de Hechos 21, donde el Espíritu Santo evidentemente reveló a algunos discípulos en Tiro que Pablo sufriría si iba a Jerusalén. Su aplicación sincera, pero equivocada, de esta revelación fue decirle a Pablo ("mediante el Espíritu", vs. 4) que no fuera, un consejo que él desobedeció directamente (cf. 20:22). También mencionaré brevemente el caso frecuentemente tratado de Agabo y su profecía sobre la forma del arresto de Pablo (21:11), dos elementos que fueron erróneos: fueron los romanos los que apresaron a Pablo, no los judíos [21:33; 22:29]; y lejos de que los judíos entregaran a Pablo a los gentiles, tuvieron que salvarle de ellos a la fuerza [21:31-36]. Los que insisten en que el don del Nuevo Testamento no es menos infalible que su paralelo del Antiguo Testamento deben explicar aquí esta mezcla de acierto y error. En este punto, solamente he oído que los continuistas somos «demasiado pedantes»[38] o culpables de «ser demasiado precisos».[39] Sin embargo, parece que los estándares estrictos que se aplicaban en el Antiguo Testamento son ahora convenientemente ampliados en el Nuevo Testamento, con la presión de un pasaje que no encaja en la teoría cesacionista. ¿No será más bien que la profecía del Nuevo Testamento es, en ocasiones, falible y que por lo tanto debe ser juzgada cuidadosamente (1 Co. 14:29; 1 Ts. 5:19-22)?

Aunque la profecía del Nuevo Testamento no conlleva de forma intrínseca autoridad divina, es eminentemente aprovechable y debe ser valorada (1 Co. 14:1, 39, 1 Ts. 5:20). Para muchos, el hecho de que las manifestaciones proféticas del Nuevo Testamento no posean la misma autoridad divina intrínseca que la profecía del Antiguo Testamento, hace que la primera se convierta en insignificante, que no sirva para la edificación. La respuesta se encuentra comparando el don de profecía con el don de enseñanza.

Cuando las personas ejercen el don espiritual de la enseñanza, su ministerio tiene sus raíces en la Revelación divina (la Biblia) y se sostiene por el

[38] Gaffin, *Perspectives*, 66

[39] Robertson, *The Final Word*, 114. Brian Rapske (*The Book of Acts and Paul in Roman Custody*, vol. 3 de *The Book of Acts in Its First Century Setting* [Grand Rapids: Eerdmans, 1994], 409-10) nos pide que creamos que los relatos del arresto en Hechos 21:27-33 son una versión condensada. La versión supuestamente completa habría incluido los detalles concernientes a cómo Pablo cayó en manos de los romanos. Pero, ¿es inteligente basar nuestro punto de vista en lo que Lucas *no* dijo? Sin duda, Lucas estaba al tanto de la contradicción que había en su relato escrito entre la profecía y su "cumplimiento". ¿Debemos creer que pudo haber eliminado fácilmente esta confusión, pero que no quiso hacerlo? También, la sugerencia de que 28:17 se refiere al cumplimiento de la profecía de Agabo es una suposición errónea: Pablo describe cómo le transfieren "fuera de" (*ek*) Jerusalén para hacerle comparecer ante el sistema judicial romano de Cesarea (23:12-35), y no los hechos asociados con la escena de la turba en 21:27-36.

Espíritu Santo. Todos admitimos que tal enseñanza edifica a la Iglesia, *aunque el maestro se equivoque en ocasiones o tenga algún error*. Lo que dice el maestro tiene autoridad divina solamente en un sentido secundario, por derivación. La enseñanza no tiene una autoridad divina intrínseca; solamente la Biblia la tiene. Al igual que con el don de profecía, en toda enseñanza se incluye la Revelación (el texto bíblico), la interpretación y la aplicación. Solamente la Revelación es infalible. El maestro puede malinterpretar o aplicar erróneamente la Palabra de Dios, infalible y libre de error. Pero no rechazamos el don espiritual de la enseñanza simplemente porque el maestro a veces (o incluso con frecuencia) se pueda equivocar.

La profecía, no menos que la enseñanza, está sustentada por el Espíritu y basada en la Revelación de Dios. De algún modo, más allá del sentido ordinario de la percepción, Dios *revela* algo a la mente del profeta, algo que no está en las Escrituras (pero nunca contrario a las Escrituras). Ya que Dios nunca se equivoca, sabemos que esta revelación es verdadera y libre de error. Pero el don de profecía no garantiza la *transmisión* infalible de tal revelación. El profeta puede *percibir* la revelación imperfectamente, puede *entenderla* imperfectamente y consecuentemente, puede comunicarla imperfectamente. Por eso, Pablo dice que vemos como en un espejo, veladamente (1 Co. 13:12). El don de profecía puede acabar en profecía *falible*, igual que el don de enseñanza puede resultar en enseñanza falible. Por lo tanto, si una enseñanza (don que puede ser falible) puede edificar y construir la Iglesia, ¿por qué no puede ser buena la profecía para la edificación (ver 1 Co. 14:3, 12, 26), aun cuando ambos dones no estén exentos de la imperfección humana y necesiten ser examinados?

La exactitud de las manifestaciones proféticas variarán en proporción a la intensidad del don y de la fe del que hable. En Romanos 12:6 (uno debe profetizar "en proporción a la fe"), Pablo parece estar diciendo que «algunos que tenían el don de la profecía tenían una mayor medida de fe (es decir, una confianza o seguridad de que el Espíritu Santo obraría o estaba obrando para traer la revelación que sería la base de la profecía)».[40] En otras palabras, siempre habrá grados mayores y menores de habilidad profética y, consecuentemente, grados mayores y menores de precisión profé-

---

[40] Wayne Grudem, *The Gift of Prophecy in the New Testament and Today*, 208. Ver también David Hill, *New Testament Prophecy* (Atlanta: John Knox, 1979), 119; James D.G. Dunn, *Jesús y el Espíritu*, p. 339. Se puede argumentar un caso sobre la interpretación de *he pistis* ("la fe") como las verdades objetivas enmarcadas en la tradición del Evangelio. Thomas Gillespie (*The First Theologians: A Study in Early Christian Prophecy* [Grand Rapids: Eerdmans, 1994] acude a otros tres textos paulinos en los que cree que *pistis* con el artículo definitivo

tica (la cual, según parece razonable asumir, variará dependiendo de las circunstancias personales). Por lo tanto, el profeta debe hablar en proporción a la seguridad y confianza de que lo que habla procede verdaderamente de Dios. Los profetas no deben hablar más allá de lo que Dios ha revelado; deben tener cuidado y no hablar nunca según su propia autoridad o sus propios recursos.

El contenido principal de la mayoría de manifestaciones proféticas se define por el efecto que produce. Las manifestaciones proféticas pueden *edificar, exhortar* y *consolar* (1 Co. 14:3). Pueden *convencer*, cuando los secretos del corazón del pecador *quedan al descubierto* (14:24-25). Pueden *enseñar* (14:31). Pueden, en ocasiones, ofrecer *dirección para el ministerio* (Hechos 13:1-3), contener *advertencias* (21:4, 10-14) o presentar *oportunidades*. Incluso pueden *identificar e impartir dones espirituales* (1 Ti. 4:14).

Todo el ministerio profético debe estar sujeto a la supervisión y dirección del liderazgo pastoral. Frecuentemente, una persona con don profético recibirá la revelación con tal claridad y poder espiritual que su pasión por profetizar será más fuerte que su paciencia. Un profeta puede estar tentado a extraer la conclusión de que la dinámica sobrenatural de la experiencia reveladora, en la que él o ella oye la voz de Dios sin mediadores, está exenta de la guía bíblica para la comunicación y el ministerio en el Cuerpo de Cristo. Esta creencia solo puede llevar al desastre.

El hecho de que en ningún texto del Nuevo Testamento se describa a los profetas con autoridad eclesial está relacionado con este principio. El liderazgo de la Iglesia es responsabilidad de los ancianos. El Nuevo Testamento nunca dice «estad sujetos a los profetas», sino «estad sujetos a los ancianos» (1 Pedro 5:5; cf. He. 13:17). Pablo no fue de ciudad en ciudad ordenando profetas, sino ancianos (Hechos 14:23; 20:17; 1 Ti. 5:17, Tito 1:5; cf. 1 Pedro 5:2). Mientras que es bueno que algunos ancianos/pastores tengan dones proféticos, éste no es un requisito para ostentar un cargo de liderazgo. Los ancianos deben ser «aptos para *enseñar*» (1 Ti. 3.2), no aptos para profetizar.

---

alude al contexto de la fe (aunque en Rom. 10:8 es dudoso). Concluye que «Gálatas 1:23, Romanos 10:8 y Filipenses 1:27 sugieren que Pablo utiliza *he pistis* para denotar el contenido de la creencia cristiana, y que está pensando en la sustancia y estructura del Evangelio. Esto significa que en Romanos 12:6b, la profecía es (1) llevada a la órbita de la proclamación del Evangelio y (2) sujeta al estándar ofrecido por el contenido del mensaje» (61). No obstante, si éste fuera el significado al que Pablo está apuntando, se trataría de un uso excepcionalmente raro de *pistis*.

Finalmente, deberíamos evitar buscar o depender del don de la profecía para tomar las decisiones cotidianas de la vida.[41] Dios no pretende que el don de profecía sea utilizado como la manera *normal* de tomar decisiones en cuanto a su voluntad. ¿Cómo se ve el apóstol Pablo a sí mismo y a nosotros, a la hora de tomar decisiones sobre la voluntad de Dios? Consideremos las siguientes declaraciones de Pablo: «Pero *creí necesario* [por ejemplo, *calculé*] enviaros a Epafrodito» (Fi. 2:25). Pablo no aludió a una revelación de Dios, sino que calculó la situación, sus circunstancias, los principios de las Escrituras, las necesidades tanto de Epafrodito como de los creyentes de Filipos, y tomó una decisión.

Un ejemplo más. Pablo escribe: «Para vergüenza vuestra lo digo. ¿Acaso no hay entre vosotros un hombre *sabio que pueda juzgar* entre sus hermanos...?» (1 Co. 6:5). Para los corintios, entre los que no había escasez de personas con don profético, Pablo les da este consejo: encontrad a alguien con *sabiduría santificada* que pueda arreglar vuestras disputas.

En cuanto a sus planes de viaje, Pablo escribe: «Y si *es conveniente* que yo también vaya, irán conmigo» (1 Co. 16.4). No es una revelación profética lo que le lleva a Pablo a tomar esa decisión, sino una evaluación sobria de lo que es *adecuado* o *aconsejable* en vista de las circunstancias y lo que cree que agradará a Dios.[42]

Consideremos también estas palabras de consuelo del apóstol: «Y esto pido en oración: que vuestro amor abunde más y más en *conocimiento verdadero y en todo discernimiento, a fin de que escojáis lo mejor*» (Fil. 1:9-10a). «No hemos cesado de orar por vosotros y de rogar que seáis llenos del conocimiento de su voluntad *en toda sabiduría y comprensión espiritual*» (Col. 1:9). Si queremos conocer la voluntad de Dios, debemos llenarnos con sabiduría y conocimiento espiritual. Finalmente: «y no os adaptéis a este mundo, sino transformaos *mediante la renovación de vuestra mente, para que verifiquéis cuál es la voluntad de Dios*: lo que es bueno, aceptable y perfecto.» (Ro. 12:2). Pablo anuncia que para *reconocer* la voluntad de Dios, nuestro Creador nos ha dado una mente que debemos usar para examinar, verificar y aceptar lo que Él quiere.

---

[41] Estoy en deuda con John Piper por estas observaciones sobre la profecía y la guía. Todas las cursivas en los textos bíblicos citados en estos párrafos han sido añadidas.

[42] Esto no quiere decir, no obstante, que Pablo nunca estuviera guiado en sus viajes por revelación divina (ver Hechos 16:6-10), ni tampoco quiere decir que Dios nunca haga lo mismo con nosotros.

2. Dones de sanidades

He querido que el título refleje que, en griego, ambas palabras están en plural y no van acompañadas del artículo definido (*charismata iamaton*).[43] Evidentemente, Pablo no esperaba que una persona recibiera un don de sanidad que fuera operativo en todas las ocasiones y para todas las enfermedades. Su lenguaje da lugar a dos posibilidades: o está hablando de diferentes dones o poderes de sanidad, cada uno apropiado y eficaz para la enfermedad correspondiente, o de que cada caso de sanidad constituye un don distinto a los demás.

Uno de los obstáculos principales para entender la sanidad apropiadamente es la concepción errónea de que si *alguien puede sanar alguna vez, siempre podrá sanar*. Pero en vista de la grave enfermedad de Epafrodito (Fi. 2:25-30), Timoteo (1 Ti. 5:23), Trófimo (2 Ti. 4:20) y quizás el mismo Pablo (2 Co. 12:7-10; Gál. 4:13), es mejor ver este don sujeto a la voluntad de Dios, no a la voluntad del ser humano. Una persona puede tener el don de sanar a muchas personas, pero no a todas. Otro puede tener solo el don de sanar a una persona en una ocasión particular de una enfermedad particular. Cuando a las personas se les pide que oren por los enfermos, frecuentemente se les oye responder: «No puedo. No tengo el don de sanidad.» Pero si mi interpretación de Pablo es correcta, el Espíritu puede distribuir soberanamente un *charisma* de sanidad para esa ocasión, a pesar de que las oraciones previas pidiendo la restauración física en las mismas circunstancias no hayan obtenido respuesta. Los "dones de sanidades", por lo tanto, son ocasionales y están sujetos a los propósitos de Dios.

Puede existir también una estrecha conexión entre los dones de sanidades y el don de fe, que precede al resto de dones en la lista que Pablo hace de los *charismata*. El *don* de fe no se refiere a la fe de la justificación (que todos los cristianos tienen) o a la confianza continua que sirve como base para nuestra relación diaria con Dios. Más bien, ésta es una fe especial que «permite al creyente confiar que Dios le dé ciertas cosas que él/ella no puede reclamar de las promesas divinas recogidas en las Escrituras, o de alguna situación fundamentada en la estructura del Evangelio.»[44] En otras palabras, es la «habilidad

---

[43] Aunque ya había rechazado el cesacionismo antes de escribir *Healing and Holiness* (Phillipsburg, NJ.: Presbyterian and Reformed, 1990), el triste efecto que tuvo tal volumen fue el de desanimar a las personas a orar para pedir sanidad y a tener algún grado de esperanza. A pesar de que mantengo mucho de lo que dije en ese libro, ya no me siento cómodo recomendándoselo a las personas que se interesan por ese tema. Mi punto de vista actual se ve mejor representado en *Surprised by the Power of the*, de Jack Deere.

[44] Carson, *Manifestaciones del Espíritu*, op. cit..

dada por Dios, sin falsedades o exhortaciones llenas de tópicos, para creer lo que realmente no crees, para esperar de Dios ciertas bendiciones que *no* están prometidas en las Escrituras».[45] El don de fe es la misteriosa oleada de confianza que crece en una persona en una situación en particular de necesidad o reto y que da una extraordinaria certeza y seguridad de que Dios está a punto de actuar, mediante palabra o acción.

Un ejemplo personal ilustrará lo que estoy diciendo. Un domingo, una pareja se acercó después del culto y pidió a los ancianos de nuestra Iglesia que ungieran a su bebé y que oraran por su curación. Después del culto, nos reunimos en una habitación y yo ungí al niño con aceite. No recuerdo el término médico de su enfermedad, pero a los seis meses de vida, tenía una grave alteración hepática que requería cirugía inmediata, seguramente un trasplante, si nada cambiaba. Mientras orábamos, algo extraño sucedió. Cuando imponíamos nuestras manos sobre este niño y orábamos, me vi a mí mismo lleno de repente de una seguridad desbordante e inequívoca de que sería curado. No me lo esperaba. Recuerdo que intenté dudar, pero no pude hacerlo. Oré confiadamente, lleno de una fe inamovible e innegable. Me dije a mí mismo: «Señor, realmente vas a curarle». Aunque la familia abandonó la habitación sin demasiada certeza, yo estaba absolutamente *seguro* de que Dios le había curado. A la mañana siguiente, el doctor lo confirmaba. Estaba totalmente curado y en la actualidad es un chico sano y feliz.

Quizás entonces, "la oración de fe" a la que Santiago (Santiago 5:15) se refiere no es simplemente una oración que se haga sin más, sino una oración única y motivada divinamente por la convicción del Espíritu de que Dios pretende curar a la persona por la que estamos orando. La fe necesaria para la sanidad es, en sí misma, un don de Dios, entregado soberanamente cuando Él quiere. Cuando Dios decide curar, produce una fe o confianza en los corazones de los que oran, de modo que ésa es precisamente su intención. El tipo particular de fe a la que se refiere Santiago, en respuesta a la cual Dios sana, no es del tipo que podamos ejercer por nuestra propia voluntad. Es el tipo de fe que podemos ejercer solamente cuando Dios quiere. Por lo tanto, no hay razones para pensar que si yo hubiera orado por otro niño enfermo el mismo día, necesariamente se hubiera sanado. El hecho de que recibiera el don de sanidad en esta ocasión no garantiza que mi oración tenga el mismo éxito en otro caso.

Muchos en la Iglesia de hoy dicen que creen que Dios sigue curando, pero viven como deístas funcionales que raramente, si acaso lo hacen algu-

[45] Ibíd.

na vez, ponen sus manos sobre el enfermo y oran con esperanza de que sane. Jesús puso sus manos sobre los enfermos (Lucas 4:40), como hicieron en la Iglesia primitiva (Hechos 9:17; 28:7-8; cf. Marcos 16:18). Nosotros deberíamos hacer lo mismo.

La gente confunde en ocasiones el orar *con esperanza o expectación*, con el orar *con osadía o atrevimiento*. La oración es *osada o presuntuosa* cuando la persona dice que va a sanar sin tener una revelación que así se lo garantice[46] o sobre la presunción no bíblica de que Dios *siempre* quiere sanar. Así, cuando la sanidad no tiene lugar, lo achacan al pecado moral o a la falta de fe (normalmente de la persona por la que se ora). Por otro lado, las personas oran *con esperanza y expectación* cuando le piden humildemente a un Dios misericordioso algo que no merecen, pero que a Él le agrada dar (Lucas 11:9-13; cf. Mt. 9:27-31; 20:29-34; Lucas 17:13-14). La oración expectante nace del reconocimiento de que Jesús sanó a las personas porque las amaba y porque tenía compasión de ellas (Mt. 14:13-14; 20:34; Marcos 1:41-42, Lucas 7:11-17). No hay nada en las Escrituras que indique que esta disposición ha cambiado. En otras palabras:

«Si el Señor sanó en el primer siglo porque estaba motivado por la compasión y misericordia de los que sufren: ¿por qué pensar que iba a retirar esta compasión después de la muerte de los apóstoles? ¿Por qué pensar que ya no siente compasión por los leprosos o las personas que se mueren a causa del SIDA? ¿Por qué pensar que ahora se contenta con demostrar esa compasión dando gracia para aguantar el sufrimiento, en lugar de dar gracia para curar? Si Jesús y los apóstoles sanaron en el primer siglo para dar gloria a Dios, ¿por qué pensar que Dios ha desechado uno de los principales instrumentos que usaba para darse gloria a sí mismo y a su Hijo en el Nuevo Testamento?»[47]

---

[46] Al decir "garantía de revelación" quiero decir tanto una declaración bíblica explícita que apunte a una seguridad objetiva sobre una curación inminente, o una revelación interior por medio de una palabra de conocimiento (cf. Hechos 14:8-10), de una profecía o mediante un sueño o visión.

[47] Deere, *Surprised by the Power of the Spirit*, 131. Ver también John Wimber, *Power Healing* (San Francisco: Harper & Row, 1987); David C. Lewis, *Healing: Fiction, Fantasy or Fact?* (Londres: Hodder & Stoughton, 1989); John Christopher Thomas, "The Devil, Disease and Deliverance: James 5:14-16", *JPT* 2 (1993): 25-50.

3. El don de lenguas

a. El propósito de orar en el Espíritu

En primer lugar, hablar en lenguas es un tipo de *oración*. En 1 Corintios 14:2 Pablo dice que hablar en lenguas es hablar "a Dios" (ver también el versículo 28). De nuevo, en los versículos 14 y 15, se refiere explícitamente a "orar" en lenguas u "orar" con (por) su Espíritu. Por lo tanto, hablar en lenguas es una forma de comunicarse con Dios en súplica, petición e intercesión. Según 1 Corintios 14:16, orar en lenguas es una forma perfectamente legítima para expresar gratitud plena a Dios. No hay nada en la Biblia que indique que las personas que hablan en lenguas pierdan el control, no se den cuenta de lo que les rodea o que se vean envueltas en una condición enloquecida en la que pierden su personalidad y la capacidad de pensar de forma racional. La persona que habla en lenguas puede comenzar y parar según su voluntad (1 Co. 14:15-19, 27-28; cf. 14:32). Existe una gran diferencia entre una experiencia "extática" y una experiencia "emocional". Hablar en lenguas es a menudo (pero no siempre) altamente emocional, da paz y gozo, pero eso no significa que lleve al éxtasis.

Hablar en lenguas también es una forma de *edificarse* a uno mismo (1 Co. 14:4) y, al contrario de lo que algunos dicen, no es malo. Estudiamos la Biblia para edificarnos. Oramos para edificarnos. Innumerables actividades cristianas son formas de edificarse. ¡Y en Judas 20 se nos ordena edificarnos orando en el Espíritu!

Cada don del Espíritu, de una forma u otra, edifica al que lo utiliza. No es maligno, a no ser que la edificación personal se convierta en un fin en sí misma. Si mi don me edifica de modo que me vuelvo más maduro, sensible, comprensivo, entusiasta y santo y, por lo tanto, mejor preparado para ministrar a otros (1 Co. 12:7), ¿por qué protestar? El hecho de que el propósito final de los dones sea el bien común no excluye otros efectos secundarios de cada manifestación. Es más, la edificación por hablar en lenguas no puede ser mala, o Pablo no habría alentado su uso en 1 Corintios 14:5a. Y lo que tiene en mente son lenguas sin interpretación, ya que lo contrasta con la profecía, insistiendo en que ésta última es más útil para edificar a los demás (a menos que, por supuesto, el hablar en lenguas sea interpretado, v. 5b).[48]

---

[48] Ver Frank D. Macchia, "Sighs Too Deep for Words: Towards a Theology of Glossolalia", *JPT* 1 (1992): 66-67.

Aunque podemos preguntarnos cómo puede edificar algo que ni siquiera el que habla entiende, la respuesta está en parte en 1 Corintios 14-15 (ver también Romanos 8:26). Como dice Gordon Fee:

> «al contrario de la opinión de muchos, la edificación espiritual no solo ocurre a través de la corteza del cerebro. Pablo creía en una comunicación inmediata con Dios por medio del E/espíritu que, en ocasiones, evitaba la mente; y en los versículos 14-15 dice que, para poder ser edificado, él iba a utilizar esas dos vías.[49]

Hablar en lenguas es una forma de *bendecir* a la persona y obras de Dios (1 Co. 14:16). Por esto, tal discurso es una forma de *alabanza* (especialmente, "cantar en el Espíritu"). No tenemos pruebas de que las lenguas en Hechos 2 (o en otro lugar) tuvieran un propósito evangelístico. Según Hechos 2:11, el contenido del discurso era "las maravillas de Dios" (ver la misma frase en 10:46; 19:17). La gente que estaba allí reunida no escuchó un mensaje evangelístico; ¡escuchó un culto de alabanza!; y eso no generó conversiones, sino confusión. La salvación vino por medio de la *predicación* de Pedro.

Creo que orar en lenguas también es una manera de desenvolverse en la guerra espiritual. Pablo describe las lenguas en 1 Corintios 14:16 como la oración o bendición "en (el) Espíritu" (*en penumati*). En Efesios 6:18 nos anima a orar "en el Espíritu" (en *penumati*), utilizando la misma terminología. Por lo tanto, esta exhortación de Pablo dirigida a nuestra lucha contra los principados y potestades, aunque no se limita a orar en lenguas, probablemente incluye dicha práctica. Finalmente, hablar en lenguas es una forma de compensar nuestras flaquezas e ignorancia al orar por nosotros mis-

---

[49] Gordon D. Fee, *Primera Epístola a los Corintios*, 757-760. Robertson (*The Final Word*) se niega a aceptar que alguien pueda ser edificado por otros medios aparte del pensamiento racional. Por lo tanto, insiste en que Dios no solamente capacita a una persona a hablar en lenguas que la persona desconoce, sino que le capacita para entender lo que está hablando (al contrario que 1 Co. 14:14). Pero, entonces, ¿por qué necesitaríamos el don distintivo de la interpretación? Cada persona que habla en lenguas sabría lo que está diciendo, y podría a su vez comunicárselo a la congregación. ¿Por qué prohibir hablar en lenguas en ausencia de un intérprete (vs. 27-28), si cada persona que habla en lenguas es su propio intérprete? Y si el que habla en lenguas puede entender lo que dice, ¿por qué alentarle a orar para que pueda interpretar (vs. 13)? A Robertson no le sirve el argumento de que el que tiene el don de interpretación cuenta con una exactitud que va «más allá del entendimiento del sentido de revelación que tiene el que habla en lenguas» (33), porque cree que cuando Dios revela la verdad a la mente humana, existe una garantía a priori de que tanto la *recepción* de lo revelado como su *transmisión* son perfectamente fiables. En otras palabras, para Robertson, la perfección de la comprensión y la comunicación de *toda* revelación están garantizadas.

mos y por los demás (cf. Romanos 8:26-27 esto es cierto incluso si determinamos que este texto no se refiere a la glosolalia).

b. El lugar para orar en el Espíritu

Ya he señalado 1 Corintios 14:14-19 como prueba de que orar en lenguas fue una experiencia principal en la vida devocional y personal de Pablo. El versículo 28 lo confirma, dando instrucciones sobre qué hacer en ausencia de un intérprete: «si no hay intérprete, que guarde silencio en la iglesia y que hable para sí y para Dios» ¿Dónde? Teniendo en cuenta la prohibición explícita de la glosolalia "en la iglesia" si no hay interpretación, parece probable que Pablo se refiriera al hablar en lenguas en privado, es decir, en otro contexto que no sea la reunión de iglesia. Pero incluso si esto es cierto (yo lo dudo), entonces tendríamos una aprobación apostólica de la glosolalia *privada*. Si, como dice Robertson, hablar en lenguas siempre es una revelación y está designado solamente para la comunicación racional, el consejo de Pablo no tiene sentido. ¿Por qué impartiría Dios una revelación infalible solamente para que el receptor se la diga a sí mismo y luego se la diga a Dios? Robertson se imagina al que habla en lenguas esperando pacientemente hasta que llegue un intérprete, para entonces hablar en voz alta. Pero esa interpretación no tiene razón de ser. Las instrucciones de Pablo se refieren a una situación en la que *no* hay intérprete; no dice nada sobre el hecho de que la persona que hable en lenguas tenga que esperar a que llegue el intérprete.

Es más, ¿guarda esto relación con el énfasis de Pablo en 1 Corintios 14 de que todo el mundo tiene que trabajar unido para la edificación mutua, y con su recomendación de que algunos (quizás muchos) no exterioricen su energía espiritual (orar en lenguas) mientras otros hablan en voz alta, aparentemente, para edificar a la misma gente que, según el consejo de Pablo, no está prestando atención?

c. ¿Son las lenguas una señal?

Según 1 Corintios 14:22, «las lenguas son una señal». En el versículo anterior, Pablo cita Isaías 28:11, cuyo significado debe encontrarse en la advertencia que Dios hace a Israel en Deuteronomio 28:49. Si Israel violaba el pacto, Dios les castigaría mandando a un enemigo extranjero, hablando una lengua extranjera. De este modo, el discurso confuso y creador de confusión era una señal del juicio de Dios contra un pueblo rebelde. Este fue el juicio que Isaías dijo que había llegado a Israel en el siglo VIII a.C., cuando los asirios invadieron y conquistaron el reino del Norte (cf. también lo que sucedió en el siglo VI a.C., Jer. 5:15).

Muchos cesacionistas dicen que Dios estaba juzgando a los judíos incrédulos del primer siglo, cuya señal era un lenguaje que no podían entender (es decir, lenguas). El propósito de las lenguas, por lo tanto, era indicar el juicio de Dios contra Israel por rechazar al Mesías y, por lo tanto, sorprenderles para provocar su arrepentimiento y su fe. Según esta teoría, las lenguas eran una señal en forma de don evangelístico. Dado que las lenguas funcionaron con esta capacidad cuando Israel fue dispersado en el 70 d.C., el don solamente era válido para el primer siglo.

Esta teoría tiene muchos problemas. Aunque las lenguas hubieran servido como una señal en forma de don evangelístico, en ningún lugar del Nuevo Testamento encontramos que éste fuera el único propósito. Las lenguas también servían "al bien común" del Cuerpo de Cristo (1 Co. 12:7). En 14:4 se dice que las lenguas edifican a la persona cuando ora en privado. Debemos evitar el error del reduccionismo.

Aún más, si hablar en lenguas no era un don espiritual *para la Iglesia*, ¿por qué permitió Pablo que se usara y ejercitara en la Iglesia? Y lo hizo; si se interpretaban, las lenguas eran totalmente permisibles. Pero esto parece difícil de explicar si su propósito principal era declarar juicio contra los judíos incrédulos. También fijémonos en que si las lenguas sin interpretación estaban diseñadas para los no creyentes, para llevarles al arrepentimiento, no sería necesario que Dios proporcionara el don acompañante de interpretación. Este último don solamente tiene sentido si el hablar en lenguas es provechoso y beneficioso para los cristianos en las asambleas.

Es más, si Dios pretendía que las lenguas fueran una señal para los judíos incrédulos, Pablo no hubiera aconsejado *en contra* de su uso cuando los no creyentes estuvieran presentes (1 Co. 14:23). Y finalmente, el contraste en este contexto está entre el creyente y el no creyente, no entre el judío y el gentil. De hecho, la mayoría de comentaristas concluyen que lo más probable es que el creyente (vs. 23-24) no fuera un judío, sino un gentil.

Por lo tanto, podemos concluir que la teoría que dice que hablar en lenguas es solamente (o incluso principalmente) una señal de juicio para los judíos incrédulos del primer siglo no es convincente. Entonces ¿qué principio de Isaías 28:11 es, según Pablo, aplicable a los corintios (y a nosotros)? Es este: cuando Dios habla a las personas en un lenguaje que no pueden entender, es una forma de castigo por no haber creído. Representa su ira. El discurso incomprensible no guiará, instruirá o moverá a la fe y al arrepentimiento, sino que solamente confundirá y destruirá. Por lo tanto, si personas no creyentes entran en la reunión y los creyentes hablan en lenguas que no pueden entender, los creyentes simplemente les están expulsando. Les están dando una "señal" a los no creyentes que es totalmente equivocada, porque su dureza de corazón no ha llegado al punto de merecer una señal de juicio tan severa. De modo que cuando los creyentes se reúnen (1 Co. 14:26), si alguien habla en lenguas, alguien debe interpretar (vs. 27). De lo contrario, el que habla en lenguas debe permanecer callado en la iglesia (vs. 29). La profecía, por otra parte, es una señal de la presencia de Dios entre los creyentes (vs. 22b) y, por eso, Pablo anima a utilizarla cuando los no creyentes estén presentes, para que vean esa señal y lleguen a optar por la fe cristiana (vs. 24-25).

Por lo tanto, Pablo *no* está hablando sobre la función del don de lenguas en general, sino solamente sobre el resultado *negativo* de un particular *abuso* de ese don (es decir, su uso sin interpretación en la asamblea pública). Por lo tanto, las lenguas sin interpretación no deben permitirse en la Iglesia porque al hacerlo, los creyentes corren el riesgo de comunicar una señal negativa a otros, que solamente los alejará.

También debo mencionar la teoría que afirma que aparte del texto de 1 Corintios, no hay otro texto en el Nuevo Testamento que mencione explícitamente el hablar en lenguas. La conclusión entonces es que el don de lenguas era poco frecuente o que estaba "acabándose". Pero la única epístola en la que la Santa Cena se menciona de forma explícita es 1 Corintios. Sin duda, nadie sacaría la conclusión de que apenas se observaba o que era obsoleta. Y el silencio de otras cartas del Nuevo Testamento puede explicarse fácilmente pues, al contrario de lo que ocurría en Corinto, las lenguas no eran un problema en las otras iglesias a las que Pablo escribió y ministró.

d. Las lenguas, ¿son siempre lenguajes humanos?

Hechos 2 es el único texto del Nuevo Testamento en el que se dice explícitamente que hablar en lenguas consiste en hablar idiomas extranjeros que la persona desconoce. Pero no tenemos motivos para pensar que Hechos 2, en lugar de, por ejemplo, 1 Corintios 14, es la pauta por la que debemos juzgar todas las apariciones de este fenómeno. Otros factores sugieren que las lenguas también pueden ser angélicas o celestiales.

En primer lugar, si las lenguas son siempre un idioma extranjero, pretendiendo ser una señal para los no creyentes: ¿por qué las lenguas de Hechos 10 y 19 se hablan en presencia de creyentes? Pensemos también que Pablo describe «diversas clases de lenguas» en 1 Corintios 12:10. Es poco probable que quisiera decir diversos idiomas humanos porque: ¿quién hubiera dicho que todas las lenguas eran solamente un lenguaje humano, como el griego, el hebreo o el alemán? Sus palabras sugieren que existen diferentes clases de glosolalia, que podría ser al menos un conjunto de idiomas humanos y de lenguas angelicales.

Leemos en 1 Corintios 14:2 que el que habla en lenguas «no habla a los hombres, sino a Dios». Pero, si las lenguas siempre son idiomas humanos, Pablo comete una equivocación, ¡ya que el idioma humano sirve para «hablar a los hombres»! Es más, dice que cuando uno habla en lenguas, «nadie lo entiende». Pero si las lenguas fueran idiomas humanos, muchos las habrían entendido, como hicieron el día de Pentecostés (Hechos 1:8-11). Esto sería especialmente cierto en Corinto, una ciudad portuaria cosmopolita y políglota, frecuentada por gentes de muchos dialectos.

Si las lenguas siempre eran idiomas humanos, entonces el don de interpretación no requeriría la manifestación, obra o presencia del Espíritu Santo. Cualquiera que hablara varios idiomas, como el mismo Pablo, podía interpretar lenguas en virtud de su talento.

En 1 Corintios 13:1, Pablo se refiere a «las lenguas humanas y angélicas». Aunque puede estar utilizando una hipérbole, es igual de probable que se esté refiriendo a dialectos celestiales o angélicos, por los cuales se manifiesta el Espíritu Santo. Gordon Fee[50] cita unas fuentes judías antiguas donde se ve la creencia de que los ángeles tenían sus propios lenguajes celestiales y que, por medio del Espíritu, uno podía hablar con ellos.

Algunos dicen que la referencia en 1 Corintios 14:10-11 a idiomas humanos extranjeros demuestra que toda la glosolalia se compone también de idiomas humanos. Pero la analogía consiste en que las lenguas funcionan *como* idiomas extranjeros, *no* que las lenguas *sean* idiomas extranjeros. Su idea es que el oyente no puede entender las lenguas sin interpretación, al igual que no puede entender un idioma extranjero. Si las lenguas fueran idiomas extranjeros, no haría falta una analogía.

La frase de Pablo en 1 Corintios 14:18 «hablo en lenguas más que todos vosotros» es una prueba de que las lenguas no son idiomas extranjeros. Como apunta Wayne Grudem, «si fueran idiomas extranjeros conocidos, que

---

[50] Fee, *Primera Epístola a los Corintios*, 714.

los extranjeros pudieran entender, como en Pentecostés, ¿por qué iba Pablo a usarlos en privado, cuando nadie le iba a entender, en lugar de hacerlo en la iglesia, donde los visitantes extranjeros podían entenderlo?»[51] Finalmente, si las lenguas siempre son idiomas humanos, entonces la frase de Pablo en 14:23 no siempre es verdad. Cualquier creyente que conociera la lengua que se estaba usando no pensaría que "estaban locos", sino que pensaría que se trataba de un grupo de personas cultas.

Me gustaría finalizar la conclusión sobre el tema de las lenguas con un apunte personal, simplemente para decir que encuentro este don de profunda ayuda en mi vida de oración. Solamente me ha servido para profundizar en mi intimidad con el Señor Jesucristo y para adorar con más entusiasmo y alegría. A pesar de las caricaturas, orar en el espíritu no disminuye nuestra capacidad de pensamiento racional o de compromiso con la autoridad de la Palabra escrita de Dios.

D. Riesgos

La sabiduría dicta que mencione brevemente tres áreas de preocupación para aquellos que adopten la postura descrita en este capítulo.

(1) A menudo encontramos el riesgo del emocionalismo en aquellos que buscan ministrar en los *charismata* milagrosos, y que no solamente reconocen, sino que *esperan* la operación sensible y tangible del Espíritu Santo en sus vidas. No obstante, no tiene por qué ser así. Como ha dicho Jack Hayford, si creamos un ambiente donde la Palabra de Dios sea el fundamento y la persona de Cristo sea el centro, el Espíritu Santo:

> «*puede hacer ambas cosas: iluminar la inteligencia y alimentar las emociones. Pronto descubrí que darle al Espíritu tanto espacio significa renunciar a mis miedos sin fundamento, y no renunciar al control de mí mismo y la sensatez. Dios no nos pide que abandonemos la razón para sucumbir ante un sentimiento eufórico. Sin embargo, nos llama a confiar en Él, lo que significa darle a Él el control.*»[52]

(2) También corremos el riesgo de medir el valor personal de alguien por sus dones. Esto era sin duda un problema en Corinto. Nuestra tenden-

---

[51] Grudem, *Systematic Theology*, 1072.

[52] Jack Hayford, *A Passion for Fullness* (Waco, Texas: Word, 1991). 31, Ver también mi libro *Emotions Versus Emotionalism: The Role of Feelings in Times of Refreshing* (Kansas City: Metro Vineyard Fellowship, 1995).

cia es elevar a los que tienen dones más visibles, que son una muestra de poder sobrenatural. Quizás la respuesta más eficaz es recordar constantemente la represión de Pablo a los corintios (1 Co. 4:7): «Porque, ¿quién te distingue? ¿Qué tienes que no recibiste? Y si lo recibiste, ¿por qué te jactas como si no lo hubieras recibido?».[53]

(3) Finalmente, siempre debemos cuidar que el enfoque central de nuestra búsqueda espiritual sea Aquel que los da, y no los dones en sí mismos. Primero y principalmente no buscamos los dones, sino que buscamos a Dios. No obstante, a aquellos hambrientos de poder y dones del Espíritu Santo yo les digo: «¡Magnífico! ¡Que Dios os bendiga!» No olvidemos que, a las mismas personas que abusaban de los dones espirituales, ¡Pablo les dice que deben estar dispuestos y entusiasmados para tener más! Por un lado, les dice: «Hermanos, no seáis niños en la manera de pensar; más bien sed niños en la malicia, pero en la manera de pensar, sed maduros» (1 Co. 14:20). Por otro lado, a estas mismas personas, les dice: «Procurad alcanzar el amor, pero también desead ardientemente los dones espirituales, sobre todo que profeticéis» (14:1). Y de nuevo: «Yo quisiera que todos hablarais en lenguas, pero aún más que profetizarais» (14:5). Y una vez más: «puesto que anheláis dones espirituales, procurad abundar en ellos para la edificación de la Iglesia» (14:12). Y una vez más todavía: «anhelad el profetizar, y no prohibáis hablar en lenguas» (14:39).[54]

---

[53] Antes de condenar demasiado rápido a los corintios, haríamos bien en aceptar la observación de Packer de que «muchas iglesias en la actualidad mantienen el orden simplemente porque están dormidas, y en algunas nos tememos que ese sueño es la muerte. ¡No es difícil que en un cementerio haya orden! La carnalidad real y deplorable y la inmadurez de los cristianos de Corinto, a quienes Pablo censura tan fuertemente en la carta, no nos impide ver que estaban disfrutando del ministerio del Espíritu Santo de un modo en el que hoy no lo hacemos» (*Keep in Step with the Spirit*, 249)

[54] El verbo *zeloute* ("desear ardientemente") en 12:31 presenta una ambigüedad gramatical. Una minoría cree que es indicativo y, por lo tanto, una frase que caracteriza el comportamiento de los corintios ("*deseáis ardientemente* los mejores dones"). Pero esta postura se encuentra con el inconveniente de que, en 14:1 y 39, *zeloute* es claramente imperativo. Es difícil creer que el mismo verbo, con la misma forma y en el mismo contexto cambie tan radicalmente de modo verbal en esta ocasión en particular (Gillespie, *The First Theologians*, 126). Por lo tanto, es completamente bíblico que deseemos y oremos por el reparto de dones espirituales adicionales (14:13), eso sí, estando siempre sujetos a los propósitos soberanos del Espíritu Santo (12:11).

Una respuesta cesacionista
a C. Samuel Storms
Richard B. Gaffin, Jr.

El Dr. Gaffin ha combinado la respuesta al Dr. Storms con la respuesta al Dr. Oss. La respuesta aparece a continuación del ensayo de Oss (págs. 281-293).

Una respuesta de la postura abierta, pero cautelosa a C. Samuel Storms
Robert L. Saucy

La expresión de Storms sobre la posición de la Tercera Ola no solamente dibuja bien la Teología, sino que transmite la pasión característica de su postura, es decir, el deseo de conocer a Dios y de experimentar su poder sobrenatural en la vida. Este fervor por el Espíritu y el ministerio es ejemplar. El beneficio de su influencia ha enriquecido a gran parte de la Iglesia, donde en demasiadas ocasiones la vida se vive por el poder natural y el cristianismo es principalmente una cuestión de doctrina más que de vida.

Dado que la Tercera Ola representa una especie de teología del ministerio del Espíritu a medio camino entre el evangelicalismo tradicional y el pentecostalismo clásico, es natural que alguien desde una postura evangélica tradicional esté de acuerdo con muchas cosas de la presentación de Storms. Personalmente, aprecio su comentario de 1 Corintios 12:13, donde demuestra que el Bautismo en el Espíritu ocurre en la conversión y que los intentos por distinguir entre un bautismo "por" el Espíritu experimentado por todos los creyentes y un bautismo "en" el Espíritu administrado por Cristo (como algunas posturas pentecostales sostienen) es bíblicamente imposible. Storms se refiere acertadamente a cualquier experiencia del Espíritu después de la conversión como "ser lleno" del Espíritu, expresión que, según anota correctamente, puede tener dos sentidos: la sólida calidad de vida (por ejemplo, estar "lleno" del Espíritu), y una capacitación especial o dotación de poder para una tarea concreta.

No obstante, encontramos algo de confusión cuando habla de los «encuentros o experiencias con el Espíritu Santo después de la conversión, que están relacionadas con la idea de "estar lleno", pero que no son exactamente lo mismo» (págs. 180-181). Al referirse a varios versículos que hablan de la entrega del Espíritu a los creyentes, Storms parece establecer una distinción entre la recepción del Espíritu mismo por aquellos que ya son creyentes, y la recepción de su ministerio. Al referirse a la oración de Pablo en Efesios 1:17 dice: « A algunos les parece extraño que Pablo orara para que el Espíritu viniera a aquellos que ya lo tenían» (págs. 180-181). Igualmente es importante para él que la constricción del genitivo ("la ayuda del Espíritu", Fi. 1:19) sea interpretada como un genitivo de aposición ("la ayuda o provisión que es el Espíritu"), en lugar de como un genitivo subjetivo ("la ayuda que el Espíritu da"). Los comentaristas no se ponen de acuerdo: la mayoría opta por la última interpretación, pero es dudoso que Pablo pretendiera establecer una gran diferencia entre ambas.

Tampoco podemos interpretar que las referencias citadas, que hablan de Dios como el que da el Espíritu, apunten a una diferencia significativa entre la entrega del Espíritu y su ministerio. En algunos casos (Gá. 3:5) el participio presente debe entenderse más bien como la descripción de Dios como el Dador del Espíritu, y no tanto como una provisión del Espíritu que Dios nos ha dado en el presente. En otros casos el énfasis sí que puede estar en la provisión presente del Espíritu para suplir las necesidades de los creyentes (por ejemplo, 1 Ts. 4:8). Pero si el Espíritu es una persona que ya mora en el creyente: ¿qué significa "dar de nuevo" (pág. 182) el Espíritu a una persona, si no dar de nuevo el ministerio y poder del Espíritu para una necesidad concreta? El mismo Storms nos dice que pedir el Espíritu Santo (Lucas 11:13) es pedir al Padre que el Espíritu desempeñe más su ministerio en nuestras vidas (pág. 183).

Estas recepciones especiales del Espíritu están aparentemente unidas con las experiencias elevadas, aumentadas o aceleradas del ministerio que el Espíritu ejerce en la vida del creyente. Dependiendo de lo que se quiera decir exactamente con estos adjetivos, yo pensaría que se refiere a que el creyente normal experimentará épocas de especial consciencia de Dios y de su poder mediante el Espíritu. Pero no veo cómo estas experiencias son diferentes de la experiencia de "ser lleno" del Espíritu, especialmente cuando consideramos sus dos aspectos apuntados anteriormente.

Mi principal preocupación por la posición de la Tercera Ola es la aparente declaración de que la actividad milagrosa de la época apostólica debe ser normal para la Iglesia actual. Y digo "aparente" porque Storms parece reconocer que «una destacable concentración de fenómenos milagrosos [era] característico de los apóstoles como representantes especiales de Cristo». Niega, no obstante, la idea de que los milagros solo se dieran en momentos concretos en la Historia (pág. 189) y asegura que la descripción de los dones en el Nuevo Testamento claramente nos indica «a qué debe parecerse el cristianismo del nuevo pacto» (pág. 203). Eso me suena mucho a una frase de Jack Deere, otro defensor importante de la Tercera Ola (a quien Storms cita frecuentemente), quien afirma que «el libro de Hechos es la mejor fuente que tenemos para demostrar a qué debe parecerse la vida de la Iglesia...»[55] Es más, muchos de los argumentos presentados en el ensayo parecen apoyar esta posición, pero, a la luz de las Escrituras, tengo ciertas reticencias con algunos de esos argumentos.

1. Se dice que los milagros tienen muchos propósitos, de modo que aun cuando su propósito de "señal" (los milagros designados para confirmar o autentificar) fueran una referencia concreta a Cristo y a los apóstoles, su continuidad sería válida por otras razones. No niego que Dios haga milagros por otras razones diferentes a la autenticación, e incluso que los milagros que eran señales tuvieran también otros objetivos (por ejemplo, las "señales" hechas por Jesús y los apóstoles normalmente eran obras de compasión hacia las personas que sufrían). Pero yo dudo que pudiéramos hablar de la misma actividad milagrosa si dejamos de lado el propósito de funcionar como "señal". En primer lugar, lo normal es que un milagro que apunta hacia Dios exprese su amor. El hecho de que una "señal" sea una obra de compasión, por lo tanto, no significa que el milagro tenga dos propósitos. La realización de una "señal" puede ser una obra de compasión, pero el propósito último del milagro es el de ser "señal". La descripción preeminente de los milagros de Jesús y de los apóstoles como "señales" demuestra que éste era su fin último. Por lo tanto, si las "señales" no se necesitan en la Iglesia de una forma permanente, parece razonable llegar a la conclusión de que habrá menos milagros.

2. En varias ocasiones se expresa la idea de que la Iglesia actual tiene las mismas necesidades que la Iglesia del Nuevo Testamento y que, por lo tanto, la misma actividad milagrosa debe continuar. Storms sugiere que en la actualidad tenemos una necesidad mayor de señales que den testimonio de nuestro ministerio de la Escritura de la que Jesús tenía. En mi opinión, no logra distinguir entre el ministerio de Jesús y los apóstoles como portadores de la nueva revelación inspirada, y el ministerio actual de enseñanza y de predicación de la Revelación que ya nos ha sido dada en las Escrituras. La Biblia no asocia en ninguna ocasión las "señales" con la enseñanza de la Escritura, sino más bien con aquellos que hablaron palabras directamente

---

[55] Jack Deere, *Surprised by the Power of the Spirit* (Grand Rapids: Zondervan, 1993), 114.

inspiradas por Dios. No creo que los continuistas vayan a afirmar que en la actualidad Dios da una revelación nueva en el *mismo sentido* en que la dio a los apóstoles y profetas del siglo primero; por tanto, la necesidad de señales no es la misma que en aquel entonces. En relación con esto, no creo que la oración pidiendo "señales" que encontramos en Hechos 4:29-31 pueda utilizarse como la pauta normal para la Iglesia, como Storms sugiere. El contexto posterior muestra con bastante claridad que los "sirvientes" (vs. 29) mediante los cuales las señales y prodigios iban a tener lugar, eran los apóstoles (cf. 4:33; 5:12).[56]

Otro argumento es el de la necesidad que la Iglesia tiene de seguir siendo edificada. Los continuistas argumentan que, dado que los dones fueron entregados para la edificación de la Iglesia, y la Iglesia sigue necesitando edificación, los dones deben estar presentes en la actualidad. Pero ahora no todas las cosas son como eran antes. Hoy, a diferencia del periodo fundacional de la Iglesia, no tenemos apóstoles. Igualmente, el cierre del canon indica, al menos, un cambio en el ministerio del Espíritu de revelación. Independientemente de si decimos que algunos dones han cesado, o que simplemente han cambiado, lo que está claro es que la manifestación de los dones espirituales hoy no es idéntica a la que vemos en el Nuevo Testamento. Ha habido cambios -diseñados por Dios-, lo que hace que la cuestión de la manifestación de los dones sea algo mucho más complejo que afirmar que las necesidades son las mismas y que, por lo tanto, los dones son los mismos.

3. Un tercer argumento a favor del continuismo es que en la Biblia no se enseña que los dones vayan a cesar. Dejando a un lado que se trata de un argumento basado en el silencio (la Biblia tampoco enseña de forma explícita que vayan a continuar), como ya hemos visto, algunas cosas han cambiado, y lo han hecho aún cuando la Biblia no aporta ninguna enseñanza explícita al respecto. No contamos con una enseñanza bíblica explícita de que la revelación canónica fuera a finalizar, pero así ocurrió, del mismo modo que la profecía canónica cesó en los tiempos del Antiguo Testamento sin que se anunciara de forma explícita. La posibilidad de la venida de Cristo impidió a los escritores bíblicos especificar qué pasaría cuando ellos ya no estuvieran. Pero la historia de la Iglesia ha coincidido en que ha habido cambios. El tema de la continuidad de los dones espirituales requiere considerar estos cambios.

[56] C. K. Barrett, *A Critical and Exegetical Commentary on the Acts of the Apostles* (Edimburgo: T & T Clark, 1994), 243. F.F. Bruce, *Comentario de los Hechos de los Apóstoles* (Buenos Aires, Argentina; Grand Rapids, Michigan: Nueva Creación, 1998), 120.

4. Un comentario final sobre la posición continuista en general tiene que ver con la explicación de por qué la actividad milagrosa de la era apostólica, que encontramos principalmente en Hechos y 1 Corintios, no ha sido la experiencia de la Iglesia. En lugar de reconocer que los cambios, como los que hemos visto anteriormente, son la explicación lógica, los continuistas apuntan a la falta de espiritualidad o a la falta de conocimiento de la verdad bíblica, en especial el conocimiento relacionado con los dones milagrosos. En cuanto a la falta de conocimiento bíblico, no creo que la Historia muestre una relación directa entre el conocimiento bíblico y los milagros. De hecho, muchos relatos de milagros vienen de épocas, como la Edad Media, en las que el creyente normal tenía poco acceso a la Escritura, ya que está traducida a las lenguas vernáculas.

Sin duda, la incredulidad y la apostasía pueden impedir la recepción del poder milagroso de Dios. Dios seguramente hará menos si nadie se lo pide con fe. Pero, como he apuntado en mi ensayo, el pecado de su pueblo en tiempos bíblicos no impidió que Dios enviara a poderosos profetas que hacían milagros. Si pudo mandar a Elías e incluso los discípulos de Jesús mientras estuvo en la Tierra para hacer muchos milagros entre un pueblo poco espiritual, sin duda pudo hacer lo mismo a lo largo de la historia de la Iglesia. Pero tenemos pocas pruebas de ministerios parecidos en la Iglesia, lo que sugiere que lo que marca la diferencia no es el pecado del pueblo, sino el propósito de Dios.

5. En cuanto al tema del uso de dones específicos en la vida de la Iglesia, aprecio lo que considero la postura moderada de la Tercera Ola sobre varios temas relacionados con el ejercicio de dones milagrosos. La advertencia de Storms de no depender de la profecía para tomar decisiones cotidianas está bien desarrollada, como su reconocimiento de que la sanidad no es el deseo de Dios para todas las enfermedades. Del mismo modo, el don de lenguas no delata el nivel de relación con el Espíritu, ni es imprescindible para la vida de oración de todos los creyentes.

Existen algunos aspectos de la postura de la Tercera Ola presentada por Storms con los que tengo serios problemas. Definir el don de la profecía como «el *relato* humano de una *revelación* divina» (pág. 205), de modo que la manifestación del don de "profecía" pueda incluir un error humano es, en mi opinión, contrario a la descripción bíblica de la "profecía". Si este es el verdadero significado de la profecía en la Escritura, entonces ¿por qué la "profecía" del Antiguo Testamento tiene más autoridad y es aparentemente más fiable que la "profecía" de la Iglesia, como sostienen muchos defensores de esta posición, incluyendo a Storms? Esta diferenciación sugiere que esta postura defiende dos definiciones de profecía, lo que es difícil de sostener bíblicamente.

Aparte de la incoherencia de esa definición, creo que el verdadero problema está en la definición misma. Storms quiere separar la "revelación", que es divina, y por lo tanto infalible, de la "percepción o recepción" de tal revelación, que es humana, y por lo tanto susceptible de equivocarse. Tal separación entre la revelación y su recepción nos lleva a creer que la revelación no llega como palabras, sino que es aparentemente más parecida a la revelación sin palabras existencialista o neo-ortodoxa. Si la revelación llega a través de palabras, incluso teniendo en cuenta la humanidad del profeta, es difícil que éste falle al percibir o recibir tal revelación y relatarla, a no ser que quisiera cambiar deliberadamente las palabras. No estoy sugiriendo que el profeta tenga que ser necesariamente capaz de interpretar la revelación. Hubo profetas bíblicos que aparentemente no entendieron del todo las palabras de las que hablaban (por ejemplo, Daniel 12:8-9: Zacarías 4:5; 1 Pedro 1:10-11). Pero relataron las palabras de la profecía de forma correcta e infalible.

La definición de Storms de la profecía no ve que la obra de inspiración del Espíritu en la profecía impregna todo el proceso de la profecía, es decir, también obra en las palabras habladas o escritas. Como Pedro dice sobre la profecía: «hombres inspirados por el Espíritu Santo hablaron en nombre de Dios» (2 Pedro 1:21). Sea cual sea la forma de la revelación (por ejemplo, las visiones de Ezequiel), la revelación final incluye el significado verbal. Es decir, las palabras del profeta son la revelación de Dios, y por lo tanto Sus Palabras, no solamente el *relato* humano de la revelación (cf. 2 Sam. 23:2; Jer. 1:7, 9, 1 Co. 2:13).

Sugerir la posibilidad de falibilidad en la profecía, comparándola con el don de la enseñanza, no es correcto porque no tiene en cuenta la importante distinción que hay entre estos dos ministerios. Aparte de que la Escritura nunca enseña sobre la inspiración del maestro –en cambio, sí enseña sobre la inspiración del profeta-, el mensaje del maestro siempre puede ser comprobado por otros, porque tenemos la Revelación objetiva en la Escritura como base de la enseñanza. Pero en el caso de la profecía, si aceptamos la definición de Storms, ésta no incluye una revelación objetiva a la que los demás se puedan dirigir. Por lo tanto, los demás no pueden llegar hasta la revelación de la profecía para poder corregir el *relato* de tal revelación y llegar a entenderla mejor.

Otro problema que tiene la definición de profecía que da cabida al error humano es el intento de encontrar apoyo en el error de la profecía de Agabo sobre Pablo. En lugar de que los judíos lo ataran y le entregaran a los gentiles, como la profecía dice (Hechos 21:11), en realidad los gentiles rescataron a Pablo de los judíos, quienes querían matarle. Mientras que a primera vista parece que se trata de una discrepancia, en realidad no es así. El mismo Pablo recoge lo que sucedió con palabras muy similares a las de la profecía: «me arrestaron en Jerusalén y me entregaron a los romanos». (28:17). No bastará argumentar, como hace Storms, que Pablo en realidad estaba describiendo la ocasión en la que los romanos le escoltaron secretamente de Jerusalén a Cesarea (23:12-35), ya que le «entregaron a los romanos» antes de que saliera de Jerusalén.

El problema aparente se resuelve fácilmente cuando entendemos el concepto de "entregar a otros" tanto en la profecía como en la frase de Pablo. Los judíos no entregaron deliberadamente a Pablo a los romanos, sino que, de hecho, fueron los causantes de que los romanos le arrestaran. Por sus continuas acusaciones, también impidieron su liberación y le obligaron finalmente a apelar al César. La frase de Pablo *y la profecía* de Agabo entonces son un relato condensado que apuntan a que «los judíos fueron responsables de que Pablo acabara en manos de los romanos».[57] La profecía, por tanto, no es errónea, y no puede usarse como ejemplo para apoyar el concepto de profecía falible como propone la Tercera Ola.

Finalmente, no veo que la exhortación de Pablo a que el que profetiza lo haga «en proporción a su fe (Ro. 12:6) indique que «siempre habrá grados mayores y menores de habilidad profética y, consecuentemente, grados mayores y menores de precisión profética» (págs. 207-208). Lo que Pablo busca es que el profeta base su profecía únicamente en su dependencia de Dios. Esta frase no sugiere que lo que el profeta diga fuera de la fe es una "profecía" verdadera. Más bien, como Cranfield explica: «existía la posibilidad de la falsa profecía; también existía la posibilidad de que la profecía verdadera fuera adulterada por aditivos que no provenían de la inspiración del Espíritu Santo. De ahí la necesidad también de exhortar a los mismos profetas a profetizar κατὰ τὴν ἀναλογίαν τῆς πίστεως, según la analogía de la fe.»[58]

Resumiendo, no encuentro en las Escrituras nada que sirva para apoyar la definición de la profecía como «el *relato* de una revelación», o que la profecía pueda ser errónea. Esto no significa necesariamente que no pueda

---

[57] T. Robertson, *Word Pictures in the New Testament* (Nueva York: Harper & Brothers, 1930), 3:486.

[58] C.E.B. Cranfield, *A Critical and Exegetical Commentary on Romans*, ICC (Edimburgo: T & T. Clark, 1979), 2:620.

haber manifestaciones proféticas en la Iglesia actual, pero pone en cuestión mucho de lo que los continuistas en la actualidad llaman profecía.

6. Nos centraremos ahora en el debate sobre el don de sanidad. Estoy de acuerdo con la descripción general de que Dios puede soberanamente dar a una persona la habilidad de sanar en un momento en particular. No obstante, el debate sobre Santiago 5 suscita algunas preguntas. En primer lugar, en ese caso no tenemos pruebas de que se esté hablando de la manifestación del don de sanidades. La sanidad es el resultado de la oración de un grupo de ancianos, y no se nos indica que uno de ellos recibiera el don de sanidad. La sugerencia de que el don de sanidad está relacionado con el don de fe y que la "oración de fe" de Santiago es la manifestación de tal don es, incluso, más problemática. Si asumimos (en armonía con la ilustración personal de Storms) que no todos los ancianos habían recibido el don de sanidad, tampoco tenían el don de fe. Entonces, ¿significa esto que el instrumento sanador se reduce a la oración de una sola persona? Sin duda, Santiago pretendía que entendiéramos que todos los ancianos debían hacer una "oración de la fe", y que la oración concertada sería eficaz.

El mayor problema del debate continuista sobre el don de sanidad (y el referente a otros dones milagrosos también) es el mal uso que hacen del ministerio de sanidad de Jesús, como vemos en la cita de Jack Deere. La sugerencia de que Dios respondería a nuestras oraciones piadosas y se glorificaría mediante las sanidades, como hizo mediante Jesús, es no considerar en absoluto el significado de las sanidades de Jesús como "señales". Aunque los Evangelios cuando hablan de las sanidades de Jesús hacen muchas referencias a su compasión, el énfasis bíblico está en que esos milagrosos eran "señales" que le autentificaban como mensajero de Dios (cf. Juan 20:30-31; Hechos 2:22). Si el propósito principal de la sanidad de Dios es la expresión de su compasión, ¿qué diremos de tantos casos en los que Dios decidió no realizar milagros y no sanar? ¿Tuvo menos compasión en esos casos? O, ¿cómo entender que el tiempo de Jesús y los apóstoles, como incluso Storms reconoce, estuvo marcado por un despliegue extraordinario de actividad milagrosa, incluyendo sanidades? ¿Es Dios más compasivo en ciertos momentos de la Historia que en otros?

Dios puede y hace sanidades milagrosas en la actualidad. Pero sugerir que quiere mostrar compasión mediante la Iglesia con sanidades milagrosas como las de Jesús es no considerar toda la enseñanza bíblica relacionada con los milagros de Jesús. Esta teoría tampoco logra explicar satisfactoriamente por qué la Iglesia nunca ha experimentado una actividad milagrosa comparable a la de Jesús, y por qué no se sana hoy en día a los enfermos de SIDA del mismo modo que Jesús sanó a los leprosos de su día (como se deduce de la cita de Deere).

7. Finalmente, en cuanto al don de lenguas, no veo que la frase del apóstol de que las lenguas son una señal para los no creyentes esté hablando solamente «del resultado *negativo* de un *abuso* particular de las lenguas...» Creo que es difícil asegurar de forma precisa lo que Pablo quiso decir con esas palabras. Pero lo que está claro es que enseña algo sobre el propósito divino de las lenguas y no simplemente el resultado de su abuso. La teología y la práctica de las lenguas de los continuistas necesita abarcar el significado de esta frase de una forma más completa.

Esto nos lleva al aspecto del debate del don de lenguas que más me preocupa. De varias maneras se ha dicho que la función principal de las lenguas era la edificación personal, especialmente en el tiempo de oración personal y la vida devocional. Dicen que la obra intercesora del Espíritu de Romanos 8:26-27 incluye lenguas. Como he explicado más extensamente en mi ensayo, es difícil ver en las Escrituras el énfasis del propósito de las lenguas. En primer lugar, la enseñanza de Pablo sobre la ayuda del Espíritu en la oración (Romanos 8) ciertamente se aplica a todos los creyentes. Si esto significa hablar en lenguas, entonces todos los creyentes deberían hablar en lenguas. Toda la teoría de Storms, de que las lenguas aportan «paz y gozo» (pág. 213), son «profundamente útiles.. en nuestra vida de oración», y «para profundizar en nuestra intimidad con el Señor Jesucristo», incrementan nuestro celo en la alabanza (pág. 214), y nos equipan mejor para ministrar a otros (pág. 213), sugiere que las lenguas son, sobre todo, para el crecimiento espiritual personal.

Todo esto es bastante contrario a la naturaleza de las lenguas como uno de los «dones espirituales» que, según la Escritura, son para la edificación de la comunidad en primer lugar, y no para la edificación personal, y que se distribuyen entre los creyentes de forma que no a todos se les da el mismo don, es decir, que no todos tienen el don de lenguas (1 Co. 12:30). El último punto habla especialmente en contra de la idea de que el propósito de las lenguas es el crecimiento personal, ya que sin duda los medios de Gracia que Dios da a sus hijos para que crezcan en su relación con Él son iguales para todos.

El deseo de los continuistas de experimentar todo lo que Dios tiene para nosotros como individuos y ver la manifestación de su gloria en este mundo oscuro actual es encomiable. Pero la forma en la que normalmente tratan el tema de los dones milagrosos en la actualidad, en mi opinión, no se puede sostener de forma coherente. Tanto la Escritura como la experiencia sugieren que la era fundacional de la Iglesia fue un momento especial, y debemos considerar este hecho en relación con los fenómenos milagrosos.

Una respuesta *pentecostal/carismática* a C. Samuel Storms

Douglas A. Oss

El doctor Storms ha escrito un gran ensayo desde el marco de la Tercera Ola que está, en líneas generales, muy relacionado con el Pentecostalismo. Simplemente existen un par de áreas en las que no estamos de acuerdo, y a estas posiciones ofrezco ahora breves respuestas.

1. Terminología. El Doctor Storms rechaza la doctrina pentecostal del Bautismo del Espíritu más por su terminología que por su contenido (pág. 178). Sugiere la etiqueta alternativa «estar lleno del Espíritu» para referirse a la dotación concreta de poder. Los pentecostales ya utilizamos «estar lleno del Espíritu» como expresión sinónima del Bautismo del Espíritu, pero sostenemos que el uso que Lucas hace en Hechos 1:6-8 como programa para todo el libro justifica que se use la frase «bautizados en el Espíritu» para referirse a la dotación de poder.

2. Storms afirma que no existe ningún imperativo en el Nuevo Testamento que diga que los creyentes tienen que ser bautizados en el Espíritu Santo. Creo que aquí nos encontramos con lo mismo que en la respuesta al Doctor Saucy. Consideremos lo que los pentecostales dicen de Lucas-Hechos y Pablo. En primer lugar, el género narrativo expresa imperativos de forma diferente al género epistolar. ¿Qué nos quiere decir Lucas en Hechos 1:6-8, cuando Jesús les dice a los discípulos que el cumplimiento de la profecía de Juan el Bautista está asomándose por el horizonte y que, por tanto, deben esperar en Jerusalén hasta que reciban *poder (dynamis)* cuando el Espíritu Santo viniera sobre ellos? ¿Y qué teología quiere comunicar mediante el cumplimiento de esta promesa a lo largo del resto del libro de Hechos? ¿Acaso no es esto el equivalente narrativo de un imperativo? Recordemos el sermón de Pedro: «La promesa es

para vosotros y para vuestros hijos, y para todos los que están lejos, para tantos como el Señor nuestro Dios llame» (Hechos 2:39). En segundo lugar, debemos permitir que Lucas explique el cumplimiento de la historia de la redención usando sus propios conceptos, y no imponer la teología de Pablo sobre Lucas-Hechos. La armonización llegará cuando entendamos las diversidades ordenadas por Dios, y el desarrollo del escrito lucano enfatiza el poder carismático del Espíritu. Analizar una narración buscando encontrar un lenguaje epistolar es hermenéuticamente incorrecto.

3. Basándose en parte en su opinión de que el Nuevo Testamento no respalda el Bautismo del Espíritu pentecostal, Storms asegura que las posteriores experiencias de "ser llenos del Espíritu" «no se refieren tanto a una experiencia espectacular o decisiva, sino a una apropiación diaria» (págs. 179-180). Aunque los pentecostales no negamos que el Bautismo en el Espíritu es una experiencia definitiva que deja las cosas resueltas para siempre, tampoco nos conformamos con una simple descripción de una dotación de poder, ya sea la primera experiencia o una experiencia posterior (por ejemplo, Hechos 2:4ss.; 4.31), que la describa diciendo que no llega a ser algo espectacular o decisivo. Consideremos solamente unas frases de Hechos: «éstos no están borrachos, como vosotros suponéis» (Hechos 2:15); la multitud reunida «se desconcertó», y estaban «asombrados y perplejos» (2:6-7, 12); «Después que oraron, el lugar donde estaban reunidos tembló, y todos fueron llenos del Espíritu Santo y hablaron la palabra de Dios con valor» (4:31). Esto, junto con la naturaleza de las manifestaciones que tuvieron lugar en Corinto, lleva a los pentecostales a definir la dotación en términos más dramáticos que el Doctor Storms. Es más, la experiencia inaugural que nos introduce en el reino del poder del Espíritu Santo es muy intensa, dramática y decisiva. Nos abre la puerta, pero no resuelve las cosas de forma definitiva. El Dr. Storms tiene razón al enfatizar la necesidad de buscar a Dios cada día y buscar la presencia y el poder de su Espíritu Santo.

Basándonos en las evidencias de la historia de la redención, existe un sólido fundamento bíblico para entender la dotación de poder como una obra del Espíritu distinta a la regeneración y la santificación. La visión de Storms del Nuevo Testamento le lleva a coincidir con este principio, aunque sus definiciones sean algo diferentes a las mías (págs. 179-184). Dejando a un lado la terminología, su argumento es persuasivo debido a que la realidad de las experiencias regulares de poder espiritual en la vida cristiana son diferentes a las de la regeneración o la santificación.

4. Sobre el cesacionismo, solamente quiero decir "Amén" a todo lo que Storms ha escrito. Animará a los que ya están de acuerdo con él y persuadirá a muchos que aún no lo están.

Capítulo 4
LA POSTURA
PENTECOSTAL/CARISMÁTICA

Douglas A. Oss

La postura pentecostal/carismática
Douglas A. Oss

A. Introducción

El cambio en la comunidad evangélica en torno a los dones milagrosos alcanzó proporciones dramáticas a finales de los años ochenta[1]. Aunque existieron indicios durante las dos décadas anteriores, muchos pentecostales no se dieron cuenta de lo persuasivo que llegaría a ser un cambio. Aún contando con la temprana publicación de trabajos influyentes, como los libros de Wayne Grudem sobre la profecía y *Manifestaciones del Espíritu* de D.A. Carson, o noticias como la marcha de Jack Deere del Dallas Theological Seminary, debido a un cambio en su teología y espiritualidad (ver *Sorprendido por el Espíritu Santo*),[2] muchos pentecostales se sorprendieron por las proporciones del cambio. Con las posiciones históricas menos arraigadas, muchos sectores de la comunidad pentecostal se dieron cuenta de que existirían más oportunidades para dialogar con los evangélicos no carismáticos. El presente trabajo confirma lo inclusivo que se muestra el mundo evangélico en relación con este tema: cinco evangélicos de diferentes marcos teológicos colaborando en un libro sobre los dones milagrosos.

[1] Por ejemplo, el tema de la reunión anual de 1989 del Grupo de Teología Evangélica de la Sociedad de Literatura Bíblica, fue sobre los dones espirituales y los milagros. En la mesa se hizo evidente un abandono general del cesacionismo.

[2] Wayne Grudem, *The Gift of Prophecy in 1 Corinthians* (Washington, D.C.: Univ. Press of America, 1982); *The Gift of Prophecy in the New Testament and Today* (Westchester: Crossway, 1988); D.A: Carson, *Showing the Spirit: A Theological Exposition of 1 Corinthians 12-14* (Grand Rapids: Baker, 1987); Jack Deere, *Sorprendido por el Espíritu Santo*, Miami, Ed Carisma, 1996.

Este capítulo expone la posición representativa del Pentecostalismo clásico.[3] Es cierto que el Pentecostalismo no es un monolito teológico. Existe mucha diversidad bajo el paraguas pentecostal. Pero a pesar de que mi contexto es el del Pentecostalismo clásico, las conclusiones de este capítulo serán reflejo de la corriente general, aunque alguno de los métodos no estén históricamente asociados a ella (por ejemplo, la perspectiva de la historia de la redención). Además, resaltaré la posición carismática en determinados temas clave de doctrina, especialmente donde los carismáticos tengan una visión diferente a la de los pentecostales clásicos. Comenzaremos ahora con el debate sobre las "segundas experiencias" y sobre si los cristianos deben buscar una experiencia del Espíritu después de la conversión.

b. Sobre segundas experiencias.

Hace unos años, durante una mesa redonda, un erudito cesacionista me pidió que justificara la definición pentecostal de la frase "Bautismo en el Espíritu Santo", puesto que ya la habíamos definido como "conversión" en la historia de la Teología. Después de mi respuesta, tuvo lugar una animada discusión sobre una serie de temas relacionados, la mayoría de los cuales voy a tratar en este trabajo. La pregunta inicial, no obstante, merece una atención especial al principio de este ensayo, dado que ilustra un concepto que es importante aclarar en este contexto. Más específicamente, las discusiones sobre la validez de las experiencias del Espíritu diferentes al momento de la conversión no deberían deteriorarse convirtiéndose en debates sobre las definiciones técnicas de la terminología teológica. El tema es demasiado importante como para "hablarlo" a través de las cuadrículas doctrinales y la terminología de otros. Independientemente de la etiqueta teológica que usemos para referirnos a tales experiencias, la pregunta sigue en el aire: ¿son estas experiencias del Espíritu diferentes a la regeneración y/o son posteriores a ella?

[3] Sería imposible recoger en un pie de página las miles de discusiones que he tenido con colegas a lo largo de los años. Mis opiniones se han ido formando en una comunidad de ministros y estudiosos pentecostales, especialmente mis estimados colegas de la Facultad del Central Bible College, en el pasado y en el presente. Si este ensayo consigue hacer alguna contribución positiva a este debate, el mérito es suyo. Y yo soy el culpable de todos los defectos que la contribución pueda tener.

1. ¿Es el Pentecostalismo realmente un movimiento de segundas bendiciones?

La primera objeción que normalmente surge en torno a la teología pentecostal es el énfasis que hace en la obra del Espíritu y el poder que éste da a los creyentes *con posterioridad al momento de la salvación*. Los oponentes al pentecostalismo suelen describir erróneamente este énfasis como una teología de "segundas bendiciones" o de "segundas experiencias".[4] Los que así se pronuncian están defendiendo la enseñanza bíblica de que el creyente recibe el Espíritu en la salvación, y están rechazando lo que para ellos es una visión equivocada de la eficacia de la salvación. Muchos piensan, equivocadamente, que el pentecostalismo niega el Espíritu a los creyentes no pentecostales. Según tengo entendido, ningún pentecostal sostiene que el Espíritu no se reciba en la salvación (¡esto iría en contra de las Escrituras!). Los que creen en Cristo también tienen el Espíritu en su interior; si alguien

---

[4] Se hace necesario ahora distinguir entre los pentecostales y los pentecostales de la santidad. Los pentecostales de los Movimientos de santidad se caracterizan por enfatizar las «segundas experiencias» y son herederos teológicos de los avivamientos de santidad de Wesley del siglo XIX (cf. D.W. Dayton, *Theological Roots of Pentecostalism* [Grand Rapids, Zondervan, 1987], 35-60). En la tradición del pentecostalismo de la santidad la santificación se ve como una experiencia definitiva posterior a la conversión, que lleva a la santificación total y a la erradicación de la naturaleza pecaminosa; y a continuación, uno recibe el Bautismo en el Espíritu Santo. Estas ramas son más pequeñas que otras tradiciones pentecostales no-wesleyanas. Seamos conscientes de que en nuestro debate vamos a usar "pentecostal" y "pentecostal de la santidad" como términos distintos. Los grupos pentecostales (por ejemplo, la Iglesia de Cristo y las Asambleas de Dios), a pesar de estar enormemente influenciados en algunos aspectos por los avivamientos de santidad del siglo XIX, son más parecidos teológicamente a la postura de los evangélicos reformados en cuanto a la santificación y a las "segundas experiencias". Cf. E.L. Waldvogel, "The Overcoming Life: A Study of the Reformed Evangelical Origins of Pentecostalism" (Ph. D. diss., Universidad de Harvard, 1977), 1-7, 25, *passim*. Las conclusiones de Dayton son demasiado generales en cuanto al pentecostalismo y al evangelicalismo más amplio, pues recogen que la mayor influencia del pentecostalismo fue el metodismo de las "segundas experiencias" (por ejemplo, el Metodismo no era un movimiento que predicara solo las "segundas experiencias"). Muchos de los primeros líderes de las Asambleas de Dios eran de otras tradiciones. El más importante fue Eudorus N. Bell, el primer presidente del Consejo General de las Asambleas de Dios y antiguo pastor bautista (*Southern Baptist*). Es imposible medir su influencia, pero ciertamente no fue superado por ninguna otra persona en su época. Como breve ejemplo, consideremos otros dos, J.W. Welch (tercer presidente del Consejo General de las Asambleas de Dios, desde 1915 a 1920) y D. W. Kerr (fundador influyente y pastor), ambos pastores de la Alianza Cristiana y Misionera que trajeron consigo las tradiciones reformadas de A.B. Simpson y R.A. Torrey. Waldvogel es más preciso al describir las corrientes teológicas evangélicas que influyeron en el Pentecostalismo y al identificar las doctrinas donde esas influencias se enraizaron dentro del movimiento (cf. por ejemplo, "The 'Overcoming Life'", 22-43).

no tiene al Espíritu, no es de Cristo. Además, en la conversión la recepción de la persona del Espíritu no es una recepción parcial, sino completa (cf. Ro. 8:14, 9-17; Gá. 3:1-5, 4:6; Ef. 1:13-14).

Cuando los pentecostales hablan de "recibir" el Espíritu como una experiencia posterior a la conversión, hablan de la obra del Espíritu por la que da poder al creyente de formas "carismáticas" para que pueda dar testimonio y para que pueda servir. Necesitamos hacer varias clarificaciones en este punto. (1) Reiterando lo anteriormente dicho, no quieren decir que algunos creyentes no tengan el Espíritu.[5]

(2) El énfasis en la experiencia posterior a la conversión (o, dentro del pentecostalismo, la segunda bendición o segunda experiencia), no está en que sea necesario un lapso de tiempo entre la regeneración y "ser llenos del Espíritu" (cf. Hechos 8:12-16, donde hubo un lapso de tiempo entre la salvación y el ser llenos del Espíritu; 10:44-47, donde todo sucedió como parte de un bloque de acontecimientos), sino más bien en la diferencia teológica entre las dos obras del Espíritu: una transforma el interior (regenera/santifica, por ejemplo, Rom. 8:1-11; Gá. 3:1-5; 4:6; 5:16-26) y la otra dota de poder (carismática, por ejemplo 1 Cor. 12-14).[6] La remisión de pecados debe venir primero, pero no siempre existe un lapso de tiempo claro y definido entre la conversión y el Bautismo del Espíritu. De hecho, los pentecostales históricamente han enfatizado que esta experiencia es posible desde el momento en que el Espíritu Santo entra a morar en el creyente, y cuando narran sus testimonios frecuentemente hablan de haber sido salvos y bautizados en el Espíritu mismo, después de responder a una invitación a aceptar la salvación. Quizás una expresión adecuada del punto de vista pentecostal no sea «experiencia post-conversión» o posterior a la conversión, sino «experiencia extra-conversión».

(3) Los pentecostales no creen que ser bautizado en el Espíritu sea una experiencia en la que el Espíritu te capacita de forma definitiva, de una vez para siempre. De hecho, a lo largo de la Historia han enfatizado la necesidad de ser "llenos de nuevo", una expresión que indica que la obra del Espíritu Santo por la cual otorga poder, acompañada de diferentes manifestaciones, es algo que sucede repetidamente en la vida de un creyente.[7]

[5] Myer Pearlman, *Knowing the Doctrines of the Bible* (Springfield: Gospel Publishing House, 1937), 395-8. Pearlman es un representante de los primeros teólogos pentecostales.

[6] Los pentecostales no son los únicos que creen en una experiencia de recepción de poder diferente a la conversión. Martyn Lloyd-Jones también creía en su existencia, y la llamó Bautismo en el Espíritu. Ver el libro de Tony Sargent, *The Sacred Anointing: The Preaching of Martyn Lloyd-Jones* (Wheaton: Crossway, 1994), 39-101. esp. 40-42.

[7] Pearlman, *Knowing the Doctrine of the Bible*, 315-16.

Resumiendo, determinar si el Pentecostalismo es un movimiento de "segundas experiencias" depende de la definición de cada uno. La Pneumatología pentecostal no incluye la "segunda experiencia" tal como se entendía en el avivamiento pentecostal de la santidad del siglo XIX (creían que era una obra que santificaba y daba poder de forma definitiva, de una vez para siempre); la definición pentecostal de esta experiencia es más bien cercana (pero no idéntica) a la teoría de «ser llenos varias veces».[8] El Bautismo en el Espíritu Santo, como lo han definido los pentecostales en su teología sistemática, es la primera vez que el Espíritu da poder al creyente, experiencia que inaugura una vida caracterizada por las continuas unciones del Espíritu. A diferencia de la regeneración, no tiene una naturaleza definitiva. Además, el Espíritu da poder al creyente desde el primer momento de fe, sin que tenga que pasar un lapso de tiempo, y sin ningún requisito o necesidad de tener primero cierto nivel de santificación.[9]

No obstante, si definimos la teología de la segunda experiencia como que los creyentes tienen experiencias diferentes a la regeneración/santificación y que estas experiencias son una acción del Espíritu diferente, cuyo objetivo es dar poder, son teológicamente separables de la conversión, y tienen lugar después de un Bautismo en el Espíritu Santo (como se define dentro del Pentecostalismo), entonces el Pentecostalismo es un movimiento que defiende la segunda experiencia. Como pentecostal, mi impresión es que nuestra pneumatología da cabida a una primera unción, y una segunda, tercera y cuarta unción, ¡y todas las que vengan! En otras palabras, ser llenos del Espíritu es algo tan característico de la vida cristiana como la santificación.

En cualquier caso, el mismo Nuevo Testamento describe ocasiones en que algunos creyentes "fueron llenos" de nuevo después de la conversión, y también ordena al creyente ser "lleno" del Espíritu, con posterioridad al momento de la salvación. En Hechos 4:31, el mismo grupo de gente que había estado en Pentecostés es, de nuevo, "llenado" (*eplesthesan*, el mismo verbo y modo que en 2:4) con el Espíritu Santo, y gracias a ello predicaron valientemente y realizaron por lo menos una señal milagrosa (cf. también Hechos 4:8; 6:3; 10; 7:55; 10:19, 38; 13:1-4, 9, 52).[10] Y Pablo exhorta a los

---

[8] Probablemente debido a la influencia de A.B. Simpson, R.A. Torrey y sus compañeros.

[9] En las tradiciones pentecostales de los movimientos de santidad, el requisito necesario para el Bautismo en el Espíritu Santo es la santificación plena.

[10] Si las experiencias de Hechos 2 son irrepetibles para ese grupo de gente, ¿por qué tenemos 4:31? Igualmente, si el lenguaje en Hechos 2 describe la salvación, ¿quiere eso decir que en 4:31 aquellos creyentes se vuelven a salvar? Otro punto a considerar es el siguiente: 4:31 tiene el mismo verbo y básicamente la misma sintaxis que 2:4. A mí me

efesios a estar "llenos [continuamente] del Espíritu" (Ef. 5:18) y a los corintios a profetizar, sanar, hablar en lenguas, etc. (1 Co. 12-14). Así, el tema sobre la legitimidad de las experiencias extra-conversión se reduce a analizar de qué tipo de experiencias se trata (es decir, deja a un lado la cuestión de si hay otras experiencias después de la salvación). Para construir una teoría pentecostal del tema, ahora nos centramos en un estudio bíblico teológico de la obra del Espíritu, incluyendo consideraciones acerca de las diferencias entre las presentaciones de Pablo y de Lucas.[11]

2. Un estudio bíblico-teológico de la obra del Espíritu

Aunque pueda sonar anacrónico, la pneumatología pentecostal se acerca a la teología bíblica desde el marco de la historia de la redención. A pesar de que es cierto que tal acercamiento no forma parte explícitamente de la historia de la hermenéutica pentecostal, ya formaba parte del acercamiento

---

parece que si Lucas estuviera preocupado por distinguir entre la naturaleza de ambos acontecimientos, no los habría descrito utilizando un lenguaje idéntico. Pero Lucas no pretende distinguir estos hechos. Más bien, en 4:31 está presentando más de la obra que el Espíritu ya ha realizado: ungir con poder espiritual.

[11] Las dos obras distintas del Espíritu eran un aspecto común de las primeras apologías del Pentecostalismo, pero nadie elaboró una metodología de manera coherente y explícita en los primeros años del movimiento (cf. Gary B. McGee, "Early Pentecostal Hermeneutics", en *Initial Evidence*, G. McGee, de. [Peabody, Mass.: Hendrickson, 1991], 96-118). Fue el doctor Anthony D. Palma quien, como estudiante universitario en los años 60 y principios de los 70, desarrolló las evidencias bíblico-teológicas de forma sistemática y seria (lamentablemente para el mundo académico, su trabajo aún no ha sido publicado). Su estudio detallado y cuidadoso demostró tanto las distinciones del Antiguo Testamento entre las dos obras fundamentales del Espíritu Santo como las diversidades en la pneumatología de Pablo y de Lucas. Lógicamente, en sus conferencias sobre la diferencia entre el énfasis paulino de la "transformación interior" y el énfasis lucano en "la dotación de poder" puso los cimientos para los posteriores estudios pentecostales sobre este tema. El material que doy ahora en mis clases está basado en los apuntes que tomé en varias asignaturas recibidas entre los años 1976 a 1979 en el Seminario de las Asambleas de Dios en Springfield, Missouri: "El Espíritu Santo en la Iglesia del Nuevo Testamento", "Teología del Nuevo Testamento " "Exégesis griega: 1 Corintios 12-14". Desde el trabajo seminarial del Dr. Palma, nadie ha avanzado más allá de sus pensamientos iniciales. Algunos detalles se han completado, como el análisis más exhaustivo del trasfondo de la Septuaginta de los modismos lucanos (Roger Stronstad, *The Charismatic Theology of Luke* [Peabody, Mass.: Hendricksen, 1984]. Palma incluyó bastante información sustancial del trasfondo de la Septuaginta en sus conferencias.) Recientemente se han utilizado nuevos métodos, como los acercamientos literarios a Lucas-Hechos (por ejemplo, Donald Johns, "Some New Directions in the Hermeneutics of Classical Pentecostalism's Doctrine of Initial Evidence", en *Initial Evidence*, 145-67)

no verbalizado de los primeros pentecostales cuando estudiaron las implicaciones del desarrollo del plan divino en diferentes momentos bíblicos, como por ejemplo en Joel 2:28-32 y su cumplimiento en el libro de los Hechos. La hermenéutica contemporánea pentecostal ya ha adquirido el método histórico-redentor como método explícito, y seguirá siendo el acercamiento fundamental porque demuestra de forma natural la validez de la pneumatología pentecostal. Por lo tanto, nuestro estudio tendrá en cuenta la historia de la redención mientras comparamos las obras del Espíritu que transforman el interior y que otorgan poder, con vistas a averiguar si hoy es válido buscar que el Espíritu nos dé poder.[12]

a. La obra del Espíritu en el periodo del Antiguo Testamento

El primer tema para nuestra consideración es ver si en el Antiguo Testamento existe una obra del Espíritu de dotación de poder diferente a la obra transformadora del Espíritu. De hecho, la primera es mucho más evidente que la segunda. Por ejemplo, algunos individuos son ungidos con el Espíritu para profetizar (por ejemplo, Núm. 11:24-27; 1 S. 10:6; 19:20; 2 S. 23:2, 1 Cr. 12:18; 2 Cr. 20:14-17; 24:20; y en todos los escritos proféticos), para realizar hazañas milagrosas (Jue. 14:6, 19; 15:14-17, 1 R, 18:12), para ejercer poder espiritual en el liderazgo (Jue. 3:10; 6:34; 11:29; 1 S. 16:13), o simplemente para desempeñar el trabajo que les había sido encomendado dentro de la Casa de Dios (Ex. 35:30-35). Igualmente, en numerosas narraciones de milagros, donde el Espíritu no se menciona de forma explícita, los agentes humanos son profetas cuya calificación definitiva es la unción del Espíritu (por ejemplo 1 R. 17:17-24; 18:16-46; 2 R. 2:19-22; 4:17). La unción de poder por parte del Espíritu estaba limitada a ciertos individuos, y en la mayoría de los casos, "vino sobre" ellos por un periodo relativamente corto y con un propósito específico (por ejemplo la profecía, la liberación, etc.). El Antiguo Testamento anticipa que esta obra del Espíritu en la nueva era se democratizará en la Casa de Dios, una cuestión que exploraremos más adelante.

---

[12] La frase "dotación de poder" fue acuñada por el Pentecostalismo inicial como sinónimo del Bautismo del Espíritu Santo, y se convirtió en una expresión muy conocida (cf. Pearlman, *Knowing the Doctrines of the Bible*, 308-13). Mantendremos en suspense el tema del cesacionismo y la pregunta más amplia sobre la continuidad de los dones milagrosos a lo largo de los últimos días hasta la sección siguiente, a pesar de que el material bíblico no haga esta separación.

Junto con estos ejemplos de actividad carismática del Espíritu, también encontramos en el Antiguo Testamento pruebas de la transformación que realiza en el interior del ser humano, que le da lo necesario para estar en conformidad moral con la voluntad de Dios. Saber si el Antiguo Testamento presenta de forma explícita al Espíritu como el transformador de la naturaleza humana en este periodo es una pregunta discutible. Existen ocasiones en las que la obra transformadora del Espíritu está bien clara. Por ejemplo, Dios ordena a los israelitas circuncidar sus corazones (Lv. 26:41; Dt. 10:16; cf. Ro. 2:28-29); leemos que los israelitas habían afligido al Espíritu Santo de Dios en el desierto mediante su rebeldía (Is. 63:10-11); el Antiguo Testamento afirma repetidamente que Dios honra a un espíritu humilde y contrito (2 S. 22:28; 2 R. 22:19; 2 Cr. 7:14; Sal. 25:9; 51:17; 66:2); el Espíritu ofrece instrucción moral y dirección (Neh. 9:20; Sal. 143:10).

Además, Dios ordena a los miembros de la casa de Israel que se deshagan de la inmoralidad y adquieran un nuevo corazón y un nuevo espíritu (Ez. 18:31). David expresa un deseo similar al de tener un corazón nuevo en su oración de arrepentimiento por los pecados relacionados con Betsabé (Sal. 51:10, 17; fijémonos en la asociación de esta petición con la unción del Espíritu a David, en el versículo 11). Pero la transformación interior, tanto requerida por Dios como deseada por David, no se describe como una experiencia universal en medio del pueblo de Dios de ese periodo. Más bien, el Antiguo Testamento anticipa una nueva era futura durante la cual la obra transformadora del Espíritu se convertirá en una realidad universal en medio del pueblo de Dios. Por lo tanto, debemos considerar las evidencias del Antiguo Testamento también a la luz de su naturaleza preparatoria, ya que expresa la esperanza del cumplimiento futuro, un cumplimiento que se realiza en el Nuevo Testamento tanto en el área de la transformación interior de la persona como en el área de la dotación de poder.

b. La anticipación del Antiguo Testamento de la obra futura del Espíritu.

En cuanto a la entrega de poder por parte del Espíritu, el Antiguo Testamento claramente prepara el camino para "los últimos días", cuando el poder carismático del Espíritu se universalice en medio del pueblo de Dios.[13] En la

---

[13] Existe un acuerdo generalizado de que la esperanza del Antiguo Testamento por este derramamiento prepara el camino para el cumplimiento del Nuevo Testamento. Cf.

época futura, ya no estará restringido a ciertos individuos, sino que todos los miembros del Reino de Dios recibirán el Espíritu como unción profética.[14]

Esta esperanza se expresa en primer lugar por Moisés, en Números 11:29. Moisés estaba cansado de soportar en solitario la carga de liderar a los rebeldes israelitas y apeló al Señor para que le liberara de esa carga, aunque ello significara su propia muerte (11:10-16). Dios le dijo que eligiera a setenta ancianos israelitas y que les reuniera en asamblea en la tienda de reunión donde el Señor prometió: «Descenderé y hablaré contigo allí, y tomaré del Espíritu que está sobre ti y lo pondré sobre ellos, y llevarán contigo la carga del pueblo, para que no la lleves tú solo» (vs. 17). Después de que se reunieran los setenta ancianos, «el Señor descendió en la nube y le habló [a Moisés]; y tomó del Espíritu que estaba en él y lo colocó sobre los setenta ancianos. Y sucedió que cuando el Espíritu reposó sobre ellos, profetizaron, pero no volvieron a hacerlo más». (vs. 25). El propósito de esta unción era designar a los setenta ancianos e iniciarlos en las funciones de liderazgo que aliviarían algo de la carga de Moisés. La profecía funcionó como una "señal" de que verdaderamente habían sido designados y ungidos.[15]

Pero el Espíritu se quedó también con Eldad y Medad, dos ancianos que no estaban entre los setenta, y profetizaron en el campamento. En respuesta a la petición de Josué de que alguien les detuviera, Moisés dijo: «¿Tienes celos por causa de mí? ¡Ojalá que todo el pueblo del Señor fuera profeta, que el Señor pusiera su Espíritu sobre ellos!» (vs. 29). De este modo, la narración expresa la esperanza de una experiencia carismática universalizada, en la que no existe el control humano sobre la actividad del Espíritu, sino que el Espíritu tiene libertad de descender sobre quien quiera.[16] El deseo de Moisés también presagia que el Canon irá avanzando hacia ese cumplimiento, pues Joel auguraría que algún día "todas las personas" profetizarían.

O. Palmer Robertson, "Tongues: Sign of Covenantal Curse and Blessing", WTJ 38 (1975); 43:47. Robertson llama a esta relación entre el Antiguo Testamento y el Nuevo Testamento "el principio de preparación". Como cesacionista, argumenta que el cumplimiento solamente estaba previsto para la época fundacional de la Iglesia. Cf. también Wayne Grudem, "1 Corinthians 14:20-25: Prophecy and Tongues As Signs of God's Attitude", WTJ 41 (1979): 381-96. Grudem opina que la preparación del Antiguo Testamento para el cumplimiento del Nuevo Testamento fija el marco conceptual para todo el periodo de los últimos días, no solamente para el llamado "periodo fundacional".

[14] Esto es cierto incluso del Mesías; cf. Isaías 61:1-2a, citado en Lucas 4:18-19.

[15] Cf. S. B. Parker, "Possession Trance and Prophecy in Pre-Exilic Israel", VT 28 (1978): 271-85, esp. 276-77.

[16] Parker (Ibíd., 279-80) Entiende que la narración representa los intentos del liderazgo tradicional para controlar la actividad profética de aquellos que no eran reconocidos oficial-

La esperanza de universalización de la actividad carismática toma una forma más concreta en Joel 2:28-32. Después de un periodo de juicio (2:11) y de arrepentimiento (2:12-17), Israel será restaurado (2:18 ss). Como parte de esta restauración, Dios "derramará" (heb. *Spk*; LXX *ekcheo*) su Espíritu sobre todo el pueblo (vs. 28a-29b), y como resultado la actividad carismática se universalizará (vs. 28b-29; por ejemplo, los hijos, hijas, ancianos, jóvenes, incluso los sirvientes), habrá «prodigios en los cielos y en la tierra (vs. 30-31a), que venga el día del Señor» (vs. 31).[17] Durante este tiempo, todos los que invoquen el nombre del Señor y a los que el Señor llame serán salvos (vs. 32). En contraste con la era anterior, en la que el Espíritu solo daba poder a ciertos individuos, el derramamiento del Espíritu Santo en esta época futura se extenderá a todo el pueblo de Dios y el Espíritu dará poder a los creyentes.[18]

El Antiguo Testamento también espera en el futuro la labor transformadora del Espíritu. Las pruebas que hemos encontrado en cuanto a la circuncisión del corazón y de la obra del Espíritu para transformar la naturaleza humana dentro del periodo del Antiguo Testamento (Lv. 26:41; Dt. 10:16; Neh. 9:20; Sal. 143:10; Is. 63:10-11) es un presagio del desarrollo que vamos a ir viendo en el Canon en cuanto a esta esperanza futura, expresada por los profetas. Jeremías predice el día cuando el Señor hará un nuevo pacto con su pueblo, momento en el que pondrá su ley en sus mentes y la escribirá en sus corazones (Jer. 31:31-34, esp. 33; cf. He. 8:7-13). Ezequiel predice específicamente esta transformación como la obra del Espíritu. Según su descripción de la nueva era, será una época en la que el Señor pondrá un "nuevo espíritu" en su pueblo y les dará un nuevo corazón para que sigan su ley (Ez. 11:19-20). Esta transformación moral se conseguirá mediante el Espíritu de Dios, que pasará a morar en cada individuo (36:26-27; 37:14). La esperanza de regeneración se estableció, por tanto, mediante la promesa de que el Espíritu moraría en el ser humano.

---

mente como profetas. Del mismo modo, Martin Norh, *Numbers* (Filadelfia: Westminster, 1968), 90. La ideología de la narración misma, expresada en la reprimenda de Moisés a Josué, se opone a ese tipo de control.

[17] Ver el cuidadoso uso del *ekcheo* de la Septuaginta en Hechos, tanto en la cita de Joel (Hechos 2:17-18), como en las descripciones posteriores (2:33: 10:45)

[18] También Douglas Stuart, en *Hosea-Jonah*, WBC (Waco, Texas: Word, 1987), 260-261. Explica: «En la nueva era *todo* el pueblo de Dios tendrá *todo* lo que necesita del Espíritu de Dios. La era antigua se caracterizaba por la influencia selectiva y limitada del Espíritu sobre *algunos* individuos: ciertos profetas, reyes, etc. Pero mediante Joel, el pueblo está escuchando una nueva forma de vivir en la que todo el mundo puede tener el Espíritu.»

Resumiendo, el Antiguo Testamento contiene dos funciones principales del Espíritu Santo, dar poder, y transformar a las personas. (i) En cuanto a la primera función, vemos cómo el Espíritu dota de poder a individuos concretos para profetizar, realizar milagros, liberar, o llevar a cabo la tarea asignada. El Antiguo Testamento también anticipa una nueva era cuando esta operación del Espíritu se universalizará entre todo el pueblo de Dios, y ya no estará restringida a unos pocos, y seguirá caracterizándose por las manifestaciones carismáticas. (ii) El Espíritu transforma la naturaleza humana, teniendo como resultado la circuncisión del corazón y la obediencia de la ley de Dios. El Antiguo Testamento también anticipa una nueva era de cumplimiento en la que Dios pondrá su Espíritu en su pueblo y les dará un nuevo corazón y una mente nueva sobre la que estará escrita su ley.

Ahora consideraremos el Nuevo Testamento, que revela cómo se cumplen estas promesas en Cristo y en su Cuerpo, que es la Iglesia.

c. El cumplimiento de la obra del Espíritu en el Nuevo Testamento.

En la era del cumplimiento neotestamentario, las dos funciones del Espíritu continúan, pero ahora en plenitud cristológica. No necesitamos demostrar el cumplimiento en el Nuevo Testamento de la obra transformadora del Espíritu; cualquier Introducción a la Teología, por básica que sea, tratará este tema, y no es un tema que cree debate entre los evangélicos pentecostales y los no pentecostales. Ambos grupos coinciden en que la regeneración es la experiencia transformadora de la salvación, y que el Espíritu pasa a morar definitivamente en los cristianos (Ro. 8:9; Tit. 3:5-7). Para que se cumpliera la esperanza del Antiguo Testamento de que el Espíritu moraría en el ser humano, Cristo hizo que el nuevo nacimiento mediante el Espíritu fuera para todos los que tuvieran fe en Él (Juan 3:5-8).

Nuestro propósito es explorar si el Nuevo Testamento presenta la función del Espíritu de dar poder, distinta a la regeneración, como parte del cumplimiento de la esperanza veterotestamentaria de que habría una nueva era del Espíritu. El debate sobre este aspecto de la pneumatología gira inevitablemente en torno a los diferentes énfasis que encontramos en el corpus lucano y en parte de las cartas paulinas.

D.A. Carson escribió lo siguiente al evaluar el estudio que Roger Stronstad hace sobre la distinción entre la pneumatología de Lucas y la de Pablo:

> *«Decir que Lucas y Pablo desarrollaron teologías complementarias, es una cosa (por ejemplo, que Pablo hace hincapié en una sola conversión, aunque no excluye la posibilidad de algún tipo de dotación de poder espiritual posterior a la conversión, mientras que Lucas hace hincapié en esto último); pero decir que Pablo y Lucas desarrollaron teologías contradictorias, es otra muy diferente (por ejemplo, que Pablo no da cabida a ninguna forma de teología de segunda bendición o segunda experiencia mientras que Lucas la defiende a ultranza). La polaridad puede agradar a esa parte de la corriente moderna que encuentra en el Nuevo Testamento una serie de teologías diversas e incluso contradictorias, y que cree que el Canon ofrece un abanico de opciones; pero esto tiene un alto precio. Ya no se puede hablar de teología canónica en un sentido completo. Aún peor, cuando tenemos dos teologías contradictorias, las dos no pueden ser verdaderas; por lo que no se puede hablar de que el Canon ofrece un abanico de teologías, dado que una o más de una serán falsas.»*[19]

La advertencia de Carson sobre la tesis de Stronstad es, al mismo tiempo, una advertencia sobre el acercamiento pentecostal histórico a las diferencias canónicas entre las dos funciones del Espíritu, ya que los pentecostales durante décadas han incluido en su pneumatología las diferencias entre Pablo y Lucas.[20]

De hecho, la primera frase de Carson (sobre que Lucas y Pablo desarrollaron teologías complementarias) es una descripción del Pentecostalismo clásico; es decir, aunque Pablo y Lucas tengan énfasis diferentes en cuanto a la naturaleza de la obra del Espíritu, no se contradicen teológicamente.[21]

---

[19] D. A. Carson, *Manifestaciones del Espíritu*, Andamio, Barcelona, 2000 comentando el libro de Roger Stronstad, *The Charismatic Theology of Luke*.

[20] Ver, por ejemplo, Pearlman, *Knowing the Doctrine of the Spirit*, 290-320; Palma, "Holy Spirit".

[21] Cf. Robert Menzies, "The Development of Early Christian Pneumatology with Special Reference to Luke-Acts", tessis doctoral, Universidad de Aberdeen, 1989 [publicación: JSNTSup 54 [Sheffield: JSOT Press, 1991]; mis citas son de la tesis original). Menzies opina que la pneumatología de Lucas "excluye" cualquier aspecto soteriológico de la obra del Espíritu y, por lo tanto, excluye teológicamente la visión paulina sobre la obra del Espíritu en la salvación (309). De hecho, argumenta que la pneumatología soteriológica de Pablo fue desconocida en otros sectores de la Iglesia primitiva hasta los años 70-80 d.C (310) y que «ni Lucas ni la Iglesia primitiva le atribuyeron un significado soteriológico al don pneumatológico en la forma que Pablo lo hizo» (37; entonces uno puede preguntarse sobre la frase de Jesús en Juan 3:5-8). También concluye que «Lucas aparentemente no conocía las epístolas de Pablo» (310). Por su lado, la pneumatología de Pablo excluye la perspectiva lucana. Así, en cuanto a Hechos 19:1-6, Menzies argumenta que Pablo nunca habría formulado a los discípulos de Éfeso la pregunta que encontramos en este texto, porque Pablo no concebía que alguien se salvara y no recibiera el Espíritu (262-68, esp. 268; aquí Menzies no distingue entre la "regeneración" y "unción de poder").

Por otro lado, el acercamiento antitético que Carson describe no es característico ni de Stronstad ni del Pentecostalismo histórico. Sin embargo, el apunte de Carson sobre la autoridad e infalibilidad de la Escritura sigue siendo importante para que los pentecostales nos aseguremos de no alejarnos de nuestras raíces evangélicas, o de nuestra creencia en la incuestionable autoridad de la Palabra de Dios. Carson no está llamando a los pentecostales a abandonar su punto de vista sobre las distinciones entre Pablo y Lucas; simplemente está pidiendo que realicemos una formulación cuidadosa y una dialéctica que no rechace ni socave la autoridad bíblica.

A pesar de todo, las diferencias entre Pablo y Lucas son cruciales para responder a nuestra pregunta. Después de todo, si no existen diferencias, y Lucas simplemente está utilizando un género diferente para expresar la misma teología regeneradora de Pablo, entonces la pneumatología pentecostal está equivocada. Los pentecostales mantienen que debemos analizar el pensamiento de cada autor bíblico de forma individualizada antes de integrarlo en el conjunto. El intérprete no debería pasar por alto las diversidades bíblicas legítimas por hacer un favor a las categorías tradicionales de la teología sistemática: las diversidades en el Nuevo Testamento son diversidades ordenadas por Dios. Y en el caso del énfasis lucano sobre el poder que el Espíritu otorga, incorporar su contribución distintiva es esencial para tener una compresión global y completa de la enseñanza neotestamentaria sobre el Espíritu. Por lo tanto, los pentecostales tratan este tema dejando que Lucas desarrolle su propio pensamiento teológico; en su interpretación se centran en el uso que Lucas hace de la terminología y los énfasis teológicos.[22]

Por lo tanto, según Menzies, el diálogo en Hechos 19:1-6 es una "construcción al estilo de Lucas"; "Pablo, sin duda, hubiera relatado la historia de forma diferente" (268); y "Pablo no habría interpretado ni narrado" los acontecimientos de Hechos 19:1-6 como Lucas los presenta (esta última frase está extraída de R. Menzies, "Coming to Terms with an Evangelical Heritage - Part 2: Pentecostals and Evidential Tongues". *Paraclete* 28 [1994]:4). En posteriores escritos a su tesis, Menzies continúa abogando por su aproximación de la reconstrucción de la historia de las religiones, pero añade que las pneumatologías de Lucas y Pablo son, en definitiva, "complementarias" y "compatibles" (Coming to Terms with an Evangelical Heritage - Part 2", 1-10; "The Distinctive Character of Luke's Pneumatology", Paraclete 25 [1991]: 17-30). Aunque a la luz de su reconstrucción antitética de la relación entre Lucas y Pablo su utilización del término "complementarias" es sorprendente, vemos que formalmente respeta la autoridad de la Escritura, y quizás con el tiempo esa sorprendente formulación se corregirá a sí misma para acabar concordando con ese respeto hacia la Escritura.

[22] J.H. Marshall (*Luke: Historian and Theologian* [Grand Rapids: Eerdmans, 1970], 75) define el tema en los mismos términos, argumentando que Lucas difiere de Pablo en algunos aspectos, pero que debemos permitirle desarrollar su propio pensamiento teológico.

Para ilustrar este punto, consideraremos algunos ejemplos de los escritos de Lucas, comenzando con elementos de su Evangelio.[23] La narración que Lucas hace del poder de Jesús contiene varias descripciones clave que solo aparecen en Lucas. Su tratamiento particular del Espíritu Santo en el ministerio público de Jesús comienza con el relato del bautismo (Lucas 3:21-22). En los tres Evangelios el Espíritu Santo desciende sobre Jesús después de su bautismo, pero Lucas es el único que dice que el Espíritu descendió "mientras Él oraba" (vs. 21). Es una parte importante de los cimientos que Lucas establece sobre la obra del Espíritu; la entrega de poder está estrechamente relacionada con la oración (cf. Hechos 4:31: 13:1-3).

Además, cuando Jesús «es llevado por el Espíritu en el desierto», para ser tentado por Satanás, Lucas es el único que dice que «estaba lleno del Espíritu Santo», enfatizando claramente que venció a Satanás mediante el poder del Espíritu (Lucas 4:1). Lucas también es el único que atribuye el poder de Jesús en su ministerio público al hecho de que ministraba «en el poder del Espíritu» (4:14). En otras palabras, Lucas enfatiza la obra del Espíritu de dotación de poder en la vida de Jesús, claramente describiendo al Espíritu como la fuente de poder espiritual que le permitió derrotar a Satanás y proclamar el Evangelio con autoridad (por ejemplo, 4:15-30, 31-37; cf. Hechos 10:38).[24] Esta misma unción con el Espíritu para dar testimonio y servicio es la que experimenta la Iglesia en Hechos.

---

[23] Cf. R.F. O'Toole, *Unity of Luke's Theology* (Wilmington, Del.: Michael Glazier, 1984). Señala los muchos paralelismos entre la vida de Jesús y su ministerio en Lucas y la vida y ministerio de la Iglesia Primitiva en Hechos. Stronstad ("The Influence of the Old Testament on the Charismatic Theology of St. Luke", Pneuma 2 [1980]: 46) apunta de manera similar a las similitudes entre Jesús y la Iglesia, explicando que la transferencia del Espíritu por parte de Jesús a sus discípulos evoca la transferencia profética del Antiguo Testamento.

[24] J.D.G. Dunn (El bautismo del Espíritu Santo (Ed. LA AURORA, Buenos Aires, 1977 opina que la «dotación de poder para el servicio» de Jesús mediante la unción del Espíritu es solamente una "consecuencia" y no su propósito principal. Para Dunn, el propósito principal es «iniciar al individuo en una nueva era y un nuevo pacto, para ser ungido por Cristo, y que al hacerlo le capacite para el servicio y la vida en esta nueva era y nuevo pacto. En esta entrada de Jesús a la nueva era del nuevo pacto vemos el tipo de entrada inicial de cada converso a la nueva era y al nuevo pacto.» Debemos hacer dos observaciones: (1) Dunn dice que esta dotación de poder es simplemente una consecuencia de la unción. No obstante, las descripciones de Lucas se lanzan exclusivamente en términos de dotación de poder y no de regeneración. (2) Dunn observa que la unción le inicia a uno para la vida de la nueva era y le capacita para ella. Aquí no está necesariamente en desacuerdo con los pentecostales, quienes mantienen que la unción para el servicio, junto a la regeneración, era la experiencia común del converso en el Nuevo Testamento (de ahí, por ejemplo, la pregunta de Pablo a los discípulos en Hechos 19:1-6). Aún más, la capacitación para el servicio no es la misma obra del Espíritu que la transformación moral. Dunn parece

Comenzando con el mandamiento de Jesús a sus discípulos en Hechos 1:5, que debían esperar el bautismo en el Espíritu Santo (cf. Lucas 3:16), vemos que el énfasis de Lucas está en que el Espíritu otorga poder para testificar.[25] El Bautismo del Espíritu en Hechos no se define en términos de regeneración/santificación, sino en términos de poder para testificar (Hechos 1:8). Cuando tiene lugar el cumplimento de las expectativas del Antiguo Testamento (p. ej., Nm. 11:29; Joel 2:28-32) y los discípulos son llenos del Espíritu Santo (Hechos 2:1-4), Lucas describe la experiencia de forma que evoca a las unciones proféticas del Antiguo Testamento, acompañada del discurso al estilo profético y otras señales (p. ej., vientos fuertes, fuego).[26] De hecho, la multitud que vio los acontecimientos se maravilló y sorprendió (vs. 6,7,12), e incluso algunos dijeron que los que habían sido bautizados estaban borrachos (vs. 13).

Cuando Pedro explica a continuación los acontecimientos del día, apela a Joel 2:28-32, una profecía que describe cómo el Espíritu da poder (p. ej. profecías, sueños, visiones). Es más, la frase introductoria a esta profecía, "después" (Joel 2:28), Pedro la cambia por "en los últimos días" (Hechos 2:17), enfatizando así la obra de poder característica del Espíritu durante

---

apoyar la posición pentecostal incluso cuando la rechaza explícitamente; digo esto porque él reconoce que la dimensión de transmisión de poder de la obra del Espíritu es diferente a la parte de la regeneración. Incluso el uso que Pedro hace de Jesús como ejemplo se centra en la dotación de poder (10:38). Cf. también Howard M. Ervin, *Conversion-Initiation and the Baptism in the Holy Spirit* (Peabody, Mass.: Hendrickson, 1984), 161.

[25] Esta es una referencia a la profecía de Juan en Lucas 3:16. El uso del fuego en el Antiguo Testamento (por ejemplo, Mal. 3.24) y en Qumrán (por ejemplo, 1 QS 4) como símbolo de purificación, se ha ofrecido frecuentemente como el trasfondo del uso lucano. Este trasfondo se ha usado para argumentar que Lucas está hablando de purificación y, por lo tanto, de salvación, cuando escribe sobre el derramamiento del Espíritu en Hechos. Pero en el Antiguo Testamento, el fuego también se asocia con la aprobación divina de la actividad profética (p.ej., Ez. 1:4-2:8), el discurso profético (p. ej., Jer. 5.14; 23:29) y el juicio (p. ej., Ex. 15:4-8; 19:12-14). Durante el periodo intertestamentario, la asociación del fuego con la actividad profética continuó. La palabra profética podría describirse como una antorcha, y el mismo profeta como el fuego que surge para proclamar la Palabra de Dios (Sab. B. Sirac 48:1; cf. 1QH 3:28-36). Durante esta época, el fuego también fue utilizado como símbolo de la presencia de Dios y/o aprobación de ciertos individuos y sus actividades, incluyendo la profecía y la enseñanza (p. ej., 1 Enoc 14:17; 71:5; Ber. Rab. 59:4; b. Hag 15b; Pesiq. Rab. Kah. 88b; m. 'Abot 2:10; b .Ta'an 7a; y. Hag. 2.1.1). Por lo tanto, el trasfondo conceptual del bautismo con fuego puede haber nacido de esta asociación profética. Lucas está describiendo el principio de la Iglesia como una comunidad ungida en la que el discurso profético, al igual que otras ocasiones en las que el Espíritu da poder para algo concreto (p. ej. sanidades, exorcismos, etc.) son todas testimonio del Evangelio de Jesucristo, y que las "lenguas de fuego" de Hechos 2:3 pueden haber simbolizado la aprobación de Dios de la actividad profética de la Iglesia.

[26] Cf. Stronstad, "Influence", *passim*, esp. 46.

los "últimos días". La conclusión del sermón de Pedro (2:38-39), entonces, debe entenderse a la luz de este contexto, no a través del contexto.[27] Claro que el arrepentimiento y el bautismo en el nombre de Jesús traen la salvación (2:38), pero Lucas procura enfatizar cuidadosamente la entrega de poder por parte del Espíritu más que la transformación que ejerce en el interior de la persona.[28]

No necesitamos recordarle a nadie que Pentecostés es el principio de la misión de la Iglesia y la etapa final de la inauguración de la nueva era. La unción con el Espíritu completó la experiencia del Evangelio de aquellos primeros creyentes. Pero la inauguración de la nueva era no debe confundirse con las obras distintivas del Espíritu que llegarían con ella. Aunque la unción en el Espíritu era la experiencia común para el converso del Nuevo Testamento, se trata de algo diferente a la regeneración y, teológicamente, ésta no debe absorber la primera.

Del mismo modo, para la pneumatología pentecostal no es necesario separar la unción de poder que el Espíritu realiza de la salvación; además, esa separación no está respaldada por las evidencias que encontramos en Lucas-Hechos. El sermón de Pedro enlaza explícitamente el derramamiento con el arrepentimiento y el bautismo en el nombre de Jesús (Hechos 2:38), y a medida que el Reino se extiende, siguiendo el plan que aparece en 1:8 (Jerusalén, Judea, Samaria y los confines de la tierra), cada paso de ese plan incluye la salvación de un grupo de personas importantes (p. ej., los samaritanos en el capítulo 8; los gentiles en el 10). La enseñanza que yo recibí, habiendo crecido como pentecostal, es que en el Nuevo Testamento, tanto la salvación como el Bautismo en el Espíritu Santo frecuentemente sucedían como parte de un grupo de acontecimientos que tenían lugar en la conversión. Por lo tanto, el paradigma "ideal" de la fe del Nuevo Testamento recogía que el recién convertido también era bautizado en el Espíritu Santo en el comienzo mismo de su vida cristiana. Mis ancianos pentecostales normalmente se lamentaban de la pérdida de ese patrón, lo que ha resultado en un ambiente contemporáneo en el que las dos obras o

---

[27] Dunn (ídem, p. 51-68) interpreta de forma coherente Hechos 2 a través del prisma paulino (p. ej., 47-48). No explica de forma adecuada que Lucas usa un lenguaje idéntico al de 2:4 para describir las "unciones" extras con el poder del Espíritu que reciben personas que habían sido bautizadas (p. ej., 4:31; 13:52). Dunn concluye que en Hechos, el Bautismo del Espíritu «es el don de la gracia salvífica, mediante la cual se entra en la experiencia y vida cristianas, en el nuevo pacto, en la Iglesia. Esto es lo que hace que alguien sea cristiano» (226). Hechos sí describe la entrada normal en el Reino, pero no lo hace en términos de regeneración.

[28] No obstante, véase que la regeneración sí está presente en Hechos (ver 15:9).

funciones del Espíritu normalmente están separadas por un lapso de tiempo importante. El énfasis del pentecostalismo siempre ha estado en la distinción teológica de las dos funciones, no en la distinción temporal.

En Hechos 4:31 encontramos más pruebas de la particularidad teológica de la dotación de poder que lleva a cabo el Espíritu. Aquí no tenemos espacio para realizar un debate sobre el estado salvífico de las personas; fueron llenas del Espíritu Santo en el día de Pentecostés. Aún así, Lucas utiliza el mismo lenguaje que en 2:4 para describir la "unción" inicial (un lenguaje también similar al de 4:8; 9:17; 13:9, 52). Lucas enfatiza más la obra del Espíritu por la que el creyente recibe poder que la obra por la que su interior es transformado, incluso en los contextos más amplios en los que se relata la conversión e iniciación de nuevos grupos de personas (p. ej., 8:14-19; 10:44-46; 11:15-17; 19:1-7). Sus descripciones de estos hechos retratan unciones con el Espíritu y con poder que están de acuerdo con el testimonio del Antiguo Testamento: la expectación de éste en la nueva era.[29]

Por consiguiente, como cumplimiento de la esperanza del Antiguo Testamento, Lucas describe a la Iglesia como una comunidad carismática, llamada por Dios para llevar el testimonio del Señor Jesucristo durante los últimos días, y que ha recibido el poder para lograr esta tarea mediante el Espíritu Santo. Igualar la presentación de Lucas con la regeneración paulina es, simplemente, perder una dimensión vital del testimonio que el Nuevo Testamento da de la obra del Espíritu en la Iglesia.

Los pentecostales, por lo tanto, leen Hechos enfatizando más la unción para el testimonio y el servicio, que la regeneración. Este énfasis o contexto comienza (como ya hemos explicado anteriormente) con la dotación de poder que el Espíritu realiza en el Antiguo Testamento y con las expectati-

---

[29] Una vez más, en contra de su propia formulación errónea sobre la teología pentecostal, Dunn (El Bautismo del Espíritu Santo, Ed. LA AURORA, Buenos Aires, 1977; p. 62-63, 79-82) razona que Lucas está presentando al Espíritu como *sine qua non* de lo que significa ser salvo e incorporarse al Cuerpo de Cristo. Asegura que los pentecostales, como los católicos, hablan de la posibilidad de conversión sin la recepción del Espíritu, lo cual es imposible. Los pentecostales no sostienen esta idea. En la teología pentecostal tradicional, el creyente recibe el Espíritu en la salvación, quien les regenera y pasa a morar en él o ella, y el que, después de la salvación, le va a ungir (cf. Pearlman, *Knowing the Doctrine of the Spirit*, 305-8; Ralph M. Riggs, *The Spirit Himself* [Springfield: Gospel Publishing House, 1949]. 4246). Riggs (44) incluye un título principal que dice "TODOS LOS CREYENTES TIENEN AL ESPÍRITU SANTO" y explica que «los que son de Cristo tienen el Espíritu de Cristo. El Espíritu Santo los bautiza e introduce en el Cuerpo de Cristo, y el Espíritu Santo vive en sus corazones. Por lo tanto, vemos que todos los creyentes que realmente hayan nacido de nuevo tienen al Espíritu Santo».

vas de que en la nueva era esa experiencia será posible para *todo* el pueblo de Dios. El libro de Hechos recoge la realización histórica de la esperanza del Antiguo Testamento de forma distinta a las enseñanzas de Pablo sobre la regeneración, aunque el mismo Pablo es muy consciente de la unción con poder del Espíritu (por ejemplo, en 1 Cr. 12-14). Más específicamente, Lucas describe la obra del Espíritu de forma análoga a las unciones del Antiguo Testamento asociadas con las tareas teocráticas (profetas, sacerdotes y reyes), en lugar de hacerlo exclusivamente en términos de transformación moral, aunque esto último posiblemente está incluido en el cumplimiento de la esperanza del Antiguo Testamento acerca de la labor transformadora del Espíritu (Hechos 2:38; 10:9-16, 34-35, 43). La pneumatología de Lucas no excluye la regeneración; defender que sí lo hace no tiene ningún sentido. Expresándolo de forma sencilla, la narrativa de Lucas expresa su propia línea teológica: la unción carismática del Espíritu.

A diferencia del Pentecostalismo, que mantiene que el Bautismo del Espíritu es una experiencia diferente del Espíritu que inaugura una vida de testimonio y de poder, el movimiento carismático incluye una variedad de posicionamientos sobre el tema de una segunda experiencia. Un sector del movimiento carismático sostiene una posición casi idéntica a la del Pentecostalismo.[30] Otros mantienen que todo lo que el Espíritu tiene para el cristiano se recibe en la conversión y que, desde ese momento, la vida del cristiano avanza cuando éste va "utilizando" lo que ya ha recibido. Pero todos dentro del movimiento carismático coinciden en que el Espíritu da poder al creyente, y que este hecho incluye las manifestaciones milagrosas.

d. *Excursus* sobre 1 Corintios 12:13

«Pues por un mismo Espíritu fuimos todos bautizados en un solo cuerpo, ya judíos o griegos, ya esclavos o libres, y a todos se nos dio a beber del mismo Espíritu».

Los que no están de acuerdo con la teología pentecostal del Bautismo del Espíritu aluden frecuentemente a 1 Corintios 12:13, argumentando que Pablo define el bautismo por «un mismo Espíritu» como la conversión y que, por lo tanto, no tiene sentido decir que la frase, tal y como se utiliza en

---

[30] Cf. Rodman Williams, *Renewal Theology* (Grand Rapids: Zondervan, 1990), 2.177-79, 198-200. Para un resumen sobre varios temas y posturas, ver *Systematic Theology*, de Wayne Grudem (pp. 763-87).

otros lugares del Nuevo Testamento, se refiera a una unción de poder posterior a la salvación. Igualmente, los pentecostales han ofrecido interpretaciones de este versículo que enfatizan el papel del Espíritu de introducir al individuo en el Cuerpo de Cristo, mostrando así que la teología de Pablo no excluye el Bautismo del Espíritu. Consideraremos brevemente el significado de este versículo en su contexto, y estudiaremos las principales interpretaciones sugeridas. En el análisis final, el sentido de este versículo no afecta a las conclusiones que ya hemos obtenido porque Pablo aquí no se está refiriendo concretamente a la recepción de poder que uno experimenta. Sin duda, su lenguaje es similar al lenguaje de Hechos, pero está utilizando el lenguaje para aclarar un tema concerniente a la unidad en el Cuerpo de Cristo.

Gran parte del debate sobre este versículo se centra en el significado de la frase griega «por un mismo Espíritu» (*en heni pneumati*). Una opción es que significa *esfera* o *elemento* en el cual los corintios han sido bautizados; en tal caso se traduciría como "en un Espíritu".[31] La otra opción es que demuestra que *el Espíritu es el agente* del Bautismo para entrar en el Cuerpo de Cristo, con la consiguiente traducción «por un Espíritu».[32] No podemos dudar de que el énfasis de Pablo en este contexto está en el bautismo que todos los corintios comparten, y que ofrece la base para su unidad como miembros de un mismo cuerpo. Es más, las metáforas del versículo, el Bautismo en un solo cuerpo y beber de un mismo Espíritu deben entenderse a la luz de un contexto más amplio, esto es, la preocupación por la unidad entre los miembros del Cuerpo de Cristo (p. ej., vs. 27).[33] Fijémonos en que el énfasis del contexto está en la unidad de los que son bautiza-

---

[31] Así hace Gordon Fee en *God's Empowering Presence: The Holy Spirit in the Letters of Paul* (Peabody, Mass.: Hendrickson, 1994), 181; ídem, *The First Epistle to the Corinthians* (Grand Rapids: Eerdmans, 1987), 6036; Wayne Grudem, *Systematic Theology: An Introduction to Biblical Doctrine* (Grand Rapids: Zondervan, 1994), 767-73; NRSV.

[32] Así hace F.W. Grosheide (*Commentary on the First Epistle to the Corinthians* [Grand Rapids: Eerdmans, 1953], 292-39) quien argumenta que la frase se refiere a la obra del Espíritu mediante la cual el individuo entra en el Cuerpo de Cristo, y que se utiliza *en* porque el Espíritu no lleva a cabo el rito mismo del bautismo; James Moffat, *The First Epistle of Paul to the Corinthians* (New York: Harper, 1938); O. Cullmann, *Baptism in the New Testament*, trad. J. Reid (Londres: SCM, 1950); NIV; NASB.

[33] Algunos pentecostales han adelantado la teoría de que las metáforas se refieren a dos experiencias diferentes del Espíritu: el bautismo en el cuerpo se refiere a la conversión; mientras que beber del Espíritu se refiere al Bautismo del Espíritu (por ejemplo, *Conversion-Initiation*, de Ervin, 98-102; R. E. Cottle, "All Were Baptized", *JETS* 17 [1974]: 75-80). No tenemos pruebas en el contexto de que Pablo estuviera pensando en dos experiencias. Es más, en 1 Corintios 1-4 usa una metáfora que está estrechamente relacionada, y esta metáfora no puede entenderse de esa manera.

dos en el Cuerpo de Cristo, no en los que son bautizados en el Espíritu, una frase que no aparece en ningún texto paulino.[34] En mi opinión, la buena traducción será aquella que plasme que se está hablando del Bautismo en el Cuerpo de Cristo, y de la obra del Espíritu como el modo mediante el cual se logra ese bautismo.

No obstante, el sentido específico de *en heni pneumati* sigue creando debate. Sea cual sea la opinión que se tenga del versículo 13 (elemento o agente), eso no cambia el argumento a favor de que el Espíritu da poder a los creyentes en momentos posteriores a la salvación (basada en la teología bíblica y en la pneumatología de Lucas). Obviamente, el punto de vista de "agente" no supone ningún problema para la teología pentecostal. Pero tampoco lo supone el punto de vista de "esfera", ya que parece claro por las pruebas anteriormente presentadas, que Lucas y Pablo utilizan un lenguaje similar para hablar de las diferentes obras del Espíritu. Aunque Pablo tenga en mente un «bautismo en el Espíritu» que introduce a una persona en el Cuerpo de Cristo (conversión), eso no cambia el hecho de que Lucas presenta una dotación de poder, obra del Espíritu diferente a la salvación.

Además, Pablo es consciente de esa función del Espíritu (p. ej., 1 Co. 12:4-11). Todo el contexto de 1 Corintios 12-14 trata el tema de los abusos que surgieron entre los creyentes corintios, especialmente su propensión a abusar de las lenguas, debido a concepciones erróneas sobre la obra milagrosa del Espíritu fuera de la conversión. Pablo estaba agradecido a Dios por las experiencias en las que él había hablado en lenguas, experiencias que sobrepasaron incluso la de los corintios (14:18). Y la lista de dones que aparece en 12:4-11 exhibe un amplio conocimiento de las diferentes manifestaciones en las que el Espíritu obra según su propia voluntad. Resumiendo, no existe nada en estos capítulos, y nada en el versículo 12:13 en particular, que anule la doctrina pentecostal del Bautismo del Espíritu.

Por lo tanto, la única argumentación que podría formularse desde 1 Corintios 12:13 en contra de la postura pentecostal sobre la unción del

---

[34] Fee (*God's Empowering Presence*, 180-81) razona que Pablo está enfatizando la recepción común del Espíritu, el elemento "más crucial" en la conversión. Es cierto que esto no podría aplicarse a toda la teología paulina. No obstante, en este contexto en particular, la preocupación principal de Pablo no es el orden de la salvación (llamamiento, fe, regeneración, justificación, etc.) sino la naturaleza del Cuerpo de Cristo en el que todos los creyentes han sido bautizados. Pablo está enfatizando la salvación entendida desde la perspectiva del estatus que le otorga al creyente como miembro del Cuerpo de Cristo. También la sintaxis de la frase rige que el sintagma preposicional "en un solo cuerpo" funcione como el referente inmediato de "fuimos todos bautizados", y no de "en un mismo Espíritu".

Espíritu con poder (aunque no sería convincente, en mi opinión), es que los pentecostales se han equivocado al escoger la expresión «bautismo en el Espíritu Santo» de entre todas las opciones del Nuevo Testamento. Pero no puede formularse un argumento basándose en este versículo (ni, en mi opinión, en ningún texto de las Escrituras) contra la doctrina pentecostal sobre la existencia de unciones con poder posteriores al momento de la conversión. Muchas de las argumentaciones en contra de la doctrina pentecostal del Bautismo en el Espíritu solo militan en contra de la expresión en sí, sin llegar a tratar el contenido que encierra. Los no pentecostales que tratan este tema de forma seria, no deberían usar la expresión de la teología sistemática pentecostal para referirse a esa experiencia como una excusa para alejar el debate de la enseñanza bíblica y centrarlo en la expresión en sí, usando eso como argumento racional para rebatir la perspectiva pentecostal.

e. *Excursus* sobre la evidencia física inicial

Los pentecostales clásicos mantienen que la evidencia física inicial (EFI, a partir de ahora) del Bautismo del Espíritu es hablar en lenguas (si no se produce una manifestación en lenguas, no ha habido Bautismo en el Espíritu). Es bien sabido que la base de esta doctrina está en el patrón histórico del libro de Hechos. Es decir, Hechos presenta el hablar en lenguas como la manifestación que acompaña al Bautismo del Espíritu. Pero en años recientes, otros acercamientos han aportado una visión más profunda de esta doctrina. El propósito de este excursus es, simplemente, presentar al lector varios de estos acercamientos recientes, aunque no podremos analizarlos con profundidad. Este breve estudio le dará información para que pueda realizar una investigación posterior.

El argumento tradicional a favor de la EFI se basa en el precedente histórico del libro de Hechos.[35] Los pentecostales siempre han mantenido que la narrativa histórica es una forma legítima de escritura teológica. Y, entre los estudiosos contemporáneos, no existe ningún debate acerca del propósito ideológico de la historiografía bíblica. La historia bíblica no es una historia positivista; es una historia con un propósito teológico.[36] Pero

---

[35] Cf. Roger Stronstad, "The Biblical Precedent for Historical Precedent", *Paraclete* 27/3 (1993); 1-10

[36] Ver I. H. Marshall, *Luke: Historian and Theologian*, 22-28.

este punto sigue dejando dos temas sin resolver: la imitación del precedente bíblico *positivo* y la demostración de la intención del autor.

Hechos indica claramente que las lenguas estaban asociadas con el Bautismo del Espíritu, y que las lenguas también funcionaban como prueba de esta obra del Espíritu (Hechos 2:4-11). Fijémonos en que los creyentes circuncisos en la casa de Cornelio sabían que el Espíritu había sido derramado sobre los gentiles porque les habían oído hablar en lenguas (10:46). Ninguna otra manifestación asociada en Hechos con el Bautismo del Espíritu se presenta de forma explícita como evidencia de la autenticidad de la experiencia.

Pero el debate sobre las lenguas como EFI no se centra en la función de las lenguas tal y como se presenta en Hechos, sino en si Lucas pretendía que esta experiencia fuera paradigmática para la posterioridad.[37] Puesto que el relato histórico, cuidadosamente presentado por el autor (una idea que él mismo expresa, Lucas 1:1-4; Hechos 1:1-2), establece que las lenguas son las únicas que funcionan como evidencia, los pentecostales opinan que la intención de Lucas es ordenar esta relación entre el derramamiento del Espíritu y las lenguas.

Más allá de esta interpretación tradicional pentecostal del libro de Hechos, dos visiones específicas de la narración han demostrado ser útiles en años más recientes para determinar la intención de Lucas: la idea de la narrativa como "mundo narrativo" y la analogía narrativa.[38] Ambos aspectos del análisis narrativo son formas de buscar "patrones" como evidencia de cuál fue la intención del autor al escribir una narración concreta.

(i) En cuanto a la idea del "mundo narrativo", en cualquier narración histórica, la manera de relatar tiene un propósito: informar a la comunidad sobre su herencia, identidad, experiencia común y cualidades esenciales. Al mismo tiempo, el narrador está informando a la comunidad sobre la naturaleza de su propio mundo, cómo debería estructurarse y, en algunos casos, cómo no debería estructurarse. Por lo tanto, en el caso de la narración bíblica, los relatos nos proporcionan un orden concreto para nuestro "mun-

---

[37] Existen demasiadas piezas en este puzzle y demasiadas preguntas intrigantes que no tienen una respuesta clara en las Escrituras. Por ejemplo, ¿cuál fue el origen de los conceptos erróneos que los corintios tenían en cuanto a las lenguas? ¿Es posible que el abuso de las lenguas se originara en la apropiación indebida de esa función visible de las lenguas? Es decir, habiendo entendido las lenguas como la evidencia de la unción del Espíritu con poder, ¿empezaron entonces a abusar de la manifestación de las lenguas como una forma de ganar un estatus espiritual en medio de la congregación?

[38] Sobre el análisis de Hechos como "mundo narrativo", ver Johns, "Some New Directions", 153-56.

do", y están elaborados con la intención de decirnos cómo vivir nuestras vidas, cómo experimentar la presencia del Espíritu, etc.[39] El autor utiliza el "mundo narrativo" bíblico para dar forma a la comunidad mundial de creyentes.

(ii) La segunda perspectiva útil sobre la intención del autor la encontramos en lo que Meir Sternberg llama "analogía narrativa".[40] Se refiere a una relación específica entre los hechos de una narración, invitando a los lectores a leer una historia a la luz de historias similares. Por lo tanto, un acontecimiento se convierte en un "comentario oblicuo" de otro acontecimiento. El narrador logra este fenómeno particular mediante unos patrones o "ecos" cuidadosamente elaborados. La repetición de acontecimientos similares o diferentes ofrece al lector diversos puntos de comparación. Repetir temas, detalles, frases, comportamientos, etc., hace que el lector se percate de la analogía. El "efecto eco", por lo tanto, sirve para controlar la interpretación, añadiendo énfasis y asegurándose la comunicación de los significados centrales.[41]

La composición de Lucas-Hechos, sin duda, no fue un proceso fortuito. Las analogías, efectos o ecos narrativos son evidentes, ya que el resultado es una narración muy cuidadosamente elaborada. El autor incluyó detalles que eran centrales para su propósito. En el caso de las lenguas y el Bautismo del Espíritu en Hechos, parece improbable que Lucas no fuera consciente del eco que estaba creando. Más bien, en su narración estableció intencionadamente la relación entre las lenguas y el Bautismo del Espíritu, y la función específica de las lenguas como evidencia de ese bautismo, para transmitir a sus lectores que esa relación había de ser un paradigma.

(iii) Un tercer desarrollo más reciente de la hermenéutica pentecostal es el acercamiento histórico-redentor a la doctrina de la EFI. Para expresarlo sencillamente, en el Antiguo Testamento, cuando el Espíritu descendía sobre los profetas, el discurso profético siempre iba acompañado de la unción del Espíritu. Igualmente en Hechos, cuando el Espíritu desciende sobre una persona por primera vez, tiene lugar un discurso impulsado por el Espíritu, con la excepción de que en Hechos esa manifestación es en lenguas. Otra dimensión de este desarrollo que tiene en cuenta la historia de la redención tiene que ver específicamente con Hechos 10:44-46, donde

---

[39] Ibíd. 154

[40] Meir Sterberg, *The Poetics of Biblical Narrative* (Bloomington: Indiana Univ. Press, 1985), 365.

[41] R.C. Tannehill, "The Composition of Acts 3-5: Narrative Development and Echo Effect", *SBLSemPap* 23 (1984): 229.

las lenguas son más que una evidencia de una experiencia individual (aunque también sea esto último). La glosolalia funciona como prueba de la inclusión de los gentiles en la unción del Espíritu. Así, podemos formular el principio de que el poder del Espíritu es para *todos* los que entran en el Reino.

En cuanto a este tema, la mayoría de los carismáticos discrepan de los pentecostales. Entre los que creen en una unción del Espíritu Santo posterior a la salvación, pocos argumentan que la Biblia enseñe que las lenguas son, obligatoriamente, la evidencia de dicha experiencia. Aunque hablar en lenguas suele asociarse con la experiencia del Bautismo del Espíritu, no es un requisito indispensable.[42]

3. Hoy en día, ¿los cristianos deberíamos buscar la dotación de poder del Espíritu?

Los pentecostales creen, basándose en su interpretación del cumplimiento del Antiguo Testamento en el Nuevo Testamento, que ambas obras del Espíritu son para el creyente contemporáneo y que, por lo tanto, todo creyente debería desear ambas experiencias. Por supuesto, todo creyente debe desear lo que el Señor tenga planeado para él, que no tiene por qué estar restringido a la conversión o al Bautismo del Espíritu inaugural del Pentecostalismo. La obra transformadora del Espíritu continúa en la santificación, y su obra de poder continúa después de la primera "unción con poder", seguida de muchas más. Los pentecostales en la actualidad expresan la misma esperanza que Moisés clamó en una ocasión: «¡Ojalá todo el pueblo del Señor fuera profeta, que el Señor pusiera su Espíritu sobre ellos» (Núm. 11:29).

Dado que la Escritura revela claramente dos obras del Espíritu, es igualmente claro que no encontramos mandatos en contra de ninguna. Al contrario, la visión exclusiva de las Escrituras señala ambas como una bendición de Dios deseable; la narración de Hechos nos describe una cosmovisión de acuerdo con esta idea, como lo hacen otras partes del Nuevo Testamento (p. ej., Ro.6-8; 12; 1 Co. 1:4-9; 12-14; Gá. 3:5; Ef. 1:1-14; 5:15-20; Santiago 5:13-18). Además, en cuanto a la obra de dotación de poder del Espíritu, nos ordena de forma expresa que busquemos tales experien-

---

[42] Cf. Williams, *Renewal Theology*, 2:211-12. Argumenta que las lenguas son la evidencia principal, pero no la única, ni tampoco el requisito indispensable.

cias (por ejemplo en 1 Co. 14.1-5) y que no la prohibamos o la despreciemos (p. ej., 14:39; 1 Ts. 5:19-21). Los pentecostales creen que el Bautismo del Espíritu, como aparece en Hechos, es el primer elemento de una secuencia de experiencias similares en las que el Espíritu unge al creyente con poder, unción que Dios ofrece para capacitar a los creyentes para el testimonio y el servicio. Estas experiencias no están disociadas de la regeneración que abre las puertas al poder espiritual inicial, pero se distinguen de ella por ser entregas de poder específicas, concretas, realizadas por el Espíritu Santo de Dios.[43]

Llegado este punto, es obvio que esta discusión nos lleva inevitablemente al tema del cesacionismo. Por lo tanto, pasamos a la siguiente sección de nuestro debate.

C. Sobre el cese de los dones milagrosos

Jack Deere escribió sobre el origen de la doctrina del cesacionismo:

> *«Nadie abrió la Biblia, comenzó a leer y llegó a la conclusión de que Dios ya no estaba haciendo milagros y señales, y que los dones del Espíritu habían cesado. La doctrina del cesacionismo no surgió de un estudio cuidadoso de las Escrituras. La doctrina del cesacionismo se originó en la experiencia».[44]*

Deere prosigue para explicar que la *falta* de milagros en la experiencia cristiana llevó a varios intentos a lo largo de la historia de la Iglesia para explicar que estas dotaciones temporales ya no debían ser esperadas en la vida de la Iglesia, y que el lector ingenuo nunca llegaría a las conclusiones cesacionistas. De hecho, más bien lo contrario.[45] Esta sección presen-

---

[43] Contra Dunn, *Baptism*, 226-27, passim. La teología pentecostal no sostiene que el Bautismo del Espíritu sea un requisito absoluto para recibir poder. Sin embargo, los pentecostales entienden que la teología de Lucas sobre la obra de dotación de poder del Espíritu es el deseo de Dios para todo creyente. Por lo tanto, durante la época del Nuevo Testamento, los creyentes ya habrían experimentado la dotación con poder al mismo tiempo que se daban las manifestaciones del Espíritu. La combinación de la regeneración y de la unción *debería seguir siendo* la experiencia universal de la vida cristiana. Además, véase que los pentecostales tradicionalmente tienen una clara visión de la Soberanía de Dios en esta materia, y aceptan el movimiento soberano de su Espíritu, incluso cuando éste no concuerda con los aspectos distintivos de fe y práctica que ellos predican.

[44] Deere, *Sorprendido por el Espíritu Santo*.

[45] Ibíd., 99-103, 114. Acerca de las razones históricas de la doctrina cesacionista, añade la reacción contra Roma de los reformadores, pero esta no fue la principal razón, sino

ta pruebas que apoyan la observación de Deere sobre la interpretación natural de las Escrituras. El propósito de mostrar tal evidencia no es rebatir los argumentos cesacionistas que se han ofrecido en la historia de la Iglesia, sino más bien presentar una defensa bíblica de la continuidad de la obra del Espíritu de dotación de poder en la Iglesia a lo largo de "los últimos días".[46]

Para conseguir esto: (1) procederemos según la historia de la redención. Las evidencias de la teología bíblica llaman nuestra atención sobre tres temas cruciales sobre los cuales descansa la teología pentecostal: (a) la naturaleza y duración de "los últimos días", (b) el establecimiento del reino davídico, que es el fundamento del derramamiento del Espíritu en los últimos días, y (c) la teología bíblica del Espíritu. (2) Una vez enmarcado el tema dentro de la historia de la redención, pasaremos a considerar los textos del Nuevo Testamento que enseñan específicamente sobre los dones milagrosos. (3) Finalmente, consideraremos los temas más amplios de formación del canon y el apostolado.

1. La continuidad de los dones milagrosos en la perspectiva histórico-redentora

El movimiento pentecostal moderno ha enfatizado desde su nacimiento la definición de Pedro de "los últimos días" como el fundamento principal del poder que caracteriza su pneumatología. Llevados por esta comprensión del cumplimiento, los pentecostales han proclamado firmemente la continuidad de la naturaleza carismática de la Iglesia, a la cual el Espíritu ha dado poder. En mi opinión, la teología bíblica no solamente apoya esta teoría, sino que la prescribe. Es más, al igual que la narración proporcionó un marco adecuado para la realización del antiguo pacto (p. ej., Deut. 6-11), también la narración aporta el marco para la realización del nuevo. La narración de Lucas describe los resultados del cumplimiento del pacto mediante el derramamiento del Espíritu que Jesús realiza.

la falta de experiencia. Desde mi punto de vista, también me parece que muchos argumentos cesacionistas se han forjado como respuesta al avivamiento pentecostal de este siglo.

[46] Deere señala (Ibíd. 191) que todo este debate es obtuso porque no existe ningún texto específico de las Escrituras que enseñe que los milagros y los dones milagrosos estuvieran restringidos al periodo del Nuevo Testamento. Al mismo tiempo, este no era un tema de debate para los autores del Nuevo Testamento, por lo que tampoco defendieron su continuidad.

a. "Los últimos días"

Aunque Pedro cita a Joel 2:28-32 para explicar los hechos del día de Pentecostés, lo más probable es que los mismos hechos probablemente se hubieran entendido más ampliamente como el cumplimiento de la expectativa de todo el Antiguo Testamento de que la unción con el Espíritu sería universalizada en la nueva era (ver arriba). La cita de Pedro sigue la LXX con alguna modificación, principalmente la sustitución de «en los últimos días» por «después» (en La Septuaginta dice «después de estas cosas», cf. Joel 2:28, Hechos 2:17). Con esta modificación, Pedro iguala Pentecostés al nacimiento de la nueva era, identificando específicamente este acontecimiento con las expectativas del Antiguo Testamento sobre "los últimos días" como un tiempo de bendición mesiánica (cf. Is. 2:22 ss; Jer. 31:33-34; Ez. 36:26-27; 39:29; Os. 3:5, Miq. 4:1 ss).[47] Por lo tanto, con el derramamiento del Espíritu llega la nueva era tan esperada.[48]

Además, los últimos días se caracterizan por los «prodigios arriba en el cielo y señales abajo en la tierra» (Hechos 2:19). Pedro modifica los «prodigios en el cielo y en la tierra» de Joel (Joel 2:30), probablemente para llamar la atención sobre la actividad milagrosa (fuego, viento, y particularmente glosolalia) que caracteriza la realización de la esperanza del Antiguo Testamento sobre el derramamiento del Espíritu «en los últimos días». Como objeción a esta interpretación del texto, normalmente se apunta a que los hechos más cósmicos (Hechos 2:29b-20) no sucedieron y que, por lo tanto, Hechos 2 no es el cumplimiento de la profecía de Joel.[49] Pero a la luz del lenguaje claramente profético de Pedro ("esto es lo que fue dicho") lo más lógico es mejor entender que las señales que ocurrieron en el día de Pentecostés marcan el comienzo de los últimos días y que las señales más cósmicas pertenecen al final de los últimos días, previas al día del Señor.[50] En cualquier caso, leer Hechos 2 de forma que se excluya su importancia como el umbral de la era en la que todos los creyentes profetizarán no hace justicia al contexto histórico-redentor del sermón de Pedro ni al contexto de Lucas.

---

[47] Fijémonos en que en Isaías 2:2ss. y Miqueas 4:1ss., gentes de todas las naciones se reúnen en el monte Sión (cf. Hechos 2:5).

[48] Igualmente, F.F. Bruce, *The Book of Acts* (Grand Rapids: Eerdmans, 1981), 68; I. H. Marshall, *The Acts of the Apostles* (Grand Rapids: Eerdmans, 1980); 73-74; y "Significance of Pentecost", *SJT* 30 (1977); 358.

[49] Ver, por ejemplo, T. R. Edgar, *Miraculous Gifts* (Neptune: Loizeaux Brothers, 1983), 75.

[50] Marshall, *Acts of the Apostles*, en loc.

Esto también surge de otra modificación de la cita. En Hechos 2:18, Pedro enfatiza en la naturaleza profética y universal del derramamiento, reiterando el tema de la profecía del versículo 17, añadiendo "y profetizarán" (vs. 18c; no se encuentra en Joel); al hacerlo, Pedro expande el don profético a una variedad de personas mayor de la que aparece en el texto original de Joel (siervos y siervas, de ambos sexos). En la nueva era el don de profecía ya no está restringido a unos grupos en particular, como los profetas institucionales, los sacerdotes y los reyes. Más bien es derramado sobre todo el pueblo de Dios, dándole a todo miembro la dotación profética.[51]

Por lo tanto, la presencia y actividad de poder del Espíritu Santo caracteriza la vida del pueblo de Dios durante los últimos días, un punto teológico que Lucas enfatiza (cf. Hechos 4:8; 31; 6:3, 10, 7:55; 8:14-19; 10-19, 38, 44-46; 13:1-4, 9, 52; 19:16). Esto no excluye la labor igualmente transformadora del Espíritu en la regeneración y la santificación, pero es claramente una dimensión diferente. Si la pneumatología no incorpora la dimensión de dotación de poder de la obra del Espíritu Santo, el resultado será una comprensión del Espíritu incompleta y deficiente.

Finalmente, los últimos días no concluyen hasta el regreso del Señor (Hechos 2:20b). No existe ni un mínimo de evidencia bíblica de que los últimos días se subdividan, se pospongan o cambien antes de la llegada del Señor. De hecho, todas las evidencias apuntan a que los últimos días continúan igual, *sin* ningún cambio significativo hasta que el Señor les ponga fin con su venida (cf. 1 Ti. 4:1; 2 Ti. 3:1; Heb. 1:2; Santiago 3:5; 1 Pedro 1:20; 2 Pedro 3:3; 1 Juan 2:18). Y para sostener a la Iglesia durante los últimos días, el Señor le ha entregado el Espíritu *tanto el que regenera, como el que unge.*

b. El reino davídico

En Lucas-Hechos, el reino davídico se relaciona enteramente con la naturaleza de los «últimos días», aportando una perspectiva histórico-redentora más completa sobre esos días, que son una fase del reino (por ejemplo, Lucas 1:32-33; 68-79; Hechos 2:25-39). En Hechos 2:25-39 es Cristo quien cumple las promesas davídicas mediante las cuales el eterno

---

[51] Cf. M.M.B. Turner, "Jesus and the Spirit in Lukan Perspective", *TynBul* 32 (1981): 38; Marshall, "Significance", 358; E. Haenchen, *The Acts of the Apostles* (Filadelfia: Westminster, 1971), 179.

reino davídico comienza con el derramamiento del Espíritu sobre toda carne. Por supuesto, la fase de los "últimos días" del reino davídico *está definida* por el derramamiento del Espíritu Santo: Cristo como el rey davídico ha cumplido lo que sucedió el día de Pentecostés, y esta obra continuará en la Iglesia sobre la que reina (Hechos 1:6-8; 2:25-39).[52] Este reino davídico no es central solo en Lucas-Hechos, sino que también lo es para el concepto neotestamentario del reino (por ejemplo, Lucas 1:32-38; Ro. 1:2 ss; Ap. 22:16 ss). Dicho de otra forma, la obra de dotación de poder del Espíritu, junto con la diversidad de la obra del Espíritu, caracteriza el reino davídico de Jesús.

Para comunicar lo que quería comunicar en el día de Pentecostés, Pedro cita el Salmo 16:8-11, interpretándolo como una declaración sobre la resurrección del Mesías a la luz de la muerte, sepultura y corrupción de David (cf. Hechos 13:32-37). Dado que David no estaba hablando de él mismo, sino de Cristo, estaba hablando proféticamente sobre un descendiente suyo, quien se sentaría eternamente en su trono (2:30).[53] La referencia al trono eterno de David (vs. 30b) refleja una serie de textos del Antiguo Testamento que están relacionados conceptualmente con este tema (p. ej., 2 S. 7:11b-16; Sal. 89:3-4, 35-37; 132:11-18), el cumplimiento del cual Pedro identifica con la resurrección de Jesús y su exaltación a "la diestra de Dios" (Hechos 2:33-35).[54] Al citar el Salmo 110:1, Pedro refuer-

---

[52] También D.L. Bock ("The Reign of the Lord Christ", *en Dispentionalism, Israel, and the Church: The Search for Definitions*, eds. C. Blaising y D. Bock [Grand Rapids: Zondervan, 1992], 37-67, esp. 47-55), quien aplica esta perspectiva de Lucas al tema actual dentro del dispensacionalismo. Su idea en cuanto a los acontecimientos milagrosos (sanidades, exorcismos, etc.) es también interesante por lo que a nuestro tema se refiere: estos constituyen la llegada del Reino de forma incipiente pero poderosa (53-55). Para ver opiniones parecidas, consultar J. *Ruthven (On the Cessation of the Charismata: The Protestant Polemic on Postbiblical Miracles* [Sheffield Academic, 1993], 115-23), quien argumenta que una teoría bíblica del Reino es "opuesta" al cesacionismo; R. E. Brown, The Gospel *According to John* (Nueva York: Doubleday, 1980); 1:528-30; D. Williams, *Signs, Wonders and the Kingdom of God* (Ann Arbor: Servant, 1989), passim; G.E. Ladd, *Teología del Nuevo Testamento*; Col. Teológica Contemporánea, Ed. CLIE, Terrasa, Barcelona, 2002; p. 73-77; 88-102.

[53] Bock ("The Reign of the Lord Christ", 49-53) argumenta que Jesús es el "davidita" que reina sentado sobre el trono de David, y que su obra presente se cumple en su calidad de "David eterno", una opinión que comparto. Los últimos días nos introducen en las bendiciones espirituales del reino davídico. Aquí nuestro propósito es aplicar este principio a la continuidad de los dones milagrosos, pero tiene otras implicaciones (ver el excelente artículo de Bock).

[54] Cf. también Lucas 1, que anuncia el nacimiento de Jesús principalmente con relación a su identidad davídica, y 3:21-22 (una tradición triple que también encontramos en Mateo 3:13-17 y Marcos 1:9-11), que conecta el bautismo de Jesús con su papel como davidita mediante el uso del hilo conceptual del Salmo 2 y de Isaías 42:1.

za el presente reino de Dios al asociar su posición a la diestra de Dios con el "trono davídico", una imagen de la autoridad. Por lo tanto, la resurrección de Jesús constituyó su entronización como el rey davídico eterno e inauguró su reinado eterno.[55]

En cuanto al tema del cesacionismo, la importancia de este cumplimiento se encuentra en Hechos 2:30. En su calidad de rey davídico, Jesús ha derramado el Espíritu Santo. Esta es la dimensión central de la presente fase del reino davídico, la cual Lucas continúa mostrando en todo el libro de Hechos, al detallar la nueva vida en el Espíritu. Por ejemplo, Jesús, el "davidita" que reina eternamente, continúa derramando el Espíritu Santo sobre diferentes grupos de personas (cap. 8, 10, 19), cuyas experiencias son similares o idénticas a las de aquellos sobre los que lo derramó al principio (p, ej., 10:44-46; 11:15; 19:1-6). Incluso en el caso del derramamiento sobre los gentiles en el capítulo 10 (la casa de Cornelio), la unción davídica de Jesús es explícita (10:36-38; cf. 1 S. 16:13). De nuevo, vemos que el Espíritu derramado define el reino davídico de los últimos días, y que las manifestaciones de poder traídas por el Espíritu Santo en el nombre de Jesús ponen de manifiesto la autoridad de su Reino (p. ej., Hechos 3:12ss.; 4:7-12, 33; 6:8-15; 9:1-19; 10:1-48: 14:8; 19:1-22).

Además, las experiencias de la Iglesia primitiva también son similares a las de Jesús, particularmente con respecto a la capacitación del Espíritu para la evangelización. Existen demasiados paralelismos para detallarlos ahora todos, aunque ya se han hecho análisis con profundidad.[56] Nuestro propósito ahora es observar cómo Jesús transfiere la unción de poder que recibió del Espíritu en el río Jordán a la Iglesia, a partir de Pentecostés. Habiendo recibido la misma unción que David, la unción con el Espíritu y con poder (cf. 1 S. 16:13; Lucas 3:21-22; 4:1, 14, 16-21, 31-32; Hechos 10:38), Jesús transmite esa unción a la Iglesia para capacitar a los creyentes para dar testimonio (Hechos 1:6-8; 2:4ss; 33; 4:8; 31; etc.) La predicación de los discípulos del reino de Cristo está caracterizada por la misma valentía y determinación que la propia predicación de Jesús,[57] y por el mismo

---

[55] Ver también Bock, "The Reign of the Lord Christ", 49-51; Marshall, *Acts*, 76-80. No todas las dimensiones del reino davídico se cumplen en Pentecostés (por ejemplo, los aspectos socio-políticos), pero no hay duda de que el reino del "davidita" eterno ha comenzado, y que está avanzando hacia su consumación.

[56] Ver O'Toole, *Unitiy of Luke's Theology*.

[57] Consideremos la relación entre la proclamación ungida por el Espíritu del reino que realizaron Juan el Bautista (Lucas 1:41, 67, 80; 3:1-20), Jesús (p. ej., 4:14, 16-21, 31-32), Pedro (p. ej., Hechos 4:8; 10:34-46), Felipe (6:3-6; 8:4-13, 26-40), Pablo (p. ej. 9:1-31; 13:1-3, 9, 19:1-7, 11-12) y Bernabé (p. ej., Hechos 11:22-26).

tipo de sanidades y exorcismos.[58] En otras palabras, el "davidita" ungido, Jesús, traspasa la unción que él mismo ha recibido a aquellos que entran en su Reino.[59]

No podemos dudar de que uno de los puntos principales de Lucas es demostrar la inclusión de todos los pueblos en el reino davídico (samaritanos y gentiles en Hechos 8 y 10, respectivamente). Y su inclusión en el reino viene marcado por el derramamiento del Espíritu sobre ellos. Pero esto no desvirtúa la comprensión que Lucas tiene de la naturaleza poderosa del reino durante los últimos, limitándola a una teología paulina de la regeneración. Sabemos, por otros autores del Nuevo Testamento (Pablo, por ejemplo), que la regeneración es la experiencia del Espíritu que *nos hace nacer* en el Cuerpo de Cristo. Sabemos por Lucas (aunque no solo por él), que la unción carismática del Espíritu *caracteriza la vida dentro* del Cuerpo de Cristo, cumpliendo la expectativa de la historia de la redención.[60] Las categorías tradicionales de la Teología sistemática no deben aplicarse de forma que hagan desaparecer las perspectivas legítimas de la Teología bíblica.[61] Por consiguiente, en cuanto al cumplimiento de los últimos días, la pneumatología de Lucas encuentra su base en el pacto davídico y su naturaleza en la tradición profética del Antiguo Testamento.

c. El Espíritu en la Historia de la Redención.

Como ya hemos visto, el Espíritu en las Escrituras opera de forma carismática. Esta actividad nos ofrece otro elemento para el marco histórico-redentor a favor de la posición continuista, y cuestiona las formulaciones

---

[58] Estos ocurren a lo largo de Hechos (p. ej. Hechos 8; 9:17; 11:27ss; 13:3), y tenemos evidencias en otros lugares del Nuevo Testamento (p. ej., 1 Co. 12-14). Entre los estudiosos contemporáneos del Nuevo Testamento, este punto se ha convertido en algo tan axiomático que raramente necesita documentación.

[59] También ver Graig L. Blomberg, "Healing" en *Dictionary of Jesus and the Gospels* (Downers Grove, Illinois: InterVarsity, 1992), 305-6.

[60] También Grudem, *Prophecy in the New Testament*, 250-2; Deere, *Surprised by the Power of the Spirit*, 99-115, 229-52; Ruthven, *Charismata*, 115-23.

[61] Incluso un estudio simple indica que la mayoría de referencias bíblicas a la presencia y actividad del Espíritu están relacionadas con la naturaleza carismática (profética, de poder, etc.); las referencias a su obra transformadora en el interior son mucho menos frecuentes. Ver Ruthven, *Charismata*, 114-15, n. 2. La frase "historia de la salvación" se refiere al desarrollo histórico de los acontecimientos centrales del plan de salvación divino, por ejemplo: la creación, la caída, la historia de Israel, la encarnación, la cruz, la resurrección, la ascensión y exaltación, Pentecostés, la segunda venida y la nueva creación.

pneumatológicas contemporáneas que omiten esta expresión que, según vemos en las Escrituras, caracterizan al Espíritu. Extraeremos a continuación algunas conclusiones a favor de una teología bíblica del Espíritu, basada en los fundamentos que ya hemos asentado.

En primer lugar, cuando los teólogos contemporáneos restringen y confinan las evidencias hasta tal punto que la pneumatología resultante tiene poco que ver con el Dios Espíritu Santo de la Biblia, poderoso e *inmutable*, creo que están desarrollando una teoría que es irreconciliable con el registro bíblico de la persona y la obra del Espíritu.[62] Por supuesto, confinar tan estrechamente la aplicación contemporánea de la enseñanza de las Escrituras sobre el Espíritu desnaturaliza al tercer miembro de la Trinidad. Teniendo en cuenta la falta de evidencia explícita, no resulta nada creíble establecer un punto en el tiempo (ya sea la muerte de un apóstol, el final de la formación del canon del Nuevo Testamento, o el punto final de la fundación de la Iglesia) en el que se dio una mutación dramática en la persona y obra del Espíritu, de modo que dejó de ser carismático y poderoso, y sus funciones quedaron restringidas a su labor transformadora. Esta conclusión no solo no refleja la abrumadora evidencia bíblica sobre la naturaleza y obra del Espíritu, sino que además no responde al cumplimiento de la esperanza histórico-redentora sobre la vida en el Espíritu en la era del nuevo pacto.[63]

En segundo lugar, los cesacionistas comúnmente blanden el sable del *ordo salutis* para deshacerse de las obras del Espíritu que Dios no había destinado para la Iglesia contemporánea. Condicionados por la tradición (p. ej., reformada, bautista, dispensacionalista) de la teología sistemática, solamente preguntan una serie limitada de preguntas sobre la labor postapostólica del Espíritu (por ejemplo, los temas de la naturaleza, regeneración y santificación), y no son capaces de reconocer que la gran mayoría de las evidencias bíblicas definen al Espíritu como un ser carismático y apuntan hacia la continuidad de su obra de poder en la era del nuevo pacto.[64] Este argumento no pretende excluir la transformación moral, que también es una función crucial de la persona y obra del Espíritu, sino que solo pretende llevar este debate más allá de las fronteras estrechamente establecidas por el lenguaje tradicional del *ordo salutis*.

---

[62] Ver también Deere, *Sorprendido por el Espíritu Santo* (opus cit.); passim, Grudem, *Prophecy in the New Testament*, 250-52, Ruthven, *Charismata*, 114-15.

[63] Ver también Grudem, *Prophecy*, 250-52; Ruthven, *Charismata*, 114-15.

[64] Deree, *Sorprendido por el Espíritu Santo* (opus cit.); Ruthven, *Charismata*, 114-15. La discusión de Ruthven evalúa específicamente la teoría cesacionista de B.B. Warfield; la discusión de Deere es más amplia.

En tercer lugar, como ha señalado acertadamente Jack Deere en cuanto a los dones milagrosos, «la objetividad bíblica pura» es un mito.[65] Conelius Van Til ha argumentado que «no existen hechos en bruto» porque los compromisos últimos (por ejemplo, los compromisos de regeneración o de no regeneración) tiñen todo lo que el individuo percibe.[66] De hecho, al menos desde el conocido ensayo de Rudolf Bultmann *Is Presuppositionless Exegesis Possible?*" ["¿Es posible la Exégesis sin Presuposiciones?"] no ha existido un debate importante sobre *si* nuestros compromisos últimos influyen en nuestro entendimiento de los textos bíblicos.[67] Más bien, la discusión se ha centrado en cómo y en qué grado, y cuáles son los compromisos últimos (presuposiciones) que lo hacen. Aplicando esto al tema del cesacionismo y de los dones milagrosos, Deere concluye que el desarrollo de la doctrina cesacionista se debe a la falta de una experiencia milagrosa a lo largo de la Historia. Debemos añadir a esto el condicionamiento teológico de un acercamiento que opera exclusivamente con relación a las categorías de la salvación sistemático-teológicas tradicionales.

Por otro lado, aquellos cuyos compromisos incluyen la experiencia carismática no deberían ignorar la verdad proposicional objetiva de las Escrituras. Aunque es inevitable que cada lector esté influenciado por una creencia, Dios es capaz de superar el error humano en el proceso de lectura e imprimir sobre la persona la verdad de la revelación objetiva que ha dado. El deseo de este escritor y de muchos otros del movimiento pentecostal es que no nos recluyamos en una sección basada en la experiencia y que no presta mucha atención a la Palabra inspirada, que por sí sola es herramienta suficiente para la fe y la práctica. No deberíamos buscar experiencias, sino que deberíamos buscar a Dios, quien da dones buenos. Y deberíamos proceder de acuerdo con las Escrituras, en lugar de alejarnos de ellas y vivir en una rama espiritual de neo-ortodoxia.

En resumen, el progreso de la Redención establece la esperanza tanto para la dimensión transformadora de la persona como para la obra de capacitación poderosa del Espíritu en los últimos días, y declara que el cumplimiento de esta esperanza está en Jesús, el "Davidita ungido". Aún es más, la parte más amplia de la revelación bíblica habla de la naturaleza carismática del Espíritu y de su obra. Por lo tanto, no existen evidencias

---

[65] Deere, *Sorprendido por el Espíritu Santo*, (opus cit.).

[66] C. Van Til, *The Defense of the Faith*, 2d ed. (Filadelfia: Presbyterian and Reformed, 1963).

[67] Ver R. Bultmann, "Is Presuppositionless Exegesis Possible?" en *Existence and Faith: Shorter Writings*, ed. S. Ogden (Nueva York: Meridian, 1960), 289-96.

bíblicas para concluir que el Espíritu ha cambiado, ahora que han llegado los últimos días.

2. El cesacionismo a la luz de la enseñanza del Nuevo Testamento sobre los dones milagrosos.

Habiendo dejado claro el argumento histórico-redentor a favor de la continuidad de la obra milagrosa del Espíritu, ahora pasamos a considerar más evidencias del Nuevo Testamento sobre los dones milagrosos dentro de la época del cumplimiento.[68] Nuestro propósito al examinar estos pasajes no es desarrollar un análisis histórico-gramatical detallado, sino considerarlos debido a la importancia que tienen para el cesacionismo. Además, existe cierta dificultad a la hora de seleccionar textos relevantes debido a los muchos argumentos que incorporan textos que tienen poco que ver con los *charismata*. Por lo tanto, los textos bíblicos que consideremos en este breve estudio no representan de forma exhaustiva el alcance de este tema, pero son muy importantes y ejemplo de la enseñanza general del Nuevo Testamento sobre la cuestión.

a. Pasajes que instruyen sobre el uso de los dones milagrosos

Se ha escrito mucho sobre 1 Corintios 13:8-13 y sobre si enseña que los dones milagrosos temporales (por ejemplo, las lenguas, la profecía, la palabra de conocimiento, v. 8) continúan hasta el retorno del Señor (vs. 10-12). Por lo tanto, no duplicaremos aquí las discusiones teológicas bien conocidas.[69] En

---

[68] La perspectiva de Lucas ha recibido la atención adecuada durante nuestro examen del cumplimiento histórico-redentor, por lo que nos limitaremos ahora a otros autores del Nuevo Testamento.

[69] Por ejemplo, el sentido de "perfección" del versículo 10. Ver Carson, *Manifestaciones del Espíritut*, ; G. Fee, *The First Epistle to the Corinthians*, 641-52; W. Grudem, *The Gift of Prophecy in 1 Corinthians* 210-19; Ídem. *Prophecy in the New Testament*, 224-52; J. Ruthven, *Charismata*, 131-51; M.M. B. Turner, "Spiritual Gifts Then and Now", VoxEv 15 (1985): 764. R. Gaffin (*Perspectives on Pentecost: Studies in New Testament Teaching on the Gifts of the Holy Spirit* [Phillipsburg, NJ: Presbyterian and Reformed, 1979], 109-12), un cesacionista asegura sobre 1 Corintios 13:10-12, «la llegada de "lo perfecto" (vs. 10) y 'entonces' del conocimiento completo del creyente (vs. 12) sin duda se refieren a la época del regreso del Señor. La postura que describe el punto en el que el canon del Nuevo Testamento sea completado no puede ser creíble exegéticamente» (109). Ni tampoco prescribe la continuidad hasta la Parusía, según Gaffin.

este contexto, Pablo está comparando la naturaleza eterna del amor, el camino más excelente, con la naturaleza temporal de ciertos dones que, aunque cubren las necesidades de la Iglesia, pasarán cuando llegue "lo perfecto" (vs. 10). El mismo Pablo describe la transición entre "lo imperfecto" a "la perfección" en los versículos 11-12, y la característica principal de esta transición es el paso de «tener un conocimiento parcial» a «tener un conocimiento completo», de una percepción difuminada ("veladamente", v. 12a) a una percepción "clara" ("cara a cara", v. 12b). Esta profunda transformación de la forma en que el creyente percibe y conoce solamente puede anticipar un acontecimiento, la venida del Señor.

Mientras que la teoría de Richard Gaffin de que el texto no supone la continuidad absoluta está bien desarrollada, sigue pareciendo que Pablo enseña la continuidad de los dones hasta la Parusía.[70] Y, ciertamente, Pablo no está desarrollando una doctrina cesacionista. Es más, 1 Corintios 1:7 enlaza conceptualmente con 13:8-12 y apoya la lectura "continuista", porque ahí los dones también están asociados con un periodo intermedio en la vida de la Iglesia, durante la cual los creyentes «esperan ansiosamente que nuestro Señor Jesucristo sea revelado».

Pero es en el contexto más amplio de 1 Corintios 12-14 que resuelve finalmente este tema. La discusión de Pablo sobre los dones en estos capítulos identifica su propósito como el del bien común de la congregación (12:7; 14:1-19). No hay ni rastro de que los dones milagrosos de Corinto fueran en sí algo fuera de lo normal. De hecho, según Hechos y el propio testimonio de Pablo («Doy gracias a Dios porque hablo en lenguas más que todos vosotros», 14:18) parece que se trata de un rasgo normal y aceptado de la vida del nuevo pacto. El problema en Corinto era el abuso de los dones, no su uso *per se*.

Tampoco existe ninguna conexión, en este contexto, que asocie los dones, incluyendo los dones de palabra (p. ej., profecía, lenguas e interpretación), exclusivamente a la formación del canon bíblico o al apostolado. De hecho, ninguno de estos temas se menciona y, teniendo en cuenta el propósito pastoral de Pablo en este contexto (instruir sobre el funcionamiento correcto de los dones), probablemente ni siquiera se le pasó por la cabeza. En mi opinión, estos temas cesacionistas nacen de la Iglesia contemporánea; a las personas de la Iglesia primitiva simplemente no se les hubiera ocurrido concebir algo diferente a una experiencia caracterizada por el poder. El cesacionismo hubiera sido ajeno a su comprensión de la era del cumpli-

---

[70] Gaffin, *Perspectives on Pentecost*, 109-10.

miento. La Iglesia del Nuevo Testamento no estaba buscando razones para excluir los dones, sino que aquellos primeros creyentes estaban buscando aquellos dones (12:31; 14:1, 12).

Por lo tanto, que los teólogos contemporáneos impongan razonamientos cesacionistas (por ejemplo, el canon bíblico y el apostolado) que son tan extraños al contexto conceptual del pasaje, es militar en contra del propósito de Pablo. Considerando este contexto, 1 Corintios 13:8-12 se comprende de manera mucho más natural si entendemos que enseña que los dones permanecen hasta la venida del Señor.[71] Mientras esperamos su regreso, los dones deben usarse sobre la base del fundamento eterno del amor; éste es el único contexto en el que tienen sentido.

La importación de Romanos 12:3-8 es similar a la de 1 Corintios 12-14. De nuevo, Pablo instruye a los cristianos romanos sobre el correcto funcionamiento de los dones en la Iglesia. La base para su uso se encuentra, otra vez, en la actitud correcta de los creyentes (Ro. 12:3-5), lo que incluye el amor (vs. 9-13). Pablo trata el tema de los dones como otra característica normal de la vida cristiana, tal como lo sería tener una actitud santificada (vs. 9-21), ser buenos ciudadanos (13:1-7), vivir justamente (13:8-14), etc. Aunque la lista de dones es diferente a la que encontramos en 1 Corintios 12:7-11, la profecía sigue estando incluida (Ro. 12:6) y se menciona en primer lugar. No existe nada en el pasaje o en su contexto que indique que se anticipaba un cambio dramático en el modo de operar del Espíritu, que resultaría en la finalización de la obra del Espíritu de dotación de poder.

En Gálatas 3:5 encontramos un apunte paulino que normalmente no se menciona en este debate, pero que es significativo. Como ilustración de su enseñanza sobre la fe frente a las obras, Pablo dice a los Gálatas: «Aquel que suministra el Espíritu y hace milagros entre vosotros, ¿lo hace por las obras de la ley o por oír con fe?». Aquí está *asumiendo* la normalidad de los milagros. Es una ilustración - algo concreto que todos pueden entender fácilmente - de una idea teológica más amplia.

Esta normalidad, esta aceptación cómoda de las manifestaciones milagrosas no es exclusiva de Pablo, ni siquiera de Lucas. Santiago 5:14-16 también ofrece instrucciones sobre la sanidad con el mismo tono. La oración por la sanidad física y el poder sanador de Dios es normal, y debemos esperar que esté presente en la vida de la Iglesia. Además, Santiago anima a sus lectores a tener fe cuando oren por los enfermos, dándoles el ejemplo canónico de Elías (vs. 17-18). Escribe que «Elías era un hombre de pasio-

---

[71] Ver Grudem, *Prophecy in the New Testament*, 228-43.

nes semejantes a las nuestras», y luego procede a describir la eficacia de sus oraciones. La clara implicación es que las oraciones de los lectores pueden ser tan eficaces como las de Elías.

Consideremos también Hebreos 2:4. Phillip Hughes escribe: «Parece ser que, como los creyentes en Corinto, 'los hebreos' a quienes se dirige esta carta habían sido enriquecidos con dones espirituales».[72] Utilizadas como parte de una advertencia sobre la necesidad urgente de prestar atención a lo que Dios ha revelado (2:1-3), estas «señales, prodigios y varios milagros, y dones del Espíritu Santo» son muestras irrefutables de la obra de Dios dentro de la comunidad de su pueblo. El autor de Hebreos les está recordando a los lectores unos fenómenos que ya conocían.

b. Pasajes que recogen acontecimientos milagrosos

Además de estos fragmentos didácticos del Nuevo Testamento, los Evangelios y Hechos recogen muchos milagros. Como en el caso de estos pasajes, la doctrina cesacionista no tiene en cuenta los relatos sobre milagros que hay en el Nuevo Testamento. Las narraciones que describen los milagros tienen dos funciones principales: autentificar a Jesús y autentificar el mensaje del Evangelio sobre Él. [73] Los milagros acompañaron a los

---

[72] P. E. Hughes, *A Commentary on the Epistle to the Hebrews* (Grand Rapids: Eerdmas, 1977), 81. Entre aquellos "presumiblemente" operativos entre los receptores de Hebreos, según Hughes, estaban la profecía, las lenguas y la sanidad. Aún más, las experiencias del poder del Espíritu en los dones milagrosos «pueden ser identificados con seguridad», como la referencia de Hebreos 6:5b.

[73] Esto no niega la suficiencia de la predicación del Evangelio. El Evangelio es efectivo sin demostraciones de virtud de sus orígenes divinos (p. ej. Ro. 1:16-17; 2 Ti. 3:16). No podemos estar de acuerdo con Ruthven, quien dice que «característicamente, la 'palabra' predicada no es 'acreditada' con milagros, sino más bien, la predicación articula los milagros y extrae las implicaciones para los observadores» (*Charismata*, 118). Cita favorablemente a J. Hervill ("The Signs of an Apostle: Paul's Miracles" en su obra *The Unknown Paul: Essays on Luke-Acts and early Christian History* [Minneapolis: Augsburg, 1984], quien escribió (95): «Sin milagros, el Evangelio no es más que palabras». Aunque la posición de Ruthven de que los milagros son parte del reino es correcta, su teoría de la función de los milagros y de la predicación es inadecuada. Existen muchas evidencias de lo contrario respecto a la función confirmadora de los milagros (p. ej. Mt. 9:6-7; 11:1-6, 12:28; 14:25-33; Mc. 2:10-11; 16:20; Lc. 5:24-25; 7:18-23; 11:20; Jn. 3:2; 5:36; 9:32-33; 10:37-38; 14:11; Hch. 2:22; 14:3; Hb. 2.4). Además, la predicación se basa en el Evangelio revelado en Jesús, y aunque en Hechos los milagros pueden llevarnos a una oportunidad para predicar, la predicación en sí misma no depende del milagro; muchas predicaciones ocurren sin tales predecesores. El apunte de Jervill es, por lo tanto, completamente inaceptable. El Evangelio es la Palabra de Dios con o sin la presencia de milagros.» (ver Deere, *Sorprendido por el Espíritu Santo*).

apóstoles (2 Co. 12:12), pero como hemos visto anteriormente, no estaban limitados exclusivamente a ellos.[74] Es más, los milagros falsos y satánicos pueden ser utilizados por apóstoles falsos para hacer creer a las personas enseñanzas falsas (por ejemplo, Mc. 13:22; 2 Co. 11:13-15; 2 Ts. 2:9-12; Ap. 13:3-4). Los acontecimientos milagrosos no son por sí mismos la "prueba" final de un ministerio auténtico (por ejemplo, 1 Jn. 2:18-27; 4:13).[75] Por lo tanto, cuando se predica el verdadero Evangelio de Jesucristo, las señales lo siguen para confirmar el mensaje y liberar a los que están bajo el poder del diablo (por ejemplo, Hechos 10:38; 19:11-12).

La evidencia que habla más generalmente de los milagros indica que son parte del reino de Jesús (por ejemplo, Lucas 7:18-23; Jn. 9:1-12), como ya hemos argüido. Y no existe nada que invalide esta teoría de que los milagros son característicos de todo el periodo que conocemos como «los últimos días». Esto solamente nos puede conducir a una conclusión: la idea del cesacionismo no se encuentra en ningún lugar del universo teológico de la Iglesia Primitiva.[76]

3. Sobre dones y ministerios específicos

Hasta ahora, este ensayo ha enfatizado la legitimidad de la obra del Espíritu de conferir poder como una obra diferente a la regeneración, y vigente durante los últimos días. Debido a que no tenemos mucho espacio, esta sección, como las siguientes, serán más breves de lo deseado.

Existen tres listas principales de dones en el Nuevo Testamento: Romanos 12:6-8; 1 Corintios 12:7-11; Efesios 4:11-13. Muchos se acercan a estos dones según sus diferencias funcionales (servicio, revelación, etc.) pero existe un tema más amplio que este acercamiento a menudo no trata. Todos los dones, ya sean "milagrosos" o "no milagrosos" (y yo no acepto tal distinción), tienen origen divino. En cada una de estas listas Dios está claramente dando y distribuyendo los dones según su voluntad. Por lo tanto, incluso los dones "no milagrosos" (liderazgo, ser misericordioso, cf. Ro-

---

[74] Encontramos otro ejemplo en Marcos 9:38-40, donde vemos a una persona anónima haciendo un exorcismo.

[75] Cf. 1 Juan 2: 18-27; 4:1-6. Igualmente Deere, *Sorprendido por el Espíritu Santo*.

[76] Ver, por ejemplo, Grudem, *Prophecy in 1 Corinthians*, passim, *Propehcy in the New Testament*, passim; Deere, *Sorprendido por el Espíritu Santo*; Ruthven; *Charismata*, passim. Aunque la manera de argumentar a favor de la continuidad puede no ser la misma que la reflejada en este ensayo, los carismáticos estarían de acuerdo con sus conclusiones.

manos 12:8) tienen un origen "milagroso"; es decir, en la vida de la Iglesia no hay nada normal (cf. 12:6; 1 Co. 12:4-11; Ef. 4:11). Ningún miembro del Cuerpo de Cristo ha "nacido así"; cada habilidad que posee un miembro del Cuerpo de Cristo está específicamente ordenada y dada por Dios. Consecuentemente, las distinciones entre los dones que son para hoy (no milagrosos) y los que han cesado (milagrosos) no pueden apoyarse en estos pasajes y sus respectivos contextos. La fuente de todos los dones es Dios (1 Co. 12:4-6), que los reparte en su Gracia y según su voluntad.

Los debates sobre los dones específicos se reducen inevitablemente a la manifestación de las lenguas, la interpretación de las lenguas y la profecía, de modo que debemos hacer un apunte breve sobre estos dones. En primer lugar, estas manifestaciones no son equivalentes a las Escrituras, sino juzgadas por las Escrituras. Pablo exhorta a los corintios a evaluar las profecías que se ofrecían durante el culto de adoración (1 Co. 14:29; cf. 1 Ts. 5:19-22), algo que nunca ordenaría en cuanto a la Escritura (por ejemplo, 2 Ti. 3:16). Por lo tanto, incluso durante la época del Nuevo Testamento, la profecía contemporánea (distinta a la profecía canónica) no siempre era investida con autoridad canónica.

En segundo lugar, la voz continua del Espíritu en la Iglesia no mina el papel fundacional de los apóstoles o la autoridad de la Revelación bíblica. Aquellos designados por Cristo para ser apóstoles, para gobernar la Iglesia primitiva y para producir el cuerpo de doctrina infalible que conocemos como el canon del Nuevo Testamento, funcionaron con un papel único, irrepetible y fundacional en la construcción de la Iglesia (Ef. 2:19-22).[77] Además, su enseñanza, recogida en el Nuevo Testamento, continúa siendo la única reglamentación de fe y práctica con autoridad e infalibilidad.

Sin embargo, es una incongruencia argumentar que la continuidad de las manifestaciones milagrosas suplantan necesariamente esta autoridad, y que la depositan en las manifestaciones contemporáneas o individuales. La mayoría de pentecostales nunca ha elevado los dones milagrosos (incluyendo los dones de palabra) al nivel del canon (la revelación infalible con plena autoridad divina), sino que más bien ha subordinado las manifestaciones espirituales a la autoridad de la Escritura. En otras palabras, los dones no forman el canon, sino que lo expresan. Los dones milagrosos

---

[77] Cf. Deere, *Sorprendido por el Espíritu Santo*; Grudem, *Prophecy in the New Testament*, 269-76. El debate sobre la continuidad del oficio apostólico, en su sentido más amplio, sobrepasa el alcance de nuestra discusión.

hacen que el canon tome una forma concreta en situaciones de la vida real, del mismo modo que ocurre con el fruto del Espíritu.

En tercer lugar, en cuanto a las lenguas, frecuentemente se objeta que este don estaba restringido a lenguajes humanos, con el propósito de predicar.[78] No obstante, esta restricción no encaja con las evidencias. En Hechos 10:44-46 y 19:1-6, la predicación no se menciona, ni se menciona nada de una audiencia. En Corinto se requería un intérprete para las manifestaciones públicas durante el culto de alabanza (1 Co. 14:1-28). Si el don siempre tomaba la forma del lenguaje humano de los oyentes, ¿por qué era necesaria la presencia de un intérprete para hacer entendible la manifestación?[79] Además, la glosolalia funciona en contextos privados para la edificación personal, aparte de la adoración comunitaria (14:13-19). Por lo tanto, la teoría de que las manifestaciones en idiomas no identificables es un galimatías inventado (o incluso satánico) no tiene sentido a la luz de las evidencias. En algunas ocasiones, algunas personas que no tenían previo conocimiento de un lenguaje humano lo utilizaron sin ninguna dificultad (Hechos 2); en otras, las personas hablaron en lenguas de origen desconocido ("humanas y angélicas", 1 Co. 13:1), lo que requería la interpretación para hacerlo comprensible a la Iglesia durante el culto.

D. Sobre los dones milagrosos en la vida de la Iglesia

Una cosa es identificar a la Iglesia como el templo de Dios en el que Él habita por su Espíritu. Otra cosa es preguntarse cómo se manifiesta específicamente la presencia de Dios en la Iglesia. Los pentecostales responden que su presencia se manifiesta tanto en la labor de transformación interior como en la de capacitación con poder, y ésta última es la que nos preocupa

---

[78] Ver *Charismatic Chaos* (Grand Rapids: Zondervan, 1992), de John F. MacArthur, Jr. 220-45. Se trata de la opinión de MacArthur y de aquellos a los que cita positivamente. Tristemente, MacArthur parece centrarse solamente en la caricaturización, y no interactúa con las exposiciones más serias de la posición pentecostal.

[79] MacArthur se involucra en una exégesis complicada en este punto. Niega todos los aspectos positivos que Pablo menciona de las lenguas (1 Co. 14:18, 26-28) como una "ironía" cuyo motivo era avergonzar a los corintios para que cesaran sus prácticas de lenguas en todas las ocasiones. Es más, hablando de la iglesia de Corinto y de la Iglesia de hoy, MacArthur afirma que las lenguas «no pueden edificar a la Iglesia de manera correcta». Esto es simplemente falso. Dejando a un lado el tema del cesacionismo, con interpretación el valor edificante de las lenguas era equivalente a la profecía en Corinto (14.15), lo cual pude percibirse incluso haciendo una lectura rápida de 1 Corintios.

ahora. ¿Cómo debe afectar el poder del Espíritu en los creyentes a la vida de la Iglesia? La Biblia ofrece muchas evidencias, tanto mediante ejemplos como con instrucciones explícitas, sobre la forma en que los dones deberían funcionar en la vida de la Iglesia actual.[80]

Por ejemplo, tenemos todas las razones para esperar que la proclamación del Evangelio esté acompañada de milagros en la actualidad. Cuando encaja con los propósitos de Dios: ¿acaso no es libre de actuar según su propia voluntad? En Hechos (por ejemplo, 2:19, 22, 43; 4:30; 5:12; 6:8; 8:6, 13; 13:6-12; 14:3; 15:12; 19:11-12), la predicación acompañada de señales es una parte normal de la existencia del nuevo pacto. Y esto sigue siendo actual. Es la excepción, no la regla, encontrarse con un misionero de cualquier grupo evangélico que no haya practicado nunca (normalmente no por elección, sino por necesidad) el evangelismo "de poder". Las señales y los prodigios siguen a las predicaciones también en la actualidad, aunque quizás sea más común en áreas evangelizadas por primera vez, o donde ha nacido un avivamiento después de un largo periodo sin apenas o ningún tipo de evangelización. También, los exorcismos son más comunes en áreas donde el campo espiritual estaba dominado por Satanás, y no por una fe bíblica.[81]

Una vez que se acepta la continuidad de los dones, una plétora de temas pastorales aparecen, y uno de ellos es la incorporación de los dones en el culto. Es importante no prohibir todas las manifestaciones porque haya habido unos pocos abusos. En este aspecto es particularmente útil la extensa serie de instrucciones archiconocidas que Pablo ofrece sobre los dones en 1 Corintios 12-14. La alabanza no tiene por qué ser caótica para ser carismática o dinámica. Por otro lado, ¿por qué algunos en Pentecostés acusaron a los discípulos de estar borrachos (Hechos 2:13)? La adoración descrita por Pablo en 1 Corintios 12-14 no se caracterizaba por una contemplación pasiva. Consistía en una participación activa de los miembros del Cuerpo para el bien común, y no todo estaba pactado de antemano e impreso en un programa (1 Co. 14:26-33a).[82]

---

[80] Para encontrar una discusión sólida sobre la aplicación de los dones milagrosos en la vida de la Iglesia, ver David Lim, *Spiritual Gifts: A Fresh Look* (Springfield, Mo.: Gospel Publishing House, 1991), 183-275.

[81] Ver Blomberg, "Healing", 306. Es de la opinión de que como «las sociedades occidentales se han paganizado más y más, podemos esperar un avivamiento continuo de las sanidades y los exorcismos».

[82] Cf. Fee (*God's Empowering Presence*, 883-95) para una discusión más detallada sobre este tema que fluye dentro de las líneas pentecostales clásicas.

Otro aspecto importante del ministerio del Espíritu en la vida de la Iglesia es su comunicación directa con los creyentes mediante la oración (especialmente importante en Lucas-Hechos, como hemos mostrado anteriormente, cf. Hechos 13:1-3). Mientras que la comunicación del Espíritu al espíritu del creyente es vital, debe estar supeditada a la autoridad de la Palabra de Dios. Ninguna impresión de la voz de Dios debe equipararse con la Biblia. No obstante, muchos cristianos se pierden un elemento vital de la vida plena del Espíritu porque están demasiado cerrados a este tipo de comunicación de Dios espíritu-a-espíritu, que solamente viene mediante la oración. Esta fuente de guía personal no debe ser evitada; debe ser acogida con madurez bíblica, recordando que el Espíritu da vida y guía a toda verdad.

E. Los peligros relacionados con los dones milagrosos

Permítanme comenzar con una analogía del mercado de valores. Las acciones más fuertes tienen poco riesgo, pero también aportan menos dividendos con el tiempo. Las acciones que crecen rápidamente tienen mucho más riesgo, pero los dividendos potenciales son mucho más amplios.

El riesgo principal para los que sostienen la posición cesacionista es que se pierden una vida plena del Espíritu aquí en la Tierra. Aunque no estén en peligro de perder la salvación sí se pierden la plenitud del Evangelio en la vida cristiana. En cambio, los riesgos son mayores para aquellos que califican a los carismáticos como herejes o, incluso peor, inspirados por el diablo, simplemente porque las manifestaciones del Espíritu son evidentes entre ellos. ¿Acaso los pentecostales expulsan demonios con el poder de Beelzebú?

Para los que coinciden con la postura pentecostal, existen varios peligros que enumero a continuación.

(1) Las señales y los prodigios pueden, en ocasiones, elevarse sobre la verdad. Los falsos maestros, enmascarados como apóstoles de Cristo, generalmente aseguran hacer señales y prodigios que, según ellos, confirman la validez de sus ministerios. Es cierto que las señales y prodigios confirman el Evangelio cuando se predica de verdad. Pero los movimientos pentecostal y carismático deben fijarse en la verdad de lo que se predica para determinar si es bíblico o no. También recordemos la advertencia de Jesús a los setenta, cuando le contaron que incluso los espíritus estaban sujetos a ellos: «No os regocijéis en esto, de que los espíritus se os sometan, sino

regocijaos de que vuestros nombres están escritos en los cielos» (Lucas 10:17-20).

(2) Los dones proféticos pueden usarse para manipular y camelar en lugar de fortalecer. Todos los creyentes tienen el Espíritu, que es perfectamente capaz de hablar directamente al corazón del creyente sin ningún intermediario humano, especialmente en el caso de la guía personal.

(3) Los pentecostales deben saber que no pueden aceptar a cualquier grupo que se llame cristiano, sin importar sus compromisos doctrinales, simplemente porque apoyan la misma postura en cuanto a los dones milagrosos. Algunas aberraciones doctrinales simplemente no deben ser aprobadas, ni tácita ni explícitamente, ni siquiera bajo los auspicios de "renovación carismática" o "diálogo" (por ejemplo, la doctrina católica de María como co-redentora y co-mediadora).

(4) Los grupos clásicos pentecostales no deben alejarse de su raíz evangélica histórica y caer en el liberalismo, convirtiéndose así en una secta existencialista. En esto los pentecostales tienen mucho que aprender de sus hermanos evangélicos en cuanto a tener el valor de permanecer firmes, defendiendo enseñanzas bíblicas cardinales e impidiendo que los compromisos liberales se infiltren y destruyan la Iglesia.

(5) Finalmente, los pentecostales no deben convertirse en pragmáticos, es decir, no deben caer en la máxima de que los fines milagrosos justifican los medios, incluyendo la manipulación por medio de la alta tecnología.

F. Conclusión

Es el deseo de la mayoría de los pentecostales participar del diálogo abierto y franco con sus hermanos evangélicos, caracterizado por el amor genuino a Cristo. Confío en que este ensayo haya contribuido al diálogo en la tradición del amor cristiano. Ahora que la Iglesia se dirige al siguiente milenio, rodeada de un mundo cada vez más malvado, es esencial que los verdaderos creyentes reciban la protección de Dios: su unción con el Espíritu y con poder. Aunque la doctrina es necesaria para conocer el plan de redención de Dios y para tener una relación con Cristo, la doctrina por sí sola no es el objeto de nuestra fe, y no tiene poder para transformarnos o capacitarnos. Para ello hace falta la obra del Espíritu.

Una respuesta cesacionista a C. Samuel Storms y a Douglas A. Oss
Richard B. Gaffin, Jr.

Debido a la superposición sustancial entre las posiciones de Storms y Oss (¡especialmente en su disconformidad con la mía!), y para evitar repeticiones innecesarias, he decidido optar por una respuesta combinada, tratando los temas de uno u otro individualmente según avancemos. Me centraré en los que creo esenciales. Algunos temas, aunque ciertamente merecedores de debate, tendrán que quedarse fuera.

1. La clave de las diferencias entre nosotros está en la convicción de Storms y Oss de que la presencia de los dones milagrosos (como la profecía, las lenguas y la sanidad) a lo largo del curso de la historia de la redención establece una pauta, o al menos nos hace que esperemos la presencia de tales dones en la vida de la Iglesia actual. Argumentan que como Moisés y los profetas del Antiguo Testamento, Jesús, los apóstoles y otros ejercieron los dones a lo largo de la historia de la salvación, los creyentes pueden y deben esperar lo mismo en la actualidad.

Además, desde su punto de vista, el silencio de la Escritura sobre el cese de dones concretos en particular se añade a las numerosas evidencias que contradicen a los que piensan que han cesado. Para ellos, este silencio bíblico es tan elocuente a favor de la continuidad, que el esfuerzo por demostrar lo contrario (según las palabras de Oss, pág. 262, n. 46, y págs. 267-268), «no resulta nada creíble» e ¡incluso lo califica de "obtuso"!

¿Qué puedo decir a la luz de este profundo rechazo? Quizás los siguientes comentarios, extraídos de diferentes puntos ya explicados en mi postura, no sean del todo inútiles.

2. Creo que la postura de Storms y Oss no hace justicia a la estructura de la historia de la redención, en especial a su todo orgánico y al patrón de su consumación en Cristo. Quizás un punto útil de contacto entre nosotros puede ser la descripción general que Oss hace de la historia de la salvación como el «desarrollo histórico de los acontecimientos centrales en el plan de Dios para la salvación, por ejemplo: la Creación , la Caída, la historia de Israel, la Encarnación, la Cruz, la Resurrección, la Ascensión y Exaltación, Pentecostés, la Segunda Venida y la Nueva creación.» (págs. 267-268, n. 61). Estoy de acuerdo en que si tenemos en cuenta esta definición como resumen (aunque hay que matizar que la historia de la *redención* no comienza hasta la Caída y que la Nueva Creación, aunque es futura, ya ha llegado con la primera venida de Cristo, por ejemplo, 2 Co. 5:17).

Lo que resulta interesante de este resumen es la *distancia* evidente entre Pentecostés y la Parusía. Vemos que la historia continuada de la Iglesia *no* está en la misma línea que, por ejemplo, la historia de Israel. La historia de la Iglesia no aparece en la secuencia junto con los otros acontecimientos citados; no es una continuación de la historia de la cual son componentes constituyentes. Directamente, la historia de la Iglesia no es la historia de la redención.

La época presente de la Iglesia está "entre los tiempos", dentro de un periodo de la obra histórico-redentora de Cristo, que empieza con su resurrección y acaba con su regreso. En el periodo entre Pentecostés y la Parusía, el avance de la historia de la salvación, en el sentido del cumplimiento definitivo, está en suspense. 1 Tesalonicenses 9:10 capta la esencia de este lapso de tiempo de forma brillante: la Iglesia consiste en aquellos que se convirtieron «de los ídolos a Dios para servir al Dios vivo y verdadero", con todo lo que ese servicio conlleva (no estamos hablando de un vacío de inactividad), al igual que Pablo continúa diciendo que deben «esperar de los cielos a su Hijo, al cual resucitó de los muertos». Hablando desde un punto de vista histórico-redentor, la Iglesia es, categóricamente, la Iglesia que "espera"; esa es su identidad.

Por lo tanto, si la historia de la Iglesia (con la excepción de su era apostólica) no es la historia de la redención, no podemos extrapolar elementos de la última y aplicarlos a la primera. Así, no podemos concluir, a no ser que tengamos indicaciones explícitas de lo contrario, que todo lo que es verdadero durante el *proceso* de la historia de la salvación continúa más allá de su *cumplimiento*. O mejor, no debemos pensar que todo lo que es verdadero en aquel proceso continúa en el periodo intermedio (historia de la Iglesia post-apostólica), asido por los dos elementos que constituyen esa consumación (la primera venida de Cristo, que culmina en Pentecostés y la fundación de la Iglesia, y su Segunda Venida). Debido a que la historia de la Iglesia y la historia de la redención no son un *continuum* (exceptuando su superposición durante la época de los apóstoles), la presencia de dones milagrosos a lo largo del Antiguo Testamento, incluso sin indicaciones expresas sobre su cese en algún momento en el futuro, no implica que continúen en la actualidad. Y su presencia es un argumento mucho menos convincente para la continuidad presente. Tampoco podemos decir, como dice Storms (pág. 203), en vista de la presencia de estos dones durante la era apostólica, que «es difícil imaginar que los autores del Nuevo Testamento pudieran haber dicho más claramente *a qué* iba a parecerse este cristianismo del Nuevo Pacto». A la vista de las diferencias entre la historia de la salvación y la historia de la Iglesia, el silencio de la Escritura sobre el cese de ciertos dones no tiene, por sí solo, peso como argumento.

¿Estoy negando toda continuidad entre la historia de la redención y la historia de la Iglesia? Por supuesto que no. De hecho, identificar correctamente esas continuidades (al igual que las discontinuidades) es la cuestión principal que estamos tratando en este simposio. Un punto crítico para clarificar esta cuestión es la distinción entre la historia de la salvación (*historia salutis*) y el orden de salvación (*ordo salutis*), entre el cumplimiento definitivo de la Redención (comenzando con la promesa de Gn. 3:15 y culminando en su cumplimiento en la obra acabada de Cristo) y su aplicación continuada (la experiencia del creyente de los beneficios de tal redención acabada, independientemente del tiempo o el lugar [ver mi ensayo, págs. 41-43, 59-60]).

Lo que es importante aquí no es tanto los términos utilizados, sino cómo se utilizan. Podremos decir correctamente que la historia de la redención continúa en la actualidad, pero solamente si entendemos la continuidad en el sentido de la apropiación continuada de la Redención en la vida de la Iglesia, no en términos de su cumplimiento definitivo (de igual forma que podemos hablar de la continuidad de la historia de la revelación entendiendo que la Revelación, completa y acabada y entregada a la Iglesia, sigue siendo creída y aplicada continuamente mediante el poder iluminador del Espíritu; p. ej., Ef. 1:17; Fi. 3:15). Sin embargo, y de nuevo éste vuelve a ser el punto crucial, la Gracia de Dios que obra en el presente de muchas formas en la Iglesia no puede simplemente ubicarse en una línea o en una secuencia junto con la Gracia revelada en la obra acabada de Cristo. Las líneas de pensamiento que motivaron la Reforma (por ejemplo, la doctrina católico-romana de la misa), han dejado muy claro el peligro de hacer de una la extensión de la otra. Cuando eso sucede, invariablemente la suficiencia y finalidad histórica de la muerte y la resurrección de Jesús se eclipsan, o incluso se niegan. En última instancia, el Evangelio mismo se mantiene en pie o se hunde con la distinción entre la redención cumplida y aplicada. La identidad y la experiencia cristianas, como individuos y como cuerpo, solo podrán entenderse de forma adecuada cuando esa distinción funciona correctamente.

Lo que también debemos observar (esto añade un factor complicado a nuestro tema) es la continuidad esencial en el *ordo salutis* entre el antiguo pacto y el nuevo pacto; la aplicación de la Redención a los individuos es básicamente la misma a lo largo de la historia bíblica y de la historia de la Iglesia. Eso podemos verlo en la forma en la que el Nuevo Testamento describe la fe y la justificación por fe: el modelo de creyente para Pablo es Abraham o David, cuyas experiencias son ejemplos de una fe (producida por el poder regenerador y renovador del Espíritu, cf. Gá. 3:29 con 4:28-29) que justifica (Ro. 4; Gá. 3). Los creyentes del Nuevo Testamento están en la larga línea de la fe (que se extiende, ya sea por delante o por detrás, hacia Cristo; por ejemplo, Juan 8:56; He. 11:26; 1 P. 1:10-11), una línea que retrocede hasta llegar a Abel (He. 11:4-12:2).

Esto no niega que existan diferencias entre la experiencia salvífica de los creyentes del Antiguo y del Nuevo Testamento, diferencias que se deben al privilegio que tenemos de vivir después de la muerte y resurrección de Cristo y de estar unidos por el Espíritu especialmente con el Jesús exaltado. Pero, como podemos ver, las Escrituras no se detienen a definir de forma detallada y explícita tales diferencias. Es difícil categorizarlas de forma clara y nítida, y solamente se pueden definir de forma vaga con comparativos como "mejor", "más rica", "aumentada", "mayor" o "más completa".[83] Pero la continuidad es más profunda, reflejada, por ejemplo, en la efectiva y muy apropiada elección de Gordon Fee de cerrar el cuerpo principal de su reciente estudio exhaustivo del Espíritu Santo en las cartas de Pablo, aplicando a los creyentes del Nuevo Testamento las oraciones de David (Sal. 3:1) y de Moisés (Ex. 33:15-16).[84]

Resumiendo: Por un lado, en términos de la historia de la salvación (en el sentido del cumplimiento definitivo), la historia bíblica y la historia de la

---

[83] Los tres últimos términos se usan en la Confesión de Fe Westminster (20:1) para describir la libertad cristiana.

[84] Gordon Fee, *God's Empowering Presence: The Holy Spirit in the Letters of Paul* (Peabody, Mass.: Hendrickson, 1994), 903.

Iglesia son discontinuas; por otro lado, en términos de la aplicación de la salvación, la historia de la Iglesia es la extensión de la historia bíblica. Además, y ésta es una consideración importante que frecuentemente se pasa por alto, es evidente que, a lo largo de la historia bíblica, ya sea que hablamos de experiencias individuales o comunitarias, la historia de la redención y su aplicación se funden. Consecuentemente, sin aislar a la una de la otra, no debe perderse de vista la distinción que hay entre ambas ni debe confundirse entre lo que pertenece al cumplimiento y lo que pertenece a la aplicación.

Como ejemplo, consideremos la experiencia de David en su totalidad. Su experiencia del Espíritu Santo como expresaba en el Salmo 51:11 es ciertamente un todo junto con su privilegio teocrático de haber sido ungido y dotado con poder del Espíritu (1 S. 16:12-13). Pero las dos no son lo mismo. La primera experiencia (manchada por su pecado con Betsabé y contra Urías) está en el nivel del *ordo salutis* y es esencialmente continua con la experiencia de todos los creyentes; la última, su dotación teocrática, no lo es, pero está unida con su papel distintivo en la historia de la redención. David el creyente y David el Rey son la misma persona. Pero David *como* creyente y David *como* Rey no son lo mismo; el uno y el otro no deben confundirse, ni tampoco lo concerniente a cada uno de ellos.

Me he permitido esta digresión porque ejemplifica muy bien el tema que nos divide y creo que es una cuestión que debemos tratar: Los dones milagrosos, especialmente los dones de palabra, ¿pertenecen a la historia de la salvación o al orden de la salvación? Viendo lo que Storms y Oss han escrito, no parece que hagan una distinción entre la *historia salutis* y el *ordo salutis*, y mucho menos que la consideren pertinente. Pero su respuesta apunta claramente a que estos dones pertenecen al *ordo salutis* o, quizá, hayan querido decir que tanto al *ordo* como a la *historia*, pero, sea como sea, ciertamente pertenecen a la aplicación continuada de la experiencia cristiana de salvación. En mi capítulo he ofrecido una respuesta diferente: los dones de revelación pertenecen a la historia de la salvación, no al orden de la salvación. Es decir, a la historia de la salvación definitiva e inaugural, no a la salvación continua. Algunos comentarios más en esta línea reforzarán esta conclusión.

3. Oss dedica una parte considerable de su capítulo a un estudio bíblico-teológico de la obra del Espíritu (pp. 243-257), y su posición en general se basa en los resultados. Este estudio respalda su particular (e interesante) reconstrucción de la teología pentecostal de la segunda bendición y la continuidad de los dones milagrosos en la actualidad. En cuanto a esto último

(la continuidad de los dones), muchos de sus argumentos coinciden con los de Storms (págs. 184-204). El principal interés del estudio es mostrar que, a lo largo de la historia de la redención, existe una labor doble del Espíritu, su obra "transformadora" (regeneración, conversión) y su obra "de dar poder" (unción, capacitación con vistas a ejercer los dones milagrosos); estas dos obras son diferentes, y la diferencia debe quedar clara; la última culmina convirtiéndose en universal bajo el Nuevo Pacto.

Lo que debe cuestionarse en esta construcción no es que las dos obras (regeneración y dotación con poder) sean diferentes: lo son claramente y no se deben confundir. Pero, en mi opinión, existe una confusión de otro tipo en la construcción misma; por culpa de esto, a pesar de la cantidad de razones bíblico-teológicas, tal construcción no sirve en absoluto para aquello que intenta establecer. La Regeneración es un aspecto de la aplicación de la Redención; la dotación con poder es una realidad histórico-redentora. Ninguno de los participantes de este simposio discutirá la primera afirmación. También está claro que la última se dio bajo el antiguo pacto (las diferentes dotaciones con poder teocráticas anticipadas, a forma de "tipo", por la obra definitiva de Cristo).

La construcción de Oss, en otras palabras, está marcada por una confusión de categorías. Las manzanas de la *historia salutis* se mezclan con las naranjas del *ordo salutis*. Las dos se combinan para formar lo que de hecho se convierte en un *ordo* híbrido o modelo de aplicación para el nuevo pacto, es decir, el patrón normativo para la experiencia cristiana individual, el paradigma de la unción con poder para todos los creyentes. Pero todo esto se hace a costa de la desaparición, o al menos la difuminación, de la distinción entre el cumplimiento acabado de la salvación y su aplicación continuada, y lo que pertenece a cada una de ellas.[85]

4. Sin embargo, aún puede hacerse la siguiente pregunta: la promesa del Antiguo Testamento, y el Nuevo Testamento mismo, ¿no evidencian algo parecido a la mutación escatológica de las unciones teocráticas y las dotaciones con poder histórico-salvíficas con dones milagrosos a lo largo del Antiguo Pacto hasta la experiencia (en potencia) de todos los creyentes

---

[85] Oss cree que «la pneumatología pentecostal se basa en el acercamiento histórico-redentor a la teología bíblica» (pág. 242). Al contrario, yo argumento que este acercamiento es más compatible con las conclusiones reformadas cesacionistas. En cualquier caso, lo último raramente puede ser explicado como resultado del «condicionamiento teológico de un acercamiento que opera exclusivamente en términos de las categorías de salvación sistemático-teológicas tradicionales» (pág. 269, a no ser que, quizás estemos preparados para desechar la distinción entre la aplicación y el cumplimiento por ser ajenas a la teología bíblica).

del nuevo pacto? De nuevo tenemos que señalar que una respuesta afirmativa a esta pregunta demuestra el desconocimiento de la función histórico-redentora de estas unciones del antiguo pacto. Es decir, sería ignorar que la atención y el cumplimiento de estas dotaciones no está en los creyentes del Nuevo pacto y en sus experiencias, sino en la obra definitiva de Cristo y el testimonio definitivo que dieron de dicha obra los profetas y los apóstoles.

Pero, ¿qué decimos de Números 11:29 («¡Ojalá que todo el pueblo del Señor fuera profeta, y que el Señor pusiera su Espíritu sobre ellos!»)? Me parece que esta frase se interpreta mal cuando no nos percatamos de lo que podría llamarse una "hipérbole histórico-redentora". Leerlo como una promesa o esperanza sobre un futuro en el que todos los creyentes serán profetas (en potencia) en el sentido del don de Romanos 12, 1 Corintios 12-14 y Efesios 4 es ir demasiado lejos. Para Pablo es enfático en este sentido que no todos son profetas ("¿acaso son todos profetas?" [1 Co. 12:29]), y que la razón positiva y última para esta restricción es el diseño divino (la Iglesia como Cuerpo con muchas partes diferentes, 12:11-27).

Asimismo, la exclamación de Números 11:29 se parece a la declaración de Pablo en 1 Corintios 14:5 («quisiera que todos hablarais en lenguas, pero aún más que profetizarais»). Ésta y otras frases relacionadas en el contexto inmediato (por ejemplo, el versículo 18), difícilmente implican que hablar en lenguas, junto con la profecía sean (potencialmente) un don para todos los creyentes. Porque, como con la profecía, Pablo ya ha dejado claro que no todos hablan en lenguas (12:30), de nuevo por la misma razón positiva (un solo Cuerpo con diferentes partes).

¿Estoy negando «el carácter profético de todos los creyentes» como Oss lo llama (págs. 263-264)? Por supuesto que no, pero tiene que ser definido correctamente. La glosa apostólica que Pedro hace de la visión apocalíptica de Joel, "y profetizarán" (Hechos 2:18), no puede encontrar su cumplimiento en el don distribuido de forma restrictiva en 1 Corintios 12-14. Sin embargo, paralelo al sacerdocio de todos los creyentes, se entiende mejor en términos de la unción de 1 Juan 2:20, 27. Esta unción con el Espíritu, dice Juan, es verdadera en *todos* los creyentes, de tal modo que «no tenéis necesidad de que nadie os enseñe» (cf. Hebreos 5:12). A su vez, estas palabras se hacen eco del cumplimiento de la profecía de Jeremías, «Y no tendrán que enseñar más cada uno a su prójimo, y cada cual a su hermano, diciendo: 'conoce al Señor', porque todos me conocerán, desde el más pequeño hasta el más grande» (Jer. 31:34).

Esta unción universal no es una experiencia carismática (¡al menos, no como se suele entender en la actualidad!). Esta unción/enseñanza no significa que no hubiera en la iglesia una enseñanza canónica y profético-apostólica distinta en el momento en el que se estaba escribiendo el Nuevo Testamento o, ahora que está completo, que no haya la necesidad de un programa de enseñanza dirigido por los que han sido apartados para ser pastores y ancianos (cf. 1 Pedro 5:1-4).

5. Estrechamente relacionado con estos comentarios, no me parece del todo claro cómo Storms y Oss ven a los apóstoles, su papel y su continuidad en la vida de la Iglesia hoy. Storms parece no incluir el apostolado entre los dones espirituales, los cuales limita aparentemente a los enumerados en 1 Corintios 12:8-10, una posición cuando menos problemática (ver mi ensayo, pág. 51, n. 47). Fijémonos en que cita Efesios 4:11-13 (que incluye a los apóstoles) para demostrar que todos los dones continúan hasta la Parusía.

Oss reconoce el papel fundamental (y, por lo tanto, no continuo) de los apóstoles, pero en un pie de página añade: «El debate sobre la continuidad del oficio apostólico, en su sentido más amplio, sobrepasa el alcance de nuestra discusión» (pág. 275). No estoy seguro de cuál es su intención. Si sugiere que el don mencionado en 1 Corintios 12:28 y Efesios 4:11 continúa de manera más amplia hoy, entonces no está fuera del alcance de nuestra discusión, sino que requiere una explicación. De hecho, necesitamos reconocer que *no* existe conexión material (es decir, don u oficio) en el Nuevo Testamento entre los apóstoles designados por Cristo y las implicaciones más amplias de la palabra griega apóstol, que significa "mensajero", "representante" (por ejemplo, 2 Corintios 8:23; Filipenses 2:25). En este sentido más amplio yo, por ejemplo, como ministro del Evangelio, soy un "apóstol", y no debemos dejar de decir que todos los creyentes, en términos de nuestro oficio general, somos "apóstoles".

La claridad en torno a este tema es absolutamente necesaria. Si existen apóstoles hoy, como lo fueron Pablo y los Doce -en su caso, personas investidas con una autoridad inspirada e infalible -, ¿dónde están? ¿Cómo los reconoceremos?[86] Y si no hay apóstoles en la actualidad, entonces debemos afrontar las consecuencias de ese *cese*.

En cuanto a la continuidad de los dones milagrosos, en particular los dones de palabra, no sirve apuntar simplemente que el Nuevo Testamento muestra que otras personas aparte de los apóstoles los ejercieron, y que no

---

[86] Esto, cuando menos, nos confronta con lo que es un problema gigantesco en cuanto al "orden de Iglesia". Un problema que una cristiandad fragmentada, especialmente el evangelicalismo norteamericano (en su mayoría tan indiferente, eclesiológicamente hablando) no está preparada para afrontar.

se enseña en ningún lugar que hayan cesado. Tal acercamiento es demasiado aritmético o mecánico. Si mis anteriores comentarios tienen validez, entonces lo que hay que mostrar es que estos dones, cuya función a lo largo de todo el Antiguo Testamento es histórico-redentora, y que en el Nuevo Testamento están asociados orgánicamente con la función histórico-redentora de los apóstoles, han dejado tal función para adoptar un significado diferente, que tiene que ver con la experiencia y la aplicación. Pero, por lo que puedo ver, el Nuevo Testamento no muestra tal cambio, ni explícita ni implícitamente.

6. Esto me lleva al tema del canon. No cuestiono si Storms y Oss creen en un canon cerrado y con autoridad final. Pero no está muy claro sobre qué base mantienen tal creencia y cómo la defenderían si se les presionara. Si adoptan la postura de que «la idea del cesacionismo no se encuentra en ningún lugar del universo teológico de la Iglesia Primitiva», como Oss escribe (pág. 274), entonces tampoco lo están las nociones del cese del apostolado o de la terminación del canon. Como he apuntado en mi respuesta a Saucy, por lo que puedo ver, las tres nociones se enseñan con un grado de claridad mayor o menor en el Nuevo Testamento y, lo que es más importante, van de la mano. Alguien me tendría que demostrar en un modo teológicamente coherente cómo es posible mantener juntos el cierre del canon y la continuidad de los dones de revelación.

En este aspecto reconozco que, tanto Oss como Storms, creen que la profecía está subordinada a la Escritura, y debe ser evaluada por ella. No obstante, tengo mis dudas de que puedan hacer efectiva tal convicción. Es inherentemente imposible realizar una evaluación significativa a la vista de la especificación, ya sea predictiva o directiva, que la profecía tiene en cada ocasión, al menos si hablamos del don del Nuevo Testamento.

Aquí, no obstante mi preocupación es parecida, aunque algo diferente. Oss llama a la profecía (y al hablar en lenguas), «discurso motivado por el Espíritu"» (pág. 259). No aclara en qué difiere tal discurso del discurso inspirado de los profetas y los apóstoles canónicos por un lado, o del discurso controlado por el Espíritu que debería caracterizar a cada creyente por el otro lado. Presumiblemente, su origen (que proviene del Espíritu) es parecido, si no idéntico, al primero, ya que ve la profecía como un don especial que trae nuevas revelaciones a la Iglesia (aunque sean manifestadas de forma imperfecta). Storms cree que la profecía, basada en la revelación infalible, «en ocasiones puede fallar», (pág. 205). Pero continúa dejando claro que la profecía es infalible, o que tal puede ser el caso. Esto parecería indicar que en su origen la profecía es inspirada, nacida del aliento de Dios.

Storms y Oss abogan por el discurso profético en la actualidad que es, tanto inspirado por el Espíritu como, a la vez, sujeto a las Escrituras (aunque no es infalible). Pero los debates del siglo XIX sobre la doctrina del Espíritu deberían habernos enseñado acerca de la futilidad (y el daño que puede causar a la vida de la Iglesia) de intentar distinguir entre niveles de inspiración con diferentes grados de autoridad. El discurso inspirado es el discurso de Dios, su Palabra, con autoridad divina, infalible e inalienable.

Si estos comentarios son realmente pertinentes, ¿qué sentido puede tener abogar por un canon cerrado y, a la vez, por la existencia del discurso inspirado en la actualidad? La palabra "canon", después de todo, no es más que una designación literaria o un término de catalogación. Está asociado con la idea de "autoridad". El "canon" es cualquier cosa que recoja la palabra inspirada de Dios para la actualidad. Si el discurso inspirado continúa hoy, entonces, como nuestro canon, la Escritura no está completa; aunque la tengamos en alta estima, la Biblia no es más que una parte del canon. En mi opinión, Storms cree en el principio de "la Escritura y un *plus*" (*N. del T.* Diferente al principio de la "Sola Scriptura"). Esto parece claro al leer su pie de página número 46, donde al explicar lo que quiere decir con "garantía de revelación", dice que la "revelación interior" mediante la profecía u otros medios está a la par con la "declaración bíblica explícita". Este aspecto de su punto de vista es muy preocupante.

Quizás ahora sea un buen momento para comentar brevemente la cita de Storms sobre la experiencia de Spurgeon. Este incidente, si ocurrió tal y como se cuenta, es un ejemplo de una acción del Espíritu que ocurre de forma esporádica e incalculable. Pero difícilmente prueba, como Storms sugiere, la presencia continua en la Iglesia, a pesar de la negación y del letargo espiritual, del don de profecía o de la palabra de conocimiento. Fijémonos en que Spurgeon no buscó esta visión, y esa capacidad no marcó su ministerio (no puede recordar más que una docena de ocasiones como esas, por asombrosas que fueron). Y estas experiencias no tenían nada que ver con buscar una réplica anacrónica de la adoración que encontramos en 1 Corintios 14.

7. Storms y Oss adoptan la postura de que hablar en lenguas, además de su ejercicio público, que debe ir acompañado de interpretación, también está vigente para todos los creyentes en su ejercicio devocional y privado, en este caso sin interpretación. Añadido a lo que ya hemos visto sobre la distribución restrictiva del don de lenguas (es por designio de Dios que *no* sea para cada creyente), esta postura es cuestionable, al menos, porque sostienen que hay dos dones de lenguas, un don público dado a algunos, un don privado para todos (en potencia).

¿Dónde enseña la Escritura la existencia de un don doble? Ciertamente, no en 1 Corintios 14. En ese pasaje Pablo reconoce que la persona que habla en lenguas se edifica a sí misma (vs. 4; cf. vs. 17), pero es lo mismo que un "beneficio complementario" para el que ha recibido el don para su ejercicio público, del mismo modo que, por ejemplo, los ministros al predicar o los creyentes al dar testimonio son edificados por tal actividad (y también se edifican en privado al preparar lo que van a decir). Asimismo, en cuanto al ejercicio privado, me parece un poco exagerado interpretar «hable para sí mismo y para Dios» algo así como «vete a casa y hazlo en privado», especialmente cuando el contexto inmediato tiene que ver con la conducta apropiada en la asamblea de Iglesia.

¿Dónde aparece en el Nuevo Testamento la idea de que el don de lenguas sirve, por ejemplo, para que mi vida de oración pueda ser más ferviente y espontánea, mi comunión con Dios y con otros creyentes más viva y cálida, y mi testimonio de Cristo más libre y dinámico? Sospecho que el predominio actual del uso privado y devocional de las "lenguas" resulta de una convicción errónea, que quizás está intensificada por el racionalismo árido y occidental de la post-ilustración y de estos tiempos postmodernos en los que vivimos. Me refiero a la convicción de que en la experiencia religiosa, lo no racional e intuitivo es más inmediato y original que lo racional y lo basado en la palabra. Así, lleva a ser normal pensar que, al menos en la experiencia de "hablar en lenguas", sí puedo *sentir* la acción del Espíritu en mi vida.

8. Para finalizar, unas palabras sobre el concepto del poder. Tanto Storms como Oss definen el poder del Espíritu en términos de los dones milagrosos. Toda la argumentación de Oss está marcada por la distinción entre la función "regeneradora" de Espíritu y la función del Espíritu de "dar poder". Esta nomenclatura sugiere que la primera es menos poderosa o que no viene tanto a ser una acción del poder del Espíritu. Y Storms incluso llega a sugerir que los que sostienen que los dones milagrosos han cesado creen que «el Espíritu Santo simplemente inaugura una nueva era y luego desaparece» (pág. 204).

Me pregunto, no obstante, si no han entendido todo al revés, incluso en cuanto a los tiempos del Nuevo Testamento, donde nadie (al menos en este simposio) negaría que los dones estaban presentes (ver mi ensayo, págs. 61-65 doce aparecen mis teorías sobre la relación entre el Espíritu y la Escatología). Cuando, por ejemplo, Pablo dice: «el reino de Dios no consiste en palabras, sino en poder» (1 Co 4:20), sin duda está pensando, al menos en principio, en lo que ha descrito anteriormente en el contexto

más amplio como la «demostración del poder del Espíritu» que acompañaba su predicación del Evangelio (2:4: cf. 1 Ts. 1:5). Estoy casi seguro de que
ese poder no iba acompañado de "señales y prodigios", ya que era ejercido
precisamente cuando la propia conducta de Pablo era de "debilidad, temor
y mucho temblor" (vs. 3).[87]

El tema de ese pasaje es más bien la obra del Espíritu en el oyente,
coincidiendo con la predicación del Evangelio, actividad que convierte y
convence poderosamente. El resultado de esta obra es que el oyente cree el
Evangelio y su fe no echa raíces sobre «la sabiduría de los hombres, sino el
poder de Dios» (1 Co. 2:5). También estamos hablando de la obra del Espíritu expresada más ampliamente un par de versículos después (vs. 14-15),
por medio de la antítesis categórica y profunda entre «el hombre sin el
Espíritu» (los que no aceptan o no pueden entender las cosas del Espíritu
de Dios porque éstas solamente pueden entenderse mediante el Espíritu) y
«el hombre espiritual» (la persona renovada y en la que mora el Espíritu,
quien sí es capaz de discernir estas cosas). El poder del Espíritu en su
esencia escatológica del reino está aquí, en la renovación e iluminación
interna, y no en los dones milagrosos.

Tomemos Filipenses 3:10 como otro ejemplo. Como parte de su aspira-
ción de «ganar a Cristo y ser hallado en él» (vs. 8-9), un modelo para todos
los creyentes, Pablo expresa el deseo de «conocerle a Él, (y) el poder de su
resurrección y la participación en sus padecimientos, llegando a ser como
Él en su muerte». En esta declaración debemos fijarnos en que los dos
usos de "y" no son de coordinación, sino de explicación. Pablo no está
diciendo que el conocimiento de Cristo, el poder de su resurrección y la
participación en sus padecimientos sean factores separados de nuestra experiencia, como si los días de sufrimiento hubieran oscurecido los tiempos
memorables y estimuladores del poder de la resurrección. Más bien, la secuencia desvela progresivamente lo que implica la experiencia única de
conocer a Cristo (cf. vs. 8, «el incomparable valor de conocer a Cristo Jesús, mi Señor»). Es una experiencia que, en su esencia, es «llegar a ser como
Él en su muerte». En una palabra, Pablo está diciendo que la huella dejada
en nuestras vidas por el poder de la resurrección de Cristo es la cruz.

---

[87] Fee, como pentecostal, reconoce este punto (*1 Corinthians*, 95), aunque intenta
calificarlo sugiriendo que la "demostración" implica el ejercicio de dones espirituales, como
las lenguas, que posteriormente dieron muestra de la conversión. Sin embargo, la obra
del Espíritu de la que se habla aquí no es un resultado de la conversión, sino que es la
que la hace posible.

Dicho de otra forma, el mismo apóstol que si quería podía gloriarse en «las visiones y revelaciones del Señor» (2 Co. 12:1), prefería gloriarse y complacerse en sus debilidades y en las dificultades y persecuciones que sufrió por amor a Cristo (vv. 9-10). Él ha llegado a entender que es entonces, principalmente, cuando se manifiesta el poder del Cristo exaltado. En ese sufrimiento, «el poder [de Cristo] se perfecciona en la debilidad», y así, «cuando soy débil, entonces soy fuerte».

En mi opinión, estamos ante un peligro preocupante: Si yo estuviera convencido de que mi fe en Cristo y sus promesas dependen de mis propias fuerzas, que presumiblemente todavía residen en mí, pecador no redimido (no estoy diciendo que esta sea la teoría ni de Oss ni de Storms), entonces supongo que tendría sentido buscar señales y milagros en las experiencias de otros, pero sobre todo en la mía propia. Anhelaría estos fenómenos milagrosos visibles y audibles como algo que claramente proviene de Dios (no me importaría que tal búsqueda necesariamente es ambigua). Buscaría esos fenómenos, al menos en parte, para tener seguridad y para afianzar mi fe, que estaría tan débilmente fundada en mí mismo.

Pero la fe no es una afirmación subjetiva que necesite elementos "objetivos" o que necesite ser confirmada. No tiene sus raíces en las personas, sino en una acción escatológica divina; es ni más ni menos que el resultado de una obra de resurrección en nuestro interior que ya ha tenido lugar, cuando aún estábamos muertos en nuestros "delitos y pecados" (Ef. 2:1-10). Cuando entendemos lo que la fe es realmente, un don escatológico, realizado en nuestro interior por el Espíritu de Dios, con Cristo y su Palabra como centro, entonces comprendemos que no puede existir un milagro mayor que el que alguien pueda decir "¡Creo!" (a pesar de tantas dudas y pruebas, caídas y fallos). Hasta que Cristo venga a resucitar nuestros cuerpos, no espero ni deseo mayor obra del Espíritu, ninguna experiencia de poder de mayor magnitud que esta.

Mi respuesta se ha centrado en algunas diferencias importantes que hay entre las perspectivas de Storms y Oss y la mía. Mi esperanza es que, a pesar de las diferencias, de algún modo, sirva para lograr el objetivo que me consta que ambos comparten conmigo: el de «preservar la unidad del Espíritu en el vínculo de la paz» (Ef. 4:3).

Una respuesta abierta, pero cautelosa
a Douglas A. Oss
Robert L. Saucy

Oss nos ha obsequiado con un estudio excelente de la teología pentecostal sobre la obra del Espíritu y los dones milagrosos. La mención del contexto y desarrollo de su posición y, especialmente, la detallada discusión bíblica han sido útiles para clarificar su punto de vista. Me ha gustado el uso de la teología bíblica para demostrar el desarrollo de la obra del Espíritu en el Antiguo y el Nuevo Testamento. La afirmación positiva de que todos los creyentes tienen el Espíritu, y que la "recepción" pentecostal del Espíritu solamente se refiere a su obra de "dar poder" también ha sido esclarecedora. La tesis principal de que los creyentes deberían buscar la dotación de poder del Espíritu no es solamente válida, sino que es central para la misión de la Iglesia y, por lo tanto, un mensaje válido para todos los creyentes. Sin embargo, varios aspectos del entendimiento pentecostal de esta experiencia son, a mi modo de ver, problemáticos.

1. Oss, acertadamente, pide que el debate sea sobre el contenido, y no sobre la terminología como "bautismo" y "ser lleno del Espíritu Santo". La confusión siempre se reduce cuando los términos se clarifican, especialmente cuando los términos son tan importantes para el debate en cuestión. Pero me hubiera gustado ver más explicaciones sobre la diferencia de significado de esos dos términos. Por un lado, "bautismo" está relacionado esencialmente con "ser lleno del Espíritu" para recibir poder del Espíritu, con la excepción de que es la primera de tales experiencias. Si asumimos, como parece estar implícito, que uno que ha recibido el bautismo puede apartarse del Señor y necesita un "ser lleno" de nuevo, uno se pregunta qué diferencia hay entre esa persona y alguien que nunca ha recibido el "bautismo del Espí-

ritu Santo". Si las experiencias de Hechos 2:4 y 4:31 son fundamentalmente iguales (por ejemplo, si en ambas aquellas personas fueron "llenas del Espíritu"), ¿por qué insistir en que la primera es también un "bautismo"? La persona que ha sido bautizada, pero ahora vive apartada del Señor, ¿tiene más poder del Espíritu que alguien que nunca ha sido bautizado? Oss niega lo que frecuentemente hemos creído que la teología pentecostal defendía, que el bautismo implica un tipo de *recepción* del Espíritu en una manera nueva. Pero, si no se trata de una nueva recepción o venida del Espíritu, ¿cuál es exactamente la distinción entre uno no bautizado y otro bautizado, pero que ahora camina en desobediencia al Espíritu? Este tipo de preguntas, junto con otras relacionadas con el uso bíblico de los términos "bautismo" y "ser llenos del Espíritu" demuestran que el tema del contenido inevitablemente está relacionado con el significado de los términos.

2. Oss apunta correctamente que el tema crucial es la diferencia teológica que hay entre la función transformadora del Espíritu y su función de "dar poder" (pág. 240). Estoy de acuerdo con que se trata de conceptos diferentes pero, no obstante, yo tendría cuidado de no separarlos demasiado. La obra transformadora del Espíritu es esencialmente su ministerio para producir una nueva vida caracterizada por el amor divino (Gá. 5:22-23). Cuando el Espíritu da poder para el ministerio, lo hace con el propósito de expresar ese amor en servicio a los demás. Como dice el apóstol, la Iglesia crece (incluye la función por la cual el Espíritu transforma nuestro interior) mediante el ministerio producido por el poder del Espíritu en cada miembro, y todo esto es el mismo amor, que es el fruto del Espíritu (Ef. 4:16).

El entendimiento pentecostal de las diferentes obras del Espíritu, según Oss, se basa en la distinción entre la teología del Espíritu de los escritos de Lucas y la de los de Pablo. Está claro que si los propósitos de Lucas y Pablo son diferentes, los énfasis que hagan también serán diferentes. La preocupación de Lucas de la propagación del Evangelio a todas las personas lleva a centrarse en el poder y la dirección que el Espíritu ofrece para la realización de esta tarea. Pero limitar el significado de la llegada del Espíritu en Hechos a esa entrega de poder para el servicio es, sin duda, restringir la teología del Espíritu lucana. Aunque el Espíritu da poder al ministerio del Evangelio, su venida como resultado de la fe en Cristo es ni más ni menos que el don mesiánico del Espíritu que pertenece al cumplimiento de la salvación del nuevo pacto.

El concepto de Lucas del "Bautismo del Espíritu" es más que recibir poder para el ministerio: ¡es recibir el Espíritu prometido! "Recibir" el don del Espíritu (Hechos 10:45, 47, 11:17; cf. 2:38) y "ser bautizado con/en el Espíritu" son terminologías esencialmente intercambiables. La terminología del Antiguo Testamento sobre el "derramamiento" del Espíritu también se utiliza para describir el mismo hecho (2:33; 10:45). Para asegurarse, Pablo utiliza la profecía de Joel con sus efectos carismáticos del discurso profético para explicar los fenómenos del día de Pentecostés. Pero el "derramamiento" del Espíritu no puede limitarse a su entrega de poder para el ministerio o la producción de manifestaciones milagrosas. Todos los otros usos que el Antiguo Testamento hace de esta terminología incluyen el concepto de renovación espiritual (cf. Is. 32:15; 44:3; Ez. 39:29; Za. 12:10).

Por lo tanto, la venida del Espíritu en Pentecostés supone algo más que dotación de poder. El concepto de Lucas del "Bautismo con/en el Espíritu" depende claramente del significado del Bautismo del Espíritu en los Evangelios (cf. Hechos 1:4-5; también Mt. 3:11 y paralelos). Cuando Juan el Bautista predijo el futuro Bautismo en el Espíritu, no estaba hablando solamente del poder recibido para el servicio. Estaba proclamando la superioridad de la salvación que llegaría mediante el Mesías, al compararla con su ministerio preparatorio de bautismo de arrepentimiento con agua.

Vemos esto también cuando no se dice nada sobre el ministerio en relación con la venida del Espíritu a los samaritanos (Hechos 8:14-17), a Cornelio (cap. 10) y a los efesios (19:1-7). En su lugar, su venida es el don del Espíritu relacionado con la salvación del nuevo pacto que llega por la fe en Jesús. Los apóstoles no fueron a Samaria para llevar el Espíritu y que éste diera a los samaritanos poder para ministrar, sino para darles del don del Espíritu que acompaña a la fe en Cristo. Pedro fue enviado a Cornelio para decirle cómo ser "salvo" (11:14; 15:7-11, cf. el resultado es la limpieza de corazón, vs. 8). Igualmente la venida del Espíritu sobre los discípulos de Éfeso se centraba en la recepción del Espíritu, no en su capacitación para el servicio. La pregunta de Pablo fue, "¿Recibisteis el Espíritu Santo...?", y no "¿Recibisteis el poder del Espíritu para el servicio...?" (19:2). Incluso el contexto de la proclamación de Pedro sobre la recepción del Espíritu en Pentecostés muestra que esta acción está relacionada, sobre todo, con la salvación y con la transformación interior de las personas, y no simplemente con la recepción de poder. La venida del Espíritu sobre los que respondieron al mensaje de Pedro tuvo poco que ver con su ministerio, pero transformó grandemente sus vidas (cf. 2:38-47).

La teología de Lucas sobre la recepción del Espíritu es, por tanto, parecida a la de Pablo. Recibir el Espíritu es recibirle como el don prometido asociado con la salvación en Cristo. No existe ninguna relación posterior específica de dotación de poder. Recibir el Espíritu es recibirle como el Dios poderoso, cuyo deseo es dar poder para toda la vida, lo cual, obviamente, incluye el ministerio. Ver en la venida del Espíritu en el Bautismo del Espíritu de Hechos la misma unción del Antiguo Testamento para el ministerio, como hace el Pentecostalismo, es limitar seriamente el significado completo de lo que sucedió en Pentecostés y en otros momentos del libro de Hechos.

La idea de que el Bautismo con el Espíritu es realmente el don del Espíritu que incluye tanto una obra transformadora como una entrega de poder está reforzada por la verdad bíblica de que *todo* cristiano recibe poder para el servicio. Al contrario que Oss, yo diría que el uso que Pablo hace del Bautismo del Espíritu (1 Co. 12:13) no es diferente del de Lucas y distinto de «la unción con Espíritu y poder» (pág. 255). Es cierto, como Oss indica, que Pablo está haciendo hincapié en la unidad del Cuerpo. Pero no deberíamos ignorar que la referencia al Bautismo del Espíritu también se enmarca en medio del debate que Pablo está desarrollando sobre la capacitación carismática para el ministerio. De hecho, según Pablo, lo que da unidad es la diversidad de dones carismáticos.

La enseñanza del apóstol de que *todos* los creyentes han sido bautizados con el Espíritu demuestra, por lo tanto, que esta acción pertenece a la salvación. Al recibir el Espíritu, los creyentes se convierten en miembros del Cuerpo de Cristo, capacitados por los dones carismáticos para el ministerio (cf. 1 Co. 12:4-31). Por tanto, la cuestión entre los creyentes no consiste en buscar una segunda dotación de poder para el ministerio. Más bien consiste en vivir en una relación de obediencia con el Espíritu de modo que su poder se pueda manifestar "llenándoles" o controlándoles, lo cual resultará tanto en su transformación como en el servicio a los demás (ver el efecto personal y ministerial de "la plenitud del Espíritu" en Ef. 5:18ss.).

3. Mi forma de entender el Bautismo en el Espíritu me impide ver que las lenguas tengan que ser, para todos los creyentes, la evidencia inicial de ese bautismo. Como he indicado en mi ensayo, muchas personas recibieron el don del Espíritu en Hechos sin ninguna manifestación de lenguas (por ejemplo, Hechos 2:38ss.). Dado que la aparición de las lenguas tiene lugar con el primer bautismo del Espíritu de diferentes pueblos (los judíos, Hechos 2, posiblemente los samaritanos en el capítulo 8; los gentiles en el capítulo 19), resulta mucho más convincente ver las lenguas como la evidencia física de la llegada del Espíritu y de la inauguración de la salvación del nuevo pacto para cada uno de esos pueblos, en lugar de ver la

dotación con poder del Espíritu como una obra aparte y posterior.[88] La postura pentecostal basada en Hechos tendría más peso si Lucas solo mostrara un ejemplo en el que un judío acepta la salvación y habla en lenguas después de Pentecostés (en el caso de Pablo, su salvación y recepción del Espíritu no van acompañadas de hablar en lenguas), y si hablara de algún gentil más, aparte de Cornelio.

El apoyo de la Evidencia Física Inicial (EFI) de la teología narrativa ("narratología") no me parece convincente. Lo que sucedió en la Iglesia, sin explicación (y para la EFI no existe explicación) no puede ser prescriptivo, ni puede servir para informar a la Iglesia, como sugiere Oss, cómo debe estar estructurada permanentemente. Si el libro de Hechos puede utilizarse para decir que las lenguas son permanentes, entonces, ¿por qué no podría decirse que los apóstoles y la recepción de la Revelación canónica aún están vigentes?

En cuanto a la «analogía narrativa», no hay duda de que Lucas reconoce que hay una relación entre las lenguas y el Bautismo del Espíritu en aquellos lugares en los que aparecen las lenguas. Pero la pregunta es: ¿cuál es esa relación? Aparte de que existen evidencias bíblicas poderosas de que el Bautismo del Espíritu no puede limitarse a la obra de dotación de poder del Espíritu (lo que de por sí cuestiona la relación de las lenguas con la obra de dotación de poder del Espíritu tal como la define la posición pentecostal), no tiene mucha lógica que tres ejemplos (cuatro, si asumimos que las lenguas aparecen en Hechos 8) deban universalizarse sin ninguna explicación al respecto. Es mucho más convincente ver un rasgo común en estos ejemplos específicos, esto es, las señales de la primera entrega del Espíritu a *diferentes grupos o pueblos*. Y si este es el contenido del "efecto eco", entonces la analogía de las lenguas con el Bautismo del Espíritu ni es universal, ni continúa en la actualidad.

4. El espacio me obliga a responder de forma muy limitada a las evidencias aportadas por Oss a favor de la continuidad de los dones milagrosos. Los argumentos desde la perspectiva histórico-redentora parecen resumirse diciendo que, dado que hemos entrado en la era de la salvación escatológica, la cual, según las Escrituras, está caracterizada por el Espíritu, todos los ministerios del Espíritu que suceden en esa época inicial son permanentes en la Iglesia. Estoy completamente de acuerdo con las dos primeras ideas (que hemos entrado en la era escatológica y que ésta está caracterizada por el

---

[88] Ver mi ensayo sobre la interpretación de Hechos como el movimiento de los testigos del Evangelio desde Jerusalén a todos los pueblos (pág. 135, n. 61).

Espíritu), pero no creo que la conclusión sea correcta. Oss mismo reconoce que los apóstoles tenían un papel «único, irrepetible y fundacional» (pág. 275). Más aún, dado que no ve ningún profeta en la actualidad que ofrezca «revelación infalible con plena autoridad divina», también debe aceptar algún cambio en la relación con los profetas del Nuevo Testamento, quienes, al menos en algunos casos, profetizaron con plena autoridad (Ef. 2:20; 3:5). Estos cambios innegables son suficientes para desechar el resto del argumento que defiende que todas las actividades del Espíritu continúan en la era escatológica.

La postura pentecostal de Oss, que enfatiza los milagros como parte de la era presente, va mucho más allá de las enseñanzas de la Escritura. Como he indicado en mi ensayo, milagros como la sanidad directa, que solamente son temporales, no pertenecen a la esencia de las bendiciones del reino. Además, las referencias al "poder" de Dios en la enseñanza apostólica no enfatizan los milagros externos, sino más bien el poder espiritual que obra en el interior de las personas. Como Dunn señala, el poder de la Iglesia de esta nueva era que sale hacia el mundo es fundamentalmente un poder expresado en la debilidad y el sufrimiento de esta era.[89]

Igualmente, la Escritura no hace un hincapié especial en los milagros como parte del ministerio del Espíritu del nuevo pacto, como Oss sugiere. Las profecías explícitas del Antiguo Testamento sobre el Nuevo Pacto se centran claramente en la obra trasformadora del Espíritu. Los corazones del pueblo de Dios serán cambiados para que amen a Dios y anden en sus caminos (cf. Jer. 31:33; 32:38-40, Ez. 36:26-27). En el nuevo Testamento, Jesús habla específicamente del Nuevo Pacto en relación con el perdón de pecados (Mt. 26:28) y Pablo lo relaciona de nuevo con la obra espiritual e interior del Espíritu, por la que los creyentes son «transformados en la misma imagen [la del Señor] de gloria en gloria» (2 Co. 3.18; ver también Heb. 8:8-12; 10:16-17).

Finalmente, es difícil ver que «la gran mayoría de evidencias bíblicas» apuntan a la «continuidad de la obra [del Espíritu] de dar poder [presumiblemente manifestaciones milagrosas] en la era del Nuevo Pacto» (pag. 275). Como he demostrado en mi ensayo, cuando nos deshacemos de los milagros hechos como "señales" en relación con las funciones únicas e irrepetibles de Jesús y los apóstoles, las referencias a la actividad milagrosa

---

[89] James D.G. Dunn, *Jesús y el Espíritu. Un estudio de la experiencia religiosa y carismática de los primeros cristianos, tal como aparece en el NT.* Ediciones Secretariado Trinitario, Salamanca (España); (Koinonía 9), 1981; p. 334-339. Ver también mi ensayo, (pág. 103.)

en la Iglesia que nos quedan son muy escasas. Y esto sucede no solo con la enseñanza, sino aún más con los milagros que tuvieron lugar en las iglesias. Es difícil concluir, basándose en los ejemplos bíblicos, que «el poder sanador de Dios es normal y que debemos esperar que esté presente en la vida de la Iglesia». (pag. 272).

La teoría de Oss sobre la importancia y el lugar principal que tiene la actividad milagrosa en las áreas donde el evangelismo está llegando por primera vez, está bien desarrollado. También estoy de acuerdo en que los llamados "encuentros de poder" con los espíritus demoníacos son, en la actualidad, parte de la obra de Dios. Pero la consideración del ministerio del Espíritu en tales encuentros lleva a la conclusión de que ese ministerio está directamente relacionado con la liberación de alguien de las ataduras de Satanás y del pecado, lo cual es la función principal de la obra de transformación de la persona que ejerce el Espíritu del Nuevo Pacto.

Con todo esto no trato de negar la posibilidad de que Dios realice milagros hoy. Lo hace. Sin embargo, sí que niego que la descripción de la actividad milagrosa en la Biblia, especialmente con Jesús y la era apostólica, deba ser entendida como modelo para toda la historia de la Iglesia. La perspectiva pentecostal debe ser admirada por recordarnos a toda la Iglesia la verdad de que la vida y ministerio cristianos dependen del poder sobrenatural de Dios mediante su Espíritu. No obstante, algunas de las enseñanzas utilizadas para respaldar esta verdad son, bíblicamente, difícilmente sostenibles.

Una respuesta de la Tercera Ola a Douglas A. Oss
C. Samuel Storms

Basta una lectura rápida del ensayo de Oss para darse cuenta de lo cercana que está su postura sobre la obra del Espíritu Santo de la mía. A pesar de que existen áreas de divergencia (por ejemplo, yo no creo que las lenguas sean la primera evidencia física del Bautismo del Espíritu), son, en su mayoría, semánticas, y no de contenido. Una en particular merece un comentario especial.

Oss hace una buena explicación de las diferentes perspectivas de Lucas y de Pablo que, aunque diferentes, son complementarias. Lucas se centra en la obra del Espíritu de dar poder, que tiene paralelismos con la "unción" del profeta, rey o sacerdote del Antiguo Testamento, mientras que Pablo subraya el aspecto del ministerio del Espíritu que Oss llama «la transformación interior». Cuando Oss aporta este matiz a su interpretación de 1 Corintios 12:13, concluye que aún si aceptáramos que Pablo está describiendo la iniciación soteriológica, «eso no cambia el argumento a favor de que el Espíritu da poder a los creyentes en momentos posteriores a la salvación (basada en la teología bíblica y en la pneumatología de Lucas)». (pág. 256). Estoy completamente de acuerdo. Como he comentado en mi ensayo, la doctrina paulina del Bautismo del Espíritu como una metáfora de la conversión no disminuye, de ninguna manera, la realidad de las "unciones" siguientes y múltiples del Espíritu Santo, diseñadas para dar poder a los creyentes para el ministerio carismático. Aunque esto sugiere que, para Oss, Pablo y Lucas emplean la misma terminología del Bautismo del Espíritu para describir dos hechos diferentes (algo que me parece improbable, aunque no imposible), las realidades espirituales que estos hechos encarnan son distintas y válidas. Coincido con Oss en que «muchas de las argumentaciones en contra de la doctrina pentecostal del "Bautismo en el Espíritu" solo militan en contra de la expresión en sí, sin llegar a tratar el contenido que encierra» (pág. 257).

Quizás una ilustración hará que este tema sea más manejable. Supongamos que abres el armario de las medicinas para encontrar algo que te alivie un persistente dolor de cabeza, y coges algo que crees ser una pastilla de ácido acetilsalicílico. Por desgracia, la etiqueta del frasco se ha desgastado. No obstante, la medicina funciona; a los quince minutos de tomar dos pastillas, el dolor de cabeza se ha ido completamente. Tu esposa te dice entonces que la medicina que te has tomado es paracetamol. ¿Esa noticia hace que te vuelva el dolor de cabeza? Por supuesto que no. El valor medicinal del paracetamol no disminuye simplemente porque la etiqueta te hizo pensar que era otra medicina. Llamarlo ácido acetilsalicílico no altera de ningún modo las propiedades físicas de lo que en realidad era.

Mi teoría es, y la de Oss también, que la realidad de las experiencias del Espíritu Santo después de la conversión no tienen menos valor aunque descubramos que las hemos "etiquetado" mal. La "medicina" espiritual, por decirlo así, sigue funcionando. A pesar de que prefiero reservar la expresión del "Bautismo del Espíritu" para lo que todos experimentamos en la conversión, el hecho de que los pentecostales la apliquen a una dotación con poder posterior y más restringida no invalida este último fenómeno. Lo importante es ver si el Nuevo Testamento respalda tanto la obra salvífica inicial de la regeneración e incorporación en el Cuerpo de Cristo por un lado, como la obra, distinta teológicamente (aunque no siempre posterior), de la unción para el testimonio, servicio, y la manifestación de los dones carismáticos por otro. Oss y yo estamos de acuerdo en que sí lo hace.

Me gustaría hacerme eco de la afirmación de que «el "davidita" ungido, Jesús», se describe en el Nuevo Testamento como aquel que «traspasa la unción que él mismo ha recibido a aquellos que entran en su Reino» (págs. 266-267). Esto, creo yo, es un elemento crucial para entender apropiadamente las dimensiones del ministerio del Espíritu en la Iglesia actual, elemento que ha sido ignorado durante demasiado tiempo.

Un estudio cuidadoso de los cuatro Evangelios (y de textos relevantes en Hechos y en las epístolas) revela la afirmación de que el poder mediante el que Jesús vivió (Lc. 4.1; Jn. 1:32; 3:34-35), enseñó (Hechos 1:1-2), predicó (Lc. 4:18), expulsó demonios (Mt. 12:22-32, esp. 28; Hechos 10:37-38), resistió a la tentación (Lc. 4:1-2), adoró al Padre (10:21), curó enfermos

(4:18; 5:17; 6:19; 8:48; cf. 24:29), se ofreció a sí mismo en sacrificio por los pecados (Hebreos 9:13-14) y fue resucitado de entre los muertos (Hechos 17:31; 1 Ti. 3:16) era la presencia del Espíritu Santo.

En su Evangelio, Lucas «identifica precisamente el poder de Jesús como el poder del Espíritu Santo y, por lo tanto, atribuye las cosas que Jesús hizo, lo que hizo que la gente extendiera su fama por todo lugar, al *dynamis*, "el poder" del Espíritu».[90] El mismo Jesús atribuye explícitamente su poder sobre los demonios a que el Espíritu Santo moraba en él. Entendió que:

> *«su capacidad para sanar, hacer que las personas fueran completas, restaurar la vista de los ciegos y dar el habla a los mudos, y expulsar a las fuerzas destructivas del mal no estaba en Él mismo, no estaba en la fuerza de su persona, sino en Dios y en el poder de Dios mediando en Él a través del Espíritu. En su actos, Dios actuaba. En sus discursos, Dios hablaba. Su autoridad era la autoridad de Dios».[91]*

En otras palabras, el mismo Jesús era *plenamente consciente* de la fuente última de su poder. Sabía que él dependía del poder del Espíritu. El Espíritu no obraba secretamente a través de Él.

La importancia de esto para nosotros, sus discípulos, resulta evidente cuando vemos que:

> *«Lo primero que Jesús hizo inmediatamente después de resucitar de entre los muertos y reunirse con sus seguidores fue pasarles, como un don de su Padre (cf. Hch. 2:23), el mismo poder por el cual vivió, triunfó, y rompió las ataduras de sus propias limitaciones humanas. El mismo día de la resurrección, se acercó a ellos, que estaban encerrados por sus miedos, "sopló" (enephyesen) sobre ellos y les dijo: "Recibid el Espíritu Santo" (Juan 20:22)».[92]*

Dicho de otra forma, la misión de Jesús no ha acabado. Simplemente entra en una nueva fase. Jesús continúa la misión que el Padre le dio enviando a los discípulos con el mismo poder con el que el Padre le envió a Él: el poder del Espíritu Santo.

Por lo tanto, no debería sorprendernos que Lucas utilice exactamente la misma frase para describir la experiencia que el creyente tiene del Espíritu que la que usó para describir la experiencia de Jesús. Tanto Él como noso-

---

[90] Gerald Hawthrone, *The Presence and the Power* (Dallas: Word, 1991), 148.
[91] Ibíd., 169-70.
[92] Ibíd., 235.

tros (Esteban, en particular) debemos estar «llenos del Espíritu Santo» (Lc. 4:1; Hch. 6:5). Pablo yuxtapone deliberadamente dos palabras en 2 Corintios 1:21 para subrayar nuestra posición y poder. Dice que «el que nos confirma con vosotros en Cristo (*christon*) [o "en el Ungido"], y el que nos ungió (*chrisas*), es Dios». Por lo tanto, al igual que Jesús dijo de sí mismo «El Espíritu del Señor está sobre mí, porque me ha ungido» (Lucas 4:18), los cristianos hablamos como ungidos porque nosotros también hemos recibido el Espíritu Santo y hemos sido apartados y capacitados para servir a Dios y autorizados a actuar en su nombre (cf. 1 Juan 2:18-22, 27-28). Resumiendo:

«La importancia del Espíritu Santo en la vida de Jesús se hace extensivo a sus seguidores en todas las cuestiones, grandes y pequeñas, de su existencia. El Espíritu que ayudó a Jesús a superar las tentaciones, que le fortaleció en la debilidad, que le dio poder para conseguir lo imposible, que le capacitó para perseverar y completar la tarea que Dios le había encargado, que le hizo vencer a la muerte mediante la resurrección, es el Espíritu que el Jesús resucitado ha dado gratuita y generosamente ... ¡para todos los que quieran ser sus discípulos hoy!».[93]

---

[93] Ibíd, 242.

Capítulo 5
DECLARACIONES FINALES

Declaración final de la postura pentecostal/carismática
Douglas A. Oss

Estas observaciones finales surgen después de haber pasado dos días muy provechosos y edificantes debatiendo con los otros autores y el editor del presente libro. Muchas gracias a Wayne Grudem, Richard Gaffin, Robert Saucy y Sam Storms por sus opiniones de incalculable valor. Se nos ha pedido que ofrezcamos nuestras opiniones sobre las áreas en las que estamos de acuerdo y las diferencias que quedan entre las posiciones, y que presentemos un consejo final para la Iglesia acerca de los dones milagrosos.

Existen varias áreas en las que estamos de acuerdo, aunque todavía quedan diferencias muy importantes.

1. *Marcos de trabajo.* El modelo teológico de Gaffin para entender los dones milagrosos (y, en cierto modo, el de Saucy) se basa en la premisa del "canon abierto". Gaffin sostiene que, dado que la Iglesia primitiva (por ejemplo, la de Corinto) no tenía todavía el Nuevo Testamento, necesitaba que los dones de palabra funcionaran como canon del Nuevo Testamento hasta que el canon estuvo completo y fue accesible. Ve esta descripción en textos como Efesios 2:20-22. Por otro lado, mi marco de trabajo (y el de Storms también) se basa en una comprensión bíblico-teológica de "los últimos días". Mantenemos que las experiencias descritas en el Nuevo Testamento son el cumplimiento de la expectación que hay en la Escritura acerca de "los últimos días", y creemos que son características de esta era hasta el regreso del Señor.

Ambos "modelos", o "marcos de trabajo" se usan para excluir las evidencias presentadas por las otras posturas. Por ejemplo, Gaffin identifica cualquier evidencia que yo aporte en contra del cesacionismo como algo que pertenece al periodo del canon abierto y, por lo tanto, niega su función continuada. Del mismo modo, yo puedo negar los argumentos de Gaffin apelando a la naturaleza continuada de "los últimos días", y a la actividad característicamente milagrosa del Espíritu que define esta época. El lector tendrá que decidir qué paradigma concuerda mejor con la Biblia y con el desarrollo histórico-redentor que hemos observado en su estructura. Estos dos paradigmas chocan de forma inevitable, y son incompatibles.

2. *La historia de la salvación y el orden de salvación.* Gaffin niega que un rasgo de la historia de la salvación (por ejemplo, la anticipación en el Antiguo Testamento del derramamiento del Espíritu con poder y su cumplimiento en Pentecostés) pueda llegar a ser parte del orden de la salvación (que pueda aplicarse a un individuo y a la vida de la Iglesia de modo continuado). Por lo tanto, niega que la obra *milagrosa* del Espíritu en Pentecostés y a lo largo de Hechos sea una parte característica de la vida cristiana, porque eso sería confundir las dos categorías. No obstante, el lector debe fijarse en que Gaffin no se opone a todas las formas de capacitación poderosa en la actualidad (por ejemplo, la predicación poderosa), sino solamente a la idea de que los dones milagrosos sean característicos de los últimos días. Para Gaffin es especialmente importante demostrar el cese de los dones de palabra como una manifestación característica durante esta era. Esas manifestaciones, según cree, están restringidas al periodo del canon abierto excepto en ocasiones extremadamente raras, en cuyo caso son infalibles.

En mi opinión, la idea de Gaffin constituye un endurecimiento de las categorías (historia de la salvación y orden de la salvación) que la Escritura ni exige, ni sugiere. Otros rasgos de la historia de la salvación tienen resultados continuados en la vida del cristiano y de la Iglesia (por ejemplo, la anticipación de una nueva creación [Jer. 31:31-34; Ez. 36:24-28] y su cumplimiento en el creyente). Argumentar que porque algo pertenece a la historia de la salvación no puede tener resultados continuos en la vida de la Iglesia (por ejemplo, las experiencias en las que el Espíritu da poder), es ser demasiado riguroso. Las categorías definidas de forma tan rígida facilitan el rechazo de las evidencias cuando no encajan en el paradigma del canon abierto. Resumiendo, Gaffin mantiene que la perspectiva pentecostal confunde las dos categorías. En mi opinión, lo que está fuera de lugar es su comprensión innecesariamente rígida de las categorías. De nuevo, esto habla de una colisión fundamental entre los dos paradigmas, y el lector tendrá que juzgar cada postura viendo si proviene de la enseñanza bíblica, o de una perspectiva extra-bíblica.

3. *Diferencias en la terminología.* Los otros tres autores están de acuerdo en que la expresión "Bautismo en el Espíritu Santo" no debe utilizarse para

referirse a la obra de dotación de poder del Espíritu Santo. En mi opinión, los escritos de Lucas la utilizan de este modo. Pedro podía haber citado Jeremías 31:31-24 o Ezequiel 36:24-28 en su sermón de Pentecostés. Pero citó Joel 2:28-32, que es claramente un texto de la tradición profética del Antiguo Testamento que habla de la dotación de poder, y se utiliza para justificar la experiencia de poder como el cumplimiento de la declaración de Jesús acerca del Bautismo en el Espíritu en Hechos 1:6-8. Por lo tanto, aunque el uso pentecostal de esta expresión puede no ser tradicional, tampoco es evidente que no sea bíblico, como algunos han sugerido. Y, en mi opinión, el uso pentecostal del "Bautismo del Espíritu" encaja mejor con la comprensión lucana. Los otros tres autores proponen usar "ser llenos del Espíritu" para referirse a la obra de dotación de poder y, por supuesto, esta expresión ya es sinónimo de "el Bautismo en el Espíritu" en el círculo pentecostal. Reiterando un argumento que incluyo en mi ensayo, el debate debería centrarse primero en el contenido, y evitar discusiones sobre la terminología si éstas impiden el desarrollo del debate propiamente dicho. En otras palabras, el tema que debe ser examinado es si existe una obra del Espíritu de dotación de poder diferentes de la regeneración, independientemente de las etiquetas que les pongamos.

4. *Dotación de poder y conversión*. Los pentecostales no sugieren que la obra del Espíritu de dar poder no tenga que ver con la conversión, solamente que es teológicamente diferente de la conversión y de la regeneración/santificación. En la discusión entre los autores, no tuvimos discrepancias en cuanto a la obra contemporánea del Espíritu de dar poder. Todos coincidimos en que el Espíritu da poder al creyente. El desacuerdo llega cuando hablamos de las expresiones o manifestaciones del poder del Espíritu en la actualidad, y del lugar que ocupan esas experiencias en el orden de la salvación.

(a) Gaffin y, en menor medida Saucy, no están de acuerdo en que los "dones de palabra" milagrosos (especialmente la profecía, las lenguas y su interpretación) sean característicos de la obra del Espíritu de dar poder. No estamos en desacuerdo en cuanto a la continuidad de las sanidades, la predicación poderosa, los exorcismos y demás. Dios sigue actuando soberanamente en estas áreas, aunque nuestras expectativas de la *actuación* divina parecen ser dispares (Gaffin y Saucy en el lado cauteloso, Storms y yo en el entusiasta). El razonamiento que hay detrás de esta perspectiva cesacionista de los dones de palabra es que los definen como "canon", mensajes dados para guiar a la Iglesia durante el periodo fundacional de canon abierto. De nuevo, la aplicación de este modelo teológico solamente permite llegar a conclusiones cesacionistas.

Storms y yo estamos de acuerdo en que los dones de palabra son características de la obra del Espíritu durante todo el periodo de los últimos días. Ambos estamos en desacuerdo con cualquier definición que restrinja los dones de palabra a la función de canon durante el periodo de canon abierto. A pesar de que no negamos que algunas profecías y manifestaciones de glosolalia pueden haberse convertido en parte del canon del Nuevo Testamento, el Nuevo Testamento no restringe los dones de palabra a la función canónica. De hecho, según el Nuevo Testamento, uno de los propósitos de estos dones es, claramente, la edificación (ver 1 Co. 12-14). Pablo escribe que las manifestaciones en lenguas edifican tanto al individuo (14:4) como, cuando se interpretan, a toda la Iglesia (14:5). La profecía también tiene como propósito la edificación de la Iglesia. No existe ninguna indicación en ningún lugar de que esta función edificadora de los dones de palabra fuera a cesar cuando el canon del Nuevo Testamento estuviera completo. Los dones no son iguales al canon.

Como apoyo a la idea de que las manifestaciones milagrosas no se igualan al canon, cuando estábamos debatiendo se dijo que cuando se ora en lenguas, el propio espíritu del creyente está orando, motivado por el Espíritu Santo (1 Co. 14:14, «mi espíritu ora, pero mi entendimiento queda sin fruto»). Esta es una forma común de entender las lenguas en los círculos pentecostales y carismáticos. Entonces surgió la pregunta siguiente: ¿Cómo puede la oración o la acción de gracias del espíritu de un creyente (1 Co. 14:17) ser considerada revelación canónica de Dios para la Iglesia? Esta pregunta no se resolvió satisfactoriamente, y permanece abierta. Es más, Storms y yo creemos – a diferencia de Gaffin – que las lenguas pueden ser una comunicación trans-racional con Dios (14:14), es decir, donde el espíritu humano es capaz de comunicarse directamente con Dios de modo que trasciende al intelecto.

(b) El otro gran tema mencionado anteriormente es el lugar en el que uno sitúa la dotación de poder en el orden de la salvación. Dado que ninguno de nosotros niega su existencia, ¿dónde deberíamos ubicarla? Todos coincidimos en que la dotación de poder es consecuencia de la salvación. Uno no recibe poder hasta que es salvo, y esta dependencia existe incluso cuando no hay una diferencia temporal y discernible entre la conversión y la recepción del poder. Los otros tres autores argumentan que la dotación de poder es algo que se desarrolla gradualmente en la vida del creyente, de forma parecida a la santificación. De hecho, a Gaffin le resulta más cómodo situarla bajo el paraguas de la santificación, lo cual, para mí, no tiene el respaldo de lo que ocurrió con la iglesia de Corinto, que tenía poder (1 Co.

1:4-7), pero que apenas había avanzado en el camino de la santificación (cf. el recordatorio de la epístola).

Storms y Saucy coinciden en que la dotación de poder no es santificación y en que se desarrolla con el tiempo en la vida cristiana. Los pentecostales no estamos en desacuerdo con esta interpretación, pero enfatizamos la necesidad de una experiencia del poder del Espíritu identificable y especial que señale el comienzo del proceso. Esta dotación inaugural de poder es lo que llamamos "bautismo en", o "ser lleno del Espíritu Santo"; las experiencias posteriores del poder del Espíritu también las definimos como "ser lleno del Espíritu Santo". Storms y Saucy afirman acertadamente el crecimiento que tiene lugar en este área de la vida cristiana, porque una experiencia especial no le otorga a uno un estado permanente de poder espiritual. Pero la diferencia principal está en el nivel de intensidad que caracteriza a la primera experiencia. Storms y Saucy creen que en el orden de la salvación hay dos rasgos diferentes que surgen de la regeneración: la santificación y la dotación de poder. También en cuanto al orden de la salvación, los pentecostales sitúan al comienzo de la sección de la dotación de poder una experiencia inicial y única de bautismo con el Espíritu y con poder.

Todos estamos de acuerdo en que la regeneración no está ausente de Hechos. En 2:38; 11:9, 14, 15-18, por ejemplo, existe una clara indicación de que el derramamiento del Espíritu se asociaba con la limpieza de corazón y la nueva vida en Cristo. No obstante, cuando Lucas pasa a describir la naturaleza de la obra del Espíritu, hace mucho más énfasis en la dotación de poder; la limpieza y la santificación son importantes, pero no reciben el mismo nivel de tratamiento. Aún más, las descripciones que encontramos en Hechos de la obra del Espíritu de dar poder presentan esa experiencia como algo espectacular e inmediato.

Unas palabras para la Iglesia. Los pentecostales tienen una larga historia de lucha por encontrar el equilibrio en la vida espiritual entre el fruto del Espíritu y la milagrosa dotación de poder del Espíritu. A lo largo de esta historia ha habido abusos, pero también una rica bendición de Dios. Durante muchos años hemos buscado abrazar los movimientos legítimos del Espíritu a la vez que intentábamos evitar imitaciones abusivas o falsas. Las siguientes reflexiones pastorales vienen de uno que nació en un círculo pentecostal, se crió en ese círculo, y que lo ha visto todo.

1. Me gustaría que la comunidad evangélica en general no se alejara tímidamente de la dimensión de poder de la vida en el Espíritu solo porque puedan darse abusos. Si la Biblia enseña que esta obra del Espíritu es para hoy, entonces debemos buscar las expresiones bíblicas de tal poder, y no

perdérnoslas por culpa de los que toleran y/o participan de abusos contrarios a la Palabra de Dios. Nuestras convicciones deben estar basadas en la Biblia, no impuestas desde fuera de la Escritura por aquellos que apelan a unas reconstrucciones históricas y culturales que militan en contra del significado simple de los textos.

2. La comunidad pentecostal debe reafirmar sus raíces evangélicas. Existe una corriente alarmante en la actualidad entre algunos pentecostales de buscar la aprobación de la teología liberal e incluso de organizaciones seculares, lo que, en algunos casos, les ha llevado a comprometer doctrinas cardinales. En estos casos, la doctrina de la Palabra se ve atacada por ese ansia de "caer bien" a los grupos liberales y seculares. A su vez, esto ha llevado a algunos a rechazar las formulaciones generales sobre la infalibilidad. Este cambio, confinado mayoritariamente a los eruditos y estudiosos contemporáneos, podría hacer que la gente abandonase el Pentecostalismo histórico y se volviera al liberalismo y al misticismo.

El movimiento pentecostal siempre ha sido un movimiento basado en la Biblia, buscando solamente la Escritura como autoridad para nuestra teología y experiencia. Además, siempre hemos estado comprometidos con las doctrinas cardinales del evangelicalismo. Ahora no es el momento de abandonar las bases bíblicas de nuestra fe. Si no se ancla en las Escrituras, el movimiento pentecostal será un barco sin rumbo, conducido por los vientos del modernismo y del misticismo. Quizás las lecciones de los debates sobre la infalibilidad bíblica entre los presbiterianos en los años 1920 y 30, la postura de los que abogaron por la infalibilidad de la Biblia en el Sínodo Luterano de Missouri durante los primeros años 70, y el valor reciente de los que han defendido la infalibilidad en las convenciones bautistas de los 80 y 90 constituyen una guía práctica para el movimiento pentecostal en el futuro.

3. Los primeros pentecostales mostraron una fe sencilla y bíblica, ansiando de corazón la realidad de la presencia purificadora de Dios, y esperando recibir poder. La adoración enfatizaba el Espíritu y la Verdad. Con una sinceridad y un fervor espiritual parecidos, los pentecostales contemporáneos continúan entrando en la presencia de Dios y disfrutando de sus abundantes bendiciones.

Con respecto a esto, existen dos temas que merecen ser mencionados. En primer lugar, la espiritualidad nunca debe centrarse exclusivamente en las experiencias individuales o conjuntas de la bendición de Dios. Dios no quiere una Iglesia que mire hacia dentro. Estas experiencias de la presencia del Espíritu para dar poder tienen un propósito, que es renovar y dar poder al pueblo de Dios para salir a la calle y dar testimonio del Evangelio de Cristo con valentía. En segundo lugar, aunque las Escrituras recogen ciertos aspectos de la adoración, existen fenómenos en la Iglesia de hoy que no se encuentran en la Biblia. Cuando Dios derrama su Espíritu con poder, los creyentes reaccionan de diferentes maneras. Tenemos que ser tolerantes con los demás, en vez de juzgarles, y ciertamente no debemos limitar a Dios en formas en las que Él mismo no se ha limitado. Todos sabemos que la Biblia establece límites que no debemos sobrepasar en nombre de la unidad espiritual; no podemos comprometer, ni de forma explícita, ni implícita, las doctrinas necesarias para la salvación. Pero en la Iglesia única y verdadera, debería haber una unidad fundamental del Espíritu que trascienda todas las diferencias.

Declaración final de la postura
de la Tercera Ola
C. Samuel Storms

A pesar de los serios desacuerdos que frecuentemente hemos tenido durante el transcurso de este simposio, existen muchas cosas fundamentales sobre la persona y obra del Espíritu en las que estamos de acuerdo. Esto se hizo especialmente evidente durante los dos días de conferencias en noviembre de 1995 en Filadelfia, un tiempo caracterizado por una interacción viva, aunque amistosa y respetuosa. Al final de este capítulo trataré el tema de los puntos en común, pero primero quiero clarificar once temas claves que aparecen en las respuestas que Gaffin y Saucy hacen a mi ensayo.

1. Para el cesacionismo de Gaffin, el hecho de que el periodo que conocemos como «historia de la Iglesia» es diferente de la «historia de la redención» es clave. A la luz de su compromiso con el milenarismo sorprende que la terminología que utiliza para establecer esta distinción suene parecida a la empleada por los dispensacionalistas clásicos. Describe la era de la Iglesia como un "lapso" existente «entre los tiempos», la era está "encajada" entre las dos venidas de Cristo (pág. 282). Gaffin utiliza esta construcción como una manera de negar la continuidad entre la experiencia de los creyentes de lo milagroso en el libro de Hechos (por no mencionar el resto del Nuevo Testamento), y la experiencia del pueblo de Dios en la historia posterior de la Iglesia.

A mí me surge la pregunta siguiente: ¿qué textos bíblicos, tanto individualmente como en conjunto, afirman o sugieren este concepto? Nadie niega que la redención ha sido "realizada" de una vez por todas, y que se aplica "repetidamente" en las vidas de los que creen. Pero la Biblia no enseña que esta distinción sea excusa para negar a los cristianos post-apostólicos (como tú y yo), la vigencia de los dones milagrosos tan claramente descritos (y yo creo que también *prescritos*) por Pablo, Lucas y los otros autores del Nuevo Testamento. Somos un cuerpo en Cristo con aquellos que trabajaron para el reino en el libro de Hechos. Aunque ninguno de los que formamos parte de este simposio quiere argumentar a favor de la sucesión apostólica, quiero insistir en lo que podríamos llamar sucesión *eclesiástica*. Somos la continuidad orgánica del Cuerpo de Cristo que nació en Pentecostés. El mismo Espíritu Santo que vino para morar en aquellos creyentes (la *Iglesia*) y darles poder permanece para morar en nosotros (la misma *Iglesia*) y darnos poder ahora. Los cesacionistas dicen que esto no es así, pero tienen la obligación de demostrar que están en lo cierto, y todavía no han aparecido evidencias bíblicas ni explícitas ni implícitas que respalden su interpretación.

2. Gaffin argumenta que el consejo de Pablo a los que hablan en lenguas en 1 Corintios 14:28 de "hablar para sí mismo y para Dios" no puede referirse al ejercicio privado del don, porque el contexto es el de la asamblea de la Iglesia. Pero, si esto fuera verdad, Gaffin estaría en posición de alentar la legitimidad de las lenguas *personales, sin interpretación, no evangelísticas y que no son señales en la reunión grupal de la Iglesia*, un punto de vista que, estoy seguro, no le gustaría adoptar. Es mejor entender que el apóstol Pablo está recomendando que el uso personal de la oración en lenguas sin interpretación se haga fuera de la asamblea de la Iglesia, es decir, en la privacidad de la vida devocional de cada uno.[1]

3. ¿Qué quiere decir Pablo con «la demostración del poder del Espíritu» que acompañó su predicación del Evangelio (1 Co. 2:4: 1 Ts. 1:5)? Decir, como hace Gaffin, que no puede tratarse de milagros porque «era ejercido precisamente cuando la propia conducta de Pablo era de 'debilidad, temor y mucho temblor' (vs. 3)» (págs. 291-292) es entender la naturaleza y los propósitos de lo milagroso de forma totalmente opuesta a la realidad. Véase que las debilidades y el dolor de Pablo causados por su "espina en la carne", ¡llegaron inmediatamente después de su experiencia de revelación más importante (2 Co. 12:1-6)! Y la presencia de «señales, prodigios y milagros» en su ministerio eran, para Pablo, perfectamente compatibles con su

---

[1] Como Fee apunta, «hablar 'para sí (= en privado) es contrario a 'en la asamblea' del vs. 28, lo que quiere decir que deberíamos orar a Dios de esta manera en privado» *(God's Empowering Presence: The Holy Spirit in the Letters of Paul* [Peabody, Mass.: Hendrickson, 1994], 251).

gran sufrimiento descrito con detalle y de forma muy gráfica justo en el capítulo anterior (11:23-33).[2]

4. Como respuesta a mi ensayo, Saucy asegura que el propósito último de los milagros del Nuevo Testamento es servir como señales (pág. 225). De ahí llega a la conclusión de que los otros propósitos de los milagros, que son secundarios, no son suficientes para garantizar su presencia después de la era apostólica. Se hace necesario comentar varias cosas.

En primer lugar, que el propósito *último* de los milagros en el ministerio de Jesús y los apóstoles, sea o no servir como señales, tiene poco que ver con que los dones milagrosos tengan un propósito para la Iglesia en generaciones posteriores. Las instrucciones explícitas de Pablo de que el propósito de los *charismata* es edificar a la Iglesia (1 Co. 14:4-5, 12-13, 26), servir al bien común (12:7), consolar y exhortar al Cuerpo de Cristo (14:3) y convencer al perdido (14:24-25) es suficiente para garantizar nuestra seguridad en la voluntad de Dios para la vida de la Iglesia, independientemente de los *otros* propósitos que los milagros *per se* puedan tener.

No estoy seguro de que Saucy o cualquier otro pudiera demostrar que los milagros tienen un propósito último y unos propósitos secundarios. Encuentro muchas declaraciones en el Nuevo Testamento en las que la motivación que había detrás de los milagros eran cosas tales como la compasión, el amor o el deseo de mostrar misericordia a los que suplican que se les ayude (Mt. 9:27-31; 14:13-14; 15.22-28; 32-39; 17:14-21; 20:29-34; Mc. 1:41-42; 5:19; 6:34-44; 8:2ss; 9:22; Lc. 7:11-17; 17:13-14). El verbo traducido como «tener o mostrar compasión» (*splanchnizomai*) se utiliza en once ocasiones en el Nuevo Testamento para referirse a la compasión de Jesús hacia los pecadores, ¡nueve de las cuales hacen referencia a la motivación de Jesús de sanar a los enfermos!

5. Saucy cuestiona la forma en que utilizo Hechos 4:29-31, insistiendo en que tal oración solamente es válida cuando los "apóstoles" están presentes. Entonces apela a Hechos 4:33, un texto que, no obstante, solamente habla del testimonio apostólico de la resurrección de Jesús. Hechos 5:12 se refiere a los apóstoles como aquellos que realizaron señales y milagros, un hecho que nadie niega. Pero no podemos desechar tan fácilmente la oración de Hechos 4, cuando vemos que creyentes *que no eran apóstoles*, como

---

[2] La evidencia de que la «demostración del poder del Espíritu» en 1 Corintios 2:4-5 se refiere a señales, prodigios, milagros y dones milagrosos la encontrará en la obra de Gary Greig: "The Purpose of Signs and Wonders in the New Testament", *The Kingdom and the Power*, ed. por Gary S. Greig y Kevin N. Springer (Ventura, Ca.: Regal, 1993), 169, n. 55.

Esteban (6:8), Felipe (8:6-7, 13), Ananías (9:17-18), los discípulos de Juan el Bautista (19:6), las mujeres de Cesarea (21:8-9), los creyentes de Galacia (Gá. 3;5), los creyentes de Roma (Ro. 12:6), de Corinto (1 Co. 12-14) y de Tesalónica (1 Ts. 5:19-20), ejercieron los dones milagrosos.

6. A pesar de la idea acertada de Saucy de que nuestras necesidades actuales pueden diferir en ciertos aspectos de las necesidades de los creyentes del primer siglo, no es cierto en cuanto a la edificación, exhortación y consolación. Esto no ha cambiado, y no cambiará, hasta que Jesús regrese. No existen razones bíblicas para pensar que sus necesidades en este aspecto puedan satisfacerse mediante el ministerio de los *charismata*, y las nuestras no. Somos Cuerpo de Cristo igual que ellos. Estamos en la misma situación de necesidad que ellos, en este aspecto.

7. En cuanto a la profecía, Saucy comenta que «la obra de inspiración del Espíritu... llega hasta la profecía actual, es decir, las palabras habladas o escritas» (pág. 228). Pero los ejemplos que cita para respaldar su afirmación tienen que ver o con la experiencia de la profecía en el Antiguo Testamento o con la revelación profética que Dios designó para que formara parte del Canon. No existen pruebas de que este concepto de garantía infalible de las palabras de un profeta pueda aplicarse al ejercicio del don tal como aparece en la Iglesia del Nuevo Testamento.

8. En el caso de la profecía de Agabo en Hechos 21:10-11, Saucy explica que no hubo error, en tanto que el mismo Pablo cuenta lo que sucedió (28:17) con palabras esencialmente iguales a las empleadas por Agabo. Insiste en que «no basta con argumentar, como hace Storms, que Pablo en realidad estaba describiendo la ocasión en la que los romanos le escoltaron secretamente de Jerusalén a Cesarea (23:12-35), ya que le "entregaron a los romanos" antes de que saliera de Jerusalén» (pág. 229). Pero la intención de Pablo en 28:17 simplemente es decir que fue transferido de la custodia romana en Jerusalén a la custodia romana en Cesarea. El hecho de que Pablo ya estaba, en algún sentido, en "manos de los romanos" en Jerusalén no impide que use la misma terminología al referirse a su traslado de Cesarea y la jurisdicción de Félix.

El intento de preservar la infalibilidad completa de la profecía de Agabo (Hechos 21:10-11) simplemente no se sostiene con los detalles que aparecen en el texto. En la interpretación de Saucy, los judíos encadenaron a Pablo, pero Hechos dice dos veces que fueron los romanos quienes le ataron. Saucy insiste en que los judíos entregaron el apóstol a los gentiles, pero Hechos dice que se negaron tozudamente a hacerlo, no dejando más opción a los romanos que llevárselo por la fuerza.

El problema no se resuelve argumentando, como hace Saucy, que la palabra "entregar" solamente significa una responsabilidad general o última de ser transferido a manos de otros. En las otras 119 ocasiones en las que el verbo "entregar" (*paradidomi*) aparece en el Nuevo Testamento, las personas que realizan tal acción lo hacen o bien de forma voluntaria, intencionada y deliberada, o bien ordenando a otros que los hagan. Pero en el caso de la captura de Pablo en Jerusalén, los judíos *no* ordenaron que lo ataran, fueron los romanos (Hechos 21:33; 22:29). Cuando Pablo pasa a manos de los romanos porque los judíos han renunciado a arrestarle, estamos ante lo opuesto a un hecho voluntario, intencionado y deliberado. Lejos de ser el motivo del aprisionamiento de Pablo por los romanos, se resistieron violentamente.

9. Saucy se cuestiona si Santiago 5 tiene como trasfondo el "don" de la sanidad, presumiblemente porque la palabra *charismata* ("don") no aparece en el pasaje; solamente describe a personas que oran pidiendo sanidad. Pero el término *charismata* no aparece en ninguna ocasión en todo el libro. ¿Negaremos pues que Santiago 3:1 habla del "don" de enseñanza simplemente porque la palabra *charismata* no aparece en ese pasaje? Como en el otro caso, aquí solo aparecen personas enseñando. Es más, ¿por qué Saucy dice que *«sin duda*, Santiago pretendía que entendiéramos que *todos* los ancianos debían hacer una "oración de la fe" y que la oración concertada sería eficaz» (pág. 230, la cursiva es mía)? Santiago no está diciendo nada sobre cuántas personas han de orar con esa fe para que Dios otorgue sanidad. Sin duda, *nuestra esperanza* es que todos oren así. Pero es difícil creer que Dios esté contando a las personas, es decir que solo sane cuando *todos* tengan la fe de la que aquí se habla, o que se niegue a sanar cuando solo una o dos personas la tengan.

10. A pesar de la acusación de Saucy, ni Jack Deere ni yo apelamos sin fundamento al ministerio de sanidad de Jesús. Ambos afirmamos que había algo único y sin precedentes en lo que el Hijo de Dios consiguió, y es erróneo sugerir lo contrario. Pero Saucy evidentemente cree que la disparidad entre los milagros de sanidad del primer siglo y los milagros de sanidad en la historia posterior de la Iglesia no pueden explicarse apelando a que la motivación principal del ministerio sanador de Jesús era la compasión de Dios. Pregunta: «¿Es Dios más compasivo en ciertos momentos de la historia que en otros?» (págs. 230-231).

Obviamente, la respuesta es negativa. Dios es tan compasivo hoy como lo era entonces, y no es más o menos compasivo de lo que será en el futuro. Pero si manifiesta o no esa compasión igualmente en todo momento está sujeto tanto a su propósito secreto y soberano como a la profundidad del celo de la fe con la que su pueblo ore. Al final, nuestra incapacidad para entender completamente por qué Dios sana o no sana, no puede justificar que mengüe nuestro compromiso a orar por los enfermos. *La confusión nunca es una excusa para desobedecer, ni tampoco lo es la falta de experiencia.*

Igualmente, Dios es siempre misericordioso. Pero no siempre salva las almas de las personas a quienes testificamos o por las que oramos. Pero tenemos que seguir orando. Si en una generación de la Iglesia se han salvado más almas que en otra, no debemos pensar que Dios ha reducido su amor por los perdidos o que ahora tenemos una excusa para no orar con el mismo fervor y frecuencia como lo hicieron aquellos que vivieron en las épocas de una gran siembra espiritual.

Mateo nos dice que cuando Jesús vio a la gran multitud, tuvo *compasión* de ellos y *sanó* a sus enfermos (Mt. 14:14). Mi pregunta es sencilla: ahora que el hijo de Dios exaltado nos mira desde la diestra del Padre, ¿ha cambiado sus sentimientos hacia los enfermos? ¿Es ahora indiferente ante su dolor? Nadie niega que las sanidades milagrosas ahora son menos frecuentes que entonces. Pero, ¿qué debemos responder a esto? Personalmente, no me convence decir que la compasión ya no es el factor preeminente que mueve a Dios a sanar a los enfermos. Prefiero afianzar mi confianza en la inmutabilidad del carácter de Dios, imponer las manos en oración sobre el enfermo con la seguridad infalible de que, aunque la Iglesia ha cambiado, Dios no lo ha hecho, y vivir con el misterio de la oración no contestada hasta que Jesús regrese.

11. Al contrario de lo que Saucy escribe (pág. 231), yo no he sugerido en ninguna ocasión, ni creo, que la función "principal" de las lenguas sea la edificación personal. Comento ampliamente, basándome en 1 Corintios 14, que las lenguas funcionan como una forma de oración para pedir, una manera de expresar gratitud a Dios, una manera de adorar y bendecir las obras poderosas del Padre y, quizá, una forma de avanzar en la guerra espiritual. Sí, las lenguas también edifican al que las habla. No es suficiente afirmar (erróneamente, según creo) que eso es incoherente con la función primera de todos los dones. Yo afirmo claramente que el propósito último de los *charismata* es el "bien común" de la comunidad cristiana (1 Co. 12:7). Pero Saucy debe reconocer las inevitables declaraciones de Pablo en 14:4-5 relativas a la influencia de las lenguas en la edificación personal, y su ejercicio privado del don, por el que da muchas gracias a Dios en 14:14-19.

Permítanme concluir con unos breves comentarios. A pesar de nuestros obvios desacuerdos, todos tenemos en la mente varios puntos en común. En primer lugar, parece claro que todos los participantes en este simposio se regocijan en que Dios sigue sanando en respuesta a las oraciones de su pueblo. Es más, estamos unidos en contra de la filosofía antisobrenatural tan prevaleciente en nuestros días. Ninguno de nosotros cuestiona la realidad histórica de los milagros descritos en las Escrituras, ni tampoco nadie niega que Dios pueda, y ocasionalmente lo haga, realizar actos milagrosos de poder de acuerdo con sus propósitos soberanos.

En segundo lugar, todos estamos de acuerdo en que el poder de Dios es igualmente evidente en la santidad práctica y el fruto del Espíritu como en la manifestación de dones o milagros. Solamente necesito mencionar Romanos 15:13, 19, como ejemplo. Mientras que el apóstol Pablo apela al "poder" (*dynamis*) del Espíritu como la fuente de sus "señales y prodigios" (vs. 19), atribuye igualmente la "alegría", "paz" y "esperanza" del cristiano (vs. 13) al mismo "poder". Es el poder del Espíritu el que hace que los ojos de los ciegos sean abiertos, tanto física (Juan 9) como espiritualmente (2 Co. 4:1-6). Los demonios son expulsados (Mt. 12:28) y la persecución puede soportarse (Gá. 5:22-23) por el poder del Espíritu. La Iglesia no puede perder de vista estas verdades.

En tercer lugar, coincido totalmente con la creencia de Gaffin de que no existe una experiencia de poder de mayor magnitud que la de nacer de nuevo. De todos los milagros que han ocurrido o que ocurrirán, ninguno provoca más gratitud ni puede compararse con el milagro de la vida eterna. Confío en que todos nuestros lectores estén de acuerdo.

No obstante, seguimos teniendo nuestras diferencias. Hemos escuchado en este simposio la idea de que la validez contemporánea de los dones de revelación amenaza la integridad del canon. Creo que este es un argumento cargado de emociones, que no tiene ni base bíblica ni base teológica. Los cesacionistas en general comentan que su rechazo a admitir la validez de los dones de revelación es, en parte, por su deseo de mantener la centralidad y autoridad de la Escritura en la vida del creyente. Este es un deseo admirable al que yo me adhiero completamente. Pero no puedo dejar de preguntarme lo siguiente: «¿Qué visión honra más la autoridad de la Escritura, la que pretende reproducir el patrón de la vida de Iglesia y experiencia expresadas en el Nuevo Testamento, o la que relega partes importantes del Nuevo Testamento abogando que no son relevantes en la actualidad?».

Creo que honramos y sostenemos la centralidad y autoridad de la Escritura cuando reconocemos sus principios, patrones y prácticas como obligatorias para nosotros en la actualidad. No honramos la autoridad de la

Escritura empleando una guía teológica que solamente sirve para filtrar y dejar fuera los elementos carismáticos y milagrosos de la vida y del ministerio. Honramos y sostenemos la autoridad bíblica al someter nuestra conciencia y nuestra vida de Iglesia al texto, independientemente de lo cercana o alejada que esté nuestra experiencia del modelo del Nuevo Testamento.

Todos nosotros desearíamos que la vida contemporánea de la Iglesia fuera una reflexión más completa del ideal del Nuevo Testamento. Pero podemos, *debemos*, responder a la incomodidad y a la confusión que esto crea frecuentemente con *más* oración por los enfermos, un *mayor* celo por los dones espirituales y un deseo *más profundo* de que la mano de Dios haga aquellas señales y prodigios que bendicen a su pueblo y magnifican su nombre. Si la Iglesia deja paso a una teología que vacía la oración de la expectativa de la actuación de Dios, la Iglesia perderá poder.

Declaración final de la postura abierta, pero con cautela

Robert L. Saucy

Las obras de Dios como el Espíritu invisible e infinito siempre han sido temas que al pueblo de Dios le ha costado entender. Y si pensamos en la falibilidad otorgada a todos los intérpretes, una incomprensión de las obras de Dios nos conduce inevitablemente a la diversidad de opiniones. Como es evidente para el lector de este libro, la comprensión del tema de los dones espirituales milagrosos en la Iglesia contemporánea no es una excepción. A pesar de las diferencias que hay entre nosotros, me gustaría decir que la participación en este simposio ha sido una auténtica bendición para mí. La unidad en la Iglesia tiene muchas dimensiones, y juntarse en torno a las Escrituras para buscar la verdad por el bien de la obra de Dios no hace sino incrementar un sentimiento de unidad, incluso cuando no llegamos a un acuerdo final.

Me gustaría comenzar estas palabras de conclusión con unos cuantos comentarios que explican y dan respuesta a algunos comentarios sobre mi ensayo. Dichos comentarios indicaban que ambos continuistas creen que mi posición limita de forma reduccionista el propósito de los milagros, diciendo que solo funcionan como "señales" autentificadoras (ver Storms, págs. 161-162 y Oss, pág. 166). Mi intención no era esa, y confío en que el resto del ensayo ayude a aclararlo. Los contextos de mis afirmaciones que los continuistas mencionan estaban relacionados con contextos que tratan específicamente los momentos de la historia bíblica en que la actividad milagrosa extraordinaria acompañó a los ministros proféticos inspirados por Dios (en especial Jesús y los apóstoles). Mi intención, incluso en esos casos, no era decir que la realización de los milagros tenía un solo propósito, sino más bien decir que, en esas ocasiones, su propósito *principal* era el de autentificar a los portadores de la Revelación divina y su mensaje.

También quiero aclarar mi descripción del Bautismo del Espíritu pentecostal como aquello que nos trae «relación nueva y definitiva» con el Espíritu, y que para Oss es un concepto erróneo de esta tradición. Mi frase se basaba en las explicaciones pentecostales del Bautismo del Espíritu, tales como las de Ralph Riggs y Donald Gee:

> «*Como el Espíritu de Cristo, había llegado con la conversión, impartiendo la vida de Cristo, revelando a Cristo, y haciéndole real. En el Bautismo del Espíritu,* Él mismo en persona *viene a los creyentes y les llena... Su llegada al creyente en el Bautismo es la llegada de la tercera persona de la Trinidad, además de la llegada de Cristo*».[1]

> «*El Nuevo Testamento parece indicar como un hecho histórico que no se puede obviar el hecho de que después de la primera venida del Espíritu en la regeneración* los creyentes pueden, o más bien deben, recibir de forma personal y especial el Espíritu Santo en su persona original y única. *Esta experiencia se llama el "Bautismo en el Espíritu Santo"*».[2]

En mi opinión, estas dos frases recogen la idea de que en la conversión el creyente recibe el Espíritu, lo que aparentemente está más relacionado con *su obra* de traer a Cristo y su vida. Sin embargo, en el Bautismo del Espíritu, el Espíritu viene *en persona* de una manera algo diferente a su venida en la regeneración. Quizás las palabras que utilicé al describir esta segunda obra no fueron las más apropiadas. No obstante, me resulta difícil ver que estas explicaciones pentecostales no están enseñando algo parecido a una nueva relación del creyente con la persona del Espíritu.

También me gustaría responder a dos temas importantes mencionados en los comentarios que Storms y Oss han hecho a mi posicionamiento. A pesar de los intentos de Storms de negar que el apostolado es un don, sigo creyendo que al estar incluido en la discusión sobre los dones en Efesios 4 (en la que Storms no entró) es más probable que deba considerarse como un don. Simplificarlo al nivel de "oficio" nos hace preguntarnos por qué

---

[1] Ralph M. Riggs, *The Spirit Himself* (Springfield, Mo.: Gospel Publishing House, 1949), 79-80 (la cursiva es mía).

[2] Donald Gee, *Die Früchte des Geistes*, 6; citado por Frederick Dale Bruner, *A Theology of the Holy Spirit* (Grand Rapids: Eerdmans, 1970), 75 (la cursiva es mía).

los otros oficios, como por ejemplo el de anciano, obispo y diácono, no están incluidos en estos pasajes.

Sea como sea, la mayoría de continuistas parece reconocer que los apóstoles, en su realización de milagros, eran diferentes de las demás personas tanto del Nuevo Testamento como de tiempos posteriores (ver Storms, pág. 160). Esto también se aplica a Jesús y, no obstante, ambos continuistas parecen estar sugiriendo que la Iglesia tiene el poder para hacer los mismos milagros que Jesús hacía (Oss, pp. 265-267; Storms, págs. 304-306). Si los milagros que hacían los apóstoles eran diferentes, sin duda los de Jesús también lo eran.

Lo que quiero decir es que si uno reconoce que hay una diferencia entre los milagros que Jesús y los apóstoles hacían y los milagros que los demás miembros de la Iglesia hacían, entonces debe estar dispuesto a explicar en qué consiste esa diferencia. Como puede verse cuando Storms cita a Deere (pág. 160), en ocasiones los continuistas reconocen la posición y tarea especiales de Jesús y los apóstoles, y la exclusividad del poder con el que realizaban milagros. Pero entonces se presta poca atención a la relación de los milagros con los ministerios concretos de estas personas. Por ejemplo: ¿por qué hicieron tantos milagros y tan poderosos? ¿Para qué servían? Lo que quiero decir se refleja en el fracaso de la mayoría de continuistas a la hora de tratar lo que yo he denominado la "desigualdad" de milagros en las Escrituras y la diferencia entre la actividad milagrosa de los Evangelios y de Hechos, y de la historia posterior de la Iglesia.

Nadie niega que Dios ha hecho milagros a lo largo de la Historia, incluyendo la historia de la Iglesia. Pero señalar, como hacen los continuistas, que los milagros ocurrieron entre el pueblo de Dios en muchas ocasiones no sirve para refutar lo que vemos en la Escritura, es decir, que hubo épocas en la historia de la redención cuando el plan de Dios incluyó a ministros especiales acompañados de un poder y una actividad milagrosos y extraordinarios.

De modo que, o se niega completamente esta desigualdad de los milagros tanto en la Escritura como en la Historia, o se debe buscar una explicación a este fenómeno. Los continuistas siguen exigiendo que se dé una enseñanza bíblica que apoye un cambio en la actividad milagrosa entre el Nuevo Testamento y la Iglesia posterior. Como sugerí en mi ensayo, la posición escatológica de la posible venida de Cristo impidió que los escritores bíblicos ofrecieran una descripción explícita de la Iglesia post-apostólica. Pero yo sugeriría que una consideración de la racionalidad de la actividad milagrosa y especial de Jesús y de los apóstoles ofrece una evi dencia bíblica suficiente para respaldar el cambio en la actividad milagrosa de la Iglesia posterior.

Retaría a los continuistas a ser más claros en cuanto a si Jesús y los apóstoles son un modelo para la Iglesia o no. Y si no lo son, es decir, si Jesús y los apóstoles realmente tuvieron una posición especial con una tarea especial, entonces deberían ofrecer una explicación clara sobre los milagros extraordinarios que no se aplica a aquellos que no están en la misma posición ni tienen el mismo ministerio. Esto no significa necesariamente cesacionismo, pero ayudaría a clarificar el tema de los milagros en la Iglesia y evitaría que, sin dar más explicaciones, se utilizara a Jesús y a los apóstoles como modelos para la Iglesia contemporánea.

A pesar de los desacuerdos continuos, compartimos bastantes puntos de vista, incluso en el tema de los dones milagrosos. Todos estamos de acuerdo con la idea pentecostal de que el Espíritu obra *tanto* en la transformación espiritual personal del creyente *como* en la dotación de poder para el ministerio de dones espirituales. En la Escritura encontramos la expresión "ser lleno del Espíritu" tanto para el ministerio (especialmente en Hechos) como para el crecimiento personal. Pero sigue separándonos un abismo considerable en relación con la división que la tradición pentecostal clásica hace entre estas dos obras del Espíritu, y también en la distinción entre la recepción del Espíritu en su obra de renovación y en su recepción para dar poder. Aún así, a pesar del desacuerdo sobre el significado del Bautismo del Espíritu y del ministerio del Espíritu para dotarnos de poder, todos reconocemos que la principal obra del Espíritu es que el pueblo de Dios se vaya pareciendo a Cristo cada día más.

En cuanto a los milagros, todos coincidimos felizmente en que nuestro Dios es un Dios que hace milagros. Según su voluntad soberana y para el avance de su propósito y gloria, Dios sigue haciendo milagros en la actualidad. No obstante, tenemos muchas diferencias sobre la enseñanza bíblica acerca del *propósito* de los milagros y, consecuentemente, acerca del grado en el que se dan en este periodo post-apostólico de la Iglesia.

El importante uso de la perspectiva "histórico-redentora", tanto para apoyar el cesacionismo como el continuismo, me ha resultado de lo más interesante. Obviamente, ambas comprensiones y aplicaciones de esta importante cuestión bíblica no pueden ser completamente válidos. Sugiero que se necesita un estudio más profundo sobre el desarrollo histórico dentro de la salvación escatológica. No basta simplemente con decir la verdad de que la era de la salvación escatológica caracterizada por el ministerio del Espíritu ha llegado, y luego insistir en que todas las obras del Espíritu están presentes uniformemente a lo largo de esta era. Tampoco basta con reconocer que el reino anunciado de Cristo está manifestándose en esta era. Dado que la salvación escatológica incluye la perfecta glorificación final, parece claro que esta salvación y este reino no están presentes en la actualidad. La comprensión de qué aspectos de este reino perfecto y del ministerio del Espíritu son normales en esta era, qué nos depara la futura venida de Cristo, y cómo saboreamos exactamente los «poderes del siglo venidero» en la actualidad (Hebreos 6:5) son preguntas vitales que merecen un estudio más profundo en relación con el tema de los milagros hoy.

El desacuerdo sobre la manifestación de los dones milagrosos hoy también está motivado por la falta de acuerdo sobre la naturaleza de muchos de estos dones. Por ejemplo, el ejercicio del don de sanidad, ¿resulta en una curación completa e instantánea o solamente en una restauración parcial que además se daría de forma gradual? ¿Son la mayoría de las sanidades milagrosas el resultado de la operación de dones espirituales? ¿O son el resultado de las oraciones de los creyentes, sin que haya habido la actuación de una persona con dones? Quizás sería mejor en ocasiones aceptar la obra misericordiosa de Dios sin intentar encajonarla en una categoría teológicamente discutible.

Una de las áreas donde esto podría ser útil es la dirección o guía que Dios le ofrece hoy a su pueblo. Después de mucho debate, los participantes en este simposio parecieron ponerse de acuerdo en que, de algún modo, Dios en la actualidad nos guía o nos revela su visión sobre temas que trascienden la enseñanza bíblica explícita, por ejemplo, en decisiones a nivel individual y también a nivel eclesial. No obstante, tenemos fuertes discrepancias sobre la *naturaleza* y *lugar* de la "profecía" contemporánea en esta guía. A pesar de que estoy convencido de que toda la profecía bíblica es una manifestación inspirada e infalible, no estoy del todo seguro sobre cuál es la diferencia entre *alguna* "profecía falible", aceptada por la mayoría de los continuistas, y la "guía" o "dirección" de Dios que la Iglesia siempre ha enseñado, excepto que la "profecía" parece ser más milagrosa. En este tema, creo que deberíamos fijarnos si estamos en desacuerdo sobre el contenido, y no solamente sobre la semántica.

Finalmente, ¿qué debería hacer la Iglesia a la luz de la presente diversidad de interpretación y práctica bíblicas que, desafortunadamente para algunos, indica confusión y contienda? Como ya he indicado, la Iglesia debe continuar estudiando *de forma conjunta* los temas restantes. La participación en este simposio me recordó de nuevo que la comunicación y la comprensión no siempre es fácil. Siguiendo los consejos bíblicos, la escucha cuidadosa siempre debe preceder a la respuesta.

También nos insto a dejar claro que el énfasis de nuestras iglesias está en las verdades centrales de la fe evangélica que nos hacen Uno en Cristo y en su salvación. El objetivo final de la actividad del Espíritu es que todos seamos «conforme a la imagen de Su Hijo» (Ro. 8:29). Históricamente, la obra de Dios de avivamiento siempre se ha centrado en las verdades vitales de la salvación, es decir, arrepentirse del pecado y obedecer a Cristo viviendo en santidad. Debemos tener mucho cuidado y asegurarnos de que ningún fenómeno concomitante eclipse la importancia real de la obra de Dios, en cuanto a su realidad y su reputación. Todos debemos preocuparnos cuando la fascinación por lo milagroso y las manifestaciones de poder en la Iglesia adquieran más importancia que la preocupación por la salvación de los perdidos y el discipulado y el crecimiento en el fruto espiritual y ético del Espíritu.

Además, yo animaría a que siempre realizáramos una evaluación bíblica crítica de todas las manifestaciones "milagrosas". Este consejo es natural en alguien que defiende la postura "abierta, pero con cautela". Al no encontrar ninguna enseñanza bíblica explícita ni a favor del cesacionismo ni a favor del continuismo, me veo obligado a considerar cuidadosamente los fenómenos de la obra de Dios a la luz de lo que conocemos de la Escritura sobre los dones milagrosos, para así encontrar alguna pauta que me ayude a determinar la cuestión de la manifestación de estos dones en la actualidad. Esta es la razón por la que considerar los milagros de la historia de la Iglesia no me parece "irrelevante", adjetivo que sí usa uno de los participantes de este simposio. Pero, incluso creer en la continuidad de los dones milagrosos no excluye la responsabilidad de la Iglesia de evaluar cuidadosamente todas las actividades milagrosas a la luz de los patrones bíblicos de la naturaleza y práctica de estos dones. Sugiero que, incluso con nuestras diferencias, podríamos tener más unidad en la Iglesia de hoy si tuviéramos más voluntad para considerar seriamente todas las enseñanzas bíblicas sobre este tema, y actuáramos en consecuencia.

En conclusión, me gustaría añadir dos impresiones fuertes que me quedaron como resultado de la comunión con los otros participantes, mientras discutíamos el tema de este libro. Nuestra interacción renovó mi idea de que nuestros desacuerdos son entre "hermanos y hermanas en Cristo". Reconozco que los milagreros falsos están presentes en este mundo, acechando al pueblo de Dios y a aquellos fuera de la Iglesia. Detectarlos no siempre es fácil, y deberíamos hacer todo lo posible por proteger a nuestras iglesias de ellos. Sin embargo, la comunión que disfrutamos era claramente entre creyentes. No coincidimos en todos los puntos, pero nuestro diálogo nos ayudó a ver que sí compartíamos lo más importante. Este reconocimiento condicionó no solamente el contenido de nuestro diálogo, sino especialmente la actitud con la que debatimos. Conocer bien a aquellos que piensan diferente, y ver cómo Dios está obrando en ellos, al igual que en uno mismo, es una garantía para el diálogo fructífero.

No solamente reconocí la obra de Dios en las personas con las que discrepo, sino que también aprendí a apreciar de forma diferente la realidad de diferencias en el Cuerpo de Cristo. Con todos los creyentes, anhelo el día en el que todo el pueblo de Dios se una. Sin embargo, la presencia del pecado retrasará sin duda tal realidad hasta el tiempo de la glorificación. Mientras tanto, todos deberíamos reconocer que las opiniones divergentes son, frecuentemente, el resultado de hacer un hincapié especial en ciertos aspectos de la verdad total de Dios. En ocasiones, este énfasis puede ir más allá de lo que dicen las Escrituras y llevar al error, pero es bueno reconocer que el énfasis normalmente comienza con la búsqueda de una realidad que la Iglesia necesitaba escuchar. En el caso de los dones espirituales milagrosos, los continuistas nos recuerdan el poder sobrenatural y los aspectos de la experiencia de nuestra vida cristiana. Los cesacionistas, por otra parte, enfatizan que el verdadero cristianismo está en la Revelación entregada de forma definitiva en las Escrituras. La Iglesia todavía no percibe la relación correcta entre estos elementos, pero sin duda, ambos énfasis deben tenerse en cuenta.

Declaración final
de la postura cesacionista
Richard B. Gaffin, Jr.

1. Como resultado de la conferencia de dos días en la que participamos los autores y el editor de este libro, después de haber intercambiado nuestros ensayos y de comentarlos, vimos que todos creemos y defendemos la autoridad única y final de la Escritura como Palabra de Dios. Todos compartimos un deseo de no involucrarnos en ningún debate o ninguna experiencia que pueda hacer que nos detractemos, o que comprometamos esa autoridad. Este compromiso común me anima mucho. Y lo que es más, es una gran promesa para la Iglesia de hoy en cuanto a los temas tratados en esta obra.

Consideremos esta situación desconcertante: especialmente en décadas recientes, la obra del Espíritu, dada para unificar la Iglesia (1 Co. 12; Ef. 4:3) ha sido ocasión (¡nótese que no he dicho la causa!) de desunión e incluso de divisiones en la Iglesia. ¿Cómo escapar de este callejón sin salida de ideas y réplicas sobre las experiencias de la obra del Espíritu?

Ciertamente la respuesta no está, por lo menos de forma última, en las experiencias mismas. Eslóganes como «La teología divide, las lenguas unen» o «No puede ser que 500 millones de pentecostales estén equivocados» (como he oído) suenan muy bien, pero realmente no ayudan, especialmente en un contexto religioso mundial donde hablar en "lenguas" no es un fenómeno exclusivamente cristiano. Sin duda, si hablo de lo que para muchos es obvio y hasta llegan a dar por sentado, para los creyentes en Jesucristo, toda experiencia, incluida la atribuida a su Espíritu, debe ser valorada a la luz de su Palabra para ver si es genuina. La última palabra no puede basarse en nada que se derive de la experiencia en sí, ni siquiera de los resultados que ésta pueda tener (por muy beneficiosos que sean, como por ejemplo un incremento en el amor por los demás, celo por el Evangelio, oración ferviente). La única que tiene ese derecho es la sana doctrina, es decir, la enseñanza fiel a la Escritura. Cuando todas las partes están dispuestas a mantener ese principio sin comprometerlo, podemos mostrarnos esperanzados y estar seguros de que el Espíritu honrará nuestro compromiso y otorgará a la Iglesia una mayor unidad, no solamente a la hora de entender su obra, sino también a la hora de experimentarla.

En un libro reciente sobre espiritualidad pentecostal (que recoge tanto el desarrollo dentro del movimiento carismático como dentro de las denominaciones pentecostales)[1], Harvey Cox concluye que, con la disminución de «la modernidad científica y la religión convencional», estamos presenciando una nueva «lucha por encontrar el alma de la humanidad». En esta batalla los nuevos contendientes, según Cox, son el "fundamentalismo" y el "experiencialismo*".[2] Entre los primeros, por ejemplo, están «aquellos cristianos que creen en la infalibilidad verbal de la Biblia»[3]; los últimos aceptan una gran variedad de espiritualidades intuitivas, menos analíticas, en las cuales la experiencia es el elemento principal.

Como reminiscencia de las luchas del cristianismo protestante norteamericano a principios de este siglo, el tema que Cox nos presenta es una repetición del famoso sermón "Shall the Fundamentalists Win?" [¿Ganarán los fundamentalistas?] – [N. del T. Sermón del pastor Harry Emerson Fosdick (1922)]. Es especialmente interesante su observación de que en esta versión actualizada, «la mayoría de las luchas entre los fundamentalistas y los experiencialistas incluso se están lidiando dentro de los parámetros del Pentecostalismo».[4] Uno de los temas principales del libro es que el elemento que más ha fomentado el "experiencialismo" ha sido la aparición en este siglo de la espiritualidad pentecostal. Pero, según él, dentro del Pentecostalismo mismo se sigue debatiendo si prevalecerá el "experimentalismo" o el fundamentalismo.[5]

---

[1] H. Cox, *Fire From Heaven: The Rise of Pentecostal Spirituality and the Reshaping of Religion in the Twenty-First Century* (Reading, Mass.: Addison-Wesley, 1995).

* N del T: aun cuando esta palabra no existe, la reproducimos literalmente para ser lo más fieles posible al significado original del autor, pues cualquier otra traducción se alejaría sensiblemente del mismo.

[2] Ibíd., 300, 309.

[3] Ibíd., 302.

[4] Ibíd., 310.

[5] Ibíd., 319.

No comparto en absoluto la posición religiosa y teológica de Cox ni la caricatura que hace del "fundamentalismo" cristiano. Pero sospecho que su análisis sobre las corrientes de la espiritualidad y de la lucha o debate actuales es bastante acertado. ¿Qué prevalecerá como nuestra autoridad final, dentro y fuera del Pentecostalismo? ¿La Escritura o la experiencia? Cox, por supuesto, querría que prevaleciera la experiencia (viendo la Escritura solamente como un recurso más, un recurso relativo). Oremos para que no sea éste el caso.

Esta mención a la oración no es simplemente un aparte piadoso. De hecho, hoy es muy necesario, quizá como nunca antes lo había sido, que los creyentes oren para que el Espíritu Santo les haga sensibles a la Escritura y al discernimiento de nuestros tiempos. No basta con pronunciar una simple oración como «Señor, dame más de tu Espíritu» (oración supuestamente "abierta"). Ni tampoco con una oración pidiendo el don de profecía o lenguas, u otros dones de revelación, especialmente si tales oraciones se basan en las suposiciones irreflexivas o poco estudiadas de que estos dones del Nuevo Testamento son vigentes en la actualidad y que hay gente hoy en día que los puede ejercer. En nuestros días, la oración prematura pidiendo el Espíritu no es un peligro imaginario.

Véase la sabiduría bíblica que recogen estas palabras de un venerable catecismo: «La oración es ofrecer nuestros deseos a Dios, pidiendo cosas agradables a su Voluntad...»[6] Lo que dice en la segunda parte de la frase es absolutamente esencial. La oración no es un cheque en blanco a mi disposición, sino que debe rellenarse solamente conforme a la voluntad de Dios revelada en las Escrituras. De otro modo, nuestros deseos, por bien intencionados que sean, se convierten con demasiada facilidad en deseos centrados en nosotros mismos que le alejan de su voluntad, o que incluso van en contra de ella. El deseo de hablar en lenguas y de recibir otros dones de revelación solamente sería apropiado si se pudiera establecer de forma convincente, mediante una reflexión de las Escrituras sana y guiada por el Espíritu, que Dios quiere que estos dones sean para la actualidad. Solamente entonces la oración *pidiendo* el Espíritu agradará *al* Espíritu.

Al mismo tiempo, reconozco que aquellos que, como yo, están convencidos de que la Escritura apunta a que esos dones no continúan, al igual que los que creen que la Biblia apunta a que son vigentes, debemos asegurarnos de que nuestras convicciones son fieles a la Biblia. Nuestra oración por el Espíritu en cuando a este tema (y en cuanto a todos los demás) debe ser que nos guarde de resistir a lo que el Espíritu dice en la Palabra.

---

[6] *Westminster Shorter Catechism*, respuesta 98.

Que Dios otorgue a su Iglesia en nuestra época la experiencia que emana de una oración común para pedir la actuación del Espíritu basada en las Escrituras.

2. Aunque el compromiso que todos los autores de este libro con la autoridad bíblica promete, sigo teniendo la inevitable impresión de que la postura representada por Oss y Storms no es del todo coherente con dicho compromiso.

Según una formulación sana de la teología protestante ortodoxa, los cuatro atributos principales de la Escritura son: autoridad, claridad (perspicuidad), necesidad y suficiencia.[7] Estas "perfecciones" (como se han denominado en alguna ocasión) son inseparables; si una es verdad, las otras también los son, y si una estuviera en cuestión, las otras también lo estarían. Uno de los problemas que veo en el punto de vista de Storms y Oss es que, mientras que afirma la autoridad de la Escritura, niega su suficiencia. O, para ser más justo, su punto de vista tiene un entendimiento inadecuado y demasiado restrictivo de su suficiencia. Obviamente, la Biblia no ofrece respuestas específicas sobre todo tipo de cuestiones personales y decisiones que tenemos que tomar (con quién casarnos, qué oportunidad ministerial aprovechar, si nuestra iglesia debe ampliar sus instalaciones, cuál es el problema real en una situación particular de consejo, etc.). Los continuistas creen que necesitamos revelaciones específicas sobre esos temas, y que por ello Dios nos las da en la actualidad. Es más, creen que la misma Biblia ofrece el precedente para abogar a favor de la continuidad de estas revelaciones.

Pero: ¿a qué nos llevan estas ideas? En otras palabras: ¿la suficiencia de la Escritura, tal como ha sido afirmada desde la Reforma, necesita realmente que la volvamos a analizar y la califiquemos de forma más cuidadosa? Presuponiendo la Revelación que Dios da de sí mismo en la Creación (revelación general), ¿no enseña la Escritura que la "Sola Escritura" de los reformadores no es suficiente, sino que hace falta el principio de Revelación de "la Escritura y un *plus*"? Oss y Storms responden afirmativamente a estas preguntas y llegan a la dudosa conclusión de que, dado que la Biblia se complementa con revelaciones que tienen lugar hoy en día, puede decirse que es una revelación insuficiente.

En su respuesta a Saucy, Oss incluso intenta cambiar el rumbo al proponer que la misma Confesión de Fe de Westminster, uno de los credos

---

[7] Encontrará un resumen en C. Van Til, *An Introduction to Systematic Theology* (Phillipsburg, N.J.: Presbyterian and Reformed, 1974), 134-36.

clásicos de la tradición reformada, respalda su creencia sobre la continuidad de la Revelación. En particular, cita del capítulo 1 algunas referencias a las «nuevas revelaciones del Espíritu» (sec. 6), y a los «espíritus privados» (sec. 10) para sugerir que tal documento está, cuando menos, abierto a la postura de que las revelaciones, subordinadas a la Escritura, continúan en la actualidad.

A pesar de lo que podría tratarse de opiniones personales de algunos de los que participaron en la elaboración de la Confesión (aunque esto nos conduce a un debate histórico, cuya respuesta no está tan clara como Oss piensa), la Confesión no puede interpretarse tal como Oss hace. Todo lo dicho en el capítulo 1 ("De las Santas Escrituras") está subordinado a la afirmación que aparece en la sección 1:

> «... por lo que le agradó a Dios en varios tiempos y de diversas maneras revelarse a sí mismo y declarar su voluntad a su Iglesia; y además... le agradó dejar esa revelación por escrito [lo cual era muy necesario]... tanto más cuanto que han cesado ya los modos anteriores por los cuales Dios reveló su voluntad a su Iglesia.»

Aquí, la Confesión es clara acerca de que no solamente la revelación canónica ha cesado, sino que el resto de medios utilizados durante la historia de la revelación (fijémonos en la alusión a las palabras de Hebreos 1:1 de la versión inglesa KJV) también han cesado. No solamente una de las formas (el canon bíblico), sino que también han cesado "los modos anteriores" (fijémonos en el plural) que Dios usó para revelar su voluntad.

Además, la sección 6 afirma que la Escritura enseña, tanto de forma expresa como por inferencia, «todo el consejo de Dios sobre todas las cosas necesarias para su propia gloria, la salvación del hombre, la fe y la *vida*» (la cursiva es mía). En otras palabras, la Escritura siempre revela todo lo que necesitamos tener no solamente acerca del Evangelio y los principios éticos y doctrinales, sino también para los temas prácticos y difíciles de la vida, sobre los cuales debemos tomar decisiones. Según la Confesión, la Escritura es una revelación adecuada para todas las áreas que nos preocupan.

Asimismo, la Confesión continúa: «no se debe añadir nada» a la revelación bíblica. Consecuentemente, la frase que antes comentábamos, «las nuevas revelaciones del Espíritu [cf. 'los espíritus privados', sec. 10], o las tradiciones de los hombres», no creo que esté apuntando a que hoy puede haber revelaciones. Más bien, hace referencia a los frentes con los que está luchando: por un lado el principio tradicional de Roma, y por otro, las revelaciones continuas de las que habla el ala radical de la Reforma.[8] En cuanto a descubrir la voluntad de Dios para hoy, y buscar y esperar la guía de Dios para nuestras vidas, la Confesión es contundente: no hay lugar ni para la tradición humana ni para la nueva revelación.

De hecho, la opinión de Oss y Storms está en línea con el frente radical de la Reforma que la Confesión de Westminster rechaza. Mejor que los dos continuistas, la Confesión ve la plenitud y finalización del proceso de Revelación unida a la historia acabada de la Redención. Al apreciar esa relación, también se entiende que el periodo posterior a Pentecostés y la fundación apostólica de la Iglesia está desprovista de las nuevas revelaciones (aparte, quizás, de las excepciones no buscadas ni esperadas que confirman la regla). Asimismo también se entiende que en este tiempo intermedio, hasta que Cristo regrese, tales revelaciones específicas ya no son necesarias, porque la Escritura canónica es suficiente como «lámpara a mis pies y lumbrera a mi camino» (Sal. 119:105; fijémonos en el pronombre "mi", personal y concreto, aunque no individualista).

Que Dios otorgue a su Iglesia en nuestra era una apreciación por el razonamiento histórico-redentor que enmarca su actividad de revelación y que, con tal apreciación, nos dé una confianza inquebrantable en la suficiencia única, sola y exclusiva de la Escritura como la guía para la fe y para la vida.

3. Finalmente, lo más esencial de la obra del Espíritu es su carácter escatológico. El Espíritu dado actualmente a la Iglesia, en palabras de Pablo, es el "depósito" y las "primicias" hacia el futuro escatológico, afirmación cada vez más respaldada en nuestros días, especialmente entre la comunidad académica. Pero existe mucho menos consenso sobre el lugar que ocupa la dimensión escatológica en la actividad total del Espíritu en la creación y la salvación.

Los pentecostales y carismáticos subrayan que los dones de revelación y las sanidades son manifestaciones de la presencia del Reino escatológico y del poder del Espíritu. Pero, como he intentado demostrar anteriormente (págs. 61-65), tales fenómenos, cuando suceden, no son sino señales provisionales, epifenómenos que no pueden definirse como escatológicos. Pablo parece bastante claro sobre ello en 1 Corintios 13:8-12: los dones de palabra como la profecía y las lenguas (incluyendo el tipo de conocimiento que aportan) "cesan" y "pasan". Esto no puede decirse de lo que es escato-

---

[8] Ver B.B. Warfield, *The Westminster Assembly and Its Work* (Nueva York: Oxford Univ. Press, 1931), 224.

lógico; por su propia naturaleza, las realidades escatológicas *permanecen*. Esa obra permanente del Espíritu es la renovación y la resurrección ya experimentada por los creyentes. Y esa revelación se manifiesta en el "fruto" como la fe, la esperanza, el amor, la alegría y la paz (por mencionar algunos). Ese fruto, aunque ahora se manifieste de forma imperfecta, es, en el fondo, escatológico. Hoy experimentamos en nuestras vidas el «toque escatológico del Espíritu» en ese fruto, y no en los dones de palabra y las sanidades.

Que Dios otorgue a su Iglesia en nuestra era una valoración correcta de la naturaleza escatológica de la actividad del Espíritu. Entonces puede que el debate entre los continuistas y los cesacionistas sea menos tenso y más bíblico. Asimismo, puede que el Espíritu, interesado como está en la unidad de la Iglesia, nos guíe hacia la resolución de las diferencias que nos dividen en la actualidad.

Conclusión
Wayne A. Grudem

Aunque éste es el final del libro, obviamente no es el final del debate. Aún quedan diferencias importantes por solucionar. No obstante, los autores también comparten algunas opiniones clave, y creemos que es adecuado mencionarlas y dar gracias por ellas.

Áreas de acuerdo

1. Compromiso con la Escritura. Los autores coinciden en su compromiso con la Escritura como la Palabra infalible de Dios y nuestra autoridad absoluta en todos los temas que hemos debatido. En la práctica, esto significa que los autores de estos ensayos quieren recordar a aquellos que comparten sus posiciones que los cristianos debemos estar sujetos continuamente a las enseñanzas de las Escrituras en cada área de la vida y del ministerio.

2. Comunión en Cristo. Los autores frecuentemente expresaron su gratitud por el hecho de que pudieran tratar estos temas *como hermanos en Cristo, juntos.* Uno de los resultados importantes de nuestros dos días de conferencias fue que todos nosotros (y me incluyo como editor) nos marchamos con un mayor reconocimiento del amor genuino por Cristo y de la preocupación por la pureza de la Iglesia que tienen aquellos con los que discrepamos. Creo que el doctor Saucy habló por todos nosotros en su conclusión final cuando dijo que «la Iglesia debe continuar estudiando *de forma conjunta* los temas restantes». Es justo decir que, al final de la conferencia, todos esperamos que el Señor dé una experiencia similar a aquellos que utilicen este libro como base para discutir estos temas: que también ellos pudieran reconocer el profundo compromiso con Cristo y el deseo de buscar el bien de la Iglesia que se encuentra en el corazón de las personas que no están de acuerdo con ellos en cuanto al tema de los dones milagrosos.

3. *La importancia de experimentar una relación personal con Dios.* Todos los autores creen en la importancia de experimentar una relación genuina, vital y personal con Dios en nuestras vidas cristianas, día a día, una experiencia que incluye la oración, la adoración y escuchar la voz de Dios hablando tanto a nuestros corazones como a nuestras mentes, mediante las palabras de la Escritura, en todas las áreas de la vida. En cuanto a los milagros, todos los autores coinciden en que el milagro más grande y maravilloso que hemos experimentado es nuestro nuevo nacimiento en Cristo, y que, en el contexto del debate sobre este tema, los cristianos harían bien en recordarlo con acción de gracias. Sobre el poder del Espíritu Santo, también coincidimos en que el crecimiento personal en santidad y fe es una evidencia clara de la obra del poder del Espíritu Santo, verdad que nunca debe negarse.

4. *Algunos puntos de acuerdo sobre los milagros y la obra del Espíritu Santo.* Aunque los autores discreparon sobre muchos detalles y sobre cuestiones de énfasis y expectación, también estuvieron de acuerdo en algunos temas:

a) *Sanidad y milagros:* Dios sana y hace milagros en la actualidad.

b) *Guía:* El Espíritu Santo nos guía (pero se tendría que realizar un estudio más profundo sobre cómo utiliza el Espíritu Santo nuestras impresiones y sentimientos en esta cuestión en particular).

c) *Dotación de poder:* El Espíritu Santo otorga poder a los cristianos para realizar diferentes tipos de ministerios, y esta entrega de poder es una actividad que puede distinguirse de la obra transformadora del Espíritu Santo mediante la cual nos permite crecer en santificación y en obediencia a Dios. Esta obra del Espíritu Santo de dar poder no es una nueva doctrina; las generaciones que nos preceden solían llamarle "unción". El Espíritu Santo puede darnos tal poder para el ministerio en diferentes ámbitos, no solamente para predicar, sino para orar, evangelizar, aconsejar y otras actividades que realizamos en la iglesia para el avance del reino de Dios.

d) *Revelación:* Dios, en su Soberanía, puede recordarnos cosas específicas, no solamente (i) recordándonos ocasionalmente palabras específicas de las Escrituras para cubrir la necesidad del momento, sino también (ii) dándonos una comprensión repentina sobre la aplicación de las Escrituras a una situación concreta, (iii) influyendo en nuestros sentimientos y emociones, y (iv) dándonos información específica sobre situaciones de la vida real que no habíamos adquirido por otros medios (aunque el doctor Gaffin sostiene que esta última categoría es extremadamente excepcional y no debemos esperarla ni buscarla; para describir estos cuatro elementos prefiere que se use otro término que no sea "revelación").

Áreas de desacuerdo

Una de las marcas de un diálogo teológico constructivo es la habilidad de las personas que discrepan en ponerse de acuerdo sobre cuáles son sus diferencias, y cómo expresarlas. En ese sentido, alcanzamos un resultado beneficioso de estos ensayos y discusiones clarificando las áreas específicas en las que seguimos estando en desacuerdo.

1. *Expectación.* Debido a las diferencias en la forma de entender el modo en que el Espíritu Santo obra durante la era de la Iglesia, los autores discreparon de forma significativa sobre la frecuencia con la que debían esperar que el Espíritu Santo obrara de forma milagrosa para sanar, guiar, hacer milagros, dar poder de forma especial para un ministerio y recordarnos cosas (o revelarnos cosas).

2. *Ánimo.* Debido a las diferencias en la forma de entender qué debemos esperar que el Espíritu Santo haga en la actualidad, los autores también discreparon en cuánto a si debemos *animar* o no a los cristianos a buscar y orar por las obras milagrosas del Espíritu Santo en la actualidad.

3. *¿Qué terminología debemos usar?* Aunque los autores coincidieron en que Dios puede revelarnos cosas o hacernos comprender o ver algo, mientras que el Dr. Storms y el Dr. Oss prefieren llamarlo don de profecía, el Dr. Gaffin no lo llamará así porque para él, el don de profecía está restringido a la entrega de las palabras de la Escritura, un don que finalizó cuando se completó el canon del Nuevo Testamento. Según el Dr. Saucy, Dios puede en la actualidad revelarnos cosas o hacernos comprender o ver algo, pero deberíamos llamarlo guía personal, no profecía. No obstante, Saucy está también abierto a la (improbable) posibilidad de que Dios pueda dar una profecía "inspirada" e infalible incluso en la actualidad; pero aunque eso sucediera, no sería parte del canon, el cual está cerrado.

Aunque todos los autores coincidieron en que Dios puede hacer milagros hoy (incluyendo las sanidades), Storms y Oss mantienen que en la actualidad las personas pueden tener ese don, Gaffin lo limita a la época apostólica y Saucy, aunque está abierto en cuanto a la existencia de ese don, examinaría los supuestos milagros con mucho cuidado y prudencia (su teoría es que, hablando desde un punto de vista histórico, los milagros parecen ser especialmente prominentes en situaciones de plantación de iglesias).

En cuanto al don de hablar en lenguas y su interpretación, según Gaffin y Saucy estos dos dones, cuando se combinan, constituyen una revelación del Espíritu Santo que tiene la misma calidad que la Biblia. Gaffin cree que estos dones solamente fueron vigentes durante el periodo de "canon abierto", cuando el Nuevo Testamento no estaba completo. Cuando se le preguntó qué cree que sucede en las vidas de los cristianos que aseguran hablar en lenguas en la actualidad, Gaffin dijo que no está seguro, pero que cree que esta actividad es probablemente una habilidad humana normal que consiste en hablar con sílabas que no tienen sentido. Está abierto a que se le demuestre que las Escrituras afirman que esta actividad es útil para ciertas personas en su vida de oración, aunque aún así él no lo llamaría "don de lenguas". Para Saucy, aunque cree que la Biblia no excluye la posibilidad de la vigencia del don de lenguas hoy, en nuestros días muchas expresiones no están de acuerdo con la práctica o propósito bíblico de las lenguas.

Storms y Oss, por otra parte, mantienen que hablar en lenguas no es una revelación de Dios, sino una forma humana de oración y alabanza: es el propio *espíritu humano* del cristiano orando a Dios mediante sílabas que el hablante no entiende. Storms y Oss creen que el don continúa en la actualidad. Oss añade que las lenguas, que vienen del Espíritu Santo, también pueden ser utilizadas por Dios para dar un mensaje a la Iglesia, aunque ese mensaje no estará a la altura de la Escritura. Tanto Storms como Oss sostienen también que el don de la interpretación es simplemente la habilidad de entender lo que dice el que habla en lenguas en esas palabras de oración o alabanza.

En cuanto a la dotación de poder del Espíritu Santo después de la conversión diremos que Oss lo llama "Bautismo en el Espíritu Santo" la primera vez que sucede; los otros autores utilizan diferentes términos como dotación de poder, ser llenos del Espíritu Santo o ser ungido por el Espíritu Santo (ver más adelante).

4. *El propósito principal de los milagros.* Aunque todos los autores están de acuerdo en que los milagros pueden tener varios propósitos, tanto Gaffin como Saucy creen que el propósito principal es la autentificación inicial en el siglo primero del mensaje del Evangelio, mientras que Storms y Oss son de la opinión de que hay otros propósitos igual de importantes como dar testimonio en todas las épocas del mensaje del Evangelio, cubrir las necesidades del pueblo de Dios y dar gloria a Dios también en la actualidad.

5. *Después de la conversión: ¿solo hay una dotación de poder?* Oss encuentra en el libro de Hechos un patrón: los cristianos experimentaron una sola unción del Espíritu Santo con poder (o Bautismo del Espíritu Santo), distinta al momento de la conversión, y cree que hablar en lenguas acompaña a esa unción. No obstante, los otros autores no ven ese patrón ni animan a los cristianos a buscar esa experiencia concreta como algo distinto al momento de la conversión y distinto de las dotaciones con poder que, a lo largo de la vida cristiana, pueden darse en ocasiones diversas.

6. *¿Hasta qué punto debemos ver la vida de la Iglesia en el Nuevo Testamento como el modelo a imitar en la actualidad?* Este fue quizás el desacuerdo más importante entre los autores. Storms y Oss, durante nuestras conversaciones, continuaron enfatizando que en todas las otras áreas de la vida cristiana (como la evangelización, la conducta moral, la doctrina, el gobierno y el ministerio de la iglesia, etc.) tomamos el Nuevo Testamento como modelo a imitar en la actualidad. Con eso en mente, retaron a Gaffin y a Saucy a explicar por qué en el área de las obras milagrosas del Espíritu Santo no estaban dispuestos a adoptar el modelo del Nuevo Testamento.

Gaffin y Saucy, por otra parte, siguieron usando el argumento de que todos creemos en la singularidad de los apóstoles; es decir, que ahora no existen apóstoles (en el sentido de «los apóstoles de Jesucristo» que fundaron la Iglesia primitiva y escribieron la Biblia). Y teniendo en cuenta que la presencia de los apóstoles y la situación de "canon abierto" hacen que la época del Nuevo Testamento sea diferente a la nuestra, Gaffin y Saucy apuntaron a que Storms y Oss habían admitido que hay algunos detalles del Nuevo Testamento que *no* son un modelo para nosotros. Si es así, y si Storms y Oss también coinciden en que las vidas de los apóstoles estuvieron caracterizadas por un poder milagroso inusual incluso durante la era del Nuevo Testamento, entonces, ¿por qué no admitir la diferencia entre aquellos tiempos y los nuestros, específicamente en este tema de la actividad milagrosa, un área que estaba muy estrechamente relacionada con los mismos apóstoles?

¿Debemos esperar hoy milagros con la misma frecuencia y el mismo poder con el que ocurrían en la vida de los apóstoles en el Nuevo Testamento? Storms y Oss piensan que debemos esperar un poco menos de lo que sucedió entonces; Saucy dice que debemos esperar bastante menos; y Gaffin cree que debemos esperar muchísimo menos que eso. Estas discusiones acabaron en un callejón sin salida.

7. *Resultados en la vida de iglesia.* A causa de las seis diferencias ya comentadas, cuando hablamos sobre estilos concretos de ministerio y vida ecle-

sial, nos dimos cuenta de que las iglesias en las que estos puntos de vista se creen y enseñan son bastante diferentes. Las iglesias que sostienen la visión de Storms y Oss incluyen mucha más enseñanza sobre los dones milagrosos y animan a las personas a orar por esos dones, buscarlos y ejercerlos (sanidad, profecía, lenguas e interpretación, milagros, discernimiento de espíritus y quizás alguno más). Pero las iglesias con el punto de vista de Gaffin, y en cierto modo el de Saucy, no animan a las personas a orar por estos dones, y normalmente no ofrecen un "espacio" para que se den ni en las asambleas grandes ni en grupos más pequeños. De este modo, el tipo de liderazgo que cada autor ejercería si fuera pastor de una iglesia tendría un enfoque y un énfasis diferentes. Y está claro que estas cuestiones marcan la vida de una iglesia.

Dos preguntas finales

Antes de concluir este libro, como editor me gustaría contestar a dos preguntas más.

¿Por qué este tema interesa o preocupa a los cristianos? Al trabajar en este libro durante varios meses, empecé a preguntarme: «¿cuál es la principal preocupación o interés de los cristianos?»[1] Si pensamos en la gran mayoría de cristianos de las iglesias representadas por estos puntos de vista - iglesias que creen en la Biblia y que la enseñan - ¿qué importancia tiene para ellos este debate? ¿Qué es lo que les hace interesarse o preocuparse por el tema del Espíritu Santo y sus dones?

No creo que las diferencias a las que solemos hacer mención sean la mayor preocupación en torno a este tema. Es decir, creo que a la mayoría de los cristianos no les preocupa demasiado si su pastor lleva chaqueta y corbata, o un jersey, o si la iglesia sigue una liturgia anglicana o un orden cúltico bautista, o una espontaneidad carismática en lenguas y profecías. No creo que la clave esté en si la alabanza está dirigida por un órgano o una guitarra, ni tan siquiera en si se enseña que uno debe ser bautizado con el Espíritu Santo o ser lleno del Espíritu Santo. Estos temas tienen su importancia, pero no son los que más preocupan a los creyentes.

---

[1] Esta pregunta, y su respuesta, me la sugirió en primer lugar el editor de Zondervan, Jack Kuhatschek, cuando empezamos a planear la publicación de este libro. Pero no me di cuenta de la importancia fundacional de esta pregunta hasta que comencé a escribir la conclusión de este libro.

En mi opinión, lo que verdaderamente interesa a la gente es *estar en la presencia de Dios*. La gente espera que la vida de iglesia le ayude semana tras semana a tener una experiencia personal de Dios más profunda. Quiere reuniones de oración que no sean simplemente cuarenta y cinco minutos de motivos de oración y cinco minutos de oración, y no quieren oraciones rápidas para cubrir una lista enorme de peticiones, sino momentos en los que puedan orar sin prisas, de modo que no sean solamente ellos los que hablen, sino que puedan escuchar la voz de Dios, dando testimonio a sus corazones. Y quiere momentos de alabanza donde, al cantar, se le permita centrar su atención en Dios por un periodo de tiempo considerable, donde nadie les interrumpa para decirles que deben saludar a su vecino, o cantar más alto la siguiente estrofa, o escuchar los anuncios, o escuchar al coro, etc. Estas cosas, por supuesto, tienen su lugar, pero todas desvían nuestra atención de Dios hacia la gente que nos rodea, e interrumpen esos momentos de profunda reverencia en la adoración a Dios.

Instintivamente, los cristianos desean estar en una asamblea del pueblo de Dios donde poder centrar su atención en Dios hasta conseguir que sus ojos, mentes y corazones se centren solo en su presencia, donde cantar sus alabanzas (o quizás permanecer en silencio en su presencia), y donde ser libres para sentir la intensidad de su amor por Él y sentir en sus espíritus que Dios está a su lado, deleitándose en las alabanzas de sus hijos. Esto es lo que los cristianos realmente quieren hoy. Desean ir a una iglesia y que se les permita orar y alabar hasta que sientan en sus espíritus que están en la presencia de Dios.

Cuando las iglesias han dejado que las personas tengan esos momentos prolongados de oración, el deseo de los cristianos se ha visto satisfecho, y esas iglesias han crecido considerablemente. Ninguna denominación o punto de vista sobre los dones espirituales debería tener el monopolio de esos espacios de oración y alabanza. Las iglesias cesacionistas y las iglesias que se adhieren a la posición abierta, pero con cautela, junto con las carismáticas, pentecostales y de la Tercera Ola pueden ofrecer esos tiempos de oración y alabanza, cada una en su propio estilo y dentro de las directrices que protejan sus convicciones doctrinales en cuanto a los dones espirituales.

Por supuesto, no estoy diciendo que tenemos que dar menos importancia a la sana enseñanza bíblica, a través de la que escuchamos la Palabra de Dios hablándonos. En muchas de nuestras iglesias esto se hace bien; en otras no, y las personas se quedan hambrientas espiritualmente semana tras semana porque no se han ido alimentadas con la Palabra de Dios. No obstante, estoy diciendo que muchas iglesias necesitan, junto con tal enseñanza, hacer más hincapié en la oración y en la alabanza, y tener momentos para orar y alabar sin interrupciones y durante un tiempo considerable. Creo que las personas desean ir a la iglesia y saber que han pasado un tiempo largo en la presencia manifiesta de Dios.

¿Podríamos trabajar juntos? Mi segunda pregunta tiene que ver con las relaciones entre los pastores que discrepan sobre estos temas, tomándome a mí y a los cuatro autores como ejemplo. Al pensar en todo lo escrito y dicho, me he preguntado qué pasaría si, por alguna actuación inusual de la Providencia divina, nosotros cinco nos encontráramos en una iglesia, en la que fuéramos los únicos cinco ancianos y que accediéramos a repartirnos el ministerio de la predicación a partes iguales. ¿Funcionaría? ¿Nos mantendríamos unidos, o inevitablemente acabaríamos formando cinco iglesias diferentes?

No sé lo que los otros autores dirían, pero mi respuesta es la siguiente: creo que tendríamos que trabajar para encontrar un vocabulario "neutral" que nosotros, como ancianos, pudiéramos utilizar para referirnos a ciertas experiencias y fenómenos en la vida de la iglesia. Creo que tendríamos que trabajar duro para permitir la existencia de una variedad de células con diferentes énfasis y diferentes estilos (¡y donde quizás sucederían cosas diferentes!). Creo que tendríamos que pasar horas orando y discutiendo juntos, para asegurarnos de que el enfoque general de la iglesia estuviera en Cristo y en el avance de su reino. Creo que tendríamos que trabajar duro para hacer saber a la congregación que, aunque discrepamos en ciertos temas doctrinales, apreciamos grandemente los dones y ministerios de los demás.

Pero, después de reconocer estos retos, y aún conociendo a estos otros cuatro hombres como los conozco, realmente creo que funcionaría. Creo que podríamos vivir, trabajar y orar juntos. Creo que podríamos ofrecer cuidado pastoral los unos a los otros y a nuestras respectivas familias. Creo que con frecuencia conoceríamos tiempos de una increíble profundidad de intercesión conjunta por la obra de la Iglesia. De hecho, si esto sucediera, creo que podría ser la época de ministerio más estimulante y agradable que ninguno de nosotros haya conocido. Creo que el mismo Señor se deleitaría en ello, y que disfrutaría de la comunión con nosotros y nos bendeciría, y nos diría:

Mirad cuán bueno y cuán agradable es
    que los hermanos habiten juntos en armonía.
Es como el óleo precioso sobre la cabeza,
    el cual desciende sobre la barba,
    la barba de Aarón
    que desciende hasta el borde de sus vestiduras.
Es como el rocío de Hermón,
    que desciende sobre los montes de Sión;
    porque allí mandó el Señor la bendición,
    la vida para siempre.

    Salmo 133

Bibliografía en castellano

Alonso, Horacio Aníbal, *Dones Conflictivos*, Barcelona: CLIE, 1997.

_____, *El Don del Espíritu Santo*, Barcelona: CLIE.

Bühne, Wolfgang, *Explosión Carismática: Un análisis a las doctrinas y prácticas de las llamadas «tres olas del Espíritu Santo»*, Barcelona: CLIE, 1996

Caldwell, William A., *Bautismo Pentecostal*, Oklahoma: Front line evangelism, 1973.

Congar, Yves, *El Espíritu Santo*, Barcelona: Herder, 1991.

Deere, Jack, *Sorprendido por El Espíritu Santo*, Miami: Ed. Carisma, 1996.

Dunn, James D.G., *Jesús y El Espíritu*, Salamanca: Secretariado Trinitario, 1981.

_____, *El Bautismo del Espíritu Santo*, Buenos Aires: Asociación Editorial La Aurora, 1977.

Ervin, Howard M. *El bautismo en el Espíritu Santo*, Florida: Ed. Vida, 1992.

Fasold, Jaime, *Dones Espirituales*, Grand Rapids, Michigan: Editorial Portavoz, 2000.

Graham, Billy, *El Espíritu Santo*, Casa Bautista de Publicaciones, 1980.

Grasso, Domenico, *Los Carismas en la Iglesia*, Madrid: Ediciones Cristiandad, 1984.

Green, Michael, *Creo en El Espíritu Santo*. San José: Ed. Caribe, 1986.

Heimann, Claus y Mühlen, Heribert (ed.), *Experiencia y Teología del Espíritu Santo*, Salamanca: Secretario Trinitario, 1978.

Hemphill, Kenneth, *Los Dones Espirituales: poder para la Iglesia del Nuevo Testamento*, El Paso, TX: Casa Bautista de Publicaciones, 1990.

Hilberath, Bernd, *Pneumatología*, Barcelona: Herder, 1996.

Hoekema, Anthony, *El Bautismo del Espíritu Santo*, Barcelona: Ediciones Evangélicas Europeas, 1977.

Horton, Stanely, *El Espíritu Santo Revelado en la Biblia*, ed. rev. Deerfield, FL: Ed. Vida, 1992.

Howard, David, *Con el poder del Espíritu Santo*, Miami: Editorial Caribe, 1975.

Hummel, Charles, *Fuego en la Chimenea*, Miami: Editorial Caribe, 1990.

Kinnaman, Gary, *Y estas señales seguirán*, Barcelona: Editorial Clie, 1991.

Knoch, Otto, *El Espíritu de Dios y el Hombre Nuevo*, Salamanca: Secretario Trinitario, 1977.

Kuen, Alfred, *Dones para el servicio*, Barcelona: Editorial Clie, 1993.

Macarthur, John F., *Los carismáticos, una perspectiva doctrinal*. Ed. Casa Bautistra de Publicaciones, 1994.

Moltmann, Jürgen, *El Espíritu de la Vida*, Salamanca: Sígueme, 1998.

Mühlen, Heribert, *Los Dones del Espíritu Hoy*, Salamanca: Secretario Trinitario, 1987.

Perez, Samuel Millos, *Curso de Exégesis Bíblica y Bosquejo para Predicación: Doctrina del Espíritu Santo*, Vol. 31, Barcelona: CLIE, 1998.

Rice, Juan R, *El don de lenguas*, Casa Bautista de publicaciones, 1957.

Smouter W. y varios, *El movimiento carismático*. FELiRe, 2001.

Stott, John R.W., *El bautismo y la plenitud del Espíritu Santo*. San José: Ed. Caribe, 1967.

_____, *Sed Llenos del Espíritu Santo*. San José: Ed. Caribe, 1984.

Tamayo-Acosta, Juan José, *Hacia la Comunidad* (2. *Iglesia profética, iglesia de los pobres*), Trotta, Madrid, 1994. (En especial el cap. III: Carismas y ministerios en la Comunidad Cristiana).

Unger, Merrill F., *El don de lenguas y el Nuevo testamento*, Publicaciones portavoz evangélico, Camelias 12, España, 1974.

Wagner, Peter.C, *Sus dones espirituales pueden ayudar a crecer a su iglesia*, Barcelona: Editorial CLIE, 1980.

Índice de temas y personas

C

CH

Índice bíblico y extrabíblico

LITERATURA EXTRABÍBLICA

CPSIA information can be obtained
at www.ICGtesting.com
Printed in the USA
LVHW021544240622
722058LV00005B/27